illumination
illumination
illumination

感光度

多萝西娅·兰格传

〔美〕 琳达·戈登 著

董惠铭 译

浙江摄影出版社

多萝西娅·兰格在加利福尼亚州的拍摄途中，1936 年

"相机是用来学习如何观察……的一种工具。"

相机是用来学习不用相机如何进行观察的一种工具。

用视觉描摹生活是一项巨大的事业，事实上，可望而不可即。
……我只是用这一奇妙的民主工具——照相机，与之有了接触……
　　——多萝西娅·兰格

这幅经常被称为《移民母亲》的照片，是世界上最负盛名的照片之一。这不是多萝西娅·兰格唯一获此殊荣的照片——读者在本书中将会领略到她的众多杰作。她的照片常常会长久地存留在观赏者的记忆里，仿佛它们的艺术张力铭刻在了观赏者心灵深处。然而，很多熟悉这些照片的人却不知道摄影者的名字，而且很少有人对她有所了解。由于大多数照片是以匿名的形式发表的，当她 1965 年七十岁逝世的时候，只有极少数的摄影艺术鉴赏家真正理解她的天赋和影响力。如今，情况发生了变化：2005 年 10 月，她的一幅原版老照片以 822400 美元拍卖成功。她要是泉下有知，一定会对这笔巨款（摄影给她带来的收入少得可怜）和盛大赞誉（她在摄影方面所获得的认可跟别人也没有什么两样）感到欣慰，但是她也会感到疑惑，为什么这幅描写施食所门口一群饥肠辘辘等待救济的男人的照片，居然变成了一件如此奢华的商品？

　　我开始把兰格作为一位"民有民享"的摄影师对待。她并非唯一一个致力于此的人，因为她有很多前辈和同事，在今天还有很多摄影业后辈。她也从她的家族以及两位非同凡响的丈夫和才华横溢的友人那儿汲取灵感、风格和技术。这些人是她成长过程的有机组成部分，所以，这部书将把他们作为主角包括在里面。同样，霍博肯、纽约、旧金山和伯克利的独特文化也将在兰格的故事里扮演重要的角色。

然而，对兰格的摄影艺术产生最大影响的是她所处的历史时期，因此，不能忽视了时代的特点。二十世纪三十年代的经济大萧条为拓展和深化美国民主创造了政治契机，她的摄影事业由此得到了发展。罗斯福新政响应了有影响力的底层社会运动，通过从证券和信贷到工资和工时的公共利益监管，以及对弱势群体进行制度化援助（如社会保障），在保护公众健康和福利方面取得了实质性进展。尽管经济大萧条引发了众多的苦难和担忧，但是它也促使美国人对这个国家产生了理想主义、充满想象和团结的希望。当时没有任何一位摄影家，甚至没有一位艺术家像兰格那样为助推这一民主理想而付出如此多的努力。她的照片丰富了人们对美国人的普遍认知，为这个国家提供了一个更加民主化的视觉呈现。兰格的美国包括了摩门教徒、犹太教徒、新教徒；包括了农场主、佃农、农业季节工人；包括了家庭佣工和产业工人、男性和女性；包括了公民和移民，不仅仅是黑人和白人，还有那些墨西哥人、菲律宾人、中国人和日本人，尤其是二战期间被关押在拘留营的十二万日裔美国人。后半生，她的民主目光已经越过了美国，前往埃及、日本、印度尼西亚和很多发展中国家拍摄。她从始至终聚焦于民主：怀着虔诚的态度，用镜头记录下劳动人民的劳动、技术和自尊。

兰格所拍摄的照片大多是乐观主义的，甚至是乌托邦式的，但她并没有无视悲伤和贫困，而是精准地展示悲伤和贫困。通过展现她的拍摄对象的价值高于他们的地位，来呼唤人们关注美国民主的不完善。同时，通过展现她的拍摄对象的价值高于他们的地位，她断言更加广泛的民主是可能的。

由于她的摄影艺术既是批判性的又是乌托邦式的，所以其声誉和受欢迎程度便因主流政治倾向的不同而变化。在二十世纪三十年代，她的照片不仅仅成了国家政治倾向的象征，而且几乎对国家政治议程有决定性意义。这一政治目标是恢复繁荣和防止进一步萧条，以减少贫困和削减不平等。它代表了民族的团结，传递出一个信息，我们必须真正做我们"兄弟的保护人"。当更加保守的政治倾向在二十世纪四十年代末和五十年代占据主导地位的时候，兰格的摄影艺术变得不流行了，取而代之的是更抽象、内省、自我指涉的艺术。当民权运动开始数十年的进步行动时，兰格的摄影艺术再次被顶礼膜拜，被世人效仿。

正像我在 2008 年末的时候写的那样，又一场大萧条会使兰格的摄影艺术跟以往一样具有重大意义，而且理由是相同的。今天，我们也有同样的需求去领略——不只是观察皮毛，而是"领略"——在经济底层的人们的奋斗。而且，我们也可以分享二十世纪三十年代的某些乐观主义，就我们而言，这种乐观主义是通过广泛而又积极地参与了一次总统竞选建立起来的，其中的核心问题是政府是否承担其促进社会健康的责任。

把兰格的摄影艺术当作政治工具来对待将是一个错误的理解。她最大的社会目的是激发视觉上的快乐。她所传递的信息——在各阶层的人身上所发现的那种美、智慧、道德的力量——当然具有深邃的政治含义。不过，她全身心致力于她所说的"用视觉描摹生活"。这就意味着发现和强化美以及我们对美的情感反应。她关于这一目标的言论有时候比较陈旧，但是她的照片恰恰相反。她虽然不是一位笃信宗教的人，可是却相当精神至上，在感受力方面甚至有点神秘色彩。然而，她从来不说教，而且她对感情用事深恶痛绝。

由于兰格拍摄的对象常常来自底层，有人臆断她本人就出生于下层社会。其实大谬不然，她有一对接受过良好教育的中产阶级父母，而且在旧金山有一家经营了十六年的非常成功的高档肖像馆，服务对象是那些上流社会的人。她跟知名画家梅纳德·狄克逊有过十五年婚姻生活。旧金山报纸的社会版上出现过很多有关兰格和狄克逊的报道。她的第二任丈夫保罗·舒斯特·泰勒是加利福尼亚大学伯克利校区的一位经济学教授。

其他还有一些不协调的东西：这个在当时最繁华的城市纽约市长大的女人不仅成了一个在当时还是一片荒凉的加利福尼亚的居民和一个热爱西部自然美景的人，还成了一位早期环保主义者，敢于对诸如建造大坝这类会改变环境的工程提出质疑，当时几乎没有多少人敢于进行这样的挑战。这位堪称完美典范的城市姑娘成了一位摄影家，专门拍摄美国的乡村和农场工人。她接受了联邦政府一个极其费力的差事，每次要在路上耗费好几个月，她在七岁的时候因得了小儿麻痹症而跛脚，作为一个残疾女人，实非易事。她反对"女权主义"，但在她的整个一生中却扮演了女权主义者的角色。

兰格邂逅了两场伟大爱情，有两场不落俗套的婚姻和一屋子的孩子，她生活的这些方面也都承载着历史意义。她的第一任丈夫梅纳德·狄克逊的艺术才能、卓著声望、男性魅力和傲慢个性令她着迷。他们俩一起生活在湾区艺术家和艺术赞助人组成的一个波西米亚风格的时尚社区。他们倒转婚姻角色，兰格成了养家糊口的人，而狄克逊则不仅仅在经济上，而且还在感情上越来越依附于她。在狄克逊长达数月的旅行中，她孤身一人承担着母亲的角色；她还要承受他的消沉和粗俗的玩笑，明知他有婚外情（他们的朋友都知道）却还要跟他生活在一起。尽管如此，他们在一起生活了十五年，她下不了决心离开他。她的第二任丈夫，保罗·舒斯特·泰勒是一位学术造诣很高的进步改革家，一个看上去就是与狄克逊截然相反的类型的人：外表因袭传统，言谈拘谨刻板。然而，他跟兰格开启了一段无比浪漫、在家庭和职业上的伙伴关系，这段关系持续到三十年后她故世。典型的女性解放之路往往是从经济上依附于丈夫走向经济独立，与之形成对比的是许多女人往往牺牲自己的艺术抱负而屈服于婚姻和家庭，而兰格既能够成为一位艺术家，同时也拥有一位支持她的丈夫。当她在她的顾客圈子外面尚未成名的时候，泰勒就慧眼识珠，认为她的摄影作品是天才的杰作，并鼓励她不必拘泥于妻子和母亲的角色。这种难得的平等塑造了他们的婚姻。他给她讲授关于她拍摄题材中的社会问题，她训练他如何观察。由此，兰格的两次婚姻以其独特性揭示了一个女人是如何超越阻碍大多数女性走向成功的局限的某些规律。

在我研究多萝西娅·兰格的过程中，我开始通过"纪实性"这个概念对她的作品产生了一种亲近感，"纪实性"这个概念既适用于史学领域，也适用于摄影领域。"纪实性"没有标准定义，但是至少在摄影领域，它包含着两个意思：揭示真相和促进社会正义。这两个目的符合我的史学研究。然而，对我和兰格来说，它们需要仔细地鉴别。无论摄影还是历史都不是简单地反映事实。历史学家和摄影艺术家会在他们塑造并框定主题的画面中选择包含什么，排除什么，以便揭示、强调、阐述抑或分离不同的元素来表达出自己的观念，并用诠释性的技巧来做到这一点。当然，有些人主张历史学家和纪实摄影师无权宣扬他们的观念，纪实作品不该以个人视角来加入个人主张。不过这种论点只是建立在一个错误的假设之上，即避免这样做是完全可能的。历史和纪实摄影必定需要一种观察的视角，而这种视角必定受制于人们的社会地位、政治态度、宗教信仰以及其他塑造每一个人的千万种因素。

这不是说历史学家或者纪实摄影师可以不顾事实随心所欲地按照个人主张塑造他们的作品。他们必须尽力限制自己的偏见，绝对不可以篡改事实或者只选择支持他们观点的事实。每当使用案例来佐证一个更广泛的观点时，他们必须寻找具有代表性的范例而不是特例。不过，他们必须突出最有意义的东西，去除那些有可能模糊核心问题的枝节；他们如果不去粗取精、去伪存真，那么没有人会愿意去看历史书籍，那些照片也将是晦涩难懂的。当然，也存在分歧：对某个人显得无关的细节可能是另一个人的关键要素。兰格在构思照片时的判断跟历史学家在著述和写教案时的判断没有太大的不同。

照相机复制人眼所见事物的性能让它最初看上去是得天独厚的记录工具。在拍摄照片的多种多样的方法被广泛理解之前，它似乎是一架精确的复制机器，其产品是机制的。就像艺术主要用于表达主观的视觉、个人意识一样，相机的发明似乎仅限于呈现人的肉眼所看到的东西。霍诺尔·杜米埃说，"照片可以描绘一切，但却什么也解释不了。"摄影师以此进行创作多少有些自欺欺人；沃克·埃文斯称纪实摄影为"原原本本现实存在（的）……刻板记录"。兰格在她的照片里并不在意精确的表现。她作为肖像摄影师的经历令她在修饰一只手或一个影子的时候得心应手，自如地要求她的拍摄对象移动到不同地点或变换不同位置。她像一位历史学家一样，想要她的照片强调她所看到的核心问题，防止她的观赏者们因为细节而误入歧途。在她专拍肖像的照相馆里，她想要展现的是拍摄对象内在的东西，即反映他们的生活和性格，而不是外在的东西，所以她的纪实摄影继续寻求挖掘隐藏的真相。她会赞同她的同龄人，匈牙利的现代主义摄影艺术家拉兹洛·莫霍利－纳吉的观点，他说他热爱摄影，因为摄影能展现事物的本质。她经常重复的口号是，"照相机是用来学习如何不用照相机观察的一种工具。"像许多艺术家一样，她寻求通过揭示这个世界不为世人关注、常常被人忽略的方面，来瓦解业已固化的陈旧观念。跟许多历史学家一样，我也接受这一挑战。

有些艺术家和评论家曾经认为，而且如今依然有很多人认为，相比于其他创造类艺术媒介，纪实摄影的工具性目的剥夺了它作为艺术的资格。兰格反对这样的二分法。她毫不怀疑艺术性可以跟纪实性兼容，也不怀疑她自己具有融合两者的能力。"我认为，我们称之为美的东西总体来说是一种附加产物。只要把事情干得非常非常好，它就自然而然产生了。"她的观念似乎模棱两可，因为她用词并不十分严谨，反而有些含糊其辞，不够精准。她在她的公告牌上保留着一句十七世纪的哲学家弗朗西斯·培根的语录："对事物本来面目的深思，是比全部创造力的收获更值得赞许的事，抛开替代或欺骗，抛开谬误或混淆。"然而，她坚持认为，"纪实照片不是事实照片。"她不认为这样的说法是矛盾的，因为她相信她所寻求的真相具有伦理特性。

她并不看重摄影的艺术地位的一个原因是，在她的艺术生涯中有很多时候她并不认为自己是一个艺术家。这种谦逊来自那个挥之不去的文化观念——女人不该有艺术志向；来自她的一个臆断——她的第一任丈夫画家梅纳德·狄克逊是一位艺术家，而她自己则是一个工匠；来自把摄影当作一门生意的经历；也来自她从二十世纪三十年代开始的越来越强烈的社会责任感——她经常把她纪实的照片说成是"见证"。她最初一直把自己看作一个工匠，延续着不区分艺术与手艺的传统。（她认为"只要把事情干得非常非常好"，美就自然而然产生了的观念有可能是工匠的信条。）不过，她的谦虚有时候也是一种姿态，一种羞怯，一种避免与那些把自己的作品称作艺术的摄影家竞争的方法。这证明她并非没有抱负，因为她给自己设定的标准很高。但是，她早期否认自己有艺术抱负，再加上她跟纽约有一定的距离，使她免受在艺术上作为商业的竞争压力，不必寻求艺术权威机构的认可。这给了她发展独特的方法和风格的空间。

特别是，兰格拒绝接受现代主义摄影的核心思想，不赞同运用相机表达自己内心的感觉。就我所知，她从未给自己照过一张相。这种不屑通过摄影探索自身内心世界的做法乍一看令人诧异，因为她作为一位肖像摄影师获得了非凡的成功，而她的成功又是基于她表达别人内心世界的能力。她几乎没有任何自恋和自负。我无法解释这种克制；我只能说这是由于她受外部世界兴趣的驱使。兰格的一位同事，纪实摄影家杰克·德拉诺所说过的话也许对她来说也具有代表性："激发我动机的并非我内心想要表达什么，而是我想把我所看到的某些奇妙的东西分享给这个世界的其他人。我把自己看作这个时代的记录者，被驱使着去探究，在寻求事实本质的过程中去探究社会深渊。"

不过，这种内心世界和外部世界的区分需要加以限定。兰格在她的拍摄对象身上所看到的东西部分来自她自身的觉悟。她拍的佃农和被拘留的日裔美国人的肖像表达了她自己的情感，也表达了被拍摄者的情感。但是，内心世界的视角与转向外部世界的视角之间存在着很难消弭的区别。评论家琳达·诺赫林指出，艺术创作中的现实主义是作为一种民主形式出现的，脱胎于十九世纪的反贵族运动，最初是用来代表普通民众的。兰格的现实主义表现手法本身就是一种民主形式，她的拍摄对象，无论多么平庸，都是独立的主体，代表他者，绝对不是她自己的化身。她通过人像摄影来做到这一点。她的纪实摄影就是人像摄影。拍摄对象以及政治倾向的不同使她的纪实摄影与众不同。她看待穷人跟看待富人一样，从来没有成见，用格蒂博物馆馆长朱迪思·凯勒的话讲，兰格从不假装"对拍摄对象很了解"。"兰格的每一个拍摄对象都是很复杂的，而且从某种角度讲是神秘莫测的……她从来不提供肤浅的暗示，让我们立刻去理解那个人物。"那最后的一层不能揭开的面纱是互相尊重的基础，反过来也是民主的基础。

作为一位历史学家，这部书对我来说是一种新的挑战。我既不是传记作家，也不是摄影专家，我以前的大多数作品都聚焦历代的国家政策问题。但是，当兰格一引起我的注意，我就再也放不下她。兰格的人生轨迹虽然与我的人生轨迹大相径庭，却震响并回荡着一个个引发我共鸣的主旋律，构成了突出美国历史上重大事件和问题的乐章。

在这部书之前我写的一部书也许为写传记做了一个铺垫：我讲述了几天内发生在一个小镇上的一系列事件，也就是历史学家所说的"微观历史"，运用历史的一个微小残片来阐述宏大的主题和问题。由于这部书的时间跨度较大——二十世纪三分之二的时间——所以它既是"微观的"，因为它只是一个人的故事，但又是"宏观的"，因为它贯穿了整个二十世纪美国至关重要的事件和问题：致命的小儿麻痹症的流行、波西米亚和艺术领域反主流文化的发展、经济大萧条、第二次世界大战、冷战和麦卡锡主义、通过科技和企业化对农业的改革、环境保护主义的诞生、对外援助、民权运动。此外，她的一生展现了这段历史常被人们忽视的方方面面。二十世纪二十年代她在旧金山的经历表明，即便在大城市里西海岸的现代主义，也明显不如东部——或许纽约的城市化仅仅是城市生活的一种类型而已。她二十世纪三十年代的经历表明乡村经历对二十世纪中叶的美国有着重要意义；她的摄影艺术将农场工人放在大萧条历史的中心，揭示了美国新政的失败。她亲身体会了西海岸人口的多样性，因而她的摄影对美国的种族和种族主义具有特别深刻的洞察力。她的生活阅历使她非常敏感地洞悉到女性传统的观念是不准确的。因此，多萝西娅·兰格的经历迫使我们重新梳理二十世纪美国的部分历史。

兰格那时所面临的问题至今依然困扰着我们。她面临着许多女性共同面临的矛盾，一方面是个人的雄心壮志和社会责任，另一方面是对孩子和家庭生活所承担的义务。她梦想有一种大众的艺术，为所有人所接受，而且一度在一个非常时期，这一梦想似乎有实现的可能，因为联邦政府支持艺术家，把它作为击退经济大萧条的一种手段；不过，这种支持很快烟消云散了，在很大程度上艺术再次变成了奢侈。她承受了无尽的艰难：自身残疾、父亲离家出走、丈夫不负责任、儿子不争气、弟弟违法犯罪。她遭受了不公正对待——譬如，她被一个她所钟爱的摄影项目的机构给解雇了，虽然她拍出了可以被认为是这个项目最伟大的作品；她最充满激情的表达抗议的照片被雪藏，这些照片直到她逝世四十年后才公开发表。她应付这些问题和其他问题的方法跟大多数人一样——时而焦躁不安，时而摇摆和妥协，时而错误百出，时而坚毅或易怒，时而淡定。

如果说多萝西娅·兰格是一位英雄的话，那么曾经的她，像所有真正的英雄一样，是有缺陷的。她做出的艰难选择，使自身付出了沉重代价，也使其他人付出了沉重代价。有的时候，她表现得飞扬跋扈。作为母亲，她所做出的有些决定是不靠谱的。她在推出她的作品的时候不够深思熟虑。这不是一部打算要神圣化她的传记；完人存在于神话或者圣徒传记中，不属于历史传记。我的兴趣是尽我所能理解和解释一个女人在她所处时代的历史事件中的人生。这不是说我对兰格本人缺乏兴趣；恰恰相反，我发现自己常常被她面对艰苦工作的勇敢和能力所感动，常常因为她伤害了别人而怒火万丈，常常因为她受到别人的伤害而痛苦万分，常常因为她的天赋、智慧、献身而敬畏不已。

我所叙述的这个故事不仅仅受制于我专业知识领域的局限，还受制于有限的资料。兰格没有记录下她自己的生活，直到她五十多岁时，她才开始保存信件和写日记。1935 年之前，她写的文字几乎没有被保存下来，所以在这之前有关她生活的点滴全都来自二三十年之后对她的访谈录。当然，一旦她成了纪实摄影师，就留下了大量的见证，在她的实地笔记里，在她的函件里，在她的照片里，在她的文字说明里。如同任何一件个人产品一样，那些照片不仅提供了拍摄对象的信息，也传达了其制作者的信息。

由于缺乏兰格早期生活的书面资料，这倒给了她的这位传记作者非同一般的权力来对其进行演绎。这位传记作者被迫主要依赖兰格年老时的回忆，采用了她年轻时候的一些经历，只是凭兰格的记忆进行了消化、理解和重组——一个众所周知的不完美的资料来源——而且取舍就由她定夺。像大多数人一样，即便讲述她自己的生活，她也是一个不完美的叙述者。我用历史学家所熟悉的方法来弥补这种回忆：注意她记述中自相矛盾之处，将她的回忆跟其他人的回忆和外部证据做比较，深刻理解字里行间的意思，关注她没有提及的内容。不过，当她讲述时她的声音跟她的图像一样是强有力的。因此，有时我也许会接受她对自己的描述，尽管是无意识的，其实我不应该这样做。不过，这一做法并没有使这部传记得到更多的赞扬，因为她在她最热衷谈论的领域谈她的摄影成就时，对自身十分苛刻。风险来自她的沉默，我尽力用从熟悉她的人那儿了解到的情况来填满这些空缺，但是谜团依然存在。

对兰格来说，就像大多数摄影家一样，最强大的工具是她的眼睛。她从母亲和祖母那儿学会了运用它，从她早期的摄影老板那儿学会了运用它，从两位优秀的艺术观察家她的丈夫梅纳德·狄克逊和她的密友摄影家伊莫金·坎宁安那儿学会了运用它。坎宁安创作了近乎完美的鲜花特写镜头，在这些鲜花上，我们可以领略到每一个雄蕊上的每一缕花丝和花药。画家狄克逊的非凡造诣，是西海岸艺术的奇迹之一：一棵树他只要瞥一眼就能凭回忆来画，而且非常精准；他能够看到一匹马在驰骋过程中的肌肉状态。

当然，所有优秀的摄影都需要视觉的训练和想象力。兰格的特殊视觉灵性聚焦在人物方面。在她的一部分人像摄影中，她好像心有灵犀般地跟拍摄对象的情感连接在了一起，也许他们完全信任她，将他们内在的东西无所顾忌地展现了出来。这份信任得到了回报，使得她的摄影作品具有了很高的价值：兰格的拍摄对象通常总是很漂亮的。当然，是她照相馆的生意给她带来了面包和黄油，但也成了她纪实摄影的核心。兰格让她镜头下的人物都显得有魅力，与其说是出于奉承，不如说是出于尊重，而当她的拍摄对象是被长期剥夺了教育、健康、休息、营养的农场工人时，她对他们的尊重便变成了一项政治声明。其效果是双重的，因为她的拍摄对象的外表吸引了观众，使得他们得到视觉冲击，即便她记录了悲惨和不公正。她的照片既传递美感，也唤起了观者的共鸣。

摄影师的眼睛代表一项技能，而不仅是一个生理器官。兰格喜欢这样阐述：我们用脑子观看——而且不得不接受这样的教导。她抄写了这样一段话："观看不只是一种生理现象……我们不仅用眼睛观看，而且还动用我们的全部身心和文化。艺术家是一位职业的观察家。"她的助手、她的家人、她的朋友——一致认为是她教他们，或者说试图教他们如何观察。她认为，视觉像大多数艺术一样，由百分之九十九的努力工作构成。这样的工作永无止境：摄影师是要"不断地训练自己的观察能力，"她说道，"唯其如此，他才能真正地知道电线杆上是否有两根横杆，有多少绝缘子……那些我们不再关注的东西。"

兰格知道，观看的最大敌人是习惯成自然，要克服习惯需要保持警惕。我们所看到的越是平常的东西，就越不会对其加以关注而忽略掉许多细节，因为我们行事匆匆，还因为我们对将要看到的东西期望太高而忽视了实际的观察。熟练的观察需要清空我们大脑中虚妄和陈腐的反应，人的大脑常会产生这样的反应。有一位神经心理学家估计，视觉感知百分之九十来自记忆，只有不到百分之十来自感观。所以，感知大部分来自推断，而一位伟大的摄影师希望观察者做的不是推断，而是重新审视。兰格在她的肖像馆和纪实摄影中费尽心力反对习惯。她曾经批评过她自己的一张照片，说，"那只是匆匆一瞥。我知道我没有看明白。"兰格对那种没有打破普通预期的照片不屑一顾。

她对视觉的信奉不仅来自艺术的开放，还来自她不愿意做不被卷入的过客。对她来说，视觉的目标是具备理解这个世界和采取行动的责任感，并将两者融合在一起。视觉图像当然有助于激起最糟糕的民族主义、种族主义、厌恶女性的情绪。但是，兰格也相信，图像可以灌输尊重和开放的思想，这是民主的必要品质。她认为，民主的图像有助于建立政治的民主，而视觉教育则有助于公民享有广泛的民主权利。

不过，她所谓的责任不是给问题提供结论；她告诉学生，纪实照片应该提出问题，而不是提供答案。也正是兰格拍摄作品充满疑问的一面，使这些照片到今天还栩栩如生。许多纪实摄影作品谴责非正义和苦难，最优秀的那些照片仍然让人感到震惊，这些照片表明摄影师的确没有理解发生在他们身上的一切。这仍然是一个谜团，也许这就是最优秀的摄影作品隐含的最值得尊敬和最具挑战的信息。

目 录

第一部分
霍博肯与旧金山
1895-1931

    1957 年，当多萝西娅·兰格在旧金山的加利福尼亚美术学校教授摄影课程的时候，她给学生布置了一个她最喜爱的作业。每个星期，学生都要上交作品回答"我生存在什么样的地方？"她指的不是学生住的屋子，而是更深层次的东西。她告诉学生，她想要看到拍摄者和被拍摄对象之间的一种亲密关系。她指出，他们可以运用非人类的物体来展示人类，或者用片段的图像来反映整体。有一组学生斗胆要她示范。她带给全班学生的是她唯一的自拍照，几张她因小儿麻痹症而变得畸形的脚的照片，她感觉，这就是她生存的地方——被囚禁在这个不完美的躯体里。

    她这样解释她的作业："……当我们看所有这些照片时，我们应该感受到自己的家和心灵，当我们接受别人表达家和心灵的视角时，那些照片已然不仅仅是它们最初的那个模样了。"

第一章　意志坚强的孩子受伤了

孩提时代的两个创伤塑造了多萝西娅·兰格，至少她自己是这样认为的。第一个是小儿麻痹症。1902 年七岁的她感染上了这一疾病，当时这一疾病尚未流行，医生也没有治疗的方法。所幸她保住了性命，没有瘫痪，但是她的一只脚变得畸形，小腿僵硬，落下了终身残疾。她总是一瘸一拐地走路，累了就拖着右脚行走。多年来她以强大的意志力努力过正常人的生活，并且获得了非凡的成功。第二个创伤是染病五年以后她父母亲的离异。她对她父亲是那么义愤填膺——在她的眼里，他是一个不负责任的父亲——以至于当她移居到旧金山的时候，她改成了她母亲的姓，兰格，从此以后就再也没有提过或见过父亲。似乎还有第三个创伤，让她苦恼得丝毫不愿意提及，甚至暗示一下都没有：她父亲被怀疑是一个骗子。

历史学家必须根据她自己的感受和记忆结合"真实"发生的情况来考虑这些创伤。但是，就创伤而言，没有唯一的真实性，没有客观的方法能让人对自己身上所发生的事情感同身受，因为这样的创伤部分来自心灵。父母的离异是孩子的噩梦之一，而且这些焦虑很可能永远不会完全消失。任何经历都是主观的产物，青春期的多萝西娅感觉她被父亲遗弃了。甚至于到了完全独立的成年之后，分离或者被拒绝都可能让她感觉自己像个孤儿。（"孤儿"这两个字在她年轻的时候跟今天的含义不一样，这已经无关紧要：在她那个时代，大多数被标上"孤儿"的孩子依然有母亲，只是没了父亲。）可是，事实证明她父亲并没有像多萝西娅再三说的那样"抛弃我们"。她的父母亲显然是友好分手的，他们继续见面并在金钱上不分你我，而且，他们家从来没有完全丧失过中产阶级的地位。

小儿麻痹症带来的创伤则完全不同，因为它留下了有形的让人感觉虚弱的伤害。同时，它像她父母的离异一样，也在她的心灵深处留下了无形的创伤，我们很难体会到这种感觉。更不用说，这个病在她中年的时候再次袭击了她的躯体。

多萝西娅·兰格说："我认为它（小儿麻痹症）是发生在我身上的最重大的事情，它塑造了我，引导了我，训练了我，帮助了我，也羞辱了我。"当时其他的小儿麻痹症患者也许会对此感到惊讶。在小儿麻痹症的幸存者之中有一个简略的表述法用来显示这种疾病全面、永久的影响：他们把自己叫作"小儿麻痹"。这不是医学上的简略表述，如同一位医生在巡诊的时候也许会说，"让我们到三号病房去看看那条断胳膊吧。"小儿麻痹症的幸存者给他们自己贴上了标签：完全不是表达羞耻，而是把这个术语当作一个专属群体的标志。它意味着，我经历过了那些战争。而且，它表明了一种休戚与共的意识，这是多萝西娅所缺乏的，因为当她受到小儿麻痹症折磨的时候，这种病案还很稀有。

据兰格说，小儿麻痹症对她的影响从二十世纪六十年代开始，当时她因为多年溃疡出血和小儿麻痹症后综合征而虚弱不堪。在她充满活力的那些年里，她似乎体力充沛，至少有正常人的力气，而且她向别人隐瞒了她的残疾，就像她竭力否定自己的残疾一样。如果她说小儿麻痹症塑造了她准确无误的话，那么也多亏了她的复原能力、她的内驱力以及她特别的应对策略。她认为自己因父亲的离去和小儿麻痹症而伤残，可是正是她那即便有时吵吵闹闹的家庭支持了她，以及除了残疾而无所不能的特性塑造了她。在同样的压力下，有些孩子至少会有一点点退缩，多萝西娅却不断地变得越来越生机勃勃。她成了一个魅力四射的人，一个具有艺术天赋、不乏超群智慧、兼具勃勃雄心的摄影家，一个成功的女商人，一个强大的、性情多变甚至令人生畏的人，同时也是一个对他人来说异常敏感的人。她拥有对人的情感的敏锐接受能力，以及社会良知和社会责任感。她的天赋、她的精力和她的责任感是要付出代价的。一个孩子，被过早地扔进了一个非同一般的、需要相对独立的境地，由于生活的重压和过度劳累，成年后，她会对她的生存环境有强烈的控制欲。鉴于她的环境包含了其他的人，她有时候也会想要掌控他们。

多萝西娅的亲属同属一个种族：全都是德裔美国人。她的父母亲出生在新泽西州，她的祖辈从德国移民到此，成了中产阶级，而且家道兴旺。1894 年，她父亲海因里希·纳兹霍恩娶了约翰娜·兰格为妻，此时约翰娜已经将自己的名字改成了琼，一个有美国色彩的名字。他们很可能是在圣马修·路德教堂相识的，她在那儿的唱诗班任独唱演员。他们的第一个孩子多萝西娅于 1895 年 5 月 26 日在家中出生。海因里希很快改名为亨利，他像他的父亲一样，是一个有冲劲和进取心的人。他在威斯康星州沃特敦的西北学院待了一段时间，该学院原先是一个路德教的神学院，然后他回到了霍博肯，在一家法律事务所当学徒。1891 年，他获得了新泽西州的律师执照，并跟一个合伙人一起开办了一家律师事务所。四年之后，他将全家从霍博肯迁到了一个富饶的北方郊区韦霍肯。韦霍肯当时已经开始成为纽约富人的度假区，在那个地方，站在可以俯瞰哈德逊河的悬崖峭壁上，清风徐来，凉爽宜人，风光旖旎，如在影视剧中。（人们修建起了一系列的马车升降机、阶梯，古斯塔夫·埃菲尔甚至设计了一部当时世界上最大的电梯，将居民和游客从河面运送到悬崖峭壁的顶上。）纳兹霍恩的邻居都是一些专业人士和白领，偶尔也有技术工人（机械师、工匠、屠夫）和生意人。就他们这个阶级的准则，哪怕琼·纳兹霍恩不去工作，家务也会由侍女来打理。

亨利的成功基于霍博肯的繁荣兴旺和种族构成。在那儿，德国人为数众多，占据了绝对优势，使人们误以为这是一个种族的群体，这意味着他们是少数民族。在公立学校教授德语是最起码的，德国人还在很多大的教会中占据着统治地位，天主教、路德教、新教（信奉"因信称义"的新教）。纳兹霍恩家的教堂是圣马修教堂，最古老和最著名的教堂之一，有一百五十英尺高的钟楼。

1900 年霍博肯的人口达到了五万九千，这使得它成了纽约市的一个郊区，当时纽约市的人口为三百五十万。但是，霍博肯并不是一个只有住宅的社区。它经济繁荣，就企业的多样性来说，它比典型的城市发展更具潜力，所以商业前景看好。它最大的制造厂包括拥有三千个雇员的雷明顿兵工厂、一个巨大的干船坞、库珀·休伊特电气公司以及这个国家最大的铅笔制造厂。霍博肯有很多很大的进口商，利普顿茶叶公司和麦氏咖啡位列其中。在 1900 年到 1905 年间，霍博肯的工厂从一百九十四家猛增到二百七十九家，而且制造业的活跃也催生了许多商业和金融机构。

在多萝西娅生活的那个时代，霍博肯的灵魂是其港区。多萝西娅初见旧金山内河码头的时候，有一种一见如故的感觉，因为霍博肯河边也总是云集着码头工人和水手，他们穿梭于轮船、码头、酒吧之间。五十年之后，霍博肯港区依然如故，充满生机，伊莱亚·卡赞在那儿拍摄了电影《码头风云》。多萝西娅年轻的时候，霍博肯就是纽约地区主要的轮船起终点，有十几个航运公司，著名的有汉堡－美国航运公司，它所提供的快速航运从霍博肯到南安普顿最快只要六天半时间。从这些轮船上岸的移民把霍博肯称作"这个国家大门口的城市"。

霍博肯也有从海运到铁路运输的转运服务，并由拉克万纳铁路为资本主义的这个引擎提供燃料——无烟煤。1907年，规模宏大的伊利－拉克万纳火车站投入运营，这是一件精工制作的高档艺术品，极尽铺张地全都用紫铜包裹装饰，它既连接轮渡的终点，也连接开往曼哈顿的新建的港务局横穿哈德逊河隧道的列车。霍博肯的富裕和它周边城市的发展，尤其是它在地理上靠近纽约，使得教育和高雅文化有了发展的机会。在多萝西娅年轻的时候，这里就诞生了当地摄影艺术的天之骄子斯蒂芬·克兰、弗雷德·阿斯泰尔、杰尔姆·罗宾斯、阿尔弗雷德·金西和阿尔弗雷德·施蒂格利茨。

在霍博肯的中产阶层中，纳兹霍恩家属于出类拔萃的。亨利·纳兹霍恩很快获得了重要地位：当选了哈德逊县委员会终身委员、霍博肯最重要的路德教理事会成员、霍博肯贸易委员会官员、共和党人州议员（他二十七岁那年）。这些职务来自他的家族背景、政治背景、阶级背景和种族背景——他父亲也在教会和贸易委员会任职。由于这些关系，多萝西娅很早就了解了地方政治中所有卑鄙和肮脏的勾当。在州立法机构中，两党通过允许对方腐败来达成和平共处。政客们经营赌博、卖淫、赛马并向企业行贿，让罪犯用金钱买得赦免，而这时候的新泽西州因为对拥有公司持开放政策而获得了"托拉斯之母"的称号。当纽约市对腐败采取严厉措施的时候，有一些巨头，诸如吉姆·菲斯克和杰伊·古尔德之流，便逃到了新泽西州。再没有一个地方比民主党控制的哈德逊县更是一个可以竭尽不正当手段、肆无忌惮地谋取钱财的地方了。这个县的老板们背后大权在握的人物便是那个豪富大贾爱德华·费·康·扬，自内战以来的整个十九世纪九十年代期间，他控制了当地的有轨电车、银行和铁路，而分发给他的那些密友的财产却少之又少。民主党的政治家们变得过于无忧无虑，在立法中过于公开地为那些罪行累累和沆瀣一气的主人们谋取利益，于是民主党在1894年丧失了议会的多数党地位，并在1896年丧失了州长职位。在占据优势地位的共和党内部，产生了一个进步改革派，这被称为"新思想"运动，这个运动不仅攻击腐败，而且攻击对股份有限公司的补贴。"新思想"代表了中产阶级、专业人士和上层阶级中的持异议人士，其中德国人最为突出，是全美进步主义的一贯支持者。亨利、琼和他们的孩子们当时生活的地方韦霍肯是支持进步党改革者的中心，而且亨利·纳兹霍恩也自诩为其中一员。尽管他们在1910年惨遭败北，但是这场"新思想"运动抬高了纳兹霍恩在社区内和选区内的威望。

跟许多其他的进步党支持者一样，年轻的纳兹霍恩两口子是现代的、有文化的选民。1901年，他们的第二个孩子多萝西娅的弟弟小亨利·马丁·纳兹霍恩出生了，那年多萝西娅六岁。纳兹霍恩家重视文学与教育。小多萝西娅阅读家中的莎士比亚剧本。他父亲有一次还带她去看了《仲夏夜之梦》。等他们到剧场的时候，已经没有座位了，所以他站在那儿，而她就骑在他的肩膀上，看完了整场戏。他有强壮的脊梁骨和强烈的愿望，期盼他的女儿能吸收这份营养。

不过，琼才是文化的主要传播者。她热爱音乐，兴趣广泛，她收集爵士乐唱片，也收集古典音乐唱片；她学富五车，关心世界和地方政治，观念进步，甚至还非常激进。在韦霍肯，一个穿制服的侍女让她从家务活中解放出来，琼有时候在那些缺少文化的人面前口出狂言。她喜欢好的家具、好的家装，喜欢炫耀家中的许多图书。她不喜欢她弟媳妇米内特的处事方式，她弟媳妇是齐格菲尔德剧团的一位舞蹈演员，来则"总是拖儿带女、踉踉跄跄地从火车上下来——这看上去太'意大利化'了"。而且她认为，自己的父亲选择索菲·沃特勒为妻"有失身份"。在其他方面，琼心胸开阔，毫无偏见，永不满足。她经常不断地重新布置她的家，有一次她曾解释说，每当她触摸物体和家具时都会不假思索地移动它们。这个奇怪而有趣的癖好不完全是因为她永不满足或者喜欢冒险，而且还因为她有一种抗拒陈陈相因、反对墨守成规的强烈倾向。这种反抗精神会遗传给她女儿，不过在多萝西娅身上，它蜕变成了令人敬畏的行为准则。

这个家庭消费艺术，也创造艺术。琼是一位优秀的女高音歌唱家，在她豆蔻年华的时候就被圣马修教堂雇佣成为独唱歌手，既唱宗教歌曲，也唱古典歌曲。她带着多萝西娅去纽约精美绝伦的圣巴托罗缪大教堂欣赏声名卓著的利奥波德·斯托科夫斯基指导的一个宗教剧。琼的小弟弟约翰·乔治·兰格是海顿管弦乐队霍博肯四重奏的一位大提琴手，也是德沃夏克弦乐四重奏的大提琴手。他在齐格菲尔德剧团任指挥的时候，遇见了米内特并娶她为妻，那时米内特正在演维克托·赫伯特音乐喜剧中的一个角色。回溯一代人，琼的舅老爷奥托、威廉、弗里茨全都是石印师和雕刻师。他们是在自己的母国学的技术，而且将这些技艺传给了两个儿子，即多萝西娅的舅舅们，所以他们也成了石印师。她喜欢看着他们摆弄那些石头。他们是手艺人，是的，但是在那个时代，熟练的工艺跟艺术之间的界线已经模糊不清，几年之后，他们在城市商业指南中将他们的职业身份变换成了"艺术家"。

琼的母亲索菲是一位手艺人，女裁缝，像她的兄弟一样具有很好的创造力。她每年给家里所有的女人做两次新衣服。她还能翻新旧衣服，把衣服拆开，将布料里外翻身，重新制作。这并不表明他们穷，而是生性节俭。那些日子里，服装都是有衬里、有褶裥的，甚至有金银丝镶边的——精巧的缘饰和花饰，有辫饰，有绳饰，有绣饰，还有珠饰。她先是在一张椭圆形的胡桃木面板的桌子上用老式的图案轮描出图形，然后自己打样。桌子上印满了图案轮留下的小小刺孔，就像刺在纸上或者布上一样，多萝西娅觉得它很漂亮，像一个抽象的图案。外婆索菲是一位唯美主义者；多萝西娅记得她曾经说过，"世界上所有美丽的东西中，再没有比柑橘更美的了……"

亨利与琼看上去是一对漂亮的夫妻。亨利英俊潇洒，活力四射，五英尺九英寸的身高，身材瘦削，皮肤白皙，灰色的眼睛上面架着一副眼镜。少女时期的多萝西娅觉得他看上去像伍德罗·威尔逊。琼楚楚动人，她的相貌跟亨利相比更加滋润，也更加健壮，大鼻子，大嘴巴，大眼睛，欢快的面容，肤色红润，雀斑点点，茂密的红褐色头发盘在一起。纳兹霍恩一家去教堂非常积极。每当他们去不了教堂的时候，便会在家里举行宗教仪式，而且做得十分认真——演唱和演奏他们特别喜爱的圣诞歌曲，在维克多牌唱机上聆听他们特别喜爱的圣诞歌曲，挂上已经用得很旧的装饰，并且精心煮上大家庭的节日大餐让一家人共享。

多萝西娅的童年似乎平静了七年。没有什么威胁到这种安宁，直到1902年的夏天，这位七岁的姑娘似乎因为着凉病倒了。但是，令情况变得更糟的是，她父母以为这只是流行性感冒，在当时也有致命的可能。小姑娘发高烧，呕吐，还伴有头痛和脖子僵硬。有一两天她的感觉有所好转，这样的状况过了几天之后，她在家中走路的时候突然感觉双腿毫无力气，而且很快，她一步也挪动不了了。接着，麻痹蔓延到全身，令她的身子难以活动。一个星期之后，纳兹霍恩夫妇俩意识到他们的女儿得了小儿麻痹症，那个时候也叫脊髓灰质炎。事实上，很多得了这一疾病的孩子的父母亲在一开始都把它当作感冒或流感，因为大多数小儿麻痹症病例的症状和感冒或流感的症状没什么不一样。由于这些症状跟其他疾病症状类似，所以在哈德逊县没有 1902 年小儿麻痹症暴发的记录也不足为奇。病毒通过消化系统进入体内，通常会被抗体摧毁。唯有当病毒进入人的中枢神经系统，才会变得具有毁灭性，它们杀死运动原神经细胞，而运动原神经细胞是不可能再生的。更加让人混沌不清的是，有的时候孩子们在有麻痹症状之前就死亡了，有的时候麻痹会反复，而疾病发作前没有任何先兆。即便知识最渊博的医生也感到束手无策。

脊髓灰质炎病毒很可能是一种年代久远的病毒，并非新的突变体。它在一个地方会长时间流行——也即这种病毒传播广泛——但是很少引发严重疾病，因为孩子们能通过母乳喂养被动地获得免疫力，并在以后的外在接触中主动获得免疫力。在伦敦、巴黎以及纽约市东部低洼地区拥挤的贫民窟里，婴儿和儿童一天到晚在外摸爬滚打，具有较强的免疫力。

然而，人类社会的进步破坏了这种适应性。当公共卫生措施改善了环境卫生之后，婴儿更有可能缺少外在接触的机会；要是再大一些的时候才获得外在接触机会，那么他们的免疫力就会欠缺。因此，小儿麻痹症发病率最高的地方往往是卫生条件和污水排放条件最好的地方，这一疾病在贫民窟不太会发生，而在高档社区和农村地区比较常见，因为那儿的水干净，人类的排泄物不是被有效地清除就是被有效地降解。换句话说，小儿麻痹症在公共卫生意义上讲是一种意外的反常后果。随着生活条件的改善，人们得小儿麻痹症的时间在延后，所以小儿麻痹症受害者的年龄在提高。1921 年，富兰克林·德拉诺·罗斯福三十九岁时患小儿麻痹症，这在那个时候也并非是一桩怪事。

但是在 20 世纪较早的时候，疾病跟肮脏和贫困的关联度蒙蔽了公共卫生专家们的眼睛，尽管有报告称，在条件较好的区域，小儿麻痹症有更高的发生率，但是在纽约市大规模流行此病的 1916 年，卫生委员黑文·爱默森的目光还是聚焦在了搞好贫民窟的卫生上。这些主观臆断上升到对城市贫民区的道德谴责，尤其好像在责怪母亲，因为纽约地区有百分之八十的病例发生在五岁以下的孩子身上。

这一疾病不久被公认为"跛子病"。虽然小儿麻痹症的死亡率远远低于被人们习惯性称为"瘟疫"的流行病，但是造成跛足和外形损毁使人们对小儿麻痹症产生了非同一般的恐惧。而且，这种疾病常常攻击儿童的状况让它带有最残酷的色彩。流行病学家约翰·R. 保罗将这种病毒比拟成一个会制定战略的狡猾敌人。它"企图在淋巴组织中扎下根基……"它竭尽所能地"在易得病的儿童身上建立进一步稳固的基础"。他的这番言论跟一个小儿麻痹症患者的回忆有异曲同工之妙，这位叫伦纳德·克里格尔的作家写道：

> 我只能躺在床上，一个十一岁的小男孩，对从脚踝处悄悄往上爬的无声的死亡感到恐惧……当时我尽管无法理解，但我知道，我的生命取决于我身体内的东西，取决于它是否吃够了我柔软的儿童肌体，抑或纯粹是休息一下，静悄悄地暂时停下来冷却一下它胃口的激情……然后，以其贪得无厌、肆无忌惮的欲望，爬上来吞噬我的心脏、我的脖子、我的头颅甚至我的心智。

多萝西娅患小儿麻痹症的经历没有留下任何记录，她自己没有留，她身边的人也没有留，所以，出于想象我只是将其他来源中一系列典型的小儿麻痹症信息拼凑起来罢了。麻痹发作常常引起眩晕。有一个小儿麻痹症患者记得他大声喊叫过："我找不到我的身体啦。"疼痛难以忍受，让人害怕。"在我体内的神经细胞一个一个地死去的那两个星期里，我感觉持续不断地疼痛，就像没用盐酸普鲁卡因麻醉而钻牙齿一样痛，而且是全身痛。"随着麻痹的衰退，疼痛加剧，而且几乎没有止疼药。患了小儿麻痹症的肌肉十分脆弱，而且常常抽搐。病人的每一个动作——穿衣服或脱衣服，洗刷或揉捏——都会产生疼痛。在病情最严重的时候，病人通常不能说话、吞咽，甚至大小便都会失禁。

可以毫不夸张地说，人们毫无办法治愈这一疾病。没有理由送医院治疗。（当时中产阶级的人们将医院跟最糟糕的医疗和死亡联系起来。有一位记录小儿麻痹症的医生写到了"医院阶层"，那是贫穷和不光彩的代名词。）如果小儿麻痹症攻击了膈膜，你就必死无疑，因为在1924年之前还没有铁肺或者人工呼吸机。美国第一份可靠的研究报告称，有百分之十七的小儿麻痹症患者死了，但是当成人和年龄较大的儿童被感染时，死亡率还会更高。一位医生很可能来看过多萝西娅，当时在她这个阶层和当地人中通常会请医生上门，不过他做得越少，反而越好。很多医生运用令人不悦的传统治疗方法，但是毫无用处。我们很难责怪他们，当父母绝望地恳求医生做点什么，试试任何方法时。

奇怪的麻痹将身心彻底隔绝，仿佛人的身心被囚禁了。伴随而来的是沮丧。曾经活蹦乱跳、到处疯玩的孩子再也没法跟其他小朋友一起玩耍了。害怕被传染使得客人不再登门，也导致父母亲没收甚至毁掉了孩子最喜爱的物品——宠物、泰迪熊、特别喜爱的图书——以防它们携带污垢和病菌。这种做法剥夺了孩子的一切，互不关联的损失汇合在了一汪毁灭的池水中。孩子们甚至感到内疚：当十一岁的伦纳德·克里格尔再次能够说话时，他对他母亲说的第一句话便是，"对不起，妈妈。"

当麻痹消退的时候，治疗的目标是防止畸形，方法有推拿、支架矫正和痛苦的物理治疗。多萝西娅的右腿用的是支架矫正。一开始穿一只特制的鞋子，实际上是一只短筒靴子。两根钢柱绑在她的小腿上，一直延伸到大腿处；外侧的钢柱一直延伸到盆骨部位的一个箍；它铰接在脚踝部位和膝盖部位，但是这些铰链可以锁住，以便在那条腿保持直立的时候提供支撑，并矫正畸形的腿。这一器械的持续重压让人感觉很痛，铰链片擦伤皮肤，还有那支架的重量——很可能有大约二十磅重——让佩戴者疲惫不堪。

有些麻痹的病人可以完全恢复活动功能，但也有病人的双腿（这是最常见的小儿麻痹症导致的后果）、双臂、胃会永久性地麻痹，而最不好的预后是膈膜麻痹。多萝西娅这场病造成了永久性的损害——即可见的永久性损害——在她的右腿。肌肉萎缩，肌腱拉紧僵硬。治疗和锻炼使她右腿的下半部分恢复了功能，但是跟她的左腿相比，僵硬而无力，形状相对不太雅观，右脚无法弯曲到跟右腿形成直角，成了"吊脚"。（这是最常见的小儿麻痹症导致的畸形现象，被称作"马蹄畸形足"，因为它看上去像蹄子形状，在一些极端的病例中很像旧中国妇女缠裹后的小脚。）由于足底始终处于弯曲状态，所以其后部的肌肉和肌腱便收缩了。多萝西娅的右足也有点"内翻畸形",即朝内翻转,只有外边的足底接触到地面,她的两只鞋子常常需要不同的尺码。

很难弄清楚多萝西娅和琼对创伤造成的情绪有什么不同,因为孩子患小儿麻痹症后常常是再次依赖照顾他的人,小儿麻痹症患者一般都是母亲担任看护人,帮助他们重新自立。七岁大的多萝西娅仿佛回到了她的尿布时代,离开了母亲便寸步难行,很可能连呼叫母亲都很困难,这让多萝西娅变得十分敏感。这种不正常的可怕的亲密给一个孩子带来的不仅仅是肢体上的麻痹,而且让孩子变成了一个没有任何能动性的死气沉沉的人。一些小小的误解也许伤害了早已柔弱不堪的幼小心灵。第一波麻痹袭来的时候,孩子目瞪口呆了,但是因为她还太小,所以她会以为这很快就会过去的,尤其是因为在她的经历中父母亲总能够保护她。孩子的想象中也许有一个符合逻辑的解释。有一个孩子问道:"妈妈,为什么我吃下的东西都往一条腿去了,而另一条腿这么瘦?"更加糟糕的状况可能始发于此。父母亲知道孩子需要安慰,所以他们会说些无伤大雅的谎话:"你的那条腿感冒了呀。"或者说他们会误解孩子:一个孩子患上小儿麻痹症后,双眼会受到感染,会产生复视,便会对他父母说,他能"看穿"物体,父母的反应是这不可能。所以,孩子们意识到父母亲所说的话未必十分可信。在多萝西娅身上,这种麻痹所带来的依赖反而使她对独立自主的需求变得格外强烈,她觉得依赖别人并不安全,并不可靠。

在疾病逐渐康复的过程中,有可能出现严峻的挑战,哪怕并不是难以对付的。琼强调,多萝西娅应当隐藏她畸形的瘸腿。她不让女儿受别人诋毁的愿望,跟她自己生怕在别人眼中成为一个"跛子"的母亲有关。正是因为有了再次依赖别人的经历,孩子取悦母亲的正常愿望得到了强化。这种努力会让人疲惫不堪,而且常常失败。成人之后,多萝西娅将这种失败转换成了愤怒,便会谴责母亲屈从别人的观念而丧失自尊。然而,琼的耻辱感对多萝西娅产生了毕生影响,使得她做任何事情都会有过高要求。她很少关注常见的服装款式,但是她十分注意绝对控制自身的形象。

回学校读书成了新困难。对那些有"特殊需要"的孩子没有特殊的课程。残疾孩子既不会受到尊重也无法得到认可。麻痹症常常跟低能是"孪生兄弟",身体上和认知上有缺陷的孩子常常被放在同样隔离的教室里。很多患小儿麻痹症的孩子回忆,那些怀疑他们假装麻痹和衰弱或者夸大麻痹和衰弱的老师们,因为怀疑而对他们产生了不信任感，于是便助纣为虐，使得那种孤立雪上加霜。当其他孩子跑到教室外面进行课间休息时，患小儿麻痹症的孩子便只好在长长的走廊里慢慢地瘸着腿走路。一旦到外面去了，她也很可能只是站在那儿观看别人玩游戏。有些孩子得到告诫，别跟她一起玩，而行为更加不端的孩子则怒目而视，窃窃私语，甚至出言奚落跛脚的小朋友。年龄稍大的哥哥姐姐也许会保护弟弟妹妹，但是多萝西娅只有一个一岁的弟弟。也许可以有一个能庇护她的忠实朋友，不过朋友或许也会背弃她。

一个七岁的孩子会把自己当作"跛子"吗？抑或会预测自己的一生将在诋毁和歧视中度过吗？她的父母亲肯定会仔细考虑并接受这样的后果。从多萝西娅的病案来看，随着她活动能力的全面恢复，父母亲的焦虑逐渐减少了，但是父母亲的恐慌给她这段经历留下了一个伤疤，一个心灵上的敏感区域，然后被这个适应能力强的孩子给弱化了。数十年之后，得过小儿麻痹症的米娅·法罗写道："我童年时代结束的时候才九岁。"

然而，没有两个得过小儿麻痹症的人的反应是相同的。多萝西娅的小儿麻痹症经历是由她与生俱来的人格形成的，不仅仅强化了她的自我约束和独立人格，而且强化了她战胜创伤的坚定意志。

撇开小儿麻痹症的磨难不说，纳兹霍恩家的朋友和邻居也许都认为他们是一个模范的美国家庭。直到琼和亨利离婚，他们的美名不再。这件事情发生在1907年多萝西娅十二岁时，成了她人生旅程的又一个重要组成部分。她老是说起父亲"抛弃"了这个家庭。令人不可思议的是，她似乎还把父亲视作一个罪犯，或者至少当作一个人格卑劣的人。有一些档案研究获得了一系列多萝西娅的母亲保存下来的秘密，她没有告诉她的孩子们，目的是保护一位颓废的男人，他的成功掩饰了自身不少弱点。

多萝西娅把父亲看作抛弃她们的人，这段经历符合二十世纪早期对夫妻关系解体原因的一般推断。当时的法律和习俗认为，婚姻不是两个个人之间的契约关系，而是配偶与国家和教会之间的契约关系。婚姻过去是现在仍然是一个公共习俗，而不是个人习俗——在一个世纪以前更是如此。当时解除婚姻契约的唯一途径是证明对方违背了契约的条款——即犯下了违背婚姻法规定的过错。此外，离婚不仅仅需要契约的一方有过错，而且需要另一方是清白无辜的。要是双方都有过错，那么要解除这一契约就没有法律基础。由此，离婚必须得是一个敌对的过程，一方努力想要解除婚姻关系，而另一方却要竭力维系。要是有双方都想离婚的证据——就是说双方之间有"默契"——那么离婚就会自动被否决。要是有心平气和分手的证据，结果也是相同的。夫妻想要离婚，就得有一方提起诉讼加以解决。

离了婚的母亲面临着更多的问题：她们既难以找到维持生计的办法，也无能力照顾她们的孩子，除非她们能得到亲友们的帮助。结果是，当时的孤儿院充斥着生母还在世的孩子，她们没法养活他们。所以母亲们不愿意失去婚姻，如果丈夫走了，那么妻子和孩子事实上常常就是被遗弃了，尤其是在很难让父亲支付抚养费的情况下。在这一背景下，所有婚姻关系的破裂通常都被叫作或者被认为是遗弃，哪怕是妻子一方急于逃脱这个婚姻。

不过，自愿离婚的夫妻也许可以事先说好，编造一个遗弃的故事，以便有望得到慈善捐款。如同历史学家南希·科特说的那样，遗弃"是自主离婚的代名词"。在二十世纪初，无数个丈夫玩这出把戏，为躲过公众视线，偷偷摸摸地登堂入室并提供经济资助。婚姻解体另一个常见的复杂情况是矛盾心理，现如今夫妻面对分居与离婚犹豫不决，而在那个时候他们有更多理由远离这样的危局。今天，同一对人尝试分居，甚至离婚和再婚已经司空见惯。1907 年，这样的举动只能是秘密的，被这些秘密包围在中间的孩子们常常构思出比真实情况更加悲惨的故事。

不过，亨利·纳兹霍恩并不是和上文同种情况的遗弃家庭；相反，他是逃走的。琼很可能对他的金融诈骗一无所知，直到所有这一切在瞬间崩盘。1907 年 7 月，他们被从韦霍肯的家里赶了出来，因为拖欠了三个月的房租。琼不得不变卖了一些珠宝以付清欠侍女的工钱。琼和亨利分开了；琼带着孩子们到霍博肯的娘家去了，亨利离开新泽西州去了布鲁克林的弗拉特布什。他蓄起了胡须，用了一个假名。一位警官很快就来到索菲的家里，送达一份对亨利的起诉书，由于亨利不在，便将那些文件留给了六岁的马丁。涉案的钱款为四千到五千美元，相当于今天的十一万美元。这不可能仅仅是欠债的问题，因为以欠债名义作有罪起诉、将欠债人送进监牢的法律在新泽西州早已经被废除。在纳兹霍恩夫妇离婚最后的听证会上，法庭任命的一位"特别法官助理"称他为"赌徒""投机商"。我猜十有八九亨利是挪用公款或者是挪用了客户的钱赌博，也可能是引诱客户进入骗局，或者被客户引诱陷入了肮脏的交易。

接下来的十一年中，琼·纳兹霍恩继续偷偷摸摸地跟他会面，先写信约好，安排到哪个饭店幽会。琼很快就找到了工作，她和亨利在经济上互相帮助。1914 年，亨利提出结束他们的婚姻，所以这意味着，到那个时候，他们依然存续着婚姻关系，但是接着他改变了自己的决定。他再也没有回家，而且在分居的头七年中，孩子们也从来没有见过他。在 1914 年至 1918 年之间，琼证明，他见过他的孩子们大约六次，每一次见面都是在公共场合，也是事先写信约好的；七年之后，他很可能觉得他更安全一点了。他给他们带来了礼物。在这个时段，琼努力想让检方撤回他的有罪诉讼，而且亨利暗示也许她能帮助他还清债务。如果她考虑用她自己所挣的钱帮他解决麻烦，那么这不是个例——女人认为自己能拯救一个潦倒的男人。

琼对这桩分居的婚姻纠葛延宕了十一年之久，既因为她自己有体面而稳定的收入，也可能说明，或许她一直爱着亨利，这也反映了许多女人认为婚姻是必要的体面的行为准则。最后，1918 年 7 月，她以自从 1907 年以来就被遗弃为理由提出离婚申请，结果证明这是一个令人尴尬的错误。她的证词不仅承认他们的多次会面，而且还说明 1910 年夏天她"作为他的妻子"跟亨利生活在一起。她后来对多萝西娅说，那时她有过一次小产。这可以说明亨利回来跟全家小住过一段时间，或者说他曾经跟琼有过性生活——抑或两者兼而有之。无论哪种情况，她不得不在 1919 年 3 月的离婚申请里把被遗弃的时间修正为 1914 年 9 月。离婚最终在 1919 年 12 月成为定局。此后的好多年里，在琼认为亨利·纳兹霍恩去过的地方——纽约州、特拉华州、加利福尼亚州、佛罗里达州、新泽西州——都找不到他的任何痕迹。

多萝西娅有被遗弃的感觉，这种感觉部分是她母亲造成的。不过，这种情感的强烈程度表明她早年对父亲的依恋。这位父亲，曾经用肩膀扛着多萝西娅看完整场莎士比亚戏剧，他的成功与重要已经使长得足够大的多萝西娅能够欣赏，但他居然抛弃了他的孩子。

婚姻的解体剧烈地改变了孩子们的生活。他们搬进了外婆索菲的家里。索菲是一个控制欲很强的人，脾气暴躁，酗酒无度，时不时地暴跳如雷，特别是冲着多萝西娅。随着年龄的增长，她的脾气变得越来越差（也可能是因为她的家变得更加拥挤了）。她甚至会揍多萝西娅，多萝西娅反过来会对不劝阻外婆的母亲大发雷霆。

多萝西娅倍感孤苦伶仃，不仅仅因为被父亲遗弃，还因为母亲不在意她。十几岁的多萝西娅，作为一个很容易受到威胁的弱者，开始收集证据来反抗她的母亲，但是她对索菲及其丈夫非常恭顺。五十年之后，她甚至责怪母亲，在她患小儿麻痹症时过分听从大夫。然而，多萝西娅的表兄米内尔达和乔伊认为琼很盛气凌人，至少对她的小弟弟——他们的父亲——约翰是这样的。这些截然不同的评价并不令人惊讶，毕竟，哪个女儿能客观地看待自己的母亲？纳兹霍恩和兰格的家庭关系让多萝西娅对母亲的看法很纠结：她热爱琼，毫无保留地站在她那边反对自己的父亲，但是她一样鄙视她的消极被动。琼的性格并非勇于承担责任，而是害怕担负责任。多萝西娅自身的不耐烦偶尔会产生角色倒转，她有时会安慰母亲。马丁接受姐姐的观念，从十几岁的时候开始，多萝西娅和马丁对母亲的爱称就是"糊涂姐"。

尽管如此，当纳兹霍恩一家搬来跟索菲住时形成了数代同堂的大家庭，索菲还给多萝西娅准备了礼物。索菲虽然脾气比较急躁，但是她鼓励多萝西娅，她的文化品味深深影响了多萝西娅。索菲是"好东西"的鉴赏家，她教导多萝西娅不要去理会那些仿制品、赝品、廉价品；这以后，多萝西娅对这类东西很鄙视，说它们不是"好东西"。索菲的小妹妹卡罗琳是一位小学老师，也住在那儿，多萝西娅称她的这位姨婆是"对我和全家来说唯一可以完全信赖的人"。琼和多萝西娅两人都依赖卡罗琳来调停和安抚索菲。多萝西娅利用卡罗琳，就像她利用索菲一样，帮助自己摆脱母亲的束缚同时贬低母亲，她常常说卡罗琳如何聪明，她的学生如何崇拜她。多萝西娅每当引用索菲关于橘子之美的评论时，总会加上一句，"这话我母亲得要解释一下……我完全明白她的意思，绝对。"她责怪母亲把她叔叔的一颗石印给扔掉了，她认为外婆肯定不会干出这样的事情。"我外婆知道我比妈妈聪明……比她敏感……"

琼的工作经历使得人们质疑多萝西娅关于她消极被动的说法。她在婚前就受雇于一个图书馆，婚后继续在那儿工作，其间还怀抱着成为一位职业歌唱家的希望，直到她的孕肚明显看得出来为止——这对她这个阶层的女人来说是非同寻常的。后来，她又很快就找到了一份好工作。1902 年至 1908 年间，纽约市建成了四十二家图书馆分馆，需要大量的合格工作人员，于是琼被纽约市下东区的查塔姆广场分馆雇佣。她的薪水（十二美元一周，五十五美元一个月）比一般女工的普通工资（六美元一周）多一倍。琼在这个岗位上干了六年之后，应聘到哈德逊县的少年法庭，担任少年犯在假释期间是否有违法行为的调查员。这项法庭任命具有意义重大的责任，同时也有一定的风险——常常需要在天黑之后，单独在城市最糟糕的街区巡逻。琼十分胜任。多萝西娅偶尔也会陪同她，亲眼目睹琼用"不寻常的方法了解到他们（那些假释犯）是否在家却不予回应"。所以，"糊涂姐"事实上为她女儿树立了能干和独立的榜样。

接受有关琼懦弱的荒诞说法倒是有用的——它坐实和证明了多萝西娅要逃离霍博肯和自己的家庭。纳兹霍恩家族、沃特勒家族和兰格家族的其他人都没离开那儿。多萝西娅在二十三岁时永久地离开了家庭，跑到了尽可能远的三千英里之外，但她从未完全摆脱少女时期的怨恨。她将家人的德国做派跟她母亲所谓的恭顺联系在了一起："我烦她那种德国人的秉性，敬重权威，我不喜欢。"当然，关于德国人的这一评价是一种针对种族的迂腐看法，当多萝西娅离开霍博肯、经历了两次世界大战之后，这种看法更有可能已深入到了她的观念中。

琼的工作对青春期的多萝西娅来说意味着更少的监督和更多的独立。但是，多萝西娅关于母亲逆来顺受的荒诞说法尽管并不确切，但对树立她坚强的个性发挥了作用。琼自己也同意了这一说法，认为多萝西娅的脾性像索菲，隔代遗传的情况并不鲜见。在这个家庭关系中，琼和多萝西娅共同铸成了多萝西娅的自信。"我母亲曾经对我说，"多萝西娅回忆道，"'你身上有比我更坚强的意志。'这倒是真的。我有更坚强的意志。"

但请听她的下一句话："不过，我给她拍了一张照，这是我母亲的真实模样，这表明我非常爱她。"她说她的摄影作品有自己的思想，仿佛她只是一个媒介而不是一个创作者，这不是故弄玄虚，而可能是在颇为精准地表达她跟母亲之间的关系。虽然她竭力克制，但是多萝西娅对母亲的爱仍涌上心头，也许她在努力抵御自己对勃勃雄心、把工作放在第一位以及自己的钢铁意志的内疚和羞愧。

第二章　到城里做学徒

多萝西娅在许多最重要的领域都是自学成才的。就此而言，她与路易莎·梅·奥尔科特、伊丽莎白·巴勒特·布朗宁、埃玛·戈德曼、多丽丝·莱辛不相上下。多萝西娅接受了十二年的公立教育，成绩平平。但是从青春期开始到二十三岁为止，她就在设计和实施她自己的课程，尽管是无意识的。她最优秀的老师是纽约，纽约造就了她。假如她在旧金山长大，也许也能以同样的途径学习，但是那些课程可能没有那样强大的功力，因为在她那个时代，纽约是美国城市中间的佼佼者。它是一个万花筒，有富人和穷人，有土著人和外国人，有白种人和其他肤色的人种，有流浪汉和唯美主义者，有贫民窟和豪宅区，有杂耍和歌剧，有滥交和假正经，有形形色色的激进主义和飞扬跋扈的保守主义。

多萝西娅通向这个世界的桥梁是她母亲。当她丈夫逃亡之后，琼·兰格·纳兹霍恩在1907年的时候带着十二岁的女儿来到了纽约——既为现实生活所迫，也因为琼对此并不畏惧。

多萝西娅是一个美丽的小女孩，在母亲带她去拍的照片里，她穿着漂亮的衣服，姿势摆得很好看。她看上去瘦瘦的，热情，活泼，好像随时要笑出声来或者要讲出话来一样，没有任何残疾的迹象。作为一位青春期少女，她看上去有些强壮，她的金色长发松松地束在脑后，直率的目光直视镜头，姿态放松而又自信。

这种自信在家中受到了考验。琼是一个有爱心和热情的人，但是她不敢面对索菲，索菲越来越频繁地发脾气。六岁的马丁经常跟索菲在一起，但他是一个脾气随和的孩子，最容易惹索菲发脾气的是倔强的多萝西娅。琼尽可能不让多萝西娅跟外婆在一起，这也是她在纽约找到工作之后决定送多萝西娅到那儿去上学的原因之一。她用多萝西娅的教母埃米莉·桑德菲尔德在纽约的住所安排了这件事情。于是，多萝西娅和琼每个工作日一大早便一起出门，跟一群在纽约城里上班的新泽西人一起，坐快速渡船到克里斯托弗大街码头，1908 年中期哈德逊隧道开通之后便改坐火车。她们在图书馆关门之后一起回家。此时已经十二岁的多萝西娅每天有好几个小时是独自一人——离开她母亲之后一个人步行去上学，放学后再步行到图书馆，估计在那儿的工作人员休息室里做作业度过她放学后的时光。

多萝西娅的七年级和八年级是在纽约市下东区第六十二公立中学就读的，学校位于诺福克街和埃塞克斯街之间的赫斯特大街上。这个学校堪称典范，拥有出色的领导和慷慨的赞助者。校长朱莉娅·里奇曼是一位强有力的进步改革家，她选择到穷人和来自东欧的受教育程度低下的下东区犹太移民中间来工作。然而，学校在多萝西娅身上所体现的教育效果没有达到她母亲的预期。在霍博肯的小学，多萝西娅觉得自己是一个很优秀的学生，思路敏捷，聪颖过人。后来，她回忆说，她"落后了"，因为第六十二公立中学的学生太聪明、太勤奋了。多萝西娅后来声称，在那三千个犹太儿童中，她是唯一一个非犹太孩子，也是唯一一个在学校里过犹太新年的孩子，虽然这可能有些夸张，但这就是她的感受。但是，她对那些犹太孩子的尊重多于怨恨。"他们对知识如饥似渴，对成就如饥似渴，对成功的基础如饥似渴，你知道，他们拼命往前挤……对我来说他们太聪明了……聪明得太具有攻击性了……由于他们的野心太势不可挡，所以对一个外来者来说，这纯粹是一个野性的群体。"这样的认知数十年间一直存在，但是她在记忆中获得这种意象和情感的基调则还要更早一点。多萝西娅虽然聪明，但是她没有像那些比她晚来的更贫困的美国人那样，拥有在美国的主流社会机构中往上爬并获得成功的强烈欲望。她说，尽管没有人不尊重她，可是她始终觉得自己是一个外来者。

跟那些外国孩子在一起的经历并不仅限于学校生活。通过摄影家雅各布·里斯称之为"犹太市镇"的一扇扇窗户，她看到了他们拥挤不堪的公寓、多人共睡的床铺、一池两用甚至一池三用的厨房洗涤池，有时当浴缸，有时当工作台。"每当9月来临的时候，我总是要驻足观看并记下我在那些公寓里经常能看到的东西，那时他们过犹太人的节日……所有的女人都要戴假发，黑色的假发，男人则都留着胡须，戴上那种叫亚莫克便帽的小黑帽……我什么都看。我也还记着他们烧饭的气味……"她看到男人们埋头看书，其他家庭成员埋头做针线活。然而，这些奇怪的穷人却培养出了第六十二公立中学才华横溢的学生。那些贫困家庭跟那些生活在贫困家庭中的学生的能力的联系，令她颇为不解。

在第六十二公立中学的两年改变了多萝西娅对自我的认知。她打消了接受学校教育的念头。譬如，如果她曾经想象自己能成为一个像卡罗琳姨婆那样的老师，那么，她已经不再对这一目标抱有希望了。不过，后来她开始相信，她的犹太同学以及他们的家庭向她灌输了他们牢不可破的道德标准，她称之为"人际关系的神圣性"和"情感的崇高性"。她吸收了犹太姑娘的特点，这对多萝西娅来说是一种新的女性风格，因为她们经常像男孩子一样在学业上雄心勃勃。

每当她回忆起在学校的那些日子，她从来不提及她的残疾，好像这在她的经历中不存在一样。这是她常用的做法：她的瘸腿是她生活经历的组成部分，这让她感觉自己跟别人不一样，但是她从来不讨论这件事情——从来不提她的痛苦、虚弱、被侮辱或奚落。

渐渐地，她会在去图书馆与母亲会合的路上磨蹭，也越来越多地在大街上闲逛。到了七年级的时候，这个早熟的孩子开创了她在纽约的标志形象：城市里的步行者。她走了很长的路，虽然残疾的脚妨碍了她的速度，但是影响不了她的耐力。纽约有很多可看的东西，因为在这个人口稠密的区域，有很多生活大戏在门廊上、大街上上演——不仅仅是买卖，还有修理、清扫、玩耍、争论、吃饭，甚至睡觉——对一个习惯了中产阶级隐私观的姑娘来说，这是一种奇特的生活方式，也是一种异乡风情。她有可能是在肮脏不堪、臭气熏天的地方闲逛，有时也会去打架斗殴的地方。一周有两个晚上，她母亲工作得很晚，一个人回家时她便小心翼翼地绕过垃圾堆，跨过横卧在路中央的醉鬼，避开街头的流氓。街道上到处都是马和马粪。数千的人死于霍乱、伤寒、天花、斑疹伤寒、白喉。每年十余万人被捕入狱，几百个孩子被遗弃。（二十世纪五十年代她在亚洲旅行时便会想起下东区的肮脏和它的迷人之处。）

当她抬眼望向那些建筑时，她获得的是又一场视觉盛宴。这个区域的一百七十个犹太教堂大多数只是店面，但也有几个建造得像模像样的教堂——从诺福克大街那个建筑风格简单得几乎有点接近现代的贝丝·哈梅德拉什·黑格多尔教堂到埃尔德里奇大街装饰华丽的具有摩尔风格和罗马风格的犹太教堂——卡尔·阿达思·耶书仑教堂。她穿行在残存的德国小建筑、汤普金斯广场公园附近的德国人聚居区、德国专科医院（现在是斯特伊弗桑特综合医院）、自由图书馆（现在是奥滕多弗公共图书馆分馆）和那个射击俱乐部德美镖局之间，所有这些建筑都有经过精心装饰的德国式圆弧形风格外观（圆圆的拱形结构，新罗马风格）。她向西朝哈德逊河走去，穿过"犹太丽都街"，这是第二大道沿线犹太剧院比较集中的一个长条地带的名称。她有时会沿着鲍厄里街漫步，这是一个廉价酒吧和乞丐、酒徒充斥的街区，黑乎乎的街道，头顶是第三大道的高架铁路，两边排列着当铺、酒吧、台球房和教堂。单间的廉价客栈和宾馆的名字诉说着它们原先的辉煌：哥谭、伟岸、温莎、白宫。再往西走，她经过了西村联邦风格的连栋房屋，原先是木匠照着图稿建造起来给工人和手艺人居住的，现在开始被流浪汉重新利用，她还在街上看到了一些异乎寻常的人。

她后来说，在闲逛中她学会了观察。她锻炼了自己的眼力，她外婆十分欣赏她的眼力，这样的眼力日后成为她最强大的武器。幼儿精神病专家和纪实摄影评论家罗伯特·科尔斯认为，这些经历既构成也揭示了"她后来的工作风格的独特要素：不屈不挠地刨根问底，轻松自如地从一个社区到另一个社区，对极度拮据的家庭生存能力表现出浓厚兴趣；……她旗帜鲜明地坚持反对权威，形成自己的审美趣味和道德关怀……尤其是持续的关怀……"

科尔斯稍稍有点夸大，因为这些能力是在此后花了多年的时间来培养成的。但是，他指出了纽约下东区的经历对多萝西娅的未来所产生的重大影响，这点确凿无疑。这一经历强化了她独立自主和自力更生的个性，既是天生的也是受家庭影响的，它证实了外婆的教诲——集中注意力观察会发现美。这一经历教会了她看上去险恶的东西也许是无害的，一个姑娘独自在混乱的街区也可能是安全的。它表明，生活在贫困中的人可能跟生活在富裕中的人有相同的潜力。闲逛的这段经历证实了独处的乐趣，在那些日子里她称自己是"一个孤独的人"。

多萝西娅认为，正是在下东区，她学会了披上"隐形斗篷"。隐形斗篷使得她能够观看却不受到骚扰或者处于不安全境地。这个比喻对她来说十分贴切，因为她一生都在重复不断地使用它。这对她理解摄影十分重要，而且它也多次被传扬。把自己想象成是隐形人，让她回想起了母亲的告诫，要更努力地隐藏跛行和畸形的脚。视自己为隐形是她避开索菲的锋芒的策略，也表达了她的感受，即她的父亲看不见她，已经把她忘了。这件斗篷，像一个浪荡子的斗篷，一个观察者的斗篷，让她为自己争取了一个主动的地位，一个孤独的姑娘不寻常的地位。当波德莱尔第一次使用这个词时，浪荡子一定是一位绅士，不会是其他什么人。底层的人不可能有闲暇去溜达和观察，或者据说也不可能具有波德莱尔所推崇的奥林匹斯神的视角所需的公正。在当时，没有一个做那样的尝试的女人是安全的，也不会受到尊重。多萝西娅·兰格绝不是第一个违抗维多利亚时代约束的人，但她是在异常脆弱的年纪和一个骚乱不断的城市中做到的。

这时，一个伴随她终身的特点变得清晰起来：多萝西娅热爱观察。她在下东区的游荡和她在第六十二公立中学的失败正在将她推向一个新的方向——艺术。她外婆索菲曾说过——用德语说的，但是多萝西娅听得懂——"那个姑娘脑子里有线条"，就是说她看得见布局和构图。有一次，她在哈肯萨克草原上望着外面，看到天空映衬下的水平线，便对她的同伴说："对我来说，那是美丽的。"她的同伴深有同感："对你来说，一切都是美丽的。"这句话给她带来了她以前没有的自信。也许，她将这一点跟她欣赏她舅舅的那些石印联系了起来。

从第六十二公立中学毕业之后，多萝西娅被沃德利女子高中录取，它是曼哈顿仅有的三所公立高中之一，布朗克斯区大多数是私立学校或者是教会学校，那个时候只有很少一部分学生去上高中，沃德利女子高中是其中之一，它坐落在非闹市区，位于第七大道的第一百一十四和第一百一十五大街之间，四周被一些新的公寓楼包围着，这些公寓楼的主人常常是事业蒸蒸日上的人，包括部分曾经居住在纽约下东区的犹太移民。在沃德利女子高中，犹太学生是少数，多萝西娅则成了这个所谓上等白人群体中的一员。可是，她的心不在学校里，所以她在这儿也并没有成为一个优秀学生。她学习拉丁文，勉强通过了考试，也学习代数、几何、生物、植物、物理、英语、图画、音乐。除了一些进步活动的影响——女权主义者亨丽埃塔·罗德曼在那儿任教，还有一个争取妇女选举权的学生联盟——之外，沃德利女子高中鲜有第六十二公立中学的那种新潮的衣着。它强调着装严谨，行为规范，几乎没有什么艺术活动，为女孩子们准备的可以挣钱的就业路子也只有两条：当老师或职员。多萝西娅的课程勉强及格。她有一种青春期的叛逆，哪怕她成绩差，她也认为自己高人一等。后来，她对学习上的失败懊恼不已，她责怪当时的教学有问题。"……那是多么重要的时间段啊，学校本来可以为我做些什么——因为我喜欢读书，而且我学东西很快——那段时间竟然荒废了。"她若有所思地说。

有几位老师引起了她的注意：一位热爱威廉·叶芝的老师，一位"头脑聪明"的物理老师，尤其是玛莎·本斯利·布鲁埃尔。她来自积极参与进步社会改革的上流社会家庭，是著名的进步共和党人亨利·布鲁埃尔的姐姐（多萝西娅回忆说，他的名字每天都见报），她像磁铁一样吸引着多萝西娅，并对这位学生的钦佩给予了回应。多萝西娅给她的印象非常深刻，以至于这个古板严肃的女人事实上在帮她作弊："她完全不顾她的原则……改了一份试卷的分数……因为我考得实在是太糟糕了……那就意味着我那门功课不及格……"

多萝西娅在沃德利女子高中的四年学习生涯中，不断逃学。她整天在街头消磨时光，带着书本，东张西望，到处游荡。显然，学校从来没有报告过家长，因为她母亲丝毫不知情，但或许是多萝西娅的记忆夸大了她旷课的次数，或是她编造了借口。据她回忆，这事儿没有被发觉是因为她母亲的疏忽，真是谢天谢地。她知道，也许是潜意识里，她的逃学并非是没有成果的。她了解了这个城市，她对城市的恐惧感消失了。她必须要了解的这个城市比她原先以为的要大得多，边界从哈莱姆延伸到了曼哈顿的尽头，而且到了1913年，这个城市地铁的载客量已经达到了八亿一千万。多萝西娅有时候步行穿越市区。当渡船靠近的时候，她从轮船的底部往上，看到了那些曾经只是天际线的一部分的建筑。她看到了富人、中产阶级以及穷人的生活状况是多么地不同。

事实上，由于商业性的公共文化的发展，大都市的现代性已经开始模糊了阶级和种族之间的文化界限。你可以在第五大道的亨利·本德尔服装店看到高档的服饰，也可以在第十四大街的克莱因商店看到平民百姓的服装。而且一个十几岁的少年，只要有点冒险精神就可以在两家商店里穿行。电的应用使夜间呈现出壮观的景象。竞技场是一座建于1905年的杂耍和马戏宫殿，用电灯勾勒出闪闪发光的圆球，里面的穹顶环绕着一条条光带。时代广场附近的新剧院区一年有四百多场娱乐活动。纽约男性的"浪荡生活"继续扩张，以赌博、斗鸡、酒吧、脱衣舞夜总会、同性卖淫为特色。在城市的大片区域，妇女一个人在街头很不安全。但是在这个夜生活世界的那些街头巷尾，有男性陪伴的女性跟男人一样快活。

多萝西娅在逃学中认识了一个姐妹弗朗西（以前叫作"弗罗伦丝"）·阿尔斯特伦，也来自于霍博肯，也用了一个假住址才上的沃德利女子高中。多萝西娅很少有朋友——她后来反思，把这归因于一种内驱力，正是这一内驱力才使她不同于其他女孩子。她和弗朗西和睦相处，因为她们都有叛逆的性格——而且成了终身的朋友。当她们的游荡越来越面向高雅文化时，她们的兴趣也越来越趋同。在十九世纪七十年代和九十年代之间，纽约已经从一个粗俗低劣的商业中心变成了一个文化大都市。随着那些富人们进一步往曼哈顿的北面迁移，美术馆和博物馆也相应地纷纷建造起来。中央公园、众多的博物馆、众多公共场所的雕像以及古典装饰风格的建筑，即便无法跟巴黎媲美，也不在柏林之下。艺术学生联盟招收数以百计的学生。裸体画的公开展示正在侵蚀维多利亚时代的假正经。多萝西娅和弗朗西可以参观大都会博物馆、美国美术协会、自然历史博物馆和第五十七大街上的众多私人美术馆。大都会博物馆依然坚持着保守的艺术准则，所以这两位姑娘不可能在那儿见到印象派或者新艺术或者爱德华·蒙克的作品，可是她们也许好好地观赏了那些日本彩色木刻水印画的画展、柯罗和卢梭的画展，或者参观了约翰·辛格·萨金特和温斯洛·霍默这两位现代派画家的画展。百万富翁居住区的豪宅——属于卡内基、瓦尔堡、惠特尼、哈克尼斯、弗里克、普利策、杜克、平肖、德科文、阿斯特、斯隆、范德比尔特家族的住宅，当人们沿着第五大道或者中央公园或者麦迪逊广场那些林荫道的南边漫步时，这一系列的华丽奢侈便会尽收眼底。多萝西娅先是见到了纽约的发展给人类带来的苦难，现在她又见到了纽约上流社会的穷奢极欲。

在游荡中多萝西娅开始领略现代的摄影艺术。二十世纪初的纽约，把摄影变成艺术的经理人是她霍博肯的老乡阿尔弗雷德·施蒂格利茨。施蒂格利茨比兰格年长三十岁，来自跟她的社区不一样的霍博肯德国人社区，属于有钱的德国犹太人，尽管他有很高贵的身份，但他的有些德国文化基因跟她的颇为相似。他在十九世纪八十年代的德国接受教育，1890 年来到纽约，类似于兰格的舅舅们那样，找了一份照相制版师的工作。他像兰格一样，是一个行者，带着他的照相机到广阔天地间，钟情于拍摄城市景观，无论是物质方面还是精神方面。他极大地提高了摄影的技术标准，掌握了照片质地、调性和构图的精妙之处，创作出了震撼人心的图像。他扩展了摄影题材的可接受范围。他创造了一种摄影风格，主导了照相馆和艺术摄影好几十年。最重要的是，施蒂格利茨成了一名经理，推动了这种新风格成为艺术。这一被誉为"艺术摄影"的技术包括优雅平衡的构图、柔焦以及小范围色调。柔焦消除了不需要的细节。这是用特别的镜头创作的，有的时候，甚至要把镜头弄脏，抹上油或者凡士林。低调创造了一种神秘或者灵性的气氛。底片冲洗出来之后，很多艺术摄影师还会在底片上刮擦或者涂上色彩，创作出新的效果，他们认为不经过这种加工的照片仅仅是纯粹的技术作品——即不是艺术。这种风格寻求否定照相机，无视照相机最大的技术能力——拍摄清晰图像的能力——且把照片弄得像绘制的图画一样。艺术摄影运用生动感性的主题，吸引了付费的顾客和观众。

施蒂格利茨继承了大笔财产，他是一流的企业家。他摈弃了以美国国家设计学院为代表的传统艺术偏好的束缚，采取了三个步骤，令美国的艺术发生了革命性的变化，也影响了兰格未来的发展道路。1902 年，他组建了一个摄影家团体，名叫"摄影分离派"。这个名字衍生于一群德国和奥地利摄影家退出该学院的行动，这种情况同样出现在纽约，当时有一些摄影家退出了纽约摄影俱乐部。通过这些人，施蒂格利茨竭力提倡他的艺术摄影视觉准则。人们唯有收到邀请才可以成为其成员。获此殊荣的有爱德华·斯泰肯，然后是受到特别欢迎的人——克拉伦斯·怀特，以及阿尔文·兰登·科伯恩。两位女性赢得了这一桂冠：格特鲁德·凯斯比尔和安妮·布里格曼。"摄影分离派"作品必须具有美学的魅力、情感表达和绘画性。接着，施蒂格利茨编辑了几本老旧的摄影杂志之后，开始于 1903 年出版他自己的摄影期刊《摄影作品》，这个刊物当时在这一领域的影响力首屈一指——也是最漂亮的出版物，直到 1917 年停刊。

1905 年，施蒂格利茨在第五大道 291 号开了一家画廊，展出了现代绘画、雕塑和摄影作品。他把非洲的雕塑以及罗丹、塞尚、布朗库西、卢梭、马蒂斯和毕加索的作品带到了纽约。他培育了一群汇聚在他的画廊的极其重要的美国现代主义画家。在几年时间内，由施蒂格利茨发起的"反叛"催生了1910年的独立艺术家作品展，这个展览第一次绕开了国家设计学院的否决权。这不是一个封闭的团体，无需评委决定谁可以进入，这是一个开放的展览，任何艺术家都可以参加。有一百零三位艺术家参展，使之成了一个轰动一时的文化事件。有两千人参加了开幕式，还有五百多人排着队等在外面。1911年，这一"反叛"变得更加肆无忌惮，有一个画展要求其参展者拒绝参加国家设计学院的展览。更大的影响力来自1913年的军械库展览，该展览旨在公开跟国家设计学院叫板。它展出了三百位艺术家的一千三百件作品，包括了欧洲那些现代主义的巨擘。对这一展览的攻击——说它杂乱无章、道德败坏、精神错乱、无法无天等——倒反而增加了看展的人数。这一展览永久性地改变了艺术界。

现代主义在各个艺术领域繁花盛开。多萝西娅可能看过一些杂耍表演，这是至少半个世纪以来统治了娱乐界的表演形式，可能在联合广场剧院，人们花二十五美分就能买到一张楼座的票子。但是，人们更感兴趣的是在1915年突然在纽约冒出来的三个现代主义的"小剧场"团体：华盛顿广场剧团、普罗温斯敦剧团、社区剧场。在这些地方，人们可以看到埃德娜·圣文森特·米莱、弗洛伊德·德尔和朱娜·巴恩斯的作品。兰格很可能在诸如《大众》这种新的激进杂志上看过现代主义的艺术，这是一本富有艺术气息的社会主义月刊。哪怕她只是在报摊上见过它，她也会注意到杂志的现代主义封面都是由约翰·斯隆、斯图尔特·戴维斯、莫里斯·贝克尔和乔治·贝洛斯这样的画家创作的。她也很可能遇见过穿着戏装争取妇女选举权的游行队伍。艺术和政治上的现代主义潮流统统汇入了同一个激进思潮的宝库。

不过，最令多萝西娅激动万分的不是她所见到的那些艺术和戏剧，而是伊莎多拉·邓肯，这位女舞蹈家像穿着戏装的希腊女神一样，席卷了纽约。邓肯的作品部分源自视觉艺术中的现代主义。现代舞蹈家和现代艺术家都是维多利亚风格、经院主义和艺术功利主义的难民，都经历了其母体艺术形式严格的技术标准的限制，这种标准甚至令人窒息。不过，这只有部分相似，因为军械库展览的现代艺术至今依然受到追捧，而邓肯的舞蹈很可能已经让今天的观众感到厌倦甚至恼怒。多萝西娅对邓肯的热情唯有在其背景中才有意义。而这一背景则包括了邓肯是为女人而舞蹈、表达的是女人的失意和期望。

邓肯1908、1909、1911年在纽约演出。最先是百老汇的一个制片人将她作为一个新奇人物带了进来，因为她在欧洲的声誉如日中天，被誉为"赤脚古典舞蹈家"。她如此成功，以至于指挥家沃尔特·达姆罗施邀请她来大都会歌剧院表演舞蹈，由纽约交响乐团演奏贝多芬第七交响曲作为伴奏。多萝西娅就是在那儿第一次见到她的；此后，她想方设法去看她的每场演出。"我以前从来没有被带进人类生存的更高层次……对我来说，这是发生在我身上的最伟大的事情。我仍然对它念念不忘，不是把它当作戏剧表演，而是把它当作人类可能性的延展。"邓肯确实改变了这个仍然在塑造自我认同的少女。

对女人来说，要在众多的艺术领域有突破很难，但是她们在舞蹈领域却独领风骚，引领了一场革命。伊莎多拉·邓肯公开声明，芭蕾舞损毁了神圣而自然的女性身体，于是便穿上袍子，脱下鞋子，成了纽约女性艺术赞助人的宠儿。今天，人们很难欣赏这种热情。她的照片和素描似乎显得有点矫揉造作。舞蹈评论家伊丽莎白·肯德尔机智地称她的舞蹈"古怪而有趣"。今天各种风格的舞蹈家们运用严格的芭蕾舞训练方式和大运动量的体育锻炼让身材变得纤细，而伊莎多拉在照片中显得丰满，四肢和躯干松弛，动作模糊。就像多萝西娅许多年以后回忆的那样，"她看上去相当不修边幅，挺胖的，大腿很粗，不过有一种特殊的优雅，不是我预想的那种优雅……"邓肯让观众肃然起敬。她虽然受到舞蹈家露丝·圣丹尼斯和洛伊·富勒的影响，但是基本上还是从她非同凡响的母亲那儿汲取了营养，她母亲是旧金山的一位追求自由精神的音乐家，一位进步教育改革家。邓肯夫人在伊莎多拉婴儿时期就跟丈夫分道扬镳了，独自养四个孩子。她教给他们浪漫的诗歌、罗伯特·英格索尔的无神论的浪漫主义、女权主义的服饰改革、加州对大自然的泛神论崇拜，以及由法国表演和歌唱老师弗朗索瓦·德尔萨特研创的肢体语言系统。准确地讲，伊莎多拉就是旧金山亚文化的产物，比她小十八岁的兰格很快也将进入亚文化圈。

邓肯是纽约的现代主义者和激进派人士中盛行的"新女性"思想的热情支持者和典范。有一位学者写道："邓肯的舞蹈让她的观众认识到自己是现代人，这是一个了不起的进步。"不管这些"新女性"是不是女权主义者，所有的人都在反叛维多利亚时代的假正经以及它的双重标准。甚至当她们穿着舒适的波希米亚服装，她们照样自信地体现女性气质，邓肯坚持认为妇女可以有性的欲望和性的权利，甚至有做未婚母亲的权利，她提倡陪伴婚姻，提倡从家庭苦役中解放出来。她在自己构想的古典文化环境中舞蹈，所表现的就是妇女的性"自由"。在摆脱了维多利亚时代的禁锢之后，她的性感效仿自异教徒，而不是卖弄风情。她将这种自由精神用古典主义的服饰包裹起来，以表明她的表演是高雅艺术，没有淫欲的污染，维持了彬彬有礼与庸俗粗野的界限。邓肯的女权主义颂扬女人跟男人的不同，尤其是女人所谓的本能、直觉和"生性"温柔、讲究实际、母性养育。邓肯用她自己的生理存在表明所有这一切。她坦露自己的躯体，颂扬自然——来自加利福尼亚的传统——并用她的动作来展现自由、赞美自由。

尽管邓肯的粉丝们崇拜她们的英雄，但是她们无法从她的表面形象中获得如何行动、如何成为一个"新女性"的启示。到了1912年多萝西娅中学毕业之际，这就是她所面临的问题。她母亲期待会有一个计划：她能找份工作或者进一步深造。一些经济情况较好的亲戚愿意提供资助，让她去上师范学校。琼在这点上非常实际，六年来她一直是一个单身母亲，要养活其他三个孩子，她希望多萝西娅能自己养活自己。

令琼感到惊讶的是，这位姑娘说她要成为一位摄影师。纳兹霍恩家没有照相机，多萝西娅也从来没有拥有过照相机。业余摄影方兴未艾，尤其是自从伊斯曼－柯达公司在1888年推出了分量很轻的柯达相机以来；到1900年，人们只要花五美元就可以买一台这样的相机。但是，琼无法想象摄影能够提供经济保障——一件对她来说似乎是至关重要的大事。"你得有退路啊。"琼说道。可是多萝西娅"明白留有退路是危险的"。"这对年轻人来说是一个讨厌的说法。"她后来说道。

多萝西娅为什么会说这么强硬的话？她在担心什么危险？人们可以在这些话中读出女权主义倾向，即拒绝中产阶级女性的安全道路，拒绝带有女性标志的工作，不愿走望得到头的笔直的道路。它们也可能意味着将蔑视强加给年轻人的以牺牲成长为代价来选择稳妥的压力。人们也可以在这里读出一种愿意为艺术献身的精神，一种不愿被引诱一心寻求保障的愿望,恰恰是这种保障将会使艺术职业成为不可能。

尽管缺乏热情，她还是跟弗朗西一起进入了纽约教师培训学院。这座学校于

1887 年为了应对大量拥入的移民而创建，由格雷斯·道奇和乔治·范德比尔特提供资金支持。哥伦比亚大学校长尼古拉斯·默里·巴特勒在十九世纪九十年代促使这个学校跟哥伦比亚大学结成了联盟，并将校址迁到了闹市区之外的第一百一十九大街上。学校的课程跟第六十二公立中学一样深受进步教育理念影响，包括哥伦比亚大学的一位教授约翰·杜威的教育思想。但是，学校提供的教学质量对多萝西娅来说没有什么不同。她不感兴趣，依旧是一个平庸的学生，很快便退学了。

从那以后，多萝西娅·兰格设计并实施了自己的教育计划。她对雇主的选择便足以证明多萝西娅的野心有多大，自信有多满。她为了谋生找的第一个摄影师就是当时最负盛名的阿诺德·根特。他照相馆橱窗里挂的是伊莎多拉·邓肯的照片，他也是以此成名的。兰格仅凭他是德国人这一点便大胆找上了他。

根特在西部是最有名的肖像摄影师。他于 1895 年移居旧金山，自学摄影成才，成了"诺布山的宠儿"，在诺布山，最大的铁路巨头和财阀建起了他们的豪宅，高耸在喧闹肮脏的海滨之上。他是一位大师级的艺术摄影家，特别擅长拍摄社交女性和文化名流的柔焦肖像。他评价他的作品："我相信，我是第一个使肖像照超越外表记录的专业摄影师——我的照片……表达了照相人真正的品质和个性……"他形成了后来的根特风格，这种风格的部分技巧就是在照相者并不注意的情况下按下快门——兰格早期在她的照相馆里也是这么做的。他也拍摄加利福尼亚的自然美景，拍摄 1906 年大地震之后废墟中的旧金山，最独特的是拍摄唐人街及其居民。与这个时代许多非白人摄影作品的视角一样，他拍摄中国人的方法是极端东方主义的——将黑暗、肮脏和地震前唐人街神秘美丽的图像，作为中国特色的自然流露。

1911 年他移居纽约，很快便在那儿开了一个类似的照相馆。1912 至 1913 年的某个时候，很可能是在弗朗西的鼓励下，多萝西娅走进了他的照相馆，告诉他她想学摄影，而且愿意干任何活儿。这家照相馆对一位摄影师来说很大——有三个女人在那儿工作，多萝西娅是年纪最小的。她担任总助理这样的角色，或临时补缺。她接电话，接待顾客，但是很快，他就教她如何快速调换玻璃干版，如何制作样片，如何发现照片上的瑕疵？（去除灰尘带来的斑点或者用墨汁遮蔽掉白点），如何用刻刀修正玻璃板，如何裱贴照片。他还教她如何在他在的时候却说他不在——就是说，区分哪些是他想见的顾客，哪些是他不想见的。与顾客的人际关系是他成功的关键。"阿诺德·根特是一个恣意妄为的老色鬼，"她回忆道，"他勾引每一个来这里的人。是的，他是一个名副其实的酒色之徒。不过……严格意义上讲，他是一个钟情于女人的摄影师，因为他真心热爱她们。他丝毫也不是一个粗野的男人；他热爱女人，他懂她们。他可以把一个最其貌不扬的女人变成一个光彩夺目的女人。"（除了"酒色之徒"这一评价外，其他评价也可以用在兰格身上，是她此后十五年工作的写照。）

多萝西娅那时不知道根特和她未来的丈夫梅纳德·狄克逊有直接的联系。根特回到旧金山后，制作了狄克逊的一幅肖像：优雅的穿戴，纤细的长长手指夹着一根香烟。作为回报，狄克逊画了一幅根特给一位年轻女士拍照的漫画。就在根特赴纽约前他的朋友们给他饯行的聚会上，他们把狄克逊的这幅《有趣的漫画》作为礼物送给了他。

从根特那儿，多萝西娅获得了进入美好世界的方法。"那是一个我从未见过的世界……一个特权的世界……拥有在我看来最不可思议的生活方式……什么都可以用最超乎寻常的方式表达。那里有东方的艺术世界"——根特在唐人街所收集的艺术。多萝西娅再一次给她的老师留下了深刻印象，他开始有意识地教导她。她举了一个例子：有一次，"他看着我说：'我希望你把那些廉价的红珠子拿下来。它们一点也不好看。'……现在它们依然在我脑子里栩栩如生，这些用了切割工艺的红色玻璃珠。我本以为它们很漂亮。我把它们拿了下来……他绝对正确……"采访兰格的记者说："大多数年轻姑娘在这个时候会哭。"对此，多萝西娅回答说："我不会。因为我理解。我外婆教的比这厉害。从此以后，我再也不戴任何人造珠宝了……"

根特的礼物中最重要的是一台相机——不仅仅是属于她的第一台相机，而且是她第一次持有相机。由于兰格没有详细说明，我们可以推测这很可能是一台二手的格拉夫莱克斯相机。这种相机最早生产于 1907 年，是单反相机，摄影师通过一个黑色的皮罩朝下看，事实上是通过给胶卷曝光的镜头看拍摄的对象；影像通过一面镜子投射上来，当快门按下去的时候，镜子就会翻转。快门的速度是通过转动镜头上的一个圆环来调整的，通过移动拨盘来选择光圈。格拉夫莱克斯相机是当时在肖像馆最常用的相机，兰格在她的照相馆里就一直用这种相机。

根特之后，多萝西娅又分别拜了七位摄影师为师，学习不同的技能。大多数都没有根特那样的地位,她在回顾他们的时候将他们称为"可爱的老马"。他们教导她,而且给她创造了各种学习的条件。她在阿拉姆·卡赞坚的照相馆工作了六个月,作为电话招揽顾客的女服务员之一,不断重复着"早上好,杜邦太太,这是卡赞坚照相馆。卡赞坚先生真的非常感兴趣给您和您儿子拍一张合照,我们将于星期六上午到巴尔的摩……"她能够从头到尾介绍照相馆的运作流程,不仅仅学习摄影,而且还学习经营。她了解人们的各种喜好,知道如何安排新娘的婚纱。她的另一位雇主A. 斯潘塞－贝蒂太太在刚刚接到一个报酬优厚的项目之后,失去了一位摄影师,"纯粹是铤而走险",她派多萝西娅去执行该项任务。多萝西娅的反应倒是很独特:"我吓死了……当然没有准备啊……这纯粹是运气,也许是灾难。不过我有足够的洞察力,你知道,那时候我已经十分了解那些专业人士遇到这些活儿的时候是如何表现的了,而且知道人们想要什么、不要什么……什么是商业产品。"

多萝西娅有一段非同寻常的学徒生涯,一个流动摄影师竟然搬进了她在霍博肯的家。他走家串户地敲门,敲开了多萝西娅家的门,她正好一个人在家,他拿出一打带相框的照片,要价二点五美元,或者,稍稍加一点钱,照片可以手工上色的——烦人,多萝西娅心想。但是,她发现他没有暗房,"一周之后,他被安顿在后面一间小小的外屋里……那曾经是一个鸡窝。"她从他那儿学到了如何布置一个暗室。他在意大利生活了三年,向她介绍了意大利的可折叠底片风干架——他给了她一个,她一直用到玻璃板不能用为止。她发现,"这个老家伙走遍了欧洲,他的经历比我估计的要好得多,要丰富得多。"这一经历概括了兰格复杂的处世态度:势利,但同时也对饥寒交迫的陌生人持开放态度。

她的最后一个老板查尔斯·H. 戴维斯是一位声望卓著的摄影师。他专拍歌剧演员的照片和时装照片,赚了很多钱。在他的第三任还是第四任妻子对他提起离婚诉讼之后,她把他的所有东西都卷走了——照相馆、住宅、设备——他只好搬到了闹市区一家酒吧上面的一个破破烂烂的照相馆里,兰格就在那儿为他工作,而且她依然记得很清楚,在二十世纪六十年代,"啤酒味穿过地板冒出来"。但是,他将照相馆装饰得很有风格,而且"他留下来的所有东西都很富丽堂皇"。他教她如何摆模特儿的姿势:"头先定位,然后……每根手指都要放置妥当。手指对他来说非常重要,然后他说,'两个膝盖是人身体的眼睛。'……"多萝西娅明白,人们就是这样摆姿势的，"认为比起现在的顾客在不知不觉的情况下被摄影师按下快门，那时的顾客花的钱才物有所值！……他会花上两个小时，把每一个褶裥都整理到位……"这又是很好的一堂商业课。

在她对他的回忆中，隐隐约约有一丝暧昧的味道。"我成了他的宠物；他很孤独，经常带我出去吃饭……总是去同一个地方，莱昂多尔饭店，点非常美味的食物，有时候他戏剧界和歌剧界的顾客也会到那儿去，我目睹他是如何成功应对他们的。"这儿又有一条途径使她看见了"美好"。他并不认为她是一个有天赋的摄影师，而且说了理由。"我记得他对我说过，'你不知道怎样拍出一张满意的底片！'"对他来说，底片就是一切，而印照片则完全是机械性的活儿。而且，多萝西娅早就意识到，"他觉得我不喜欢他在做的那种摄影艺术。"这是一件了不起的事——师傅意识到学徒对这一行有独特的审美和见地。

多萝西娅也在摄影专业进修过，她的成绩名列前茅：老师是克拉伦斯·H. 怀特，这是在哥伦比亚大学的师范学院赞助下开设的一门课。那时她已经了解了他的作品，"他代表了一种没有人尝试过的风格……大量的诗的意境，强烈的光的分布和人物形象的敏锐感知。"作为施蒂格利茨的同代人和肖像摄影大师，他是当时"摄影分离派"的核心人物。怀特是一位浪漫的社会党人，具有惠特曼和英国民主派诗人爱德华·卡彭特那样的感性。怀特的照相馆装饰着织物挂件、日本版画、中国陶瓷和竹子窗纱，是手工艺品必须摈弃大批量生产的视觉宣言。他"给学生们上的第一课是艺术始于日常环境"。他在格林尼治村照相馆的房子是布韦里的圣马可教堂租给他的，一个著名的波希米亚教堂，现代舞蹈的一个中心，怀特是其中的现代舞鉴赏家。

怀特大大提升了艺术摄影的标准技术。他强调构图和主观性，而绝不是外部世界的再现，在这个方面，他的艺术摄影像施蒂格利茨的一样，代表了现代主义美学观。怀特的影响充分体现在了兰格纪实性的作品中，因为她所创作的图像里包含了大量的信息，这些信息通过易于阅读的构图便一目了然。

到二十世纪第一个十年的中期，施蒂格利茨开始反对艺术摄影风格，而且，以他惯有的那种支配一切的性格，要求他的同事们追随他。怀特拒绝了，并继续用柔焦进行创作。但是，怀特在他的教学中超越了自己的风格。像约翰·杜威一样，怀特的最高教学理念是坚持学生必须探索，找到自己的风格和意蕴；他坚持认为，老师绝对不能把自己的东西强加给学生或者传授给学生，而应该对所有真实的东西持开放态度；平凡中蕴藏着美，"民间"的产品中蕴藏着美；艺术家必须尊重自然和自由。没有什么比这更适合多萝西娅了。"他为什么与众不同，从那以后这个问题一直困扰着我……他是一个不善言辞的人……他迟疑不决，笨手笨脚。他很绅士，而且身上有非常甜美的香味……你一走进他那个阴暗的房间，就知道有什么事情要发生。"

多萝西娅那时没有认识到怀特在认真对待女人上是多么非同寻常，远远超过当时的任何男性艺术摄影师。他跟哥伦比亚大学师范学院的合作给他带来了很多女学生，而且他开明、不偏不倚的教学风格使女学生很受用。他介绍西方的风景摄影家劳拉·吉尔平；介绍专门拍摄非洲裔美国人和阿巴拉契亚山区白人的先锋派摄影家多丽丝·厄尔曼；介绍摄影记者玛格丽特·伯克－怀特。1924年，他为《美国摄影》杂志写了一篇文章——后来被妇女职业教育局转载和发行——鼓励妇女从事摄影。

怀特布置的作业侧重于观察和构图，而不是暗房技术。据劳拉·吉尔平回忆，形式至上的静物成了他课堂的基础——就像"五指练习和作曲音阶"。他要求学生去拍摄哥伦比亚大学的一扇铸铁大门，因为它就在不远处，就是他们每天所见但又视而不见的东西。但是，他接受学生们带回来的任何东西，这对多萝西娅来说是幸运的，因为她认为"拍摄那扇大门丝毫没有用处"。事实上，她是有意让自己在班里被边缘化，她从来不带回老师布置的作业，拒绝参加集体活动。她后来觉得，她之所以有这样的反应，是因为怀特把摄影作为一门艺术在教，而她则认为这只是"一件有趣的工作，一门手艺"而已。也许吧，但她已经不愿意在一个正式的环境里学习了。她把自己称作"自学者"。这给她自身带来积极的一面；消极的一面则是她的自大和特立独行使她很难融入一个集体当中。这种自负和疏离感来自她外婆必须出类拔萃的教导，而且这也包含了积极和消极的影响。多萝西娅有很高的标准，她相中的都是那些做工精良、朴实无华、优美雅致、简约明快的东西——这些形容词可以形容她的摄影艺术，也可以形容她的所有方面。但是追求美好的风格也使她在社交场合让人感觉有点自命不凡。在她作为纪实摄影师的工作过程中，她欣赏农民的淳朴，但不能容忍庸俗的商业文化。"我有一种自负，我的东西要成为一流或顶流。"怀特对兰格的影响很大，尽管她后来才认识到这一点。在她自己教授摄影时，她的摄影作业往往是拍平凡的东西，即她自己是学生的时候不愿意做的作业，这点是仿照怀特的。

多萝西娅不断发展的艺术才能使她对艺术家着迷。1912年前后，她开始与一位年龄比她大得多的雕塑家交往。"他有点像个疯子，"她回忆道，"深深地爱上了我这个十七岁的姑娘。"无论她在哪儿，无论什么时候，他都会出现，"焦虑不安"，甚至出现在她霍博肯的家里，她那位总是和蔼可亲的母亲会接待他，并让他留下来。"我知道这是一位真正的艺术家，我也知道他对我有所期待，可我不知道那是什么。"她知道他爱的不是她，而是她所代表的东西，而且，她也知道，他对她来说依然是"半个神话"。1915年，她遇见了比她年长大约二十岁的约翰·兰登，他在那个著名的普勒阿得斯俱乐部很活跃。然后，他成了一位热情的追求者。"有两三年时间，我就是他全部注意力的焦点，完全是这样，百分之一百是这样，他一天写三封信或做其他诸如此类的事情。"他写诗给她。这位瘸腿的霍博肯姑娘正令男人们着迷。她觉得，这种关系有一种不真实感。在多萝西娅之后还有一位姑娘，他对她也是这样赤胆忠心。

普勒阿得斯俱乐部令多萝西娅激动不已。这个格林尼治村文学社团的成员有斯蒂芬·克莱恩、马克·吐温和尤金·奥尼尔，从外来移民到波希米亚人，它影响了附近社区的变化。在第八大街和第九大街之间的第五大道上有一家布雷沃特宾馆，俱乐部周日晚上在那儿聚会。这是一家欧洲游客特别喜欢的宾馆，宾馆的夜总会供应酒和法国食物，吸引了艺术家和作家——确切讲是多萝西娅几年之后在旧金山再次发现的那种聚集地。兰登带她出席高雅的文化活动，诸如为当时顶级的莎剧演员爱德华·休·萨森和他的妻子朱莉娅·马洛举行的饯行晚宴之类。多萝西娅记得马洛还朗诵了莎士比亚的十四行诗。多萝西娅十分喜爱歌词，也许就像她热爱图像一样。

把多萝西娅对年长男人的吸引力和她对父爱的渴望联系起来很容易，也貌似有道理。她之所以会吸引从她的雇主到约翰·兰登这类年长的男人，还有另一个原因：她的鉴赏力和谈吐过于老成，很可能令同龄的小伙子望而生畏。波希米亚式的城市亚文化似乎总是为女性开放了各种可能性，它们像磁铁一样吸引着多萝西娅。她在纽约找到了它们，她也将很快在旧金山再次见到它们。

多萝西娅和弗朗西热爱纽约，从来没有想过要移居到其他地方去。但是，她们也是生性不安分的人，在她们那个时代，富家姑娘在婚前一般都要周游欧洲去领略各种文化，以弥补她们正规教育的不足。兰格和弗朗西努力工作，积攒了钱，决定把那些富家姑娘比下去：她们将周游世界。这趟旅行并非逃避——多萝西娅否认她的生活不幸，认为她的心愿"是一件真正自我考验的大事。验证了你能还是不能。"这将是一次历险，与摄影无关的历险。多萝西娅向弗朗西提出了这一计划，弗朗西喜欢这个计划——对多萝西娅来说，弗朗西在敢于历险方面绝对是个大姐大。

双方的父母一开始都反对这趟旅行，但是姑娘们想方设法克服了障碍。即使父母要承担费用，那也是很少的一点点。多萝西娅和弗朗西积蓄很少，但是多萝西娅坚信她可以在照相馆找个工作，而弗朗西那时已经受雇于西部联盟电报公司，她认为她可以在世界的任何地方为那个公司效力。她们在经济上的这种自信是她们母亲那一代人所无法理解的，也是证明她们是"新女性"的另一个标记。多萝西娅带上了根特给她的那台相机，打算把风景拍摄下来，而且想多多少少临时找点事儿干，挣点钱。

她们于1918年初出发，当时第一次世界大战还在如火如荼地进行中。在多萝西娅的成长历程中，她曾亲眼目睹大量轮船停泊在霍博肯——她父亲的办公室距那些码头很近——而且在她的记忆里，那些轮船的声音和气味中就弥漫着冒险和奢华。所以她们选择坐轮船去新奥尔良。在船上她们听到了潜艇战的传言，反而感到兴奋而不是害怕，这传言是因为1917年德国外交部长齐默尔曼在电报中建议跟墨西哥结成同盟反对美国而引起的。她们准备得很充分，通过朋友的朋友拿到了介绍信，那些朋友的朋友十分好客，为她们在新奥尔良提供了一段时间的住宿。

她们在新奥尔良坐南太平洋铁路的火车前往埃尔帕索和洛杉矶，路线大致平行于旧的美国80号公路，然后继续前往奥克兰，在奥克兰坐渡船来到旧金山。陆地部分的旅行花了六周的时间，因为她们中途停留了好几次。旅途中大多数时间都是舒适的。火车的内部装修那时已经很考究了，有锦缎坐垫、斜角玻璃门、嵌木装饰、黄铜配件，还有精致的靠垫。在这类长途旅行的列车上，卧铺是标准配置，要是两位姑娘非得跟人拼四人间的卧铺的话，那么另外两个人就一定是女性。乘客睡在熨得十分平整的床单上，即便在普通车厢也是如此，还可以享受床头的阅读灯，摆着真瓷器和银器的餐车以及精心制作的菜单。头等车厢的乘客——多萝西娅和弗朗西不是头等车厢的乘客——还可以享受理发、淋浴、洗熨服务和电报新闻服务。不过，即使是在普通车厢，乘客们也可以在著名的普尔曼式客车里享受到非洲裔美国乘务员的服务，他们铺床、倒水、保护妇女免遭骚扰。

这趟火车之旅让两位姑娘开始憧憬环游世界的冒险。她们在埃尔帕索跨越格兰德河的时候，很快便看不见绿色的植被，而是一头扎进了新墨西哥州西部与亚利桑那州东部的沙漠、干燥的平原、贫瘠的高地和山脉。不久之后，她们平生第一次见到了巨大的仙人掌林以及神秘的红色台地拔地而起，顶部又平坦如镜，仿佛人造的。路过图森的时候，她们可以看见墨西哥乡村。她们在尤马进入加利福尼亚州之后，便去了洛杉矶，平生第一次见到了太平洋，然后继续往奥克兰进发。

1918 年 5 月，她们坐渡船来到旧金山。这时，新到来的人已经看不出十二年前那场灾难性大地震的痕迹了。多萝西娅和弗朗西已经习惯了不断往上攀升的纽约的摩天大楼——从 1890 年落成的世界大楼到 1913 年投入使用的伍尔沃斯大楼。在哈德逊河的渡船上，人们没法看见整个曼哈顿。而旧金山却不一样，在穿越海湾的渡轮上望去，它看上去就像一出盖世无双的自然戏剧。这个四十七平方英里的半岛一角，高出它周围的海平面五十到三百米不等，其低洼部分常常被大雾笼罩，非常适合拍照。那时还没有桥，有大量的渡船在五条不同的航道上快速地来回穿越海湾，速度之快，数量之多，方便了成千上万的工人每天往来于旧金山和东湾那些城市。多萝西娅和弗朗西来到了有一个高塔的古典风格轮渡大楼里，汇入了熙熙攘攘的人流中，这个高塔奇迹般地从 1906 年的大地震中幸存了下来。她们对缆车感到好奇，缆车是地震后重新建造的，有八条不同的线路，在那些令人头晕目眩的小山坡间上上下下。

不过，她们的首次冒险不太顺利。她们在基督教女青年会登记入住。第二天，在康普顿的自助餐馆吃早饭的时候，弗朗西的钱包被偷走了，里面装着她们所有的钱。她们没有灰心丧气，因为琼在伯克利有一位朋友可以求助，而且兰格说："我们知道，如果我们需要的话可以从家里拿到钱。"她们向基督教女青年会寻求帮助，于是被送到了一个为女工设立的圣公会之家，位于布什大街 1040 号的玛丽·伊丽莎白客栈，专门用来帮助和保护女工的。这个地方对这两位年轻的"新女性"来说简直是一个炼狱。她们感觉自己是住在"小单间"里的"被收容者"，受到诸多僵化的规则和基督教教义的管束。有一个住客被驱逐了出去，因为她没能在晚上十点钟的宵禁时间之前返回，于是没有办法，只好跟她的男友过了一个晚上——这令负责这家客栈的女执事感到恐惧。多萝西娅和弗朗西在格林尼治村就蔑视这种清规戒律，所以很快就为自己挣得了"破坏分子"的臭名声；她们吃饭的那张餐桌似乎成了闹事者的桌子。很快，她们便因为不安全和不道德的行为而被赶了出去——弗朗西把熨斗落在了熨板上，弄得熨板的面子被烧焦了；多萝西娅则是抽烟时被逮个正着。

不过，两位姑娘让自己时来运转。她们再一次展示了她们的勇气，决定不依赖父母的资源，而是去找工作，为余下行程积攒费用。她们很快就如愿以偿。弗朗西的确找到了一份西部联盟电报公司的工作。多萝西娅浏览了城市指南，寻找照相馆，并就在那天上午在马什联合公司找到了一份工作，这是一家卖箱包、文具、照相机、照相设备和提供照相洗印服务的商店。这可不是一个能贪图安逸的环境。老板恨不得让他的雇员一刻不停地忙碌。多萝西娅做冲底片和印相片的接待工作，但是老板还希望她积极地售卖放大的照片和相框。她发觉这个活儿十分惹人讨厌，但是她对人们拿来冲印的快照十分着迷，于是这项活儿也就变得可以接受。当她将快照装进袋子的时候，她瞧着它们，"而且当时我就意识到，有什么东西从来也没有离开过我……在人们的快照里，那些他们不知道的东西在视觉上举足轻重……他们囿于个人视角所以怎么也看不到这些东西。最后指引我从事纪实摄影的其中一件事，就是来自柜台交易的经历……"有很多当地的摄影师前来光顾位于吉尔里大街和奥法雷大街之间 712 号市场中心的马什联合公司。多萝西娅所联系的第一批顾客之中便有罗伊·帕特里奇，他来为他妻子购买照相器材，他妻子伊莫金·坎宁安是一位摄影师，她们很快就成了闺蜜。这时多萝西娅还不知道，她的职业摄影师生涯从她来到旧金山的第二天就开始了。

第三章　成为一名摄影师

当多萝西娅·纳兹霍恩到马什联合公司申请工作的时候，她报上了多萝西娅·兰格这个名字。这完全是她自己的决定；她母亲在离婚之后没有将她的姓改为兰格。这一改姓有两个象征意义——开启新的生活，排斥她的父亲。她的知己，包括她的两任丈夫和她的孩子，在她死之前都没听说过纳兹霍恩这个姓。从此以后，她再没有联系过她父亲。

改姓的意义不仅仅是为她在新的土地上建立新生活而扫清了障碍，抹去这个姓，还是一种对过去的清算。当然，有现实原因——兰格这个姓比纳兹霍恩更加简单，更加得体，更加容易被记住。也许，多萝西娅早就把自己想象成一位企业家，一位经营自己照相馆的优秀摄影师。但是，这样的现实不需要她对除了弗朗西以外的所有人保守她过去的秘密。她对父亲的冷酷无情满腔怒火，是因为她感觉自己被遗弃了，并为他的不端行为感到羞耻，不管他做了什么。

多萝西娅很快就喜欢上了旧金山。其原因不言而喻——这里大约有五十万人口，对一位纽约人来说并不是一个大城市，她现在自诩为纽约人。然而，这是一个在政治上和文化上都很复杂的城市。顶尖的经济实体操控着城市的一切，这里再也不是淘金时代的那个狂野的西部了。这儿有五家大报，其中赫斯特的那家《旧金山观察家报》最有威望。迈克·德·扬是《旧金山观察家报》的竞争对手《旧金山纪事报》的出版商，他早已经建起了第一幢摩天大楼。这一权力结构的象征是市长"阳光吉姆"罗尔夫，他入主市政厅十九年，同时也是船主与拖轮商公司、旧金山商业会所、商人合作社的头儿。旧金山的高雅文化由一个歌剧团、一个交响乐团、无数家歌剧院、一家由迈克·德·扬创建的美术博物馆和一所 1906 年地震之后建造的艺术学校加州美术学院组成。创立这些高雅文化的人们将会成为兰格的早期拍摄对象。

淘金热给旧金山带来了世界各地各色各样的人，到 1918 年，其多样性依然如故——四分之一的人出生在国外。不过，这里对这些"外国人"的接受和分类跟纽约完全不同。在纽约，过去有几代人，来自爱尔兰、意大利、斯拉夫和地中海国家的移民并不被新教徒的精英视为"白人"。相比之下，在加州，其他被列入次等人的群体——印第安人、东亚人、墨西哥人——意味着所有的欧洲和地中海国家来的移民都是"白人"。意大利人尤为突出，他们给这个城市带来了美味的食物、咖啡和红酒。用现在的话来说，非白种人，大都生活和工作在乡下，唯有一个很大的例外：中国人，在旧金山的中国人大约有一万一千到一万四千人。唐人街是旧金山一个具有异国情调的地方，这座城市历史上的法律禁止华裔居民在唐人街五个街区之外居住。多萝西娅看到过根特拍摄的这个地区及其居民的照片，但是她所见到的唐人街是一个全新的街区，因为地震将原先的唐人街彻底摧毁了。此后，中国人中的领袖人物成功地抵制了阻止他们重返城市的运动，并通过设计和推动唐人街作为旅游景点来重建他们的经济。在中美两国商业利益集团的投资，加上中国政府的投资下，开发商卢克·廷·伊莱为唐人街建造了一个新的街面，打造了舞台式的华埠风格，有弯曲的屋檐、彩色的街灯、内嵌式的阳台和镀金的立面，成为后来几乎所有美国唐人街的雏形。对外面去的人来说，商业化的唐人街似乎比旧唐人街要安全得多——例如，鸦片馆几乎绝迹——很快，多萝西娅、弗朗西和她们的新朋友们便开始到那儿去品尝味美价廉的食物。

在这一经济和文化背景中，兰格将创建一个远胜于她梦想的肖像馆。她发展了一种完全适应城市文化精英内在喜好的奢华肖像风格——哪怕当时这种喜好并没有被顾客明确地表达出来。她既传承了阿诺德·根特所教的东西和鉴赏力，也成了他的门徒。

在马什联合公司的时候，多萝西娅对旧金山摄影俱乐部就有所了解，所以便迅速地加入了该俱乐部。在这两个地方之间，她正好能遇到合适的人。但是，光是多萝西娅的这些优势并不能说明她为什么会迅速成为高档消费人群的肖像摄影师和一个艺术家团体的成员。早在 1920 年，西部摄影界的泰斗爱德华·韦斯顿就给她拍摄了一幅肖像，作为她加入这个团体的一个小小象征。唯有她神秘的个人魅力才能解释这一现象，或者更确切地讲，是她的魅力、野心、摄影技术、脆弱的敏感度和漂亮的外表共同的作用。到 1920 年，凡见过她的人都知道她是注定会成功的。一个同时代人这样描述她，"用'漂亮'这个词也许过头了一点……她相貌清秀，双眸美丽……体形纤细而又妩媚动人。"她将她残疾的右腿掩盖得很好，常常不太看得出来。"只是稍稍有点跛行。"有一个朋友这样描述。二十世纪二十年代中期曾担任她助手的罗杰·斯特蒂文特说，这使得她的走路有种"流动"的感觉。

在摄影俱乐部，她遇见了一位"聪明、年轻、富有"的商人，房地产金融家西德尼·富兰克林，他主动提供投资——这样的事情发生在她到旧金山仅仅几个月后。显然，他看到了她作品中潜在的商业价值。她警告他，她所需要的东西将会十分昂贵，但是这话并没有吓住他。接着，又有两位不信任西德尼·富兰克林的新朋友乔·奥康纳和杰克·邦夫里主动提出借她三千美元，但对她的事业没有任何非分之想。西德尼·富兰克林放弃了要她做出承诺的要求，于是她开了自己的照相馆。

像这样的灰姑娘的故事提出了缺少证据而致使无法找到答案的问题：那些男人是她的情人吗？（兰格从来不说也不写这种私事。）难道是这位年轻、孤独、残疾的姑娘激起了一些男性救济苍生的幻想吗？在最初的几个月里她拍摄了什么样的照片以至于激发了他们的慷慨？为了寻找这样的投资股本她究竟采取了怎样的积极行动？显而易见，兰格不仅仅能吸引男人，还用她的摄影和出色的商业头脑激发了他们对她的信心。虽然在旧金山不缺肖像馆，但是摄影依然是一项方兴未艾的朝阳产业，其需求量足以支持更多的摄影师发展。此外，女性在这一行业如鱼得水。这种需求对女性有利，因为大多数肖像的买主都是女性，她们经常想要孩子的肖像，并期盼女性对这些亲密的形象有一种更好的感觉。供给方面的因素也有贡献。开肖像馆被认为是一个适合女性的职业，部分原因是允许女性在家里工作，但同时继续承担妻子和母亲的责任。（这就是不在家工作的女摄影师这么少的原因之一。）开办一家照相馆不需要执照，不需要正规的培训，也不需要大笔的资金。摄影是一个新的职业，所以没有被限定为男性独有的技术或者传统。这个领域的开放度在西部沿海甚至更高，那儿，没有像在东部施蒂格利茨那样的摄影泰斗垄断这一行业，即便在根特的那个时代也没有，而且没有男性摄影师像施蒂格利茨那样鄙视女性摄影。虽然有很多摄影俱乐部仍然在拒绝女性加入，但是那些接纳她们的俱乐部提供了大量的资源——使用暗房，提供课程、图书馆，加入工作关系网等，这对一位急于建立关系网的新的摄影师来说具有特殊价值。

有了她那些男性朋友的资金，兰格在旧金山的高档购物区联合广场附近萨特大街 540 号一幢漂亮的老建筑里开办了一家照相馆。她的照相馆在最好的位置：大楼的前面是希尔·托勒顿著名的艺术画廊，这个画廊出售现代作品，也销售丢勒和伦勃朗的版画。隔壁就是伊丽莎白·雅顿，纽约高等级美容沙龙的一家分店（雅顿抢先用"沙龙"来代替了不够深奥精妙的"美发店"）。这两家商店吸引的也许正好是对艺术摄影师感兴趣的那个群体。兰格颇具慧眼，高租金、高风险的选择预示着她将很快地抵达市场的顶峰。

兰格经常出入于那家画廊，并在那儿吸引了众多的有钱买主和艺术家，然后他们看了并喜欢上了她的肖像照。没过多久，用她自己的话说，她的顾客便是旧金山的那些"商业王子""商界精英"了。毫无疑问，他们都知道兰格是根特的继承人，而且多萝西娅很可能也默认并助长了这种印象：她是他指定的继承人。这类顾客通过口口相传而不是被广告吸引了过来，虽然兰格这个姓从 1919 年开始也名列城市商业指南名录，但是到 1924 年，它就消失了，她似乎再也不需要做广告了。她的顾客在社交和文化聚会上互相联络起到了广告作用。到 1919 年，兰格的名声早已传遍各地，顾客有来自奥克兰、纳帕、帕洛阿尔托、洪堡县和圣何塞的；到了 1920 年，有些顾客甚至来自较远的盐湖城、火奴鲁鲁、西雅图。

如果按今天的物价算，她收取的费用似乎相当高：1921 年拍的温德尔·哈蒙太太，半身照一张印八张，四十美元，相当于 2007 年的四百一十一美元；1928 年拍的阿恩斯坦太太，半身照一张印两张，二十五美元，相当于 2007 年的二百九十六美元。兰格的声望可能允许她收取最高的费用。她的同行摄影师玛格丽特·伯克－怀特曾说过，"让我百分之九十的有钱顾客欣赏我作品的唯一方法就是收取闻所未闻的高昂费用……这几乎就是为金钱出卖节操。"兰格在她的照相馆添置了一张绝顶舒适的扶手椅，这样，"当我说价钱的时候，我的顾客就不会起身离开了。"伯克－怀特在那时是一个左翼分子，而且她的阶级仇恨不仅仅源于她的政治观念，还源于对雇员地位的不满。兰格从未对有钱的顾客表现出不满。她从没有觉得自己是雇工。恰恰相反，她把自己看作跟他们是平等的，甚至把自己当作顾客的老师。

兰格积极投身于旧金山专业摄影师的世界。早在1920年，《旧金山纪事报》就称她为"具有极高天赋的摄影艺术家，其作品具有独特的品质和情感，并获得了大量顾客的青睐……"同年，她成了旧金山艺术摄影协会二十八个创始成员中的一员。她成功地避免了与西部艺术摄影泰斗西格斯蒙德·布鲁曼的矛盾，布鲁曼很快就成了西海岸这一领域的权威杂志《摄影天地》的编辑，他所著的《摄影工坊手册》（首次出版于1927年，后来又再版了好多年）成了畅销书。他拍摄了纤细的年轻姑娘在森林中轻移莲步、绿叶倒映在波光粼粼的湖中，还有旧金山的建筑和被笼罩在薄雾中的海岸线。

具有绘画风格的艺术摄影，在无数方面是可以对其加以讽刺的——就像我所做的那样：譬如它的阶层和种族精英主义，它的感伤，它的反城市化的观念，更不用说其纯粹派艺术观念，这一观念认为摄影不应该试图让自己看上去像一种不同的艺术形式。其中一些抱怨涉及大男子主义，对具有女性风格的东西嗤之以鼻。艺术摄影的镜头不仅赞美了女人和孩子的美丽，还将自然风光和城市景观女性化，使它们变得优雅和圆润，这跟后来安塞尔·亚当斯拍摄的约塞米蒂峡谷的粗犷狂野形成了鲜明的对照。事实上，这个有性别偏见的反对意见被夸大了。大多数艺术摄影家是男人。许多摄影师像兰格那样，尝试跨越艺术摄影和现代摄影的分水岭。她的风格在与顾客的交谈中不断演变，她对他们喜欢什么很敏感，同时也向他们介绍更加现代的仪态、服装、表情。

兰格也用她照相馆的典雅格调吸引她的拍摄对象。人们要进入兰格的照相馆，得穿过托勒顿画廊，走过一个有半圆形池子和喷泉的庭院，喷泉的狮子口中有水柱喷出，然后通过法式门走进照相馆。挺大的接待室里有一个点着火的壁炉、金丝绒窗帘，还有一张面向壁炉的黑色金丝绒大沙发。兰格用波希米亚风格装饰她的照相馆，异国情调的手工艺品摆得到处都是——她从根特那儿学来的风格。她将她的照相馆装扮得像个沙龙。她弄到了一套俄罗斯茶炊，每天傍晚的时候，不管是谁走进门来，都可以享受到茶饮和旧金山著名的面包师埃普勒的茶点。和蔼殷勤地做这项服务工作的是兰格的接待员阿怡，一位美丽的中国"教会姑娘"——也就是说，她是在基督教教会学校接受的教育。她富有幽默感，深得多萝西娅及其顾客的欢心。到下午五点钟的时候，"这个地方就挤满了各种各样的人"，呈现出一派社交场合的气氛。人们"在长沙发上"约会。他们有的时候会卷拢小地毯，播放爵士唱片，然后跳舞。多萝西娅的营业时间很长，这有助于丰富社交生活。她在地下室建了一个暗房和一个修照片的工作台。"我大多数时间都是（在那儿）干活，不管白天黑夜，还是周末、节假日……那个地方就是我的生活，而且也成了很多下午和晚上使用我照相馆的其他人的中心。"她将门开着，这样即便她在暗房里人们也可以进来，她一听到他们的脚步声，就会从地下室走上来。客人们习惯了她被显影剂浸染的双手，永远是棕色的。弗朗西经常过访，照相馆的氛围促使她最终成为一位高级设计装潢师。当然，这种艺术氛围使得照相馆对潜在的顾客更有吸引力。它跟乏味的驾驶舱截然相反，也不同于那些不能容忍疯狂举动的学究的书房或者艺术家的工作室。

1919 年秋的某个时候，她在地下室暗房工作的时候，听到上面有非同一般的急速的脚步声。她很快就知道，那是画家梅纳德·狄克逊来了，他总是穿牛仔靴子，或许她是听见了他那根金头手杖叩击地板的声音。由于他是旧金山的艺术界"最丰富多彩的人物"，所以要知道他是谁并不难。她在托勒顿画廊见过他几次，但是没有接近他，而是一反常态地有些害怕。他们的介绍人后来回忆说，他们很快就互相吸引。1920 年 3 月他们就结婚了。不过，读者莫急，您得等到下一章才能更多地了解到他们的爱情、婚姻以及在旧金山共同生活的情况——要说的东西太多了，所以不能在这儿压缩一下告诉大家。而且，假如先讲那个故事，也许会误导大家，对兰格为自己所创造的工作和世界来说也许是喧宾夺主。

多萝西娅刚到旧金山那会儿，已经展现了强大的社交能力，而且表现出令人印象深刻的热情个性。她的举止很微妙——她不是那种高谈阔论或娱人娱己的人——但是当她引其他人开口的时候，她表现得快乐活泼。她的个人魅力部分得益于她的独创性。她嗓子的音色又高又细，一开始是小姑娘的声音，但随着话题的推进，其音高便降了下来；朋友们透露说，她说话的停顿和节奏会令人着迷，富有表现力的大眼睛加深了这种印象。她的交谈融合了艺术的智慧和精神上的超凡脱俗，有的时候甚至显得故弄玄虚。随着年岁的增长，她的性格变得愈加尖刻——有一位朋友说她"辛辣"。她穿着怪异，引人注目，穿长裤或穿长裙，歪戴一项贝雷帽；有人说她穿的是戏装。

从根本上讲，她绝不是只对男人花心思的那种人；她跟女人的关系更铁，而且跟她们结下了终生友谊。她的魅力将人们吸引到了她的身边，但如果她不是一位敏感的体贴的朋友的话，那么他们也不会被她迷住的。但是，多萝西娅不是一个女权主义者。第一波妇女运动兴起的时候，她还太年轻，在第二波女权运动诞生的时候，她已经去世，所以她对妇女权利这个话题很少涉及。她从来不抱怨性别歧视，尽管在历史学家回顾她的一生的时候，是无法否认她曾经经历过性别歧视这一事实的。然而，在她逝世后，女权主义者却声称她为女中豪杰，他们并非毫无道理，因为她的一生从某种角度讲就是以女性为中心的：她的顾客主要是女人；她的纪实摄影总是大量聚焦在女人身上，并就两性关系提出关键问题；她跟女性建立了亲密、持久的联系，有摄影家，也有顾客。

兰格的很多女性摄影家朋友，有的后来成了杰出的人物，有的早已经是杰出的人物：安妮·布里格曼、伊莫金·坎宁安、孔苏埃洛·卡纳加、阿尔玛·拉文森、路易丝·达尔-沃尔夫、蒂娜·莫多蒂、马格雷思·马瑟，以及稍晚出道的汉塞尔·米思。但是，她们同样面临着无与伦比的压力。她们分享新的显影剂使用诀窍，抱怨难缠的顾客或作废的底片，不过她们的话题不光光是摄影——事实上，她们可能希望只有这个话题。几十年之后，兰格后悔地表示，她从未舒心地有过一段时间可以专门集中精力在摄影上。那些女性摄影师们要么全神贯注于如何把事业和艺术发展跟哄男人开心和养育孩子结合起来，要么索性就没有丈夫，没有孩子，孑然一身，但她们发现那样也很难。她们谋划的解决办法摇摆不定，她们找到的折中办法不一而足，毫无疑问，她们的决策会有分歧。她们苦苦挣扎说明了当时女性的现状，也说明了女人在一些事情上的无可奈何。

旧金山女性摄影师的"掌门人"是安妮·布里格曼。有很多摄影师都得益于她的支持，包括爱德华·韦斯顿，特别是女摄影师——包括兰格。没有布里格曼，女摄影师要得到承认会更加困难。她比兰格和她其他的朋友要年长一代，她的事业之所以成功是因为她离异且没有子女。她跟施蒂格利茨的合作为她赢得了声望——她是"摄影分离派"西部的两名成员之一——她在奥克兰的家中经营着一家沙龙，一直到 1929 年她退隐加利福尼亚州南部。但是，她表现出非同一般的独立性。她孤身一人长途跋涉了几个星期，穿越内华达山脉，露营天地间，勇敢地面对红蚂蚁和暴风雨，寻找可以拍摄的原始景观。她把自己称作"异教徒"，拍摄裸体人像——包括她自己——栖息在树上，赤身裸体的恋人们缠绕在一起，让他们模仿多节瘤树木的曲线。这些照片里最有名、最让人想入非非的是《岩石的裂缝》，展现了一个裸体的女人嵌在巨石上一条垂直的阴道形状的裂缝里。然后，在暗房里，她会将底片弄脏，将两腿分叉处擦刮模糊，使之呈现成云朵状和饰物状，将她的拍摄对象变换成神话里的生灵。她组织了一群女摄影师，相互拍裸体照，因为对她们来说用专业的模特儿不太容易。

伟大的摄影家伊莫金·坎宁安成了多萝西娅最要好的朋友，她们的友谊一直维持到四十七年后多萝西娅辞世。伊莫金的丈夫罗伊·帕特里奇是一位蚀刻画家，在马什照相设备商店里邂逅了多萝西娅，便邀请她到他们家吃晚饭，他对伊莫金说，你真的需要见见我遇见的这位年轻女性——"实际上她迫不及待地跳过柜台向我扑来。"伊莫金和多萝西娅两人以及两个家庭像亲戚那样往来，他们在一起庆祝节假日，一起外出旅游。伊莫金的一个儿子龙德尔·帕特里奇成了多萝西娅的徒弟，实际上还成了她的干儿子（他本身也是一位伟大的艺术摄影家），她把他的孩子当孙子一样。坎宁安对兰格的摄影有重大影响，她们一起分享着快乐，也一起承担着来自孩子、难以相处并很快离婚的两个丈夫、付钱雇佣他们的客人的压力。

爱冒险的多萝西娅被伊莫金的特立独行和对女性礼节的排斥所吸引。不信奉国教是伊莫金的家庭传统。她父亲是一位自由思想者（无神论者），一位素食主义者，一位神智学者，也是一位信仰唯灵论的人——他相信可以跟死者的灵魂交流。她亲眼目睹母亲的生活似乎就是从事苦力劳动，侍奉丈夫，照顾孩子，干农活儿、家务活儿，所以她要吸取教训，决不重蹈母亲的覆辙。她成了一个仗义执言的女权主义者。在一张人像照里，坎宁安曝了两次光，显示出她母亲的头被一顶象征束缚的由厨房的锅碗瓢盆组成的王冠给围住了。但是，她责备母亲的软弱，多于谴责父亲的颐指气使。她崇拜父亲，父亲让她在家中接受教育，并出钱让她学习艺术。她的摄影作品充分显示了父亲激进主义的烙印。1906 年制作的一幅她早期的人像照，展示了她赤身裸体躺在草地上。在后来的日子里,她像安妮·布里格曼一样称自己为"异教徒"。

1910 年,坎宁安在西雅图开办了一家肖像馆,九年后,兰格在八百英里以南开了同样的照相馆,以同样的感性创作,坎宁安称之为"富有表现力的人像摄影"。坎宁安使自己成了西雅图艺术世界的一部分,就像后来兰格在旧金山做的一样。但是跟兰格不同的是,坎宁安的作品和观念变得越来越大胆。她拍摄男性裸体,包括一些裸露的生殖器。她喜欢挑战权威,她的这个偏好持续了一生,一直到 1976 年她九十三岁作古为止。

1915 年,坎宁安嫁给了罗伊·帕特里奇,她丈夫对作品的艺术趣味和对婚姻生活的期待比坎宁安要更加传统。他长时间把精力用于画速写,全然不顾坎宁安的负担,而且似乎对她的摄影充满怨恨,坚持认为摄影师没有权利在他们的作品上署名,因为这仅仅是机械复制的产物而已。他们的儿子龙德尔称他们的婚姻为"酸浴"。罗伊在坎宁安要他养家糊口的压力下,先是在一家名叫福斯特和克莱泽的广告代理商那里找了份差事,梅纳德·狄克逊也在那儿工作,然后到米尔斯学院任教,尽管他有薪水,但依然选择将家搬迁到了奥克兰乡下的一座房子里,在那儿水要从山下运上去,依旧使用煤油灯照明。坎宁安没有暗房,1921 年前她一直没有进行商业摄影。当罗伊试图阻止她前往纽约完成一项摄影任务时,她结束了这段婚姻关系。我们可以想象,坎宁安对新结识多萝西娅·兰格有多开心,她与兰格共同追求独立和摄影。

多萝西娅对摄影家孔苏埃洛·卡纳加也如醉如痴,这又是一个不循规蹈矩的人。"她是一个领先于时代的人。"兰格回忆说,"……十分迷人而又精力充沛的姑娘,在《新闻报》工作,住在北海滩一家葡萄牙人开的旅馆里……除了孔苏埃洛,全是葡萄牙工人……她的胆量更大!……他们可以将她送到未婚女人不应该去的那种地方,而且孔苏埃洛从来没有受到过伤害……她有一个三脚架,头上用红丝绒包了起来!"卡纳加二十一岁时就被聘为一家报社的文字记者和摄影记者——她很可能是当时全美国唯一的女摄影记者。1918 年,她放弃了这一份稳定保险的工作,成为一位艺术摄影师。多萝西娅喜欢她不羁的精神:"……一般来说,如果你使用非传统这个说法,是指打破了规矩的人——但她根本就没有规矩。"

卡纳加的风格和多萝西娅的风格在二十世纪二十年代和三十年代早期逐渐趋同。也许在卡纳加更加现代主义风格的作品中，兰格第一次看到镜头这么近的肖像照，整个画框几乎就是一张脸。二十世纪二十年代，卡纳加比兰格更多地投入到政治当中。为了开创一种影响社会变革的摄影流派，她整天漫游在旧金山的大街小巷，拍摄街头生活，拍摄穷人。她是当今最著名的拍摄美国黑人的摄影家，她的肖像摄影在当时真的非同一般。无论是在暗房内还是暗房外，她总是把画面的亮度做到极致，展示黑皮肤的明亮，展现肖像照片因摄影家们缺乏运用光的技巧而丧失的品质。她对非洲裔美国人的感受更多是欣赏其美感而不是其殉难者的姿态，这一点也影响了兰格。假如卡纳加继续留在加利福尼亚州的话，她们在摄影方面的相互影响很可能将继续下去。不过，她们常有联系，多萝西娅每次到纽约都会去看她。

卡纳加的摄影生涯因为三次婚姻而缩短了，相比之下，她的人生历程告诉了我们一些关于兰格的事。她的第一任丈夫不喜欢城市生活，坚持要夫唱妇随，作为一个采矿工程师，他到哪儿她跟到哪儿。他们很快就离婚了，之后她去了纽约，然后去了欧洲。她担心自己孑然一身，便马上又嫁给了一个爱尔兰作家巴里·麦卡锡。他期盼她待在家里，这完全是荒谬的，因为他没有收入来源——他的作品没有出版。她开始在家中做人像摄影生意，但是即便这样，他也有威胁感，有一次，盛怒之下竟然将她的许多照片扔了出去。尽管如此，她依旧留在他身边。1930年，他们回到了旧金山，在那儿他变得越来越嗜酒如命和经常对她恶言相加。1935年，她终于逃离了麦卡锡，回到了纽约，并在那儿第三次结婚，嫁给了一位艺术家华莱士·帕特南。他在从事绘画的同时却不能尊重她的摄影艺术，他将家搬迁到了哈德逊河边克罗顿的一个艺术家聚居区，在那儿她开不了照相馆。因此，她的余生就很少有摄影作品。

作为一位摄影家，卡纳加是一位有独创性的人。作为一位围城中的女人，她却没有自己的独立性；她有可能像弗吉尼娅·伍尔夫笔下虚构的莎士比亚的妹妹，或者像任何一个没有自己空间的女人。她对丈夫的需求以及对控制男人的渴望阻碍并最终切断了她在摄影艺术上的发展。相比较之下，兰格则努力将摄影师、妻子、母亲的角色三者结合起来。这无关政治原则，只是她对摄影艺术的热情不会被限制，她的任性也不会被限制。

二十世纪二十年代，多萝西娅跟其他几位年轻的女摄影师关系很好，她们的故事也突出了女人所面临的相互矛盾的压力。最有魅力的是在意大利出生的蒂娜·莫多蒂：她是旧金山意大利剧院的明星、默片演员、爱德华·韦斯顿的情人、墨西哥共产党的积极分子、墨西哥城古巴流亡革命者的伙伴。像那个时代所有有雄心壮志的女人一样，她将现代女权主义、革命左派的热情跟与魅力四射甚至英雄般的男人相伴结合起来。她从她的感性出发，认为男性和女性是对立而又互补的两个实体，她将女性独特的感受浪漫化、戏剧化了——这在不受世俗陈规束缚的女人中很普遍。她关于女性的观念跟兰格相同，像游乐园的哈哈镜里映出来的那样，被夸大、变形、戏剧化了。"就创造而言，"莫多蒂写道，"……女人是消极的"，这一评论挺像伊莎多拉·邓肯说的，"一个女人永远不可能成为真正的艺术家，因为艺术是一个严厉的监工，贪得无厌，而一个爱艺术的女人总是为了生活放弃一切。"

莫多蒂师从韦斯顿，便以拍摄花朵、身体、水果、蔬菜的特写镜头开始了自己的创作，到二十世纪二十年代中期，她将同样的构图原则应用到了拍摄工人和农民的照片上。当她1925年来到旧金山的时候，她会见了很多女摄影师，而且与兰格达成协议可以使用她的工作室。回到墨西哥之后，她投身到了左翼激进主义当中，跟一些重要人物包括迭戈·里维拉和古巴革命者朱利奥·安东尼奥·梅拉一起参加了几项重大活动。1929年，梅拉在她眼前被谋杀，而且她被误以为是谋杀的凶手。她被驱逐出墨西哥后，于1930年去了柏林，然后到了苏联，接着到了西班牙。她以假名回到了墨西哥，并于1942年在那儿故世。巴勃罗·聂鲁达撰写了她的墓志铭。而在摄影方面，她离开墨西哥之后，就没有拍摄过有意义的照片。

另一位昙花一现的人物是韦斯顿的模特儿和前女友马格雷思·马瑟。兰格发现她也很有魅力。当韦斯顿和马瑟在1912年相见的时候，他是一位开照相馆的普通中产阶级摄影师，拍摄充满柔情的儿童人像照和风景照。马瑟带给了他激进的观念——政治的、性的、美学的。她拍摄出神入化的裸体的特写细节比他要早，并为他作出了榜样，他们一起制作了好多照片，署了两人的名，此后韦斯顿再没有做过这种事情。马瑟拍摄艺术界名流的照片，这些名流指查利·卓别林、莉莲·基什、瓦克拉夫·尼任斯基和利昂·巴克斯特。1930年，她成为第一个在旧金山新德·扬博物馆举办展览的摄影家，这对一个女人来说实在是令人印象深刻的荣誉。然而，她的摄影生涯以及稳定生活在二十世纪三十年代中期戛然而止，而韦斯顿则继续成为伟大的艺术摄影家之一。马瑟的性和浪漫最主要吸引的是女性，她在跟韦斯顿相处的大部分时间里，又跟几个女性恋人生活在一起。在这些放荡不羁的艺术家中，同性相恋并非罕见，而韦斯顿同样也有几个男性恋人。把这种现象称作同性恋是不符合历史的，因为这种反主流文化并没有把人的身份分成相互排斥的同性恋或者异性恋。无论在什么样的标签下，多萝西娅跟同性美女在一起感觉十分舒服，而且早先她雇用同性恋者罗杰·斯特蒂文特做助手，他后来也成了一名优秀的摄影师。

兰格这个圈子里另一位才华横溢、离经叛道却不那么引人注目的摄影师是阿尔玛·拉文森。像她的朋友卡纳加一样，她不顾父母的反对，以她特有的经济和教育优势进入摄影这一行。阿尔玛有钱的父亲禁止她从加州大学伯克利分校毕业后从事摄影工作，她就自学摄影。他们家的亲戚跟艺术品经纪人和收藏家艾伯特·本德的关系使她进入了旧金山摄影界；她令人惊叹的天赋使她1933年在德·扬博物馆和布鲁克林博物馆举办了个人摄影展览——在职业生涯上远远领先于兰格。但是那一年，她嫁给了一位成功富足的律师，生了两个孩子，便全身心投身于家庭中了，从此以后，摄影只是作为她的业余爱好而已。

路易丝·达尔是兰格周围为数不多的几个女摄影师之一，她的摄影，在业界享有盛誉。她因为跟卡纳加的友谊而涉足纪实摄影领域。她跟兰格一样，嫁给了一位艺术家，但是并没有认为自己是与丈夫同一类型的人。令人感到讽刺的是，她跟随他来到纽约之后，居然成了效力于《时尚芭莎》的著名时装摄影师路易丝·达尔-沃尔夫。除了兰格之外，达尔-沃尔夫是旧金山她们这个群体中在结婚之后唯一依然从事职业摄影的人。要做到这一点，必须有一位支持她的丈夫和坚强的意志。

兰格跟顾客的友谊揭示了哪些人能够吸引她、政治影响以及其他已婚女性是如何在家庭之外构建自己的生活的。这群朋友都没有工作，所有人都由丈夫供养或依靠家族财富，这给了她们闲暇，可以徜徉于政治、艺术、慈善、社团活动之中。她们的特点跟兰格所认识的那些摄影师并没有太大的不同：热爱艺术，具有国际化的品味，在城内四处徜徉，有放任开明的性标准，对异国文化十分喜爱，而且还经常持有左派政治观念。她们没有获得兰格、坎宁安和其他一些摄影家那样的声誉，但是她们都是认真且活跃的女性。多萝西娅有很强的个性，但是她的朋友同样不弱。

这些友谊来自兰格的照相馆模式，来自充裕闲暇和轻松闲聊的节奏，反过来，这些关系也增长了她的业务。这倒不是说她将这些关系当作了做生意的工具。她不需要招揽顾客——她有的是回头客，有些人每年都要来拍摄全家福，而且，当人们在朋友的三角钢琴上看到兰格的人像照时，便会有新的顾客来她这儿。吸引多萝西娅的是她朋友们的文化而不是她们的财富。况且，她们选择多萝西娅时，多萝西娅同样选择了她们。值得注意的是，这位年轻的女商人跟上流社会精英和文化上见多识广的顾客建立了完全平等的关系。

她的顾客朋友可以被划分成两组：城市的和乡村的。这两组人都对高雅文化情有独钟，对什么事情都持开明态度，无论是选举还是抚养孩子。她们中有些人像多萝西娅一样，在大萧条的影响下，成了进步改革的拥护者。不过，城市的女人比多萝西娅的那些摄影师朋友更加容易赢得独立自主：家中的仆人使得她们有充分的自由将她们的时间投入到"事业"当中，哪怕她们的孩子还很小。

兰格的城市朋友们几乎都是德国血统的犹太人。他们来自有钱有势、世俗化和都市化的旧金山组织"咱们一伙"（Dur crowd），祖先都是十九世纪中叶的移民，依靠经商积累了财富。加利福尼亚州北部对这些移民敞开了大门，在纽约进一步确认他们的地位之前，他们就已经被视为是白人了。他们十分团结——他们或许是白人，但是他们知道，基督徒知道两者是有所不同的。例如，散布广泛的"客厅反犹主义"就将他们排斥在一些有身份的男士俱乐部和地位较高的妇女俱乐部之外。种族隔离也反映在了住宅上。非犹贵族居住在三座大山上——诺布山、特利格拉夫山、俄罗斯山；最有钱的犹太人在太平洋高地上建起了豪华大宅，将蔚为奇观的海湾景色尽收眼底。他们的孩子们互相联姻，在他们之间形成了一个复杂而包罗万象的家庭关系网。他们不常出入附近菲尔莫尔区内的犹太人社区，那儿，东欧的犹太人开有符合犹太教规的食品店、面包店、犹太剧院，还有一些政治组织，如"工人圈子"。

互相关联的埃尔克斯、卡藤、卡恩三个家族里，就有兰格的两位最亲密的好友，伊丽莎白·埃尔克斯和伊迪丝·卡藤，她们的历史代表了她们这个群体。这对朋友是表亲，因为在十九世纪八十年代，从商的艾伯特·埃尔克斯和西蒙·卡藤娶了卡恩两姐妹为妻，她们是奥克兰最大的那家百货商店的老板的千金。三个家庭全都成功地投资经营了零售商店或者服装厂——犹太人发家致富的典型做法——然后再进军重要行业，而且三个家族都有后代投身文化界和政界。艾伯特的父亲路易斯·埃尔克斯1895年娶了科迪莉亚·德·扬为妻，科迪莉亚是《旧金山纪事报》的老板，也是旧金山的德·扬博物馆创建人的妹妹。艾伯特是十一个孩子里的老大，1921年成了萨克拉门托的改革派市长。另一个儿子查尔斯·德·扬·埃尔克斯成了一位律师，并与妻子露丝一起成了美国原住民艺术品的收藏家。他帮助普韦布洛印第安人重新夺回了被白人占领者掠夺的土地和水资源的控制权，并出资改善印第安人的医疗保健；他跟新政时期印第安人事务局的局长约翰·科利尔关系密切，协助他制定了二十世纪三十年代罗斯福政府的"印第安人新政"。由于他们对印第安人的热爱，对西部的热爱，露丝和查尔斯成了梅纳德·狄克逊艺术的资助人。在下一代里，多萝西娅的朋友伊丽莎白的丈夫小艾伯特·埃尔克斯，成了一位职业音乐家、作曲家、加州大学伯克利分校的音乐教授，并最终成为旧金山音乐学院院长。

当多萝西娅见到伊丽莎白和伊迪丝的时候，两人还都年轻，而且很有文化修养，接受过良好教育，都在积极参与慈善和社区的项目。虽然多萝西娅从来没有她们那样的阶级地位，但是她的独特个性和艺术修养使她看上去似乎就是她们中间的一员。这些友谊经受了时间的考验：数十年之后，当伊迪丝得了癌症住院接受放疗时，多萝西娅每晚必去看她，送上晚安的亲吻。她们叫多萝西娅多莉，当多莉住院的时候，伊迪丝也每晚去看她，送上晚安的亲吻。多萝西娅在纽约一家医院住院的时候，她写信给伊丽莎白："我只想见到你，跟你在一起，向你倾诉所有的麻烦、灾难如何在纽约突然降临到了我的头上……穿上你的拖鞋吧。""拖鞋"指的是她们跟另一位朋友米娜·布卢姆·诺伊斯塔特一起组建的"拖鞋俱乐部"，她丈夫是著名的新政支持者。那双拖鞋是多萝西娅送的礼物。在城市里，她们每周聚会，轮流住在不同的房子里，讨论艺术、园艺和政治。多萝西娅跟这群德裔犹太人的关系如此密切，以至于有人认为她就是犹太人。

女人们的友情拉近了她们家庭之间的关系。多萝西娅的儿子丹和约翰经常与肯和安迪·卡藤一起玩耍，并上同一所幼儿园。他们有好多节假日都在一起聚餐，包括圣诞节，因为这些犹太人根本就不遵守教规。伊迪丝的儿子和儿媳妇肯以及简·卡藤都感觉到了伊迪丝和多莉之间那种特别的亲昵和深情：简认为她们之间有性吸引力，但是没有性行为，而肯则认为他父亲只是嫉妒这两个女人之间的关系罢了。在兰格给伊迪丝拍摄的人像照里，我们看到了给人印象深刻的毫无修饰的美，宽阔的五官，线条分明、如同雕刻般的发型。有一套1933年制作的人像照，展现了她赤裸的双肩，领口开得很低。

"拖鞋俱乐部"支持进步事业。伊迪丝·塞林在结婚前毕业于加州大学伯克利分校，拿到了劳动经济学的学位。二十世纪二十年代，当兰格的摄影界和艺术界友人总体来说不关心政治的时候，这些女性朋友却用她们自信而有原则的支持对她产生了重大影响。伊丽莎白·埃尔克斯是一位忠实的英国工党党员，她教残疾孩子，为儿童福利事业奔走呼号。伊迪丝·卡藤及其丈夫在旧金山的社会党内十分活跃，他们在1932年把选票投给了诺曼·托马斯而不是富兰克林·德兰诺·罗斯福，虽然他们很快就成了新政的支持者。

多萝西娅乡村的朋友也来自富有阶层，他们郑重其事地声明放弃城市生活，树立了她所敬佩的榜样。多萝西娅年轻的助手罗杰·斯特蒂文特把他们看作回归地球的波希米亚人，热爱"性自由的伊莎多拉时代"。他有点夸大，但是他们的确爱好裸泳和其他的"前卫活动"。多萝西娅最亲密的朋友玛丽·安·威尔逊是加利福尼亚最放荡不羁的人，多萝西娅跟她的家人经常一起到威尔逊儿子在米尔峡谷马林县的家中去，以至于大家都以为其中的一间小木屋是多萝西娅的。玛丽·安穿家里缝制的粗布衣服，以简朴的风格为她乡村的屋子配置家具——锃亮的木头桌子、橡木椅子——多萝西娅仿效这种风格。两家人都热爱大自然，这表现在允许孩子们不穿衣服游泳和玩耍，到户外去野炊和吃东西，以及他们早期对环境的关注。另一位在政治上倾向于自由的密友格特鲁德·克劳森通过婚姻移民到了加州北部的一个大牧场，但是她对兰格所拍摄的照片十分着迷，每年至少会去旧金山一趟。她第一次给兰格当模特是在1919年，当时她的大女儿出生，此后，她每生一个孩子（她又生了四个孩子），就给兰格当一次模特。格特鲁德将这些照片收集在了一本有凸饰花纹的织锦缎封面的相册里，摆在钢琴上面，并对女儿们讲，万一碰上火灾，她们唯一要抢出来的就是这本相册。"二战"期间，格特鲁德的女儿克里斯蒂娜担任多莉的助手多年，他们全家在多萝西娅故世后一直跟多萝西娅的孩子们有交往。多萝西娅和家人也经常到路易丝·洛维特的父母在索克尔河畔的农场里去做客，就在圣克鲁斯的东面。他们通常会在一条小溪附近的一个杨树林里露营。多萝西娅为所有的孩子拍摄美丽的照片，尤其是他们光着屁股在水里玩耍的照片，风格结合快照和艺术摄影。

不管是有意识还是无意识地，兰格总归是利用她的照相馆强化了那批狂放不羁的艺术群体跟旧金山精英的战略同盟。她敏锐地感觉到，有一部分有钱人不仅仅尊重那些正在创造美的人，而且渴望对他们有所了解，渴望被他们接纳，渴望受到他们的影响。作为一个阶层，他们过多地承担起建设旧金山高雅文化机构的责任：交响乐团、歌剧团、芭蕾舞团、德·扬荣誉军团宫。"他们在起居室里或者在客厅里演奏弦乐四重奏，培养人才：耶胡迪·梅纽因……艾萨克·斯特恩……"多萝西娅回忆道，或许还可以加上欧内斯特·布洛克、皮埃尔·蒙特和约瑟夫·西格蒂。兰格让她的照相馆成为艺术家和开明的富人互动的场所。这种同盟既给兰格带来了经济上的好处，也为她的艺术进步创造了条件：它为她积聚了生意和声誉，也使得她能够尝试多少显得非常规的绘画风格的人像摄影。兰格建立的这个同盟也帮助了其他人，尤其是在大萧条期间众多的艺术家失去收入来源的时候。

艺术家们几乎总是要依赖这样的同盟。一度，艺术家们拿着资助人的佣金，按照要求创制作品。在最近的几个世纪里，艺术家和手艺人的生计就是建立在有钱人买他们的作品的基础之上的。除非他们声名卓著，凭名字就吸引买主，否则他们就得创作有钱人喜欢的东西或者很快就能学会的受市场欢迎的新技术。这一心照不宣的约定是所有艺术发展的基础，不仅仅是视觉艺术，也包括音乐、戏剧，这一点非常重要，在旧金山是这样，在其他任何地方也是这样。

兰格同意不定期地到有钱人的家中去给他们拍照，这种做法在当时并不普遍，但也进一步加深了他们之间的关系。她拖着沉重的设备，最远曾到西雅图给魏尔霍伊泽家人拍了两三次照。这些旅行是值得的，因为她可以住在顾客家里，巩固他们之间的关系，并找到新的顾客，偶尔还能得到共进晚餐的邀请。

愿意出差表明了兰格工作基本的方向：博得顾客的欢心。人像摄影往往是以顾客为中心的买卖，成功的秘诀在于摄影师能敏锐地捕捉顾客喜欢什么。"我不是说无原则地迎合他们的虚荣心，"她说道，但是"我个人的艺术处理相对于个人的需求是第二位的。"兰格的杰出才能在于她往往能诱导他们喜欢她所喜欢的东西。她稍稍变通一下他们的趣味，向他们展示了一些意想不到的东西，而且她相信，这样做，就是在向他们展示一些他们以前所没有看到过的自己。"我真的非常认真努力，对每个我所拍摄的对象都这样，尽我的最大努力准确地展现他们的自我。"

照片既可以为家庭愿望也可以为社会愿望服务。它们表明家庭的存在，同时也构建了家庭。它们所提供的图像证实了人们渴望稳定、关怀和归属感，并向家中的访客传递体面和尊贵。它们呈现理想的家庭，从而维持这些理想，常常掩饰了家庭实际的面貌。它们让孩子可以寻根——谁不愿意看到自己婴儿时代的照片呢？哪位父母不希望自己的孩子回忆起童年呢？在某种程度上鄙视老年人的现代文化中，展示更为年轻漂亮的自身形象可以满足上年纪的人的自尊。与此同时，照片可以昭示身份：军事荣誉、女性的美德、男性的权利，尤其是阶级地位。索尔斯坦·凡勃伦称照片为"炫耀性休闲"。

照片帮助各阶层的人获得社会的尊重，但是照片的风格常常因阶层而异。例如，摄影历史学家约翰·塔格就指出，高档顾客的人像照半侧面像是最常见的，而地位比较低下的人群则是正面照。照片很少有直接的正面照。在艺术摄影时代，照相馆的摄影师常常用绘画布景和艺术雕像做背景，典型的是田园风光或者花园景致，以此来表示那些较穷的顾客也有享受休闲和美景的机会，从而抬高他们的地位。相反的是，十九世纪面向高端消费市场的艺术摄影家纳达开始拍摄他的精英阶层的顾客，他坚决反对"不相连接的空间"，以便他们能够"不用剧本也可以自我陶醉"。兰格也是这样。她的风格在她的顾客看来，是一种现代的非传统的典雅类型。她在纽约吸收的现代主义艺术本身表现为强烈的简朴风格和对传统华丽服饰的摈弃。她从来不包装拍摄对象，而且不鼓励摆正儿八经的姿势。她不要求她的拍摄对象非微笑不可，而且她更喜欢他们不穿套装和长裙，而是穿着随便，最好是旧衣服，这样他们会更放松。她希望自己的照片是永恒的，不会过时——十年后这个愿望被她逆转了——所以她竭力不赞成他们穿时髦的衣服。她把照片印在手工制作的毛边纸上，签上自己的大名还写上日期；她想要用这个来证明是她的作品，即便她丢弃了她所保存的信件和日记。

最后完成的作品会给被拍摄者这样的感觉：他们所呈现的形象符合他们个人选择的风格。兰格向她的精英阶层顾客提供的是一幅蕴含着——用她的话说是"揭示了"——个性和内心深处生命的人像作品。正如艾伦·塞库拉写的那样，她赋予了她的拍摄对象"内在本质"。也正如艾伦·特拉亨伯格所指出的，她寻求"用身体的语言来表达独特的内心情感"。毫无疑问，她自己并不完美的身体磨砺了她对姿势和仪态的敏感性，将其作为交际的尺度。她的轻度残疾，轻到并没有让人感到讨厌，也许使她的顾客对她的敏感和亲切更为信任。她自身的身体稍有缺陷这一经历强化了她心灵的品质，从而使她的顾客相信她有能力捕捉他们内在的优雅。他们相信，她可以将他们的教育、文化、情感在她的照片中表达出来。标志自身高品味的照片对新贵或者中产阶级特别重要，就像兰格的顾客，更喜欢自己被认定为有很高的文化修养而不仅仅是富有。这倒不是说他们仅仅要用"高文化修养"去沽名钓誉，他们通常是音乐和艺术的狂热爱好者。然而，他们对文化的信奉与他们所享有的社会地位是分不开的。

文化评论家沃尔特·本雅明认为，摄影是一项民主的实践，因为其可复制性；它彻底消除了独一无二的绘画作品权威的"光环"。（这一判断是建立在一种误解的基础之上的，照片在暗房里可以被改变。）所以，在十九世纪末期，人像摄影师开始尝试以"个性"打造自我价值的光环也就不足为奇了。对于个人而言，这种光环似乎源于被拍摄者本身，但是这种光环也创造了社会地位：照片可以反映体面和文化品味。把它装裱起来，摆放到钢琴上或者壁炉架上，抑或收藏到皮革的或者织锦缎的影集里，摆放到显眼的地方，可以提升全家的品味甚至声望。

人像照的创造力通过性别意向表现得尤为强烈。它可以通过让女人恰如其分地娇柔、男人恰如其分地阳刚，从而使人安心。人像摄影师对外表毋庸置疑地具有至高无上的权威：怎么整理头发、衣服，怎么安排拍摄对象的位置，怎么处理扭来扭去的婴儿和不安分的孩子，怎么哄出一个理想的面部表情。尤其是在兰格那个时代，女摄影师更容易掌握这种技巧，因为它们跟女性的社交较为一致。她们将自己的照相馆装饰得十分诱人，把灯光布置得格外漂亮；她们似乎有一种凭直觉的布置技巧，揭示了内在情感和家庭的爱意。她们看上去在捕捉孩子、风景、静物、风俗场景等方面具有特别的天赋。兰格绝对不会辜负对女性的这种期望，但是她表现得似乎更加炉火纯青。事实上，大量的男摄影师也掌握了这些技能，但鉴于文化假设，这些技能很容易被视作女人的天然属性。艺术摄影的风格特别容易让人联想到维多利亚时代的女性，而兰格的女性人像照通常比男性人像照的画面感更加朦胧。她的女性拍摄对象更多地被安排在室内拍照，部分原因是她们更加倾向于请她到她们家中进行拍摄。在这方面的安排特别合她们的心意，因为那个时代的许多女性——尤其是那些有闲暇时间的女性——担心她们在公共领域的活动是否违反了旧文化对女性专心于家庭的要求。

所以，理想的拍照氛围需要微妙的平衡，要获得这种平衡并非易事。形似并不难；但是要"抓住"内在的本质就需要克服人对照相机的特有反应，譬如身体僵硬，笑得不自然，姿势过于正式，打扮过头的外表等。兰格善于运用一种轻柔的推拉技巧，使被拍者能够摆脱那些僵硬的表现。在纽约的照相馆当助手的时候，分配给她的工作就是跟顾客交谈，让他们摆好姿势，做好准备。在旧金山，她这方面的能力益发精进，丝毫也不畏惧那些艺术家、知识分子、企业大佬和社会名流，这种自信和魅力，加上她对他人的真诚兴趣，使得她的作品锦上添花。通过交谈，兰格的活泼和谈论的话题吸引了顾客，一时不再关注镜头和自己的外表；无拘无束的交谈，专心致志的互动，在这样的氛围里，通过忘了自我，从而展现了自我。

兰格的互动方法需要耐心，因为它关乎拍摄对象是否能加入到照片的创作当中。在后来的记者采访中，她经常描述这种情形。"你得等，直到拍摄对象做出决定——他准备给照相机什么……而摄影师——他会选择拍什么。内在的酝酿过程远比将相机摆到你和拍摄对象之间要费时得多……"她还说到过一些通灵术，比喻自己是一个"渠道"，是"一本密码本，一个可以派很多用场的人……"这种话使她显得有点消极，她一生中偶尔会用到这个比喻，这个比喻也符合维多利亚时代认为女性具有这种禀赋的观念。她有时似乎把自己的工作理解成是独一无二的，天然适合女性的。至于它所隐含的消极会达到什么程度，使她精心计划、有条不紊的方法会减弱到什么程度，读者不必担心，这种通灵术的交谈其实是一种表演，甚至是一种商业策略。她要冲很多底片，在暗房里要仔细研究这些底片，那是毋庸置疑的。她的成果是建立在长时间努力工作的基础之上的，而不是来自她顾客内心的各种活动。她经常要求她的顾客不断重拍，这种要求也有可能挺烦人，但这也让他们的心里感到很受用，证明了她的标准很高。

不管是否女性化，她的人像照都可以被认为是温馨的。这些照片不像为电影明星拍的宣传照片——虽然美艳绝伦的摄影在她开照相馆的时候已经在好莱坞萌芽，那需要运用强烈的布光、浓艳的化妆、精致的发型。她给一些文化修养很高的名流拍照——譬如，欧内斯特·布洛克的这张照片——但是这些形象并没有彰显明星气质。恰恰相反，它们展示了拍摄对象深层次的东西，即个性的独一无二。

兰格甚至可以这样表现十几岁的少年，就像她拍摄的那张一个少年在马背上沉思的照片。她发挥了另一项女性的技巧，那就是展示家庭成员之间的关系，最常见的是母子或兄弟姐妹，家庭成员之间自然地依偎在一起，她还擅长展示家庭成员中的其他组合，就像这张小男孩和他爷爷的精美照片。

无论怎样精通业务，用兰格自己的话讲，她总归是把自己当作一个"生意人"。这种认同在照相馆的摄影师中十分普通，结合了手工劳动、手艺人和小企业家的社会地位。从她的方法和抱负来看都称不上现代意义上的艺术家，虽然在过去——比如在她做石印工的舅舅的传统中——手艺人和艺术家没太大区别。她说，"我从来没有想过"干非委托性的工作，也就是说从来没有把安排创作性的摄影主题提上日程，那是伊莫金的领域。兰格谦虚的证明莫过于她并没有把她的作品当作艺术，这也有好处，使她远离了艺术品市场的要求和竞争，也远离了建立艺术权威的必要性。当然，这种远离是一个程度问题，不是绝对的。她研究摄影杂志，参观摄影展览；她吸收大量其他摄影师正在运用的东西。可多年来不得不取悦顾客，她的确觉得受到了约束。艺术摄影师也许会心生厌恶：譬如沃克·埃文斯就认为照相馆的工作令人无法容忍，因为那些拍摄对象"虚荣得令人恐惧"。相比之下，兰格把她的摄影看成是为顾客服务。尽管有她的循循善诱，但是她相信，最后还是由顾客决定如何展示自己，她的任务仅仅是抓住了那个瞬间。他们有权利让他们的照片比他们本人好看。不过十年之后，最初以顾客为中心的服务理念成了纪实摄影的强大技术支持。

值得注意的是，到1921年，旧金山最质优价高的人像摄影师就是二十六岁的多萝西娅·兰格，拍摄需求大多出自那些有钱的附庸风雅的人群。这也解释了旧金山顶尖的艺术家之一和最具艺术个性的名人，会追求并迎娶一个年轻的从事摄影的小生意人的原因，尽管她初来乍到这个城市，走路还有点跛脚。

第四章　梅纳德·狄克逊，放荡不羁的艺术家

多萝西娅曾在暗房里听到画家梅纳德·狄克逊清晰的脚步声，他不仅将成为她的恋人和丈夫，而且在艺术上和文化上也对她产生了重大影响。他将她带进了旧金山放荡不羁的艺术家们活跃的社交圈子，也带她见识了加州的自然美景和西南沙漠。狄克逊生活在两个互不协调的世界里——城市和荒野。最终，荒野占了上风，当商业化和郊区化眼看着要将荒野吞没的时候，他变得越来越痛苦；他的痛苦将最终毁灭他们的婚姻。但是一开始，多萝西娅对他的吸引力是前所未有的。所以，要了解她，我们就需要了解他。

狄克逊曾把自己装扮成牛仔，看起来很合理。1875 年，他出生于边疆城镇福雷斯诺，那时这个城镇还是一个牧场。（后来转变成西部主要农业区圣华金河谷的商业中心，给已经成年的梅纳德带来了巨大的痛苦。）小时候，他对印第安人十分着迷。福雷斯诺建立在印第安人的土地上，梅纳德的祖父曾经是一位为印第安人而奋斗的战士。1890 年拉科塔苏族人的"伤膝河大屠杀"以它独有的魅力迷住了梅纳德，他的一生都在研究印第安人文化，画印第安人，为印第安人写诗、写故事，为自己跟印第安人的友谊感到骄傲，他崇敬印第安人与生俱来的在心灵上对大自然的亲近感。他抽印第安人用各种香草混合而成的烟草，甚至可以用一只手卷烟。梅纳德对印第安人着迷的同时，也存在对印第安人和其他非白人的歧视，就像他那个时代许多白人一样。梅纳德所交往的印第安人是高尚的野蛮人，他们的消亡是文明进程中不可避免的悲剧的一部分。他常常在岩石上画他们，画作看起来十分安静，

就像是大自然的一部分，这也强化了他们的顽固不化和跟现代人的距离。狄克逊作为一个成年人，认为自己跟印第安人生活在一起会更加舒服，他觉得自己不适应工业化的城市资本主义。

虽然梅纳德最喜爱的是孤身一人在野外露营几个星期，但是他绝对不是一个能吃苦耐劳和敢于冒险的孩子。他出生后最初的几年里，经常犯哮喘病，而且有肺气肿的前兆，一旦得了这种病，在生命的最后阶段会导致残疾。他变得更喜欢独处，长时间坐着，这样一来，倒是发现了他非凡的天赋。五岁左右他开始画画，画画技巧简直令人叹为观止。1891 年，他或者是他的父母将他的一些画送到了弗雷德里克·雷明顿那儿，这位擅长画西部主题的顶尖插图画家回应说，他本人在这个年龄都没有狄克逊画得好。数十年之后，梅纳德会根据要求和按照记忆画孩子们要求他画的任何东西——马匹、印第安人、树木、篱笆、面孔、整个的围场。

像多萝西娅一样，他学科成绩很差。他高中辍学，然后又从加州设计学院退学。但在那所艺术学院里，他结识了一群年轻的画家，他们将他引领到了旧金山，而且形成了社团，他余生都没有离开这个群体。这个群体中有吉米·斯温纳顿、霍默·达文波特、戈塔多·皮亚佐尼，以及他的至交好友墨西哥人泽维尔·马蒂·马丁内斯，马丁内斯刚从巴黎学成归来。得益于荒蛮的西部越来越广阔的插图市场，狄克逊在他二十岁的时候成了一位十分成功的插画家。不久之后他得到了一份固定工作，给《旧金山晨报》当插画家，他因此而声名远扬。很快，他就为杰克·伦敦和其他作家的作品画插图。由于得到社会的青睐，他为自己设计了一个徽标——他称之为"雷鸟"——用"雷鸟"标记他所有的作品，并开始打扮成牛仔，脚下穿着靴子，头上戴着高顶宽边呢帽。

狄克逊在旧金山放荡不羁的文化圈的社交生活就是和其他艺术家、作家一起，在工人常去的低级酒吧喝酒、吃廉价的食物，交各种各样的女朋友，早上宿醉不醒。马蒂·马丁内斯将他们中的一些人带到了墨西哥，狄克逊欣喜地在那儿发现了大麻。跟他在福雷斯诺的吃喝比较，旧金山的食物简直是世界美食的大杂烩——中餐、墨西哥餐、意大利餐。蒙哥马利大街上的科帕饭店，一家意大利渔民和小贩经常光顾的餐馆，成了这个群体经常聚会的地方，部分原因是朱塞皮·科帕"爸爸"愿意给这些一贫如洗的艺术家赊账。他们不尊重那些姑娘们：他们中要是有一人带来一个新的女人，这帮家伙就会在桌子底下对她进行表决。（显然，作家玛丽·奥斯丁被否决了，就再也没有得到邀请。）中央的一张椭圆形桌子成了他们的保留席，他们一来便带来了肆意闹腾的场面，这也吸引了更多的顾客——有钱的艺术爱好者、以诺布山群体闻名于世的"常去贫民窟猎奇的人们"——他们挤走了渔民。科帕鲜红的墙壁被重叠的画完全覆盖了，艺术家们用这些画付他们的餐费。终于，到了1905 年，这些艺术家一起合作在四面墙上画了一幅壁画。精明的科帕把这些艺术家乱涂、乱写在菜单上和桌布上的草图和诗歌当作纪念品出售。

虽然这些年轻艺术家中大多数人的作品没有什么销路，当时有钱人不太喜欢冒险性质的作品，但是狄克逊的插图佣金源源不断，而且，在 1899 年他被任命为《旧金山观察家星期日杂志》的艺术总监之后，他的收入涨了。他被认为是雷明顿未来的有力竞争者。狄克逊早期的赞助人之一查尔斯·拉米斯，成了他父亲般的角色，他是加州一份读者众多的出版物《阳光之地》的主编。他支持梅纳德跟他的家庭决裂，因为家人期盼他经营牧场或从政。他还帮助梅纳德克服了童年体质虚弱的影响，帮助他在一个带有女性气质的行业——艺术领域——确立了男子气概。

1900 年，狄克逊在寻找适合绘画的荒原的过程中，找到了自己的精神家园和标志性主题：亚利桑那 - 新墨西哥荒原。两年之后，他将在那儿又遇到一个父亲般的人物——名闻遐迩的约翰·洛伦佐·哈贝尔，哈贝尔在亚利桑那州加纳多的贸易站尽力将纳瓦霍人与霍皮人的手工艺品打造成了商品。狄克逊称呼他为"可爱的赞助人"。哈贝尔对艺术的感觉和包容使他的家具商店成了那些对西南部极其感兴趣的画家和知识分子聚会的地方，他的商店也很快在销售毯子和箩筐等货物的同时卖起了狄克逊的画。在这趟旅行之前，狄克逊将油画跟古典装饰风格的经院绘画结合了起来，当时这种绘画风格主导着旧金山的艺术界，这是一种他厌恶的风格。然而，他越来越感觉到铅笔画已经无法抓住荒原的精神实质，所以他开始用油彩绘画。当他回到旧金山之后，他跟他的朋友们下定决心，要成立一个对抗性的组织——加利福尼亚艺术家协会，来挑战传统的艺术准则。

这些持不同见解的画家们都被吸引到一个社区——北海滩，聚拢到了一幢特别的建筑里——蒙哥马利大街 716 号，它被亲切地称为"猴子大楼"。把时间拨回到1853 年，这幢巨大的砖头和花岗岩四层楼建筑有一个中央庭院，原先是一幢寄宿公寓，现在则成了一个艺术家聚居区——"一种大型鸟舍，聚集了这个城市夜间出没的奇怪的鸟儿，这个城市的艺术人群"——这给旧金山贴上了永久性的标签。一些作家首先开始使用这个词——十九世纪六十年代马克·吐温用过，后来，安布罗斯·比尔斯、玛丽·奥斯丁、艾娜·库尔布里斯和罗伯特·路易斯·斯蒂文森都用过。接着，那些画家们发现了二楼、三楼的巨大窗户。他们所开办的那些画室几乎成了集体的财产，从一个朋友传到另一个朋友手上。狄克逊成了那儿一个特别有吸引力的人，几乎是那幢楼的一个图腾。在介绍这幢楼的历史中是这样提及他的，一个"瘦瘦的男人，喜欢冷嘲热讽，下垂的胡须稀稀落落的，脚上蹬一双牛仔靴，帽子耷拉下来。他似乎是这个大楼的一个孩子。"这个城市的很多编年史家都陶醉在这些记忆里。"你看他们……画布夹在胳膊底下，穿着灯芯绒夹克，沾满了颜料……一只手晃荡着一个装满红酒的小口大酒瓶，另一只手拿着未包装的一大根萨拉米香肠或者一条法式面包，急匆匆走过。"

正如一个观察家指出的那样，在"猴子大楼"居住等同于拥有"穷人波希米亚俱乐部会员卡。"狄克逊很快被邀请加入了富人波希米亚俱乐部，这标志着他的声望越来越高。这个俱乐部是 1872 年由一群新闻记者、艺术家、作家创建的，他们在傲慢地拥抱西部现代主义的过程中寻找志同道合的人。其早期成员包括弗兰克·诺里斯、安布罗斯·比尔斯、杰克·伦敦、亨利·乔治和约翰·缪尔。到世纪之交，这个俱乐部吸引了越来越多在旧金山立足并变得富裕的商人们。他们控制着这个俱乐部，买下了俄罗斯河畔的一个营地，现在被叫作波希米亚树林，继续让那些放荡不羁的文化人——美术家和音乐家——来此娱乐以提升俱乐部的声望。这是一个西部版的精英人士俱乐部，这里总是闹嚷嚷的，放荡不羁的文化人野外露营，相互喧闹，变装表演，疯狂酗酒，讲黄色笑话，同性恋人争风吃醋。这些引人注目的行为和煞费苦心的仪式展示了——现在依旧展示着——大学兄弟会的风格。不过，俱乐部给艺术家们提供了直接跟赞助人联系的机会，狄克逊 1905 年的第一次个人画展便是在那儿举办的。他虽然还是以画插图谋生，但已于 1905 年开始向知名的收藏家出售油画了。他正在成为"旧金山文化圈的宠儿"。

1906 年的大地震摧毁了这个团体——物质上的、经济上的、情感上的。大多数艺术家、博物馆、私人收藏家丧失了一生的收藏品。狄克逊除了抢出一捆绘画作品之外已经一无所有。这场灾难以其巨大的离心力放逐了旧金山人。它使卡梅尔、马林县、圣罗莎、伯克利的艺术家聚居区如同雨后春笋般发展起来。然而，仿佛冥冥之中在传达一个启示似的，"猴子大楼"幸免于难，巍然屹立。（唯有巨大的股份公司才可以将它夷为平地：1959 年，它被拆毁，在其地基上立起了一幢旧金山最高的摩天大楼泛美金字塔。）

在接下来的六年中，狄克逊也流落他乡。就像阿诺德·根特后来所做的一样，狄克逊于 1907 年去了纽约，在那儿待了五年，而且也很快复制了他在旧金山一样作为一名插画家的成功。不过，他在纽约的那几年被婚姻的不幸所困扰，1905 年他在加州娶了莉莲·韦斯特·托比为妻，莉莲也是一位具有非凡才智的旧金山画家。莉莲为剧院设计和缝制戏装，擅长用金属和皮革材料，穿着十分漂亮，但是她的作品和声誉却几乎消失殆尽。结婚之后不久，她变得郁郁寡欢，脾气暴躁，开始酗酒，并遭受神经衰弱的折磨。梅纳德为了能使她平静下来，便举家搬迁到了更加安静的扬克斯——这是当时一种通常的解决方法——可是这一方法收效甚微，妻子病情反而加重。狄克逊不是一个能服侍人的主儿。他们刚结婚，他就数次长途跋涉去荒原作画，将莉莲一个人丢在了家中，1910 年他们的女儿康斯坦丝（名字取自他母亲）刚出生不久，他似乎又再次离开。

在纽约，梅纳德一头扎进了跟剧作家索菲·特雷德韦尔令人陶醉的风流韵事当中，后者最终写成了四十个剧本，包括表现主义色彩浓郁的《机械时代》。特雷德韦尔是一位有夫之妇，在社会和政治方面十分激进：她是女权的倡导者，也是报道墨西哥革命的记者。她也许曾经在思想上坚决反对一夫一妻制，就像狄克逊用行动证明的一样。他生性就会被有才华和有成就的女人所吸引，便理所当然地迷上了特雷德韦尔，为她写诗，写关于她的诗。她最后于 1917 年结束他们的关系时，他在简短的自传性笔记里这样写道，"索菲——真爱——绝望……"

1912 年，他回到旧金山，回到"猴子大楼"的画室之后，他有了一个新的身份，油画家兼壁画家。1915 年，为了庆祝巴拿马运河开通和旧金山重生，巴拿马 - 太平洋国际博览会展出了狄克逊的作品，一起展出的还有法国印象派画家和东部写实主义画家的作品，他还把好几幅油画卖给了博物馆和收藏家。通过运用油彩和画笔，他的作品表现形式趋于简洁，越来越现代——越来越抽象，通过更凌厉的线条和更强烈的对比，创造了以简洁的形式表达情感的方法。他对艺术的敏锐在几年之后将会影响兰格的摄影艺术。

回到加州并没有改善他的婚姻状况，他继续面对莉莲的抑郁和酗酒，于是老是外出，大多是去画壁画，这样一来，很可能令她更加感到绝望。与此同时，他的哮喘病加重了，也像莉莲一样变得沮丧消沉，莉莲甚至开始喝甲醇和李施德林漱口水，变得越来越暴力，越来越有破坏性。1916 年 1 月，他尝试抓住她把她送进精神病院——"企图用控制她的方式来唤醒她；这是一个悲剧性的错误"——而她的反应是用他的科尔特点四五口径手枪向他射击。于是，他一去不复返，成年累月地待在他的画室里和波希米亚俱乐部，那儿不准女人进去，所以莉莲找不到他。1917 年，他说服莉莲提出离婚诉讼。她答应为了自己去寻求治疗，将七岁的康斯坦丝送到一个女修道院的寄宿学校去。

家庭的解体不仅没有使狄克逊得到解放，反而令他几近崩溃。"康西留在了莉莲身边；情况变得很糟——生活重复而单调；索菲离去；一切都结束了。悲惨到了极点，绝望到了极点——精神到了错乱的边缘。"抑郁症、哮喘和风湿性关节炎加深了他对他所热爱的西部毁灭的绝望："被亨利·福特、被电影、被那些城里人办的牧场、被娱乐行业给毁了。"不断有新的女朋友照顾他，试图让他恢复健康。

1917 年初秋，他设法带康西去了蒙大拿州，去画冰川国家公园和黑脚部族的印第安人，那是大北方铁路公司的一个委托项目。这使康西乐不可支："我爸爸画画的时候，我就跟印第安小孩子玩耍……我们小孩子有一个圆锥形帐篷，用金牌面粉袋专门为我们做的……"康西被送回到女修道院的时候伤心欲绝。"我想要留下来，成为一个印第安人。"她说道。不久，梅纳德和莉莲商量好送康西去北方伯克利户外学校寄宿，父母亲轮流在周末的时候去看她。她喜欢待在他的画室里，里面堆满了印第安人的毯子、箩筐、斧头和其他手工艺品，散发着颜料、松脂和他爱抽的印第安人烟草的气味。她回忆道，"爸爸，哦……他去看朋友的时候就带我一起去。"他需要钱供女儿上学和给前妻赡养费，便在西部一家名叫福斯特和克莱泽的顶级广告公司找了一份工作，罗伊·帕特里奇也在那儿工作。

因此，1919 年当多萝西娅进入他的生活的时候，他正在从深渊里面爬出来，表现出绝非他应有的自信和旺盛精力。他们的恋爱解救了他，使他重新振作了起来。

梅纳德带着多萝西娅到城市和乡村去游历。好多个周末他们到马林县和其他坐轮渡可以到达的地方去郊游——他们俩既没有汽车，也不会驾驶——他将之称作"真正的"加州。他们徒步旅行、野餐、露营，多萝西娅做这种事情驾轻就熟，她的精力和耐力完全不受她跛脚的影响——她唯一不能干的事情就是跑步。她热爱这些远足，一个视觉如此敏锐的人很快就爱上新的风景几乎不令人惊讶。"我不了解这个地球，"她写道，"除了橡胶树，不认识其他植物。现在，我可是探索了乡村，还去了荒漠、大山、平原、大草原、高山草甸、花岗岩山坡。"（她会成为一名劲头十足的园丁。）此时此刻，即便她依旧心怀环游世界的计划，也早已很轻易地将它们丢到了一边。

可以相信，这是多萝西娅第一次全身心的恋爱，也可以相信，她在纽约的那些关系都是"纯洁的"，虽然这不太可能。表面上，他俩是分居的——她跟弗朗西住在萨特大街的寄宿公寓里，他则住在蒙哥马利大街 728 号他的画室里。但是，他们也开始一起过夜，当然是在下班之后，有社交活动的那些晚上。她得到中央圆桌那些朋友们的认可，定期成为这个团体的座上宾，在冬季享受觥筹交错、谈天说地、喝白兰地鸡尾酒的乐趣。一开始多萝西娅可能有点拘谨，但时间长了也就轻松自如。严格来说，似乎并不是梅纳德在将一位天真、拘谨的女朋友引入波希米亚式的生活；多萝西娅早已经成了他们这个反主流文化世界的一部分。

对多萝西娅来说，梅纳德太富有诱惑力了：一位瘦瘦的牛仔，一双犀利的蓝色眼睛，双手精巧，风度优雅，态度傲慢，周边围着一大群熠熠生辉的艺术家。她为他拍的照片中，他那双精致的手展现出女性的柔美，这是他又一个吸引人之处。他自信、世故，有点名气——而且年龄稍微有点大。多萝西娅的密友伊莫金·坎宁安以她典型的直言不讳的方式坚决反对这一关系，因为他们的年龄相差二十岁，多萝西娅自然对她的忠告置之不理。

多萝西娅将自己打造成了一个极具魅力的女人。她有一双蓝绿色的大眼睛，一副可爱的身段。她精心打理自己的穿着，但又有点怪异，她最关心的是如何引人注目。她在干活时也许会穿牛仔裤，但外出时绝对不穿。她依旧用长裤子或者长裙子遮住自己的双腿，而且不得不穿"舒适的"鞋子，这是人们对不时髦的鞋子的说法。不过，她已经可以很好地控制跛脚对自己的影响，所以她请求伊莫金和罗伊让她学习跳交谊舞。

梅纳德引导多萝西娅进入到了一种印第安人的浪漫当中。他给她写诗，譬如这首：

就在那儿，她们来了，腼腆，棕色皮肤，赤裸着双脚，

沿着陡峭的小径，来到深不可测的泉池，

她们用陶罐舀起翡翠般的泉水，

于是，你来到了我久等的心海

携带着你爱的神圣器皿

接受我们古老的生命之液。

对多萝西娅的误读只意味着梅纳德是在爱恋着一个幻象，爱恋着一个印第安少女——毫无疑问这是一个反复出现的幻象，现在这个幻象被多萝西娅唤醒了。她当然没有领会这一实质，无论如何，她绝对被他征服了。在快走到生命尽头的时候，她依然十分赏识他："梅纳德热爱美食，他是一个健谈而有个性的人，优雅、气派、机智，有独创性。他的机智大多没有攻击性。女人都喜欢他。他不玩弄女性，但也绝非从一而终。他对小孩子很温柔，对真实的事情把握得准。喜欢开玩笑……在城里的家中从来没有完全自在过……但是，在外面拼命工作了一段时间，背着颜料盒子，徒步数英里，从速写的旅途中回来时，他依然如故。他是一位体贴的丈夫，热爱他的小男孩们。"从这段回忆中我们可以看到，1919 年时她发现他多么有魅力，在此后几年里她多么爱他，以及在离开他几十年之后抹去或者至少淡化了她对他缺点的印象。

他们于 1920 年 1 月在她照相馆里的一个茶会上宣布了订婚的消息。他们只邀请了朋友参加婚礼，但是梅纳德的名声太大了，所以大小报纸的艺术版面全都刊登了这则消息。"多萝西娅小姐二十四岁，人像摄影师和艺术家，她相信一位艺术家应该寻求婚姻幸福，于是便跟一位意气相投、志同道合的艺术家喜结连理，昨天，她宣布了订婚的消息……"接着，媒体还相信了一个错误的信息，她"毕业于哥伦比亚大学艺术学院"。多萝西娅自己对这种说法负有责任——她在她父亲的问题上撒了一个谎，在结婚证书上将他改名为乔治·沃伦。

第五章　波西米亚风格的职业母亲

　　这个婚礼简单而不落俗套。他们在 1920 年 3 月 21 日举行婚礼，就在她的照相馆里，它的法式门向着可爱的小"西班牙王宫"敞开着。她从开花的桃树和榛树上采下树枝装饰，并点亮蜡烛。他们对着那个巨大的壁炉，在一位来自人民自由教会的牧师的主持下郑重宣誓。没有人站到多萝西娅父亲的位子将她交给她丈夫。这是一个社区活动，不是家庭活动——只有朋友出席。弗朗西是她的伴娘，罗伊·帕特里奇是梅纳德的伴郎。没有关于她母亲是否受到了邀请的记录，也没有关于琼是否迫切想要在霍博肯他们的教堂里举办一个体面的白人婚礼的记录，琼也许会在那里唱歌。假如人们对多萝西娅成了一个波西米亚人这一事实还有什么怀疑的话，那么这个婚礼便是最好的回答。

　　多萝西娅和梅纳德是一对风度翩翩的，波希米亚风格的夫妻：他一身黑色套装，包括一件黑色斗篷和一顶黑色斯泰森毡帽，手握一根雕刻着花纹的黑色剑杖（手杖里面藏着一把短剑）；多萝西娅服装的色调是她最喜爱的流行色祖母绿，剪短的头发上歪戴着一顶贝雷帽。被邀请出席晚宴的人数成倍增加。一位艺术家朋友卢西恩·拉鲍德为她设计了一些服装，有时候，她就穿一件福图尼设计的礼服，一款设计灵感来自伊莎多拉·邓肯的长裙，由一整块有褶的丝绸裁剪而成（很闪耀，但意大利时装设计师马里亚诺·福图尼是以制作高端时装而出名的）。

　　他们度了四天的蜜月（没有具体地点的记录），然后搬进了百老汇 1080 号一座租来的小屋里。这些地震之后搭起来的小屋只是作为临时居住地，不过人们在这些小屋里住了有数十年。他俩把他们的小屋称作"山上小居"。梅纳德的兄弟哈里·圣约翰·狄克逊，一位著名的艺术品加工工人，带着妻子和孩子就住在一幢毗邻的小屋里。一位记者在听了多萝西娅解释她如何计划装饰这幢小屋之后，写道：这个家"将体现这两位著名艺术家所有的艺术观念"。这个报道的标题是：新娘身份保密。

有一点毋庸置疑，她早就有了一个公众身份：人像摄影师。她热爱她的工作。她是一位成功的生意人。她的一位顾客回忆道，跟她的朋友伊莫金·坎宁安形成鲜明对照的是，多萝西娅"定下价格，事先告诉你有关价格的情况，分门别类地收取报酬"，而伊莫金则是个菩萨心肠，经常允许她的顾客给她一些对她来说根本没有用的东西来作为酬金。不过，在这个时候，多萝西娅和伊莫金并不是在从事同一类职业：坎宁安是一位艺术摄影家，在全国各地举办展览，为顾客拍照赚点钱只是额外工作。数十年之后在接受记者的采访中，兰格坚持认为，她所想要的仅仅是满足需要，取悦她的顾客。然而，在1920年的时候，她对一位记者说，她是"人像摄影师和艺术家"。

这个说法前后矛盾，不过我们不必试图解决这个矛盾。身份认同经常会不一致，一个野心勃勃的女人在1920年的身份认同尤其反复无常，甚至自相矛盾。兰格热爱摄影，喜欢成为她所欣赏的群体中的一个重要人物，很享受挣钱。然而，她潜意识中的抱负流露了出来，她波希米亚式的自由精神、独立自主的事业跟她打算成为一位传统贤妻良母的愿望之间产生了冲突。她想要打造出优雅、有秩序、现代的家庭，她想要为家人烹饪可口的饭菜（她让母亲把食谱寄给她），她想要培养出有才华的孩子。她沉浸在常见的充当拯救者的幻想当中：她将成为梅纳德的好妻子，不像莉莲那样。她不指望他来干女人的家务活。他们的家将成为一个令她骄傲的波希米亚式的家庭，但也将是一个模范家庭。梅纳德也想要这样，同时他也想要给她不幸福的女儿找一位母亲，他对女儿感到很难过也很歉疚。这倒并不意味着多萝西娅对他的吸引力是不真诚的，而是因为在他对她的想象中，她具有做一个好母亲的潜力。

此外，她崇拜他，知道他正在成为一位伟大的画家。摄影和美术市场被双双看好。支持梅纳德花更多的时间在绘画上对她来说不是什么牺牲，他也的确如此，先是减少了在福斯特和克莱泽广告公司的工作时间，接着就完全辞去了那儿的工作。具有讽刺意味的是，当她成为家里主要挣钱养家糊口的人时，就更接近她认为很相称的女人和妻子的身份，这让她感到宽慰——让自己服从于他更加重要的事业。这样的结果令人满意，因为这给了她的工作更高的目标——发展艺术。他感觉好极了，多萝西娅不仅仅给了他更多的时间绘画，而且给了他坚实的可靠性和安宁的生活，外加她的魅力和机敏的处事能力。"多萝西娅的帮助和自信……'小房子'里的生活——美丽花园；游廊早餐门；邻居。"他这样描写他自己的新生活。

要到达他们的"小房子"，你得爬上一段旧金山那种几乎垂直的台阶。夫妇俩在这座单个房间小屋的东墙上开了一扇窗，使得整个花园尽收眼底，花园里有万寿菊、天竺葵、旱金莲、大滨菊，他们还安装了一个壁炉。他们用多萝西娅粉刷过的廉价旧东西来装饰小屋——地板和碗碟柜刷上了很深的靛蓝色；其他所有东西都刷上了黄色或橙色——她将粗布窗帘染成了黄色。康西·狄克逊对此记忆犹新，说这是"一种跟旧金山昏暗灰色的大雾抗争的尝试"。每个月三十美元的租金已经竭尽他们的所有，因为他们还要付莉莲的赡养费和康西上寄宿学校的费用，还得偿还多萝西娅欠投资人的剩余债务。

他们婚后的几年成为梅纳德的创作高峰期；他们在一起的最初五年中，他画了一百四十幅油画，而且卖掉了七十幅以上。他很快成了西部沿海最有名的壁画家。通过那些壁画，他从印象主义和后印象主义的早期画风转向了现代主义画风。（在这一方面，他影响了多萝西娅，她也影响了他：他们都喜欢低视平线，大胆的外形，简单、平稳的组合结构。）他的绘画少了一点具象风格，多了一点抽象风格——这其实也是他对西部正在失去西部特征的哀悼。评论家们对此反响热烈。1924年，他在洛杉矶的一个展出西部艺术的画展上获得了桂冠。他的买主当中包括经常光顾兰格照相馆的同一批文化精英家庭——格斯尔家、卡恩家、拉比诺维茨家、埃尔克斯家和沃尔特家。他们的两项事业互相促进，相得益彰——多萝西娅给他的画介绍买主，而跟梅纳德的联姻则提升了她的声望。

多萝西娅鼓励梅纳德进行新的事业尝试。当她得知他曾经为康西创作过印第安人故事，并顺手画了几幅速写作为这些故事的插图，便建议将它们编成儿童读物。这一建议便成就了《印第安小孩》一书，1923年由G·P·普特南父子出版公司正式出版。这是一部今天一听到书名可能会精神紧张，会以为是带有种族歧视、贬低和丑化性质的图画和故事，但实际不是这么一回事儿。"Injun"这个词的运用在今天看来惹人不快，但是这七个故事的主人公却是活跃有加、足智多谋的小孩子，他们常常在会魔法的善良动物的帮助下，走出各种困境。这些孩子有着妙趣横生、一语双关的名字："她行她素""他企他图""没爸没妈""阿麻阿烦"。

多萝西娅长时间工作使得他们的关系更加和睦。他整天待在画室里，老是跟朋友们聚会，经常一次次外出写生，她丝毫没有怨言。在他们一起外出游玩的途中，她开始利用自然光线拍摄野外风景。有几次他单独外出的时候，她也去露营——"繁星下的夜晚"，他有这样的匆匆记载。1921年，她的母亲带着新任丈夫乔治·鲍利前来见见梅纳德，于是梅纳德便带着包括康西在内的整个大家庭，随着一支骡子车队进行了一次绘画旅行，翻越海西拉高山，穿过欧文斯峡谷，进入帕纳明特和因约山区。"冰川草甸和熊熊篝火；康西开心万分，多萝西娅的母亲惊恐万状（在过那些很深的峡谷的时候）。"在这趟旅行中拍摄的一张轮廓模糊、富有浪漫色彩的照片中，多萝西娅坐在地上，四周围着高高的野草，侧影看上去美丽而又幸福。梅纳德站在她边上，坚定地望着前方；她陷入在沉思中。关于另一趟旅行，梅纳德写道："雷雨交加。吾妻快乐。"

科帕帮现在聚集了更多的摄影家，经常开派对。在多萝西娅的照相馆里一群摄影家的"疯狂聚会"上，梅纳德拍的搞笑照片——一张象征性的"全家福"——爱德华·韦斯顿站在一边，安妮·布里格曼站在另一边，扮演母亲和父亲，怀中抱着多萝西娅的相机，包裹在代表婴儿的对焦布里，其余的"孩子"或坐或躺在地板上——多萝西娅、伊莫金、罗伊·帕特里奇、约翰·哈格迈尔、罗杰·斯特蒂文特（当时是多萝西娅的助手）和安塞尔·亚当斯。禁酒令对改变他们的娱乐习惯几乎没有多少作用；事实上，这个禁酒令在旧金山非常不得人心，以至于市政管理委员会实际上命令警方不要强制执行。

不过，家庭的稳定并没有消除梅纳德对西部越来越拥挤和越来越商业化的恼怒。他画得越多，就越对自然荒野遭到践踏感到悲哀。他将这种对大自然的掺假跟现代主义联系起来："……今天的艺术充斥着噱头……"他最常用的谴责性措辞是"虚伪"。现代主义的"'个性表现'就是白痴的托辞"。他感觉自己新近简洁的风格要成为一体，锚泊在他个人的愿景中，是他"内在完整的结果"。对比之下，在他看来，许多其他的画家是赶时髦的人，画画只是为了卖画。当然，这就是许多艺术家和知识分子所看重的"售罄",虽然，那种现象跟设法谋生的区别界限不清，但是，这种区别经常让人强烈地感受到。他也看到时髦之风影响了收藏家和策展人，当然也包括养活着多萝西娅、康西、莉莲和他自己的肖像顾客人群。梅纳德的个性是建立在直言不讳、为人真诚的基础上的，在揭露伪善、虚荣之时还会爆粗口，他为了说出真相往往不惜得罪人。他粗鲁地拒绝彬彬有礼，这曾让多萝西娅惊叹，但她尊重他的这一个性，但是这很快将成为麻烦。

在这种随遇而安的生活中，一个愤怒的闯入者到来了。这时的康西·狄克逊十岁了，她一生中的第一个十年跟母亲生活在一起，她爱自己的女儿却不能最低限度承担母亲的责任，梅纳德觉得有必要将她带到他的新家庭中来。我们只是在五十年之后从康西的回忆中才了解了她的经历，但是，即使她所描述的经历只有一小部分是真实的，她的童年也很悲惨。她最初的回忆是站在自己的婴儿床上，拍打着围栏号啕大哭，而她的父母亲则在厨房里互相咆哮。接着，她会听到父亲跑下楼去，砰地一声撞上大门，跑到波希米亚俱乐部去过夜。她感觉无论是爸爸还是妈妈都不想要她。尽她的记忆所及，康西知道，妈妈经常歇斯底里发作，喝得烂醉，没办法提供稳定的生活。梅纳德和他的朋友们只看到问题，根本不考虑莉莲酗酒的原因——他称她为"他的嗜酒狂妻"——而数年之后，康西则认为是一种潜在的精神疾病引起莉莲酗酒的。

有时候，莉莲被"送到门多西诺或者纳帕进行'治疗'"，这时康西就会被送到朋友家或者送到寄宿学校去。当莉莲在家的时候，康西的"每一天就度日如年……母亲常常把我放到后院里，希望我自己开开心心地玩上几个钟头。我跟树木说话，跟石头说话，在那些日子里，我以为石头是活的……我独自玩过家家，像大多数小孩子那样做泥饼，但感觉是一瞬间的事……我常常是把旧砖头碾碎，然后再做泥饼……我是被单独囚禁在那儿。"她回忆，她瞧不起母亲，发觉她"真的很让人讨厌"。她把父亲当作救命稻草，可是他不愿介入。当他再也无法忍受跟莉莲在一起的时候，他将无助的康西留在了那儿。

一个世纪之后，我们感到费解，为什么梅纳德在离开那个家的时候，不对康西负起责任，但在1916年这样做无可非议。主流的家庭观念不赞成由父亲来带孩子——尽管在穷人中间很多父亲是这样做的——当然艺术家除外。如果他将康西带离她母亲的话，那么只能将她放在另一位家族成员那儿，很可能就是他姐姐雷布那儿。此外，普遍的准则是幼小的孩子需要母亲的照料，不过，儿童保护机构要是看到康西在家中的状况，一定会感到惊恐。

康西第一次见到多萝西娅是在 1919 年，当时梅纳德带她去参加在兰格的照相馆里举办的一个茶会。康西回忆，她因多萝西娅看上去那么年轻而感到震惊——她留着"荷兰式短发"，穿着"破旧的马裤和帆布胶底运动鞋"。康西以为她大约只有十六岁。她并没有很在意多萝西娅的出现，因为她对想要勾引她爸爸的女人"凭空生出一种仇视"，而且她"得出结论，他已经无坚不摧，不会再婚"。像很多离异家庭的孩子一样，她期盼他回到莉莲身边。此外,她说道:"我自己也发疯一样地爱着他，而且好多年，我的目标就一直是摆脱我那个不称职的母亲，好跟爸爸生活在一起。"莉莲最初认定多萝西娅是一个威胁，并将她定性为一个花痴，一朵"小玫瑰花蕾"，但是康西知道这个描述是"滑稽的"。她看到的多萝西娅颇有进取心，甚至有点男性气概，而且是位成功的职业女性……她绝对不是"小玫瑰花蕾"。尽管如此，一开始多萝西娅似乎对康西多少还能容忍，康西请求能住在那座"小居"里。她最近转学到了旧金山，所以开始在放学的路上不请自来，在那儿待尽可能长的时间。

多萝西娅自认为是一位贤妻，但不是一位良母。她丝毫也不知道如何应对一个受到伤害的十岁孩子的到来，这个孩子从来没有从父母那里得到过安全感，而且对夺取他父亲的爱的竞争对手表现出控制不住的嫉恨。康西对他的再婚怒不可遏，但是她又如此需要他的爱，所以不敢表达——甚至都不敢让自己感知——这种愤怒。她的不安全感并没有让她从内心审视对多萝西娅的感情，她以敌视和赌气来对待她的继母。多萝西娅也以怨报怨，不知道如何处理父母之间与一个孩子的关系，更不知道她该在其间得到多少关注。作为成年人，康西意识到，凭多萝西娅的成熟程度，她充其量只能做她的大姐姐。但是，作为孩子的康西，她的妒火却燃烧炽烈。在这间小小的屋子里，她在他们互相"肉搏"的时候完全可以听到所有他们做爱的呻吟声和叫床声，而且她知道他们正在做恶心得说不出口的事情。

多萝西娅自身的孩童生活让她期待给一个十岁孩子提供帮助和负起责任。对一个相对具有安全感的孩子来说，温和地对待她，也许可以满足这种期待。康西喜欢在暗房里干活，修正负片和润饰正片。不过，多萝西娅也要求这位姑娘干家务活，当她不服从的时候，便会大发雷霆。太小的生活空间实在无益于此类情况改善。

梅纳德急于甩掉他背负的为康西操心的包袱，虽然继续扮演着慈父和玩伴的角色，却不再对她的心理健康负责。他简单地将她交给了多萝西娅，不断地外出写生和画画。他只是宣布他的外出计划，根本就没有想到征求多萝西娅和康西的意见，更不用说让她们行使否决权了，多萝西娅颇为不满地记得，"他总是说一个月或者六个星期回来，但不出四个月绝对不回来的。"即便多萝西娅有点言过其实，但是康西感到被遗弃也不足为奇。兰格觉得不能再减少自己的工作时间了，因为他们需要钱——而且还因为工作令她快乐，而康西却不能。多萝西娅就这样对付着。她是个靠得住的人，做饭、洗衣服、辅导作业，充当母亲的角色，但也流露出对康西的诸多不满。有的时候，她会发火，康西则以牙还牙。康西声称（虽然多萝西娅的一些朋友对此表示怀疑），多萝西娅不耐烦的时候扇了她一巴掌。不管多萝西娅有没有这样做，她显然找不到抚养这位不幸孩子的办法。

多萝西娅给康西拍过一些照片，仿佛这就是给她爱的一种方法。有一张康西在马背上的照片，秀发飘逸，身体放松，由于没有马镫两腿悬荡。兰格在 1923 年给康西拍的许多张照片中透露出复杂的情感，当时康西十三岁。有一张在照相馆里拍摄的十分精致的人像照，康西靠在一堵墙上，她有高挑的身段，富有光泽的秀发，是一个妩媚动人的姑娘，仿佛是稍微娇柔一点、稍微圆润一点的梅纳德。她显得心事重重，甚至意志消沉，但看上去又如此放松，我们只能认为这位摄影师洞悉了康西的内心痛苦，纵然她无法将其释放出来。更令人不安的是一幅裸体身躯照，没有头，没有腿，因而是匿名的：赏心悦目的画面活脱脱展现出一个花季青春少女——双乳宛如蓓蕾初绽，极其纤细的阴毛依稀可见。康西似乎不太可能乐意，考虑到青春期少女对自己身体特有的敏感，她很可能会感到尴尬和愤怒。

梅纳德和多萝西娅将康西送到了要塞野外学校，一个实施进步教育的私立学校，由一个支持大量文化机构的富裕犹太团体创办。校长运用了约翰·杜威的教育方法——鼓励孩子自由表达，通过有创意的活动进行教学，给孩子们提供个性化关注。不过，康西对这个学校也有痛苦回忆：其他同学是"富人家孩子"，她回忆说，他们都是"坐着豪华轿车来的，有穿着制服的专职司机——有时候甚至还有仆人——而且他们在布卢姆斯都有信用卡账户"，而她一个月只有一美元的津贴。她指责梅纳德和多萝西娅把她送到那个学校之后就什么都不管了，这样他们就可以跟潜在的顾客交往。康西的怨恨给所有这些记忆戴上了有色眼镜。康西将多萝西娅的行为统统归咎于她自私的动机。她还抱怨自己得穿别人穿过的旧衣服，可以看出，这倒是因为他们有优先考虑的事情——他们愿意增加预算将她送到他们认为对她最合适的学校去。不过，无论康西的指责有怎样的曲解，总是有一定的真实性，因为梅纳德和多萝西娅的确想要接触这个学校的一部分知识群体。

周末当他们三人外出远足的时候，冲突缓和了。狄克逊一家三口不去北边的马林县的时候，就会坐火车去卡梅尔，地震之后有好多艺术家和作家都安顿到了那儿，梅纳德经常去那儿，以至于有些人还以为他就是当地的住户。在美得令人惊叹的自然环境中，坐落着一个小村庄，二十世纪二十年代早期的居民包括鲁滨逊·尤娜·杰弗斯、林肯·斯蒂芬斯和他的妻子埃拉·温特、杰克·伦敦、爱德华·韦斯顿，记者雷·斯坦纳德·贝克，小说家威尔和伊内兹·欧文，作家查尔斯·厄斯金·斯科特·伍德和他的妻子，诗人兼女权主义者萨拉·巴德·菲尔德，同性恋诗人埃尔莎·吉德洛、乔治·斯特林。其他的旧金山朋友也经常光顾此地，梅纳德喜欢介绍他们去参加营火野餐会。

不过，更多是多萝西娅单独跟康西在一起，在梅纳德继续到荒野写生旅行的时候。多萝西娅不可能将照相馆关上几个星期陪他外出；此外，他写生旅行的花费还得靠她的收入来支付。

偶尔，多萝西娅和梅纳德会将康西留给其他人照顾——通常是威尔逊夫妇俩，有时是伊莫金和罗伊·帕特里奇——当他们自己溜出去长途旅行时。当时将孩子寄养在别人家的做法并不少见。1922年，康西被"安置了出去"，对这种做法那时就是这样描述的，而他们则在亚利桑那州凯恩塔的一个纳瓦霍人保留地待了四个月，他们在那儿的向导是约翰和路易莎·威瑟里尔，他们是以探究纳瓦霍人的土地和文化而闻名的白人。多萝西娅写道："我们进入了一个无边无际、永无时日的乡野，这也是摆脱各种压力的方法，当然我认为那些压力也是生活的一部分。"这听起来有点像梅纳德的话。这一记忆永远伴随着她：她很可能是在哈贝尔贸易站买了一个笨重的上面有宽罗纹的纳瓦霍银手镯，款式简单而引人注目，此后她每天都戴着它。

在这趟旅行中，梅纳德第一次意识到了多萝西娅的社会观念。在蒂巴城的印第安人学校，粗暴对待孩子的做法让她义愤填膺。有更多的迹象表明，在整个二十世纪二十年代她的这种情感流露无遗，尤其是她对萨柯和万泽蒂这两位从意大利移民过来的无政府主义者的同情，他俩以莫须有的罪名被指控谋杀，成为了一次大规模的国际抗议浪潮的起因。他们的受迫害使人们继续沉浸在排外的歇斯底里当中，这股思潮起源于第一次世界大战和布尔什维克革命。十年来重商的保守主义让旧金山的波希米亚分子感到厌恶，包括多萝西娅和梅纳德，其结果就是使他们进一步远离政治。

与此同时，梅纳德的成功令他对有限的西部艺术市场感到沮丧。为了寻求进入东部市场的途径，他们于1923年来到了芝加哥和纽约，寻找画廊和博物馆展出狄克逊的作品。梅纳德试着找芝加哥艺术博物馆，震惊地得知这样的展览馆要提前两年预订——这标志着加州艺术家们的相对狭隘主义。在纽约，一家画廊举办了狄克逊的画展，但是一幅画也没有卖出去。多萝西娅很高兴回到东部，她跟母亲相处甚欢，但是梅纳德对纽约的艺术舞台持否定态度："温室艺术氛围和虚假的现代主义。"他们参观了在施蒂格利茨画廊举办的奥基夫画展，施蒂格利茨——这位纽约艺术和摄影界的独裁者令狄克逊更加光火："听了剥削者施蒂格利茨的详细介绍，看了其中那么多的机灵巧妙和无聊透顶之后，我很高兴放弃了那种乏味的生存方式，回到了西部。"

梅纳德的嘲讽并没有累及他自己作品的赞助人，譬如安妮塔·鲍德温，尽管她的生活方式极其炫耀铺张。她不仅买他的画，而且委托他创作壁画，包括她在帕萨迪纳豪宅的十二幅壁画。她是拥有康姆斯托克矿脉的百万富婆，"幸运"鲍德温的千金，她有些古怪，有可能是梅纳德过去的情人之一，她决定要写一个有关印第安人的歌剧。1923年下半年，她邀请梅纳德和多萝西娅陪伴她前往印第安人的领地，去搜集录制真正的印第安人民歌。他们同意了，并再次将康西安置到了别人家。鲍德温寄来了一张二百五十美元的支票，让多萝西娅添置马靴和其他日用品。他们乘坐一辆私家列车，随行的有两个厨师、两个乘务员，还有鲍德温的保镖。鲍德温坚持在旅行途中把所有的窗帘都放下来，这样没有人能看到里面，但这加剧了车厢内的炎热。多萝西娅感到沮丧，因为她看不到外面的景色。一到亚利桑那州，他们便奢华地露营，携带了类似于中国佛塔那样的帐篷、彩色沙子（给霍皮人画沙画用）、孔雀羽毛（据说对霍皮人来说很神圣），还有鱼子酱、红酒和精心制作的食物，多萝西娅要烹饪这些食物。鲍德温花钱请霍皮人每晚来到他们的营地唱歌，以便让她寻找创作的灵感。

多萝西娅主要是看客和厨师，但是她也拍了第一批未受顾客委托的照片。就像她惯常做的那样，她销毁了她认为没有价值的底片，仅有一小部分保留了下来，包括一幅霍皮男人的肖像，经过剪裁和放大，这张照片成了一幅高度现代主义的抽象作品；另一张很可能是对梅纳德某幅绘画作品的效仿；一张寓意深刻的快照，表现出（由此可预见她后来很多作品的风格）一排穿着黑白相间衣服的霍皮人正在攀登通向平台的台阶，仿佛正在进行一个宗教仪式；有一张一个普韦布洛女人与她的一群鸡的照片；还有一张拍的是一个纳瓦霍母亲跟孩子，是她表现母与子的最美丽的照片之一。其余的照片就比较平庸，原因是她缺乏跟他的拍摄对象交流沟通的能力。那些脸孔都很美，但表情木然呆板——唯一例外的是一个愤怒的小男孩怒视着照相机的画面。余下的都是现代主义抽象派艺术作品。最好的是远距离拍摄的那些作品，表现了人们正在做的事情以及他们如何控制他们身体的情状。窥一斑而知全豹，足可看出她作品的主要特点。

兰格和鲍德温单独回到了加州。狄克逊又在那儿待了四个多月，在他看来，那些印第安人敬畏自然，个人与集体相处和睦融洽，工作和艺术及玩乐相得益彰。他的长途旅行在婚后还在继续——1924年去了纽约州，1926年去了亚利桑那州，1927年去了内华达州，1928年去了萨克拉门托，1930年去了莫哈维沙漠。

梅纳德和多萝西娅像她的父母一样，是一对现代夫妇——他们采取避孕措施，婚后五年才要了他们的第一个孩子。多萝西娅从来不怀疑她会要自己的孩子，但是她仍十分小心谨慎，这不难理解，她在照相馆经常一天工作十二个小时，然后再回去干家务活，应付跟康西的冲突。尽管如此，她很可能觉得不能再等下去了。二十九岁那年，她的第一个孩子降生，在当时，这样的年龄生第一胎被认为绝对是太迟了。

丹尼尔·罗兹·狄克逊出生于1925年5月15日，罗兹取自梅纳德的密友，西部作家尤金·曼洛夫·罗兹的名字。梅纳德和多萝西娅的第二个儿子约翰·古德纽斯·狄克逊于 1928 年 6 月 28 日来到世上——他中间的名字是梅纳德心血来潮起的，后来被改成了伊格尔费瑟。他们俩都是漂亮的孩子，当然，多萝西娅给他们拍了数百张照片。她似乎很喜欢将照片的表面处理得具有天鹅绒般柔软的触感或闪闪发亮，当她自己出现在快照中，也是容光焕发的。她喜欢让他们跟梅纳德一起拍照，喜欢展现他的温柔和顽皮。其中一张最可爱的照片是梅纳德抱着孩子，他长而好看的双手向上紧托着孩子柔嫩的胖乎乎的双腿、屁股和背脊。梅纳德也给她和儿子拍照，通过他的目光，她的快乐也展露无遗。随着两个儿子的长大，家庭的影像变得更加丰富多彩——典型的户外照片包括游泳、野餐、露营——他们都表现得十分开心。男孩经常光着屁股跑来跑去，甚至连大人也裸泳。对这一代放浪不羁的文人来说，脱光衣服就是一种自由的象征。

就像许多想兼顾工作和照顾孩子的女性一样，多萝西娅也低估了做母亲的艰辛。几年之后，她回忆道，"丹出生的时候我是多么骄傲啊。最初在家里的两个星期我记得很清楚。那之后，顺利多了，但那两个星期一定很艰难，否则我早就忘了，就像我忘掉了其他好多事情一样。"她每天日程都排得满满当当。去照相馆前，她得忙家务——不仅仅是给孩子洗漱和穿衣服，包括安排好照管他们的事宜，还得做饭，采购食物。由于夫妇俩得付孩子的看护费用，所以她需要挣更多的钱，这也增加了她的压力。当然，等回家之后，她没有时间休息——她得马上着手烧饭、洗盘子，腾出时间照顾孩子，而梅纳德即便在家，也是在晚饭之后就去画画了。约翰出生的时候，梅纳德不在家；约翰原先中间的名字"古德纽斯"[1] 就是梅纳德在电话里听到儿子出生时说的话。

丹和约翰崇拜他们的同父异母姐姐康西，她有时也负责照管他们俩。但是，有了他们之后，康西并没有感到生活更加容易，在跟多萝西娅狠狠地打了一架之后，她离家出走了：这事发生在 1927 年梅纳德外出写生四个月之际，康西放学回家之后有一个活儿就是洗丹的奶瓶，以备下一次使用。一天她回家迟了，奶瓶还没有洗，多萝西娅回家之后便大发雷霆。她和康西大打出手——康西用电话机狠狠地打了她

---

[1] 原文 Goodnews 直译的意思就是"好消息"。——译者注

继母——两人都受了轻伤。这时康西已经十七岁了，便离家去跟梅纳德的姐姐雷布姑妈住到了一起。这不是永久性的分离——康西将来还会跟梅纳德和多萝西娅住到一起——但是此时，她背井离乡了。

很快，狄克逊－兰格家又扩大了，他们接纳了两个青少年，而这个负担也主要落到了多萝西娅的肩上。第一个少年是小约翰·科利尔，老约翰·科利尔的儿子，后来成了杰出摄影师，老约翰·科利尔马上将被富兰克林·罗斯福任命为印第安人事务专员。老约翰和梅纳德都热爱印第安人，都是美国印第安人保护协会的成员——他们合作写了一篇为普韦布洛人辩护的文章——而且梅纳德和多萝西娅还到科利尔在米尔河谷和陶斯的家去做过客。小约翰七岁时被汽车撞了，他的一只手臂和大脑受到了永久的损伤，失聪并患有严重的阅读障碍，很快就辍学了。多萝西娅发现他特别讨人喜欢，他的残疾反而对她更有吸引力。与此同时，他的艺术能力越来越强，按照通常的做法，他的父母亲将他送到狄克逊那儿当学徒。从 1924 年到 1933 年，小约翰断断续续地跟梅纳德和多萝西娅生活在一起，而且上了加州美术学院。他崇拜梅纳德，开始叫他"叔叔"，但更多的时间是跟多萝西娅在一起，向她学习并爱上了摄影。他跟比他大三岁的康西关系特别铁，这一友谊给了她更大的勇气；约翰在康西跟多萝西娅的冲突中常常站在康西一边，而且在内心也跟她一样对多萝西娅怀有敌意。不过，十年之后，多萝西娅将为他在农业安全局找到一份摄影的工作，而且在她的有生之年，她不仅仅成了约翰的导师，还成了他妻子玛丽的导师，玛丽也是一位杰出的摄影师。在后来的岁月里，随着年龄的增长，约翰和多萝西娅一样，越来越受到残疾的困扰，他们惺惺相惜，情感也越来越深。他们的关系对兰格来说很典型：她这个人并不总是很好相处，不过却是一位忠实慷慨的朋友。

几年之后，又有一位青少年埃弗里特·鲁斯加入到了这个家庭当中。这个在二十岁就失踪的年轻人已经是一位著名的诗人和速写艺术家了。他的母亲是来自加州南部的艺术家斯特拉·奈特·鲁斯，在很多方面像多萝西娅，包括她的波希米亚式价值观和对伊莎多拉·邓肯的崇拜。作为丈夫和父亲的克里斯托弗·鲁斯毕业于哈佛大学，是独神论派牧师。基于这一背景，埃弗里特从一开始就表现出很高的天赋，而且具有极端的自信。在加州大学洛杉矶分校入学半年退学后，他便一头扑向他最崇拜的画家，来到了狄克逊的画室，向他作自我介绍，并给梅纳德看了他的速写。埃弗里特像梅纳德一样，热爱荒原，给印第安人抹上一层传奇色彩，喜欢一个人带着水彩和画板四处游荡。

梅纳德和多萝西娅接受了他，他跟他们一起生活了六个月，陶醉于他们那帮才华横溢的朋友之间。"那天，我也许上了这一生中最好的一堂美术课；梅纳德·狄克逊的课简单易懂。"他在给他母亲的信中这样写道，"梅纳德让我找到一幅画里面无意义的东西，并果断将它去掉……他用一张张黑白小纸条，盖在我的画上。你应该试试这个方法，并按照它给你的建议去做。"多萝西娅既像母亲一样照顾他，也给予他指导，有几次受委托外出摄影时将他带上。不过，我们不知道这小伙子将来会有什么成就，因为他年轻时的鲁莽：1934年，他孤身一人去到犹他州的荒原靠耕种生活了一年。人们最后一次看到他是在埃斯卡兰特，从此以后他便杳无音讯。很长一段时间，他的家人和朋友都以为他会现身，所以那种悲伤便是一丝丝地蚕食。丹和约翰喜欢这位大哥哥，他的失踪令他们感到害怕。

康西·狄克逊正在成为一位优秀的作家，1929年，年仅十九岁的她在《旧金山观察报》找到了一份记者的工作。她日益增长的独立和自尊减少了跟多萝西娅的摩擦。但是，似乎是要填补康西腾出的情感空间，多萝西娅和梅纳德之间的争吵变得频繁。梅纳德的一位传记作者写道："他们的朋友都知道，两人开始有外遇了。"他们的友人在他们死后接受记者采访时肯定，梅纳德在外有不止一个女人，但是他们对多萝西娅是否有情人就不太肯定；不过，没有人举证，也没有人能提供名字。无论如何，不忠仅仅是他们关系紧张的原因之一。梅纳德没有明确而又强烈地表达他有什么不满。他把自己的情感闷在心里，从来不说也不写多萝西娅的坏话。不过，每个认识她的人都注意到，随着她年岁的增长，生活的重压是如何使她更加易怒、控制欲升级、个性膨胀。在二十世纪后半期，她的所作所为就像一个"女超人"——努力做每一件事情，无法放松下来。

关于多萝西娅的不满，我们了解得更多：梅纳德不着家，躲得远远的，瞧不起她的朋友和顾客，以招惹他认为敏感和自负的那些人为乐。丹尼尔出生之后，他们从"小居"搬了出来，搬到了一处更大的房子里，泰勒大街1607号，所以也允许多萝西娅邀请她的客人前来聚餐了，这成了她的特色——简单的食物，烹饪得很精致，装盘很漂亮。客人通常是她的顾客朋友、重要的业界人士，她想要维持和发展这些关系。梅纳德不能容忍这些人和多萝西娅这样做的动机。他算得上是一个平民论者，心中藏着对富人极大的仇视——他喜欢说，他们的大便不也跟其他人一样臭。他需要有钱人的赞助，这跟她一样，可是他无法抑制对富人以及向他们献媚的人的敌意。长期以来他一直是一个搞恶作剧的行家里手，无论如何都控制不住要取笑、侮弄、毁谤那些他发现自命不凡或者道貌岸然的人。有一次，他抱走了伊莫金·坎宁安四岁的儿子龙德尔，教他淫秽诗句，然后让他朗诵给客人听。还有好多次，他的玩笑看起来像是兄弟会玩弄的噱头：他在大街上发现了某个女人的内裤，"用他的剑杖……挑着，得意洋洋地高高举着，昂首阔步地走入餐厅，将它们扔到目瞪口呆的客人中间。"还有一次，他拿来一张《旧金山纪事报》的社会版，上面刊登着歌剧院首演之夜的照片，他将一位著名女性的衣服涂掉，使她看上去像裸体一样，然后将报纸放到她家的门廊上。他的名气很大，所以客人们都不跟他计较。可是内心难堪的多萝西娅只好去赔笑脸，她不确定究竟该怎么做，不理睬他，还是一笑了之，或者安抚他。

狄克逊的愤慨似乎尤其集中在犹太人身上，但他们在兰格的顾客里占了相当大的比例。一不留神，他就会用老一套的话语贬损犹太人。对此多萝西娅肯定觉得很难受——她最要好的两个摄影师朋友伊丽莎白·埃尔克斯和伊迪丝·卡藤都是犹太人。虽然梅纳德完全没有宗教信仰——他喜欢"像基督教的仁慈一样冷酷"的说法——反犹太人不需要宗教身份。他自身对富有的犹太人的佣金和市场的依赖只会令他更加不满罢了。

有些人对梅纳德的讥讽表示宽容，因为"喜怒无常艺术家"是公认的标签，甚至让人兴奋。也有这样的时候，他的侮辱让他付出了代价，他对那位非同寻常的艾伯特·本德的敌意就是一个典型的例子。本德是都柏林一个拉比的儿子，个子矮小，不修边幅，说话口吃，一直是"单身"（同性恋者），十六七岁时来到旧金山，在保险行业淘了第一桶金。他对个人的奢侈生活毫无兴趣，把这些钱全都花在了艺术品上。他跟一位表姐一起住在一套复式公寓里。他表姐安妮·布雷默是一位画家，教给他美术知识，在他最初买画的时候给了他很多指导。他成了唐人街商人们的保险人，他顶着当时在加州十分猖獗的反华的种族歧视，十分尊重他的顾客，在这一行里挣了钱。有付出必有回报：通过这些关系，他收藏了大量珍贵的亚洲艺术品。他和蔼可亲、乐善好施，会买十几张音乐会门票送给那些他认为可能买不起票的人，或者发现了几件美丽的中国玉器，自发地送给他邂逅的朋友。多萝西娅非常喜欢他，从他那儿学到了很多：有本德做向导，唐人街也不再因为异国情调太浓而让人感觉害怕，所以，她后来所表现出来的反种族主义情绪完全有可能是在他的陪伴时下播的种子。

本德给许多艺术家提供赞助，并喜欢跟他们厮混在一起，他经常出现在科帕的中央餐桌上。他为摄影师的照相机提供保险服务。他敢于在不知名的和怪异的人身上做风险投资。他绝对不是一个势利小人，他在奥克兰名不见经传的米尔斯学院为罗伊·帕特里奇捐赠了一个画廊，结果，这个地方成了湾区现代艺术最重要的展览地。本德在资助安塞尔·亚当斯的几位富有的赞助人当中位列第一，而亚当斯有一段时间简直就成了他的司机，他引入旧金山和卡梅尔的摄影家圈子，本德则把亚当斯引入现代艺术界。

本德是第一个购买兰格作品的人，并由此标志着它成了艺术品，但他对梅纳德的作品不感兴趣，认为他实质上是画海报的艺术家。这样一来，便把通常对多萝西娅和梅纳德作品的看法颠倒了过来，这令梅纳德十分难受，正是这种痛苦，使他疏远了很多老朋友。不出所料，梅纳德讨厌本德，认为他是一个"艺术伪君子"，还因为他对犹太人和同性恋的双重偏见而恶毒地诽谤他："不是男人"，"一个装模作样的同性恋结巴"。他们这一群体中有相当大一部分人是同性恋者或者双性恋者，包括多萝西娅的助手和门生罗杰·斯特蒂文特，他被称作"漂亮小男孩"。除了梅纳德，艺术家群体中的异性恋认为同性恋只是另一类怪人，必要时便给他们披上一件保护大氅。

梅纳德找到了自己富有的赞助人比阿特丽斯·贾德·瑞安。她是一位爱冒险的澳大利亚人，她富有的丈夫英年早逝，所以她便可以随心所欲地追随旧金山的艺术圈。她把自己当作创作者和艺术市场、传统艺术和现代艺术之间的桥梁。一如既往地，狄克逊在他们第一次见面的时候就侮辱她，话里话外影射她是个马屁精，可是，当他意识到她有资源并打算开办一家画廊时，便对她热情起来。他迷惑富婆的天赋依旧不赖，而他们之间的合作也富有成效。她对他的评价很到位："他是一个极端敏感的男人，他用粗俗或尖刻的话掩饰自己——这种恶意揣测常常是不正确的。"他指导她如何创办画廊——邀请什么样的艺术家，谁应该列入主办者的榜单——最终，她在梅登巷 116 号开了盖勒里画廊。这是一个合作性质的商业冒险项目——赞助人每年付七十五美元便可以得到一幅画——在 1925 年至 1933 年之间的旧金山，它成了展览现代艺术的一个极其重要的地方，是已经趋于保守的波希米亚俱乐部艺术展的必不可少的替代，也是狄克逊很大一部分画作的销售渠道。

假如没有那场大萧条，多萝西娅和梅纳德的婚姻也许还可以维持下去，因为持续的成功也许能够使丈夫变得稳健，使妻子变得放松。不过，假如没有那场大萧条，美国人也许就永远不会听说多萝西娅·兰格。更重要的是，因为大萧条引发的社会运动，她的摄影技术得到了彻底改造。她的转变，像大萧条本身一样，是断断续续的，渐进式的。大萧条没有宣告它会导致 1929 年股票市场的崩盘，也没有人估计到它会持续十多年，直到一场世界大战所带来的公共支出才得以让经济复苏。它随着一堆坏消息以及更坏的消息悄悄地溜进人们的生活。

经济萧条会以多种方式促使需求、投资螺旋式下降。它们按自身逻辑恶化：投资额的下降使失业率上升，失业率上升导致了消费减少，消费减少进一步削弱了投资。经济萧条也削弱了慈善机构和政府的资助能力。随着失业率的上升和生意的萧条，税收和慈善捐献枯竭。在大萧条期间，各州无力支付其雇员的工资，所以扩大了失业队伍。建设几乎停止，汽车销量缩水，公共交通失去了客源，被迫裁员；甚至连码头也静悄悄的，因为没有多少货物需要运输。到 1932 年，旧金山和洛杉矶的失业率已经达到百分之三十，百货公司宣告销售额下降了将近百分之四十。到1934 年，有百分之二十的加州人依靠公共救济生活。

"经济"这一个长期以来的抽象概念变成了人们看得见的一个具象。铁路调车场里挤满了流浪的人。"流动农业工人"、无家可归的流动人口，背着用毯子裹起来的行李，步履艰难地跋涉在路上。西装革履的先生们在街头兜售苹果。领取救济食品的队伍排得更长了。在洛杉矶，福音传道者艾梅·森普尔·麦克弗森的教堂日供四万人的膳食。农场工人本来就少得可怜的薪水直线下降。

艺术家们对经济崩溃的感觉尤其强烈，因为他们用于生活开销的收入是不固定的。艺术市场已经几乎萎缩到消失。甚至连那些大博物馆也停止了交易，裁减了工作人员，缩短了参观时间。梅纳德给洛杉矶的西南博物馆画壁画，要价已经降到了

1930 年他常规收费的一个零头，但是最终，博物馆付不出这笔钱。失望之下，他像往常一样，独自到荒原去寻求慰藉，他前往蒂哈查皮山区，并写道："……感到越来越压抑——某种不祥的、不可避免的事情即将发生——被慢慢闭合的虎头钳夹住，在命运面前是如此地无助。"他这一走，留下多萝西娅一个人对付她的工作，当然还得照顾孩子。

胡佛总统试图采取一些措施，但这些措施都是过时的、无效的，甚至产生相反的效果。他将关税提高了百分之五十二，企图通过提高税收来平衡预算，无视高涨的失业率。他向农场主提供贷款，由政府收购剩余产品，但是这么小规模的收购，甚至没有减缓农产品价格的下降，就在私人慈善机构的捐款大幅度减少的时候，他呼吁慈善机构的帮助。在他任期结束的时候，他为银行、保险公司和一些公共工程项目提供了政府性融资，但为时已晚，数量也远远不够。尤其是他的政府呼吁民众践行美德，勒紧裤腰带。"人们要更加努力工作，过更有道德的生活。"他的财政部长安德鲁·梅隆说道，"有胆识的人将从缺乏能力的人们那儿接过烂摊子。"那些在经济上已经吃尽苦头的人发现这样的道德说教是一种荒谬可笑的侮辱，于是便开始倾听一些政治团体呼吁对经济体制进行大刀阔斧的改革的呼声。

那些倾听经济体制改革呼声的人包括许多旧金山艺术界的人们。他们对社会参与艺术的兴趣来自墨西哥的影响。墨西哥革命激起了一场艺术复兴，尤其是壁画，几乎成了一场社会运动；年轻的艺术家们在数百个公共场所的墙上和广场上描绘和雕刻他们的革命理想。迭戈·里维拉恢复了高难度的文艺复兴时期湿壁画技法，明确地将他的艺术政治化，颂扬墨西哥的受压迫但英勇抗争的农民和工人，他们保卫着国家的灵魂，反对掠夺成性的资本家、军阀和美国帝国主义者。墨西哥城的艺术文化令人陶醉，无数美国艺术家前去参观并将其引入本土。墨西哥人将民间构思和工人形象大胆而又复杂地整合起来，融进他们的壁画当中，正好符合了美国艺术家中处于萌芽期的民主意识。即便是对政治不感兴趣的爱德华·韦斯顿也被征服，赞叹"墨西哥艺术的伟大。很多我曾经觉得有价值的东西现在似乎都无关紧要了……矫揉造作，处处显示出只为怪异和取巧。"

有三位大人物——壁画家里维拉、乔斯·奥罗斯科和戴维·阿尔法洛·西凯罗斯——在很多美国艺术家中唤起了一种近似英雄崇拜的赞叹。里维拉达到了声望卓著的地步，这是由他无与伦比的人格和肉体魅力带来的。在加州艺术圈，里维拉式的狂热甚至包括了那些保守的艺术赞助人。

狄克逊是一位反对者。作为加州曾经红极一时的壁画家，对有组织的左派的敌视强化了他由衷的愤慨。他还很合乎逻辑地指出，摆脱对欧洲标准屈从的画家只是将此类屈从转向了墨西哥，而不是自己独创了一种风格。当画家拉尔夫·斯塔克波尔和雷·博因顿让艾伯特·本德和船运大王威廉·格斯尔给里维拉一千五百美元，让他在加州美术学院画一幅壁画时，狄克逊获得了一些支持。在大萧条期间，美国艺术家那么需要工作，居然雇用一个外国人来画壁画，再加上他的作品含有共产主义内容，美国艺术界抱着满腔怨愤。旧金山的劳工联合会以保守主义的立场加入到了反对阵营。主流派的艺术评论家谴责里维拉的作品杂乱无章、缺乏文化素养、艳丽俗气——有一位评论家称他为"墨西哥的菲·泰·巴纳姆"——"毫无价值的""一堆破烂"。狄克逊在突然与他的朋友斯塔克波尔和博因顿断交的时候，谴责这种里维拉"膜拜"是趋炎附势，"向他献媚（原文如此）的名流哈巴狗"。狄克逊这一伙包括了弗兰克·范·斯洛恩和奥蒂斯·奥德菲尔德，他们也有一个合乎逻辑的对程序的不满：那些资助人为这个项目搞了一个弄虚作假的竞标——狄克逊参加了竞标——后来才知道他们早已内定里维拉。但是狄克逊的谴责很快就明确地变成了政治性的攻击："里维拉是一个公开的共产主义者，而且公开讽刺美国金融机构。"正像康西后来指出的那样，狄克逊是一个彻头彻尾的反动分子，身上还有老旧的南方贵族痕迹；在憎恨有钱人的同时，他"从来不为劳动阶级说一句好话，除了他所谓的'高尚义务'之外。"反对浪潮迫使美术学院收回成命，但是里维拉得到了最后的允诺：邀请他在太平洋证券交易所的午餐俱乐部绘画，这一项目，他的所得为四千美元。当美国政府因其共产主义思想拒绝给他签证之际，他的赞助人便动用他们的政治关系将美国政府的决定推翻了。

尽管有反对声，但是当里维拉在 1930 年 11 月跟弗里达·卡罗一起到来之后，整个旧金山似乎给了他莫大的荣誉；湾区的每位艺术家都想跟他们见面。他的个人作品展在荣誉军团宫展出。里维拉和卡罗就住在拉尔夫·斯塔克波尔的画室里，里维拉也在那儿工作。梅纳德和多萝西娅在好几个场合跟他们有过交往，而且里维拉还送过多萝西娅好几幅画。里维拉的风格很可能影响了兰格的作品：无产阶级和农民的高大形象，对称的构图，清晰的线条和空间感。里维拉将艺术创造力跟他对受压迫者和被剥削者的强烈情感结合在了一起，这一点在兰格身上也没有缺失。

弗里达·卡罗也对多萝西娅产生了影响。今天的弗里达，凭借自身的实力成了一位优秀的艺术家，由于她的美貌、她的平民服饰、她悲惨的病史，以及受过苦难而又超然于这种苦难的女性形象，她的声誉更加如日中天。但是在1930年，她名不见经传，还承受着病痛的折磨，而且里维拉迅即又跟旧金山的模特儿、网球冠军海伦·威尔斯·穆迪勾搭上了。在这个痛苦的时刻，多萝西娅很快就跟弗里达建立起亲密的关系：弗里达，一位天资极为聪颖的残疾女性，她拥有美貌和自己的政治信仰，但是有一位花花公子的艺术家丈夫。卡罗比多萝西娅小十二岁，但也像多萝西娅一样，小时候得过小儿麻痹症，一条小腿干瘪，她也像多萝西娅那样穿长裙将干瘪的小腿隐藏了起来。十八岁的时候，更加糟糕的灾难降临到了她的身上：一辆公共汽车将她撞成重伤，并造成不可逆的伤害。多萝西娅将自己的照相馆提供给弗里达使用。更为重要的是，多萝西娅给了她一样终生受用的礼物——她的医生利奥·埃洛塞尔，其价值无法估量。埃洛塞尔是旧金山文化界精英人士之一，也是兰格的顾客，他是斯坦福医学院胸外科兼骨科的带头人，兰格曾咨询过他。他在政治上有左派倾向，是汤姆·穆尼的医生，后来在西班牙内战中成了一位共和党军队的军医。正是埃洛塞尔正确诊断了卡罗的伤情，为了表示感谢，她在他旧金山的家中为他画了一幅肖像。直到1954年她故世，埃洛塞尔一直是她的私人医生。

就连梅纳德也对里维拉热情起来。完成了证券交易所的壁画之后，里维拉重新被邀请去美术学院作壁画。作为这幅画的一部分，他描绘了自己和助手们创作这幅壁画的情景——画自己的背影，将他巨大的屁股挂在一个脚手架上。令狄克逊感到有趣的是，这个姿势表达了里维拉对那些谄媚者的厌恶——这种类型的玩笑也就只有狄克逊会开。从长远看，里维拉的定居帮助了梅纳德。他的到来增加了当地对壁画的需求，所以也给狄克逊提供了更多的项目，也对跟本德有关系的几个新的收藏家和赞助人——格斯尔和弗卢格——产生了更大的影响，对新的艺术，他们比弗莱什哈克、斯普雷克尔斯、赫斯特、德·扬这类旧卫道士更加开放。这些新的赞助人将在大萧条日益严峻的时候帮助几位艺术家渡过难关。

与此同时，大萧条给多萝西娅和梅纳德带来了很大的冲击。梅纳德卖不出一幅画，多萝西娅的顾客也大为减少，他们的焦虑加剧了他们之间的愤怒和争吵。多萝西娅明白，他们的黄金时期是在乡下的时候，便建议举家逃逸——远离城市，远离大萧条——逃到西南部去。康西在大萧条的裁员中失去了报社的工作，所以约翰·科利尔邀请她跟他一起去了陶斯，并帮助她在梅布尔·道奇·卢汉那儿找到了一份服务员兼打字员的工作。康西令人乐观的来信吸引梅纳德和多萝西娅也想到陶斯去碰碰运气，那儿的生活成本会低一点。梅布尔·道奇·卢汉是一位有钱的女继承人，跟梅纳德差不多年纪，已经在自己周围形成了一个艺术家圈子，把这些艺术家视作丈夫，或者情人，以及助手——不管男的女的，或者食客；她嫁给了来自陶斯普韦布洛村的托尼·卢汉，这使梅纳德感到很有吸引力。她主动提议在她众多的房子中选一个出租给他做画室。"西南部的女王"，多萝西娅讽刺性地给她贴上了这样的标签。

　　迁徙陶斯的计划需要投入资金和时间。他们不得不买了一辆汽车——这是他们的第一辆汽车，还要学习驾驶。他们得找个地方住，也是梅布尔·道奇·卢汉帮的忙。梅布尔为他们在陶斯的牧场安排了一座土坯房，房主是围着她转的众多拥趸者之一，名叫乔·福斯特，一位作家，来新墨西哥州寻找戴·赫·劳伦斯。然后，就在他们出发去陶斯的路上，新手司机梅纳德出了严重车祸。在圣克鲁兹山区，轮胎打滑并翻了车。多萝西娅和孩子们都没事，但是梅纳德的下巴骨折了，一条胳膊也严重扭伤。他在医院简单地治疗了一下，余下的路程便由多萝西娅驾驶。梅纳德到陶斯之后的最初两个月只好到医院疗养，在此期间，他们的大部分时间相处得像一家人。康西好像对工作很满意，与家人的距离恰到好处，使她跟多萝西娅的关系得到了缓和。两个小男孩茁壮成长。他们给六岁的丹买了一匹小马，但是梅纳德发现，丹并没有像康西那样天生喜欢骑马——对他来说，让他的儿子们喜欢户外运动很重要。

　　梅纳德康复之后便开始社交，虽然经常是梅纳德一个人沉溺其中。在他们早先来西南部的几次旅行中，多萝西娅拍了好多精美的照片，但是现在她主要拍的是她的家人。因为两个孩子还没有上学，她得待在家里照管他们。梅纳德联系上了在那儿定居的艺术家们，他们中有很多人赞同道奇·卢汉和乔治娅·奥基夫，认为该地区在某种程度上脱离了现代的原始主义观点。他跟托尼·卢汉和另一位来自陶斯普韦布洛村的印第安人安东尼奥·米拉巴尔经常厮混在一起，他以前给他画过肖像画。梅纳德和多萝西娅都见到了穿戴十分奢华的多萝西·布雷特，一位上流社会的英国艺术家，是布卢姆斯伯里团体的朋友、弗里达以及戴·赫·劳伦斯的朋友；她于1924年定居陶斯。梅纳德的艺术激情被调动了起来；他对那些忏悔者（"神情哀伤的行尸走肉"，他在回应丹尼尔看到这一情景感到害怕时说的话时写道）感到惊讶，常到附近的普韦布洛村去观赏舞蹈。跟以往一样，他不喜欢蜂拥而来的夏季旅游者，实际上就今天的标准来说人并不算多，而且"对圣达菲并没有留下太深印象——太附庸风雅了。"

梅纳德每天去梅布尔租给他的画室，由多萝西娅开汽车接送。然而，即便在这儿，梅纳德也感觉有必要远离他的家人。他随同他的老朋友，旧金山的工业设计师乔·塞内尔，溯查马河而上前往阿比丘、土狼州和"红色乡土"——这是一趟穿越一千五百英尺深的五彩沙岩峡谷的非同凡响的远征。多萝西娅和孩子们又一次被留在了家里。她干家务活和照顾孩子们十分辛苦：乔·福斯特的土坯房没有自来水和厕所；梅纳德和男孩子们喜欢胡乱对付，但是她却不能敷衍。

他们在陶斯住了七八个月。梅纳德离开城市总是更开心，没有了现代舒适的生活也毫不在意。他完成了四十幅画作，但卖出去的不多。多萝西娅在陶斯的社交圈里也没有结交任何人。在旧金山，她的周围从不冷清，并且还有几个密友，而在这儿，她形单影只。

后来，多萝西娅经常重提她在陶斯根本就没有意识到的事：只是到后来她才意识到，她曾差一点见到摄影大师保罗·斯特兰德。最早她是在施蒂格利茨的画廊里意外见到他的艺术摄影作品的，然后是在二十世纪二十年代，她在街头又见到了他抽象派风格的特写镜头和极有感染力的人物照。斯特兰德没有征得拍摄对象的同意，偷偷摸摸地拍下后者。他在镜头上安装了一个镜头成直角的假镜头，这样他可以不正对拍摄对象，他们就不知道自己正在被拍摄。兰格不愿意这样做，她认为这是偷怕，但是，斯特兰德的人像照为她拓展了人物摄影更多的可能性，他在他的拍摄对象身上抓住了更广泛的表情范畴，包括不雅观的表情。1931 年，斯特兰德在陶斯拍摄石头、植物和其他大自然的要素，但是，他更感兴趣的是社会万象。作为纽约人，他加入了纽约摄影联盟，这是一个左翼合作组织，致力于广泛提供摄影课程和暗房，而且几乎不收钱，并鼓励拍摄跟社会相关联的题材。

斯特兰德仿佛是一位先知，揭示人们尚无法想象的未来，多萝西娅把他看作是一位神秘的人物。每天，有人孤身一人驾驶着一辆福特汽车在同一时间从他们家门口驶过，又在同一时间回来，她估计他是一位艺术家——她说的艺术家的意思是画家。她没有尝试跟他认识。她说，她认为他是一个"严肃的人"。这一印象透露了她的焦躁不安和自知之明：她感觉他一心一意在工作上，而她则不是。

她并非"严肃"的感觉表明她早已经在考虑实践一种全新的摄影风格，一种更加具有挑战性、更加超然于她业已成型的东西。她后悔自己没有那样干，否认阻止她这样干的是时间不够。兰格时常自责，具有讽刺意味的是，随着她的成就越来越大，这种自责越来越频繁。在描述她在陶斯的这段生活时，这样的自责反映了她不愿挑战妻子的身份。三十年之后，她对为妻之道有了更充分的理解："……那种事情只有保罗·斯特兰德能做，我做不了。女人很难做到，除非她不想过女人的生活。"而她正过着女人的生活，这是她所知道的唯一一种女人的生活。

随着冬天的来临，在陶斯的生活变得更加艰难。他们的钱用完了。大雪封道，驾车艰难，于是他们搬到了陶斯的一个小村庄里，不过依旧没有自来水，没有厕所，没有电话，没有供热，只有一个烧柴的炉子。梅纳德为了画画，只好穿三层衣服，戴着两双手套。接着，他们彻底被大雪封住了。两个儿子现在一个六岁、一个三岁半，成天闹个不停，每天逗他们乐便成了他们的"全职工作"。多萝西娅的家务活越来越多；她不仅要做饭，还要让家里保持温暖，烧水洗衣服，让孩子们有事可干——铲雪，帽子和手套一会儿戴一会儿脱，橡胶套鞋和湿衣服穿上又脱下。但是，她确信那是她的责任："我能帮助梅纳德的也就是把什么都捋顺了，开开心心，快快乐乐，照顾好孩子们。"没有任何迹象表明她想要放弃这一责任。她的不满依旧隐藏在潜意识中。

梅纳德对她的不满毫无察觉。在他回顾 1931 年的圣诞节时，我们可以感受到他的快乐："壁炉旁的长袜；几乎没有什么礼物；舒适而又温暖；这是真正的圣诞节感觉。邻居很好客——凯塞尔小姐邀请我们的孩子去玩——鹿舞——最古老的仪式——给人印象深刻——阴郁。托尼·米拉巴尔披着鹿皮和牛皮大衣。星光下印第安人礼堂的柱子。"

多萝西娅开始鼓动一家人回旧金山。像大多数美国人一样，她曾估计一年，最多两年，经济会复苏。现在，她认识到，他们还没有逃过大萧条，而且不得不再次进入大萧条。梅纳德一直坚持绘画，直到天气冷得不管穿多少衣服都无法作画为止。他们在 1 月份离开，当时的雪还很厚，他们艰难跋涉了七十五英里的下山路，来到圣达菲，行驶在陡峭的峡谷边缘，多萝西娅战战兢兢，但又归心似箭。此后，他们便从容了下来，驾车往南方行驶，穿越亚利桑那州，穿越洛杉矶。他们很开心回到了温暖的地方，而且梅纳德注意到了孩子们"陶醉于草原和葡萄柚"。但是，很快，眼前的景象透着悲凉：流浪汉在路上四处游荡，他们穿着破衣烂衫，没有刮过胡子的脸使他们看上去比实际的容貌要老；想要免费搭车的人比比皆是；不少人家在他们车旁露营，就在路的两边。当他们驾车驶进旧金山的时候，看到了小孩子在街头乞讨，有几个不比丹大多少，这是以前无法想象的景象。当然，他们所看到的仅仅是这场经济灾难中最细小的一缕轻烟，但数量繁多，当他们逐渐驶近他们家的时候，他们的幸福快乐被泛滥的焦虑心情所取代。

第二部分
大萧条与新政
1932-1935

　　1932 年春季，旧金山的人像摄影师多萝西娅·兰格透过她照相馆二楼的窗户往下看，满眼都是大萧条的景象。这不是说她在此前的三年里不在意——她不可能不在意，因为她的照相馆人像摄影生意清淡，门可罗雀，她的艺术家丈夫的作品无人问津。但是，对这样一个注重视觉的人来说，从她窗户里望下去的景象搅乱了她的心境。"我从事的工作……和大街上正在发生的事情之间的差异，超出了我的理解。"这差异是一种讽刺。她照相馆的墙上挂着莱维－斯特劳斯、弗劳登塔尔、弗莱什哈克、哈泽及德·扬的全家福。尽收眼底的是下面街道上失业者徘徊在街角，或者排着队等待救济，无家可归的人围着火堆蜷缩在那儿，或者躲在他们的铺盖里。他们中不仅有穿着破衣烂衫、戴着工人帽的流浪汉，还有西装革履、头戴软呢帽的男人。在这个艳阳天，她站在窗户边，为一些新的肖像做日光蚀刻照片。"你知道，当底板上的图像加深或变暗时，你就有了片刻的喘息。我就这样望着窗外……"

　　幸运的是，多萝西娅的弟弟马丁也在城里，但他也不名一文并失业了。她想要带着她的照相机到街上去，可是她不习惯于一个女人独自到大萧条的城里转悠，不习惯于"到一群群受苦受难、沮丧消沉、怒气冲天的男人中间推推搡搡……"——更不要说那些流浪汉了——况且，她担心她的照相机会被弄坏。马丁·兰格，虽然很少有自己的目标和志向，此时此刻却恰到好处地成了多萝西娅的陪伴，不仅作为一个男子，而且是一个高大而快乐的男子，还成了孩子们敬爱的"马丁舅舅"。他心甘情愿地陪她走几个小时，偶尔也帮她扛那个"快拍"，即那又大又沉的格拉夫莱克斯相机或者她的三脚架。她不仅担心在街上被骚扰，还担心给那些并没有雇她照相的人拍照时他们或许根本都不愿意。她意识到，这些新的拍摄对象可能因为在排队等待救济时被拍有点尴尬，甚至有被侮辱的感觉，毫无疑问，因为她自己也觉得是一种侮辱。她不可能把她所做的事情给隐藏起来，因为她的照相机太大了，而且她的准备工作也得花好几分钟才能完成。她后来回忆道："这事儿让你十分惹人注目。"她当时根本就没有想过，在她的有生之年里，会成为一位"街头摄影师"。

在马丁的陪伴下，她注意到了那个"白色天使"施粥所。冥冥之中，她所看到的景象令她深思："我最好能成就此事。"所以她拍了三组镜头；"然后我逃离了那儿。"在她关系比较密切的那个圈子中没有人觉得这些照片怎么样。当她在自己的照相馆墙上挂了一幅这样的照片之后，她的那些顾客并没有在意，或者只是说，"你弄这种东西干什么？"

第六章　离开孩子，离开照相馆

多萝西娅·兰格在 1932 年走上了一条全新的道路，跟她的国家一样。她对自己的婚姻和照相馆十分不满，开始寻求拓展她的摄影事业，但是也不敢放弃照相馆的这点收入。美国人同样对胡佛总统原教旨主义的信念感到不满，他认为市场会自动校正大萧条，但是，他们也看不到出路。

三年内，兰格将永久性地关闭她的照相馆，把自己变为一位纪实摄影师。实际上，她将重新定义纪实摄影。她会结束自己的婚姻，爱上一位非同寻常的男人，这个男人被她的雄心壮志所鼓舞，这也引发了她的内疚——幸运的是，这个男人帮助她找到了一条养活孩子们的路子。她的"幸运"也体现在更高的层面上，这是由整个国家的巨大进步所创造的，那就是罗斯福总统的新政。这一新政将会给她带来薪水，给她的摄影艺术带来挑战，给她带来机会，使她觉得自己成为一项社会正义运动的一部分，而他的情人保罗·泰勒就是这场运动的推手，他们的同志情谊被点燃，并促进了他们之间的爱情。

这一切来得并不容易，也并不顺畅，在 1932 年，兰格无法预测即将发生的事；那一年，她常感觉到变化似乎不可能发生。就像她的鞋子开始磨脚，影响走路，情况糟糕到她只好把它们脱下来。新的鞋子将使她走得更远，能够以前所未有的速度冲刺。但是，在这趟奔跑中，她将放弃很多东西，经历很多痛苦。

兰格后来回忆说，待在陶斯的那段时间，"就我们这一家人来说，是一段好时光，对小孩子，对我，对梅纳德都一样。"这个记忆并不真实，因为她对被家务事拖累、事业上一事无成感到十分懊恼。在陶斯的那段时光也没能巩固她跟梅纳德的关系。他们回到旧金山也意味着开始了他们婚姻的终结之路——这是不知不觉发生的，并不果断，因为多萝西娅又坚持了三年之久。

当他们回到旧金山之后，经济形势比他们离开时要糟糕得多。他们发现他们的友人们"既震惊又恐慌"。加利福尼亚州的经济心脏几乎停止了跳动。农业收入从1929年的7.5亿美元下降到了1932年的3.17亿美元。加州石油的需求量急剧下滑，石油行业每天只生产二十万桶原油销售。在萨克拉门托地区，制造业的薪水缩减到大萧条前三分之一。加州的失业率飙升到28%。1933年颁发的建筑许可证数量只相当于1925年颁发的11%。尽管如此，加州所遭受的苦难却比全国其他地方要小。兰格像许多其他人一样明白，这场大萧条，如果没有政府的强力干预，要很快扭转局面已然不可能。

艺术品市场消失了。画廊关门大吉，包括梅纳德画作的主要销售点盖勒里画廊。他的朋友瑟奇·舍巴科夫，曾在荣誉军团宫举办个人画展，现在正作为国家救济工人打扫厕所。艺术家们想尽办法来维持自己的生计，有的直接到户外举办展览向公众兜售画作，有的合作开办画廊，有的进行物物交换——一位制陶工人用他的陶制品换四蒲式耳[1]苹果，一位画家将一幅油画送给一位产科医生以换得这位医生给她妻子看病。梅纳德几乎很少有画卖出去，而且他以前卖画时买主欠他的那部分钱也很难收回。自从大萧条以来他所画的一百幅画中只卖掉了十二幅。"作品和忧愁……没有销路——一个黑暗时期"，他在笔记里这样写道，还加上了"犹太朋友仁慈友好"，指的是买他画这件事——这句评语隐含着他对犹太人和有钱人既爱又恨的复杂心情。

多萝西娅的生意也一落千丈，尽管有一些有钱的顾客依旧光顾。1930年，她挣了1770美元；1932年，她的收入只有602美元。为了给克劳森夫妇拍照，她远涉两百多英里到北边的洪堡县，她开价五十美元，但要自己付旅差费，这样的事情

---

[1] 英美制容量单位，1蒲式耳等于8加仑。

以前只有利润可观她才会干。（伊莫金的儿子一直记着多萝西娅说过那五十美元她用了多长时间。）克劳森夫妇注意到了她的疲惫。当她到他们家的时候，她请求休息一下，接着她躺在床上抽烟，抽了好长时间，然后才开始工作。

多萝西娅和梅纳德从陶斯回来不久，一位旧金山生活栏目记者在《旧金山新闻》上发表了一篇推介多萝西娅的报道。这篇文章还配了一张很吸引人的大幅照片，她和她的相机在中间，周围还拼贴着一些狄克逊有关他们陶斯生活的画作。多萝西娅看上去"柔美、坚定、皮肤黑得像一位吉普赛人"，她穿着一条"蓝色的工装牛仔裤，戴着一顶贝雷帽"，安娜·萨默写道，她把多萝西娅定位为一个"波希米亚式的艺术家"。在别的时候，这样的文章——登在第二栏的头版——会带来一连串的生意，作为欢迎她回家的美好礼物。

记者从多萝西娅那儿得出了相当自以为是的关于贤妻良母的看法——而且事后看来是不靠谱的。萨默写道："在当地波希米亚式的文人圈里，一位艺术家跟另一位艺术家相结合的婚姻是众所周知的'拉锯战'（当时这很流行），但多萝西娅·兰格和著名画家梅纳德·狄克逊的婚姻却是一个熠熠生辉的例外。"由于他们的婚姻一直维持着，所以多萝西娅成了处理家庭关系的专家。在被问及这是怎么做到的时，她回答道："很简单……一位艺术家的妻子要接受这样的事实，她得对付很多其他妻子不需要面对的事……作为梅纳德的妻子，我的主要工作应该是保证他的生活不要过多地被琐事纠缠——相对于生活中那些琐碎的私人事情而言，他得有一个宁静的天地……他需要有一定程度的自由。"多萝西娅所说的是她认为她应该如何表现。在另一个同样虚妄但相反的说法中，她说她跟梅纳德生活在一起是"基于平等的地位"。她的矛盾情绪令她自己都纠结。她知道，给梅纳德提供"自由"即意味着她自己一天干双倍的活儿，而且这位记者也清楚："晚上她回到俄罗斯山的家中，她得关起门来干家务活，整个晚上，为准备晚餐和照管孩子而忙碌……看起来，她那位高贵的丈夫在那些晚上跟两个孩子和更多的家务活是不沾边的。"

安娜·萨默给狄克逊夫妇贴上了艺术家的标签——然而这篇文章是一个名叫"他们的另一半"系列的一部分。多萝西娅用巧计确认了自己艺术家的身份。她说，把她的工作描绘成是一个"生意"，她没有什么不乐意的："说摄影是一项艺术，赞成的大有人在，反对的也大有人在……我不在乎你是否给它起一个高雅名字。我认为发现生活的趣味比追求高层次的生活更重要。"

根据我们现在了解到的情况，这位女士也许显得像是一位伪君子。但是，她所欺骗的主要是她自己。她无法得到解放女性的良药。像她那个时候的大多数女人一样，兰格从来没有想过丈夫可以照管孩子和干家务活。她的生活就是要想方设法包办这一切，而且她得说服自己，她是能够成功做到这一点的，以此来保持她心灵的安宁。

多萝西娅对贤妻之德的大唱赞歌是彻头彻尾的欺骗，因为当时她和梅纳德刚刚决定分居——不仅仅夫妻分居，而且也跟孩子们分居。他们搬出了泰勒大街的家。梅纳德搬到了他的画室，多萝西娅则搬到了她的照相馆。当时，很多艺术家都是这么做的，因为他们拿不出钱租两处房子，但是对兰格和狄克逊来说，这是一段试验性的分居。他们将两个已经七岁和四岁的孩子送到了马林县圣安塞尔莫的一个学校里，那个学校找了一些私人家庭为孩子们提供膳宿。对两位大人来说，他们不得不去工作，所以放弃泰勒大街的房子这样的牺牲并不算大。他们各有一个家，仅仅隔了三扇门。但他们剥夺了孩子们唯一的家。

要是没有孩子，多萝西娅和梅纳德也许会以波伏娃与萨特的相处方式生活。但是，他们有孩子。他们先前出去旅游时将孩子放到了朋友家里。康西被送走过好几次。1931 年，多萝西娅和梅纳德第一次尝试复合的时候，他们去度了一个短假，没有带孩子，而是把他们送到了沃森维尔跟朋友们住在一起。但是，最近的这一次分离并不短暂，而且孩子们在周末没有被接回家，因为对父母亲来说这意味着每去接一次就是两趟长途往返旅行。（那时还没有桥，到马林县去必须摆渡。）反过来，是父母亲去看孩子们。丹·狄克逊回忆道："我记得站在我们住的地方的外面等啊等，等那辆黑色的 A 型汽车出现。当这一天结束了，我记得瞧着汽车开走，等到那红色的尾灯消失我哭了又哭。"

要理解这种安排，历史学家必须抓住的不仅仅是丹和约翰当时的痛苦、他们作为小孩子的愤怒以及他们到成年时候追忆起来的悲伤，而且还要抓住母子关系标准的变化。在二十世纪的头半个世纪里，单身母亲甚至已婚就业母亲把孩子暂时寄养到私人家庭或机构里，依然是很普遍的事。在穷人中间，这样的做法（现在称为"寄养"）很常见。譬如，本世纪初，孤儿院里的大多数孩子事实上并非我们今天所理解的孤儿；大多数母亲都在世——要么单身，要么丧偶，要么分居——但她们没有能力同时抚养和照管孩子。各个阶层就业的妇女常常把孩子临时性安置在机构、养父母或亲戚家来解决照管孩子的问题。兰格知道有好几位艺术家就是这样做的。

当时只有很少的全日制托儿所照管儿童，只针对穷人，家长仍然背负"领受施舍"（今天也许可以解释为"福利"）的污名。这种托儿所的特点是空间拥挤、规矩苛严、设施简陋。保守派将这种日托中心跟苏联的共产主义联系了起来。况且，当时占主导地位的儿童养育方式是寄养。专家们分析，在日托中心，就像在孤儿院一样，孩子是由陌生人照管的，这些陌生人得负责照管好多孩子；相比之下，寄养式的照管给了孩子一位母亲、一个家，甚至可能还有一位父亲。当时通行的孩子养育的观念还有一个稍微有点矛盾的假设：与父母分离及照管人的变化不一定会对孩子造成痛苦，只要他们基本的物质条件得到满足即可。虽然今天的大多数专家认为，孩子成长中对父母的深度依赖是人性中永恒和无法弱化的客观事实，但在八十年之前的儿童专家还没有得出这样的结论。今天，把孩子送去寄养在中产阶层中已经鲜见，虽然有钱人在孩子很小的时候便将他们送到寄宿学校去或者参加夏令营。不过，这种做法在移民、穷人、病人、残疾人中间依旧司空见惯，在这样的情况下，州政府常常扮演中间人，给领养的父母颁发许可证并支付费用。

尽管如此，把孩子送出去寄养的模式到了二十世纪三十年代逐渐式微，通常是把孩子送去日托。以前，狄克逊家的孩子上的是太平洋大道上的全日制金门托儿所，这是一种现代化的机构，跟那种慈善性质的托儿所不可同日而语。梅纳德离开孩子的时间和在孩子身边的时间一半对一半，他的同时代人不会认为这有什么问题。相反，一位母亲却被认为绝对不可以离开她的孩子太长时间。但是，寄养孩子在当时司空见惯，所以，多萝西娅不在乎旁人的非议，不过自己内心仍有点纠结。她无形中包揽了全部家务和照管孩子的活儿，因此这一决定显得更加理性又更加痛苦。后来，她简单地解释过：这从来不是"他和我，还有孩子们，（而）是我和儿子们，还有他的关系"。她的内心极度痛苦，而梅纳德并不感到痛苦。"就是现在，一说起这件事情，我就心痛。"三十年后她还这样说。"那时，伤害到他们的地方也伤害到了我。"

毋容置疑，孩子们的感情可以理解：痛苦、害怕、愤怒。多萝西娅的心情是复杂的。她十二岁那年，父亲离开了她，她曾经受到过伤害，然而现在，她居然也在重蹈这遗弃的覆辙，她的痛就在那个地方。尽管她对他有万千怨恨，她不也在重复他的所作所为吗？她回忆着她对她那位"糊涂姐"母亲的怨恨，她为什么不保护她免受外婆的欺侮，也担心那位寄养家庭的母亲会如何对待丹和约翰。多萝西娅无法摆脱焦虑，并由焦虑而转化成自欺欺人的否定。她说到孩子们离开身边总是用被动语态，仿佛她对所发生的一切没有责任似的。"……要是俩儿子没有因形势所迫被从我身边弄走，我也许会对自己说，'我会这样做，但是我不能这样做，因为……'"四年之后，她首次出现了严重溃疡的症状，这个病在她的有生之年给她带来了巨大痛苦，并最终导致了她的死亡。

在接下来的七年里她多次将孩子们寄养出去，这仅仅是揭示兰格野心的一个很小的方面。她渴望得到的是时间和自由，而不是金钱。她完全可以把孩子们安顿在照相馆里。她的欲望起先表现在她愿意既当母亲又当父亲，愿意充当养家糊口的人，扮演贤妻的角色，成为养育孩子的人。这三重角色是支持梅纳德顺利成为一位艺术家的先决条件，但是这也反映出她对工作的热爱。比起将孩子们送出去寄养，这份野心更让她内疚。野心，在女人中间，是一个隐藏着的不能让人接受的欲望，多萝西娅也不例外，所以她不敢直接面对。

新的安排也给了她远离梅纳德的空间。她不仅仅挣脱了照管孩子的牢笼，而且也不用伺候我行我素的丈夫。她后来承认，她所宣称的他的艺术第一，并不是完全正确的。十二年的婚姻，她受够了他的不负责任、他的恶作剧以及他的寻花问柳。梅纳德是一个充满男性魅力的浪漫男人和朋友，但不是一个好伴侣。他的风流韵事一次又一次地伤害她。他沉湎于女色的丑闻在他们的朋友中传开之后，她更难承受这种伤害和耻辱了。他经常外出长途旅行，不仅仅是丢下了多萝西娅独守空房，而且还暴露了他们夫妻生活的缺乏。她开始感觉到了对性生活的渴望。"我知道，这个男人……在他爱着我的同时……还没有让我分享他隐藏在内心深处的生活。"也许，她也同样没有让他分享她内心深处的生活："我真的还没有深入到这个男人的心灵深处。"

如果说分居给多萝西娅提供了更多的自由，那么他们的孩子们则被剥夺了一切。七十五年多之后，丹和约翰还保留着大量的痛苦记忆。他们从未原谅过她。兰格的一个孙辈称她的行为是"残忍的"，这完全是从他愤怒的父亲那儿听来的。约翰记得，每当他母亲说"我今天见到了有趣的人"，他就会颤抖，因为这就意味着他跟他的哥哥将会再次被"送走"。男孩们也想念梅纳德，但是他们过去和现在都不生他的气。他们依赖母亲，最后发现被背叛了；他们从来就不指望梅纳德，在他们的经历中，他只是一个带着礼物来家的开心过客。他可以跟孩子们玩耍，但是多萝西娅不跟他们玩耍，就像许多忙忙碌碌的母亲一样：他跟孩子们一起画画，给孩子们写故事、讲故事，亲手给孩子们做东西，这些活动成了他们之间的游戏，有荒谬的，有恶作剧的，有让人心醉神迷的，不一而足。年轻的多萝西娅喜欢梅纳德的这种玩法，可是她越来越感到不满，为什么总是她承担责任。经济大萧条时随不满而产生的责任和孤独使得她觉得这种负担益发沉重。

　　我所遇见的对被送去寄养这事儿反应激烈的不是丹和约翰，而是我的同时代人，尤其是女人。当我在交谈中或者在讲座中提到这事儿时，他们都感到震惊。我可以从他们的脸上看出来，从他们的问题里听出来，这一情况很快地改变了他们对兰格的看法。当我说出这些事实，敦促听众从历史的来龙去脉中去思考这些事实时，我担心我会被认为对这样的事情太冷漠、太就事论事。我经常调整自己的观念，竭力想找到一个十全十美的平衡点，作为历史学家对当时风俗的认识、对被抛弃的孩子们所受苦难的情感理解、对多萝西娅的痛苦与内疚的感知这三者之间的平衡点。当然，没有这样的平衡点，唯有摇摆。

　　回到旧金山，也使多萝西娅面临着另一种亵渎和损失。她不在的时候，弟弟马丁想为她做点好事，便将她的照相馆以每月三十五美元的价格租了出去，期待夫妇俩一回来得到这笔钱会又惊又喜。但是租客把这里糟蹋得一塌糊涂。他恣意妄为，用普鲁士蓝油漆把四面墙壁和所有家具涂了个遍；还将油漆泼到几幅珍贵的画上，包括迭戈·里维拉赠送给她的那些画。她不得不将它们烧了。接着租客割了自己的手腕——但是命保了下来——只不过弄得到处是血。

她把照相馆收拾干净，不多的几位还有可支配收入的顾客开始光顾她的照相馆。尽管多萝西娅的"心思大多数时间都在圣安塞尔莫那边"，但是她以前从来没有这样卖命地干过活。

1932年夏天，全家再次聚首。不像大多数家庭在经济崩溃时受苦受难一样，他们还能去乐而忘忧地度一次假。安妮塔·鲍德温借给他们一幢在她两千英亩土地上的别墅，这地方位于落叶湖畔，一个美得令人窒息的庄园，就在塔霍湖南面，他们在那儿度过了一整个夏天，"除了我们，没一个人影"——就他们四个人、仆人、伊莫金·坎宁安和她的孩子们，他们成了这个家庭的一部分。在丹和约翰的记忆中，那儿就是天堂。到那儿后，他们坐船到萨克拉门托，在黄昏的时候登上了豪华的"德尔塔国王"号，在船上的餐厅里享受美味佳肴，四周尽是雅致的枝形吊灯、闪光的银质酒杯、摇曳的悠悠烛光和"穿着白色制服的庄重的非裔美国人服务员"。早上，他们将汽车开下轮船，沿着蜿蜒曲折的道路驶向内华达山脉。小小的塔霍湖临湖地区为鲍德温所有，塔霍湖有一条溪流连接着那个大湖，她将一幢木头搭建的猎人小屋保养得不错，有一批下人负责打扫和做饭。梅纳德建了一个印第安人蒸汽浴室。小男孩整个夏天就光着身子撒野，很少回到室内来。落叶湖里，可钓的鱼很多，他们抓到什么鱼就吃什么鱼。也有一些事故发生：他们开始称呼约翰为"矮胖子"，他的光屁股撞上了多萝西娅正在煮东西的大腹炉。梅纳德将正在玩弄他的科尔特手枪的丹逮了个正着，拿枝条狠抽他。小木屋没有现代化的生活设施，所以丹有一个任务，从湖里担饮用水和煮饭的水。每个人的身体都变得更加强壮了。

不同寻常的是，就在这种完全逃避现实的地方，多萝西娅迈出了她拍摄纪实照片的第一步。她走遍了这个庄园的四面八方，试图拍摄一些坎宁安或者韦斯顿风格的自然景色：小松树、树墩和臭菘等的特写镜头，"臭菘灰白的大叶子在午后的阳光照射下显出所有的叶脉"。这种方法在当时是一种潮流，"在二十年代和三十年代，"摄影史学家娜奥米·罗森布拉姆辛辣地写道，"无论什么样的题材，那种轮廓清晰、细致入微的特写镜头，形成了一个典型的现代主义策略……"兰格在亚利桑那州和新墨西哥州对户外摄影进行了实验，由于她现在有时间进行系统的拍摄了，所以她期待能开开心心地完善一种新的技术。但是，这种开心没有到来，她似乎怎么都不喜欢她所拍摄的作品，虽然她很享受独处的时光，也很享受近距离观察大自然美景的挑战。她后来回忆，有一天，她灵感骤至，茅塞顿开。她把它描绘成是一种心灵的顿悟，是对自己本性的洞察。她从自由与不自由、她当时的波西米亚意识中伟大的道德与个人主题的角度来体会这种顿悟。"我试图拍摄那些不属于我的东西时，我是不自由的。"自由须忠于自己的本性，这就意味着将摄影视为一种使命，而不只是一门生意。"然后，我决定，回到城里，我就只拍摄那些我的生命能触摸到的人。"

不过，"我的生命能触摸到的人"一度依然是她那些有钱的照相馆顾客。作为一个女手艺人，她明白她的两难境地——她得依赖那些有钱人作为顾客——但又希望不是这样该多好。"我喜欢我以我个人的方式制作的每一幅人像照片，但是……只拍摄那些付给我钱的人让我困惑。"回望过去，她清楚地看到了自己的决定："……我……意识到，外面有个很大的世界，而我并没有很好地进入这个世界。"但是，她的家庭指望着她的收入。兰格在她的商业名片上稍稍做了一点改动，通知她的顾客，照相馆重新开业了，以此来宣布她的新方向。上写着的不再是"人像照"，而是"人物图片"。这个概念对她来说意义丰富，别人不一定能理解，因为她始终在做人物图片。所改变的是她把谁当成拍摄对象。她遥望着窗外，无论是字面意义还是象征意义，那景象令她的照相馆似乎变得与世隔绝而又令人窒息。

1932年是选举年，但一开始，总统竞选似乎并不令人感兴趣。民主党的纲领几乎全是胡佛的，呼吁的还是他的老一套，焦点集中在关税、稳健的货币、预算平衡、削减联邦开支。兰格的许多友人——艺术家和顾客——都支持社会党总统候选人诺曼·托马斯或者共产党的总统候选人威廉·泽布朗·福斯特，兰格表示赞同。不过，随着罗斯福的竞选演讲内容越来越充实，她不仅仅被他的豪言壮语所吸引，也同样被他的活力和乐观吸引。4月，罗斯福呼吁恢复农场主的购买力，并在抵押贷款偿付不了时找到保留抵押品赎回的途径。5月，他建议美国应该考虑社会计划，并据理力争，"我们不能允许我们的经济生活被那一小撮人控制，他们有关社会福利的主要观念是……他们可以从贷款和证券营销中获取高额利润……"7月份的提名演讲回到了民主党稳健的纲领上：取消禁酒令（据推测，不包括酒吧）、削减政府开支、限制再造林工程的公共项目。被正式提名后，罗斯福呼吁投资、对金融和公用事业进行监管，到了 9 月，他支持地方政府拥有和运营电厂的权利，如果私人公用事业运作不到位的话。12 月 23 日，他在旧金山再次指责"大的工业集团和金融集团的结合"以及他们的财产掌控着工业命脉，虽然他补充道，"政府实施经济监管只能是最后的手段……"富兰克林·德拉诺·罗斯福关于"经济金字塔最底层被遗忘的人"的言辞证实了兰格所看到的事实。

在罗斯福竞选过程中的某个节点，兰格了解到富兰克林·德拉诺·罗斯福是小儿麻痹症幸存者。她强行将她有关小儿麻痹症的记忆压在内心深处，几乎从来不提这种病，不过现在她的注意力毫无疑问地被吸引住了，她仔细观察富兰克林·德拉诺·罗斯福的每张照片，仿佛这些照片是她自己制作的底片。在一次精心策划的竞选前的公关行动中，罗斯福提前安排了一次杂志采访，1931 年 7 月杂志出版，这篇采访稿的标题是《富兰克林·德·罗斯福能当总统吗？》在富兰克林·德拉诺·罗斯福平常的照片中，他尽量隐藏他的残疾，就像多萝西娅那样。不过，有一幅照片可以看出他闪闪发亮的腿部支架，跟她那时用的拐杖没有太大的不同。还有一幅照片中他穿着游泳衣坐在那儿，显露出他强壮的双臂和瘦弱的双腿。在兰格看来，罗斯福对待大萧条的积极立场与他对待自己的残疾如出一辙，跟胡佛要大家保持耐心、相信市场力量的呼吁形成了鲜明的对照。

兰格积极行动的意向因为生意的下降而得到释放：顾客少了，使得她有时间去思考和观察。当她开始系统观察的时候，她所观察到的东西也产生了结果："我知道，如果我对人的兴趣是确凿的，那么我所做的事情就不仅仅是限于那些镜框里面的东西了。"她所谓"确凿的"想法包含着丰富的内涵。跟她习惯做的一样，她为自己设定了一项挑战。她感觉她需要将她的摄影对准更加宏大的事件。对现在的多萝西娅来说，那些街道不是关于旧金山的迷人建筑或者给人印象深刻的地形，而是关于随处可见的社会混乱。她回忆起了她穿越纽约下东区走过的许多英里，尽管那儿有喧闹的街头生活，她却感到越来越惬意，这唤醒了她作为一个城市行者的自信。

狄克逊的徒弟也是多萝西娅将来在农业安全局（FSA）的同事小约翰·科利尔对兰格突如其来的变化记忆犹新："……多萝西娅·兰格是一位收入很高、技法娴熟的人像摄影师，专门给富婆拍照，因此过上了好生活。她是一位非常优秀的手艺人；她的活儿干得很漂亮……她相当以自我为中心，有点自私，随心所欲。大概就在那个时候，她在萨克拉门托大街从窗户里俯瞰着下面，看到了一队领取救济的人群……有什么东西激发了她的奉献精神。于是，她走出了她的照相馆，而且从某种意义上说再没有回来，正如大家所熟知的那样。"他对多萝西娅的理解远没有切中要害，对她突然的变化不得要领。但是，他的感觉是对的，她的内心的确发生了变化。

多萝西娅的弟弟马丁在二十世纪二十年代跟随姐姐到了旧金山。他英俊的相貌、随和的脾气以及机智的反应使得他能够四处漂泊并找到一个又一个活儿干，而且他常常在她的照相馆过夜。她抓着他当护花使者，探遍了城内的大街小巷。他们花数个小时游荡在教会区，那儿是城市里无家可归者的投宿地。他们去了"奴隶市场"，男人聚集在那儿，渴望能找几天或者几小时的活干。那些排队领取救济的人吸引着她，既是视觉形象的需要，也是社会责任的驱使，就像她会在以后的年份里被领取失业救济金和救济物品的队伍所吸引一样。她第一批街头照片之一，即那张《白色天使施粥所等候施粥的人们》，成了她最著名的照片之一。它不仅仅改变了兰格，也改变了纪实摄影，仿佛拉开了一道帷幕。

马丁说，她"很难相处"——也就是说，在她开始街头摄影之前是这样。相反，走向街头让她放松下来。她曾经因为在街头跟大萧条时期的那些"流浪汉"在一起而紧张，结果发现她很安全。她曾经担心她的方法太慢，拍不到重要的东西，因为她不可能告诉被拍摄者保持不动——"你知道有这样的时刻，譬如……你只是希望，在那一瞬间，在那一片小小的感光胶片上，你有足够的时间把它组织好"——但是她被结果惊呆了。她感到纠结，生怕侵犯拍摄对象的隐私或者引发他们的敌意，可是，他们似乎并不注意，或者说他们注意到了但并不反对。她未来的整个摄影事业就建立在了这样的鼓励之上。"我只能说我知道我正在看某些东西……有时，你有一种内心的感觉，你完成了这件事情……然后你知道，你没有从任何人身上拿走任何东西，他们的隐私、他们的尊严、他们的全部。"

兰格的回忆夸大了这张照片的突然性，这是她第一张伟大的照片，也是她第二次顿悟，就像记忆往往围绕着特定的时刻或图像。差一点发生的事故进一步强化了这种偶然的品质：她意外地将已经曝光的胶卷忘在了格拉夫莱克斯相机的胶卷盒里，便把相机给了她的助手罗杰·斯特蒂文特去装胶卷。好在，照相机还在暗房里时他伸手到里面摸了一下，发现了被遗忘的胶卷，并将它冲印了出来。

这幅偶然抓拍的《白色天使》的故事相关细节后来被其他关于兰格的文章挖掘了出来，暗示一次突然的飞跃——或者堕落——进入后来的纪实摄影的领域。这幅照片引人入胜的美的确让兰格感到惊讶，但这不是偶然的。她正在孜孜以求地探索一种新的摄影形式。跳跃一般的行动能产生更好的故事，而兰格自己有时会应用这个比喻，可是它会支持一种让人误解的不切实际的看法，认为艺术家是出于本能、直觉，而不是凭借推测、深思、训练、尝试、试错进行创作的。何况，兰格从来没有让自己禁锢在她的照相馆工作和付费顾客里面。除了西南部的照片之外，她还在内华达州的卡森城拍摄了唐人街，她跟梅纳德于1924年去了那儿。在旧金山的家中，她制作了一些十分引人注目的现代主义抽象派作品，包括一幅床单搭在晾衣绳上的照片，那是从一幢住宅的后门口拍摄的，这是她一生中偶尔使用的构图和象征性主题。1928年，一幅旧金山墨西哥裔美国儿童的明亮肖像出自她之手，这幅照片得来全不费功夫。到1932年时，她道出："我感觉坐在照相馆拍肖像的人跟这些在大街上的人没有太大区别。"她用了一个画家的比喻，说她感觉"广阔天地"就像一块"巨大的画布"。后来，她拍摄了一位年轻的非洲裔美国母亲的类似圣母像，跟她在新墨西哥州拍摄的印第安母亲颇为相似。

还有一个将她推出照相馆的动因是她在印刷品中所看到的东西。视觉图像正日益渗透到了印刷出版这一商业文化产品里，因为推出了新的摄影技术和印刷技术——快干油墨和热固着印刷，使用了这种油墨和印刷技术就能边印刷边烤干油墨——使得图像的复制更快捷、更便宜、更清晰。报纸经常发表用轮转凹版印刷的摄影专栏，内容从日本人的暴行到洗浴的美人等等。用有光纸印刷的杂志，例如《时尚》或者《女士居家日志》或者《纳什期刊》，一页接着一页印刷彩色广告，有些设计具有现代风格（包括多萝西娅的朋友路易丝·达尔－沃尔夫的作品），有些设计她不敢恭维，觉得很丑、很假。她绝对不会去尝试新闻摄影，也不会去搞商业摄影，但是她正在专注于新的大众化摄影领域，并料想会有前景。

尽管如此，这样的变化需要做出重大调整。照相馆里的人像照是根据拍摄对象的要求制作的。纪实照片是由摄影师创作的，所以摄影师必须让拍摄对象感到惊喜，还要说服拍摄对象，或者想方设法不让拍摄对象注意到你在拍他。很多摄影师的创作经验表明这项工作要具备一点侵略性，反过来也需要具备一定的自信，甚至是权利。每个街头摄影师都发现了自己接受、否定、表现这种侵略性的方法。兰格是从不断的试验和错误中找到她的方法的。

在发展逐渐被人们称为纪实摄影的这一门类的过程中，兰格绝对没有开拓全新的路径。她了解雅各布·里斯和刘易斯·海因的作品。她了解根特拍摄的旧金山唐人街，也了解保罗·斯特兰德拍摄的纽约。在旧金山，她的几位摄影师朋友早在她之前就带着相机走上了街头——孔苏埃洛·卡纳加、阿尔玛·拉文森、路易丝·达尔、彼得·斯塔克波尔、威拉德·范·戴克。

与此同时，在能够产生锐化和大景深的小光圈技术应用之后，另一个摄影学派开始形成，这就是众所周知的 f/64 学派。这个群体激起了一场西海岸的摄影对话，内容是关于"逼真"——意思是忠于照相机内在固有技术。对 f/64 学派的成员来说，这就意味着"白描式"摄影，轮廓分明，与艺术摄影的朦胧影像、柔和轮廓形成了对立，无论是古典盛装打扮及摆拍姿势，还是带有美术风格的"精致"的拍摄主题都被他们所摒弃。这些白描式的摄影形成了一个特点，这个特点从今天的视角看似乎颇为狭隘：滤光镜、各种各样的灯光、各种各样的化学制剂、局部遮光、凸透镜是可以接受的；模糊聚焦、镀膜镜头、刮擦底片、手工上色被排除在外。它们的作品是一种反低级趣味和反商业的感性。

在安塞尔·亚当斯的影响下，创设于 1932 年的 f/64 学派吸收了兰格的很多朋友——伊莫金·坎宁安、约翰·保罗·爱德华夫妇、索尼亚·诺斯科威亚克、亨利·斯威夫特、威拉德·范·戴克、爱德华·韦斯顿——但没有让兰格加入。在其第一个也是唯一一个展览上，又有四位应邀加入：普雷斯顿·霍尔德、孔苏埃洛·卡纳加、阿尔玛·拉文森和布雷特·韦斯顿（爱德华的儿子）——但是没有兰格。她没有被该团体接纳也隐隐表明了她当时的身份——依旧是一个风格偏艺术的照相馆摄影师。她当时还没有广泛地展示她的街头摄影作品。

像许多新的冒险事业一样，f/64 学派发表了一份夸夸其谈的宣言，不仅夸大了它的意义，而且还夸大了它的新颖性。f/64 学派所称的"白描式"摄影风格，保罗·斯特兰德已经实践了好几年了。摄影学者萨莉·斯坦称 f/64 学派的诞生和它的"白描式"摄影观念与其说是一项声明不如说是一个总结。

但是，f/64学派也是一项政治运动，其聚焦既在地方也在全国。在当地，它把目标定位在了一位特殊的加州摄影家威廉·莫藤森身上。"白描式"摄影不喜欢他的俗气的摄影模特儿穿着古典服装、文艺复兴式和东方风格的服装——同时还鄙视他的广受欢迎。

f/64学派还有一项全国的计划：让西海岸的摄影得到更大的关注，瓦解施蒂格利茨定义艺术摄影的权威。摄影领域东西部的差异揭示了兰格为什么选择她独特的方向。像西部的画家一样，大多数西部的摄影家，无论是"白描式"摄影派还是艺术摄影派，都将视角聚焦在了大自然上，而不是在城市、制造业和其他人文景观上。西部运用艺术风格的摄影家们将人这一拍摄对象放到了大自然中，而不是照相馆里。1932年，兰格在照相馆外的摄影作品都是城市里拍的，在这一维度上，她的风格似乎更具有东部色彩。她也越来越关心社会问题。要是生活在纽约，兰格就会加入1936年创建的那个激进的摄影同盟，它提倡用摄影来关注社会问题，以极低的收费提供暗房和摄影课程，以鼓励穷人和工人阶级尝试摄影。她在加州成为了该组织的一个公开的支持者，并捐了款。然而，不到十年之后，她居然成为了一位主要关注西部农村和农场生活的摄影家——在1932年，没有一个人，包括她自己，会预料到她会有这样一种身份。

但是，由于西部没有人有像施蒂格利茨那样的控制欲，所以西部的精神就不那么连贯，更偏向个性化和民主化，f/64学派这一组织很快就消亡了。不过，在它存在期间，它帮助聚拢了湾区的摄影家。他们周末在卡梅尔的聚会特别活跃——经常热闹非凡。西玛·韦瑟瓦克斯是一位业余摄影爱好者，也是爱德华的大儿子钱·韦斯顿的女友，她回忆说，"所有的男孩子会聚到一起，我们会'狂欢'。"（她指的是喝酒，而不是性交。）霍尔德回忆说："我们周五就出发，夜晚到达，一直喝到凌晨一点钟……星期六通常用来弥补星期五的夜晚。"亚当斯用恶作剧逗他们玩：他有一次双手拿着柑橘弹钢琴，再有一次是用他的屁股演奏《蓝色多瑙河圆舞曲》。

狄克逊和兰格有时也会参加他们的聚会，但是鉴于这样的娱乐风格，兰格被边缘化几乎不必大惊小怪。那些小伙子大多是二十来岁的人，她比他们大，而且她有全职工作。更何况，尽管她也喜欢这种波希米亚式的标新立异，但是她喜欢讲秩序,而不是乱来——霍尔德称她"非常中产阶级",这在他的词汇表里是一个贬义词。除了沉溺于女色,围绕韦斯顿的这群人中同性恋比例颇高,因此把女人推到了这个团体的边缘。虽然多萝西娅声称并没有对被排除在 f/64 学派之外感到不满,但是安塞尔·亚当斯后来回忆说,她对受到这样的蔑视感到心烦意乱。梅纳德将他的恼怒表露无遗。最具爆炸性的是,梅纳德准备送一幅他的光屁股特写镜头作为"白描式"摄影参加这个展览,"看吧,这对你来说是精确的",但不幸的是,这幅照片的反应并不佳。然而,他的确写了一封刻薄的信,骂 f/64 学派奴性十足、固执己见、不值一顾、井底之蛙。他在过去与未来一直都站在多萝西娅一边。他还明智地断言:在摄影史上的这个阶段,这个团体应该探究其全部的潜能,而不是打压正统。

如果梅纳德说的是对的,那么多萝西娅没有卷入到这个 f/64 学派之中倒是因祸得福。她把自己当作手艺人而不自命艺术家的事实使她免受正统审美的压力。她和伊莫金·坎宁安正在创作既具有"白描式"风格同时又具有绘画风格的作品,这两位既温和有加又锋芒毕露的摄影师正在探究现代风格的构图。坚持唯有"白描式"摄影才是正统的观点,导致了喋喋不休、令人不快且徒劳无益的辩论,辩论的核心就是摄影的真实性和非真实性。

第七章　艺术家的新政

多萝西娅、她弟弟马丁、梅纳德和他们的友人们在位于蒙哥马利大街上的厄尼意大利餐馆和酒吧聆听富兰克林·德拉诺·罗斯福的就职典礼。马丁记得，这是"一个重要的日子……（我们）对酒吧侍者的评论'他是我们有史以来最好的总统'，我们都开怀大笑。"由于富兰克林·德拉诺·罗斯福是一个"反禁酒的人"——也就是说他反对禁酒令——艺术家们支持他，现在他们欢呼撤销禁酒令所带来的光明前景。除此之外，在选举到就职的过渡期内——当时是四个月时间——不会有什么改变。罗斯福保持沉默。尽管民粹主义的言论断断续续地反映出他的诉求——"……人类商品交换的规则制定者们失败了……他们只知道追逐私利一代的规则……"——他的就职演说没有提出什么计划。他的宣传口号"我们不得不害怕的东西就是害怕本身"，对大家来说显然是骗人的把戏。与此同时，加州比那些遭受日本人侵略的上海和满洲里的东方人更加清醒，但是目前还不确定德国的纳粹政权和意大利的法西斯政权的背景是如何嵌入到国际局势之中的。

不过，就职典礼后的几天之内，出现了一个完全不同的罗斯福。联邦政府立马实施了银行休业整顿制度；成立帮助失业青年的民间资源保护队；组建联邦紧急救济署（FERA），其负责人哈里·霍普金斯上任的第一天就分发了530万美元（相当于2007年的8400万美元）的救济款。到1933年的10月份时，第一个大规模的公共就业项目启动，土木工程署（CWA）宣布雇佣五百万失业工人。新政打出了新牌。甚至连沮丧不已和玩世不恭的梅纳德也注意到，"罗斯福就职。出现希望。"

1933 年和 1934 年对兰格影响最深的是政府的激进主义和需求不足的结合。这一形势几乎成为常态，正是这一希望与挫折同在的并列状态，激发了基层民众行动，也激发了兰格加入其中。

梅纳德直接为提振旧金山的精神作出了贡献。有两座史诗般的大桥正在建造之中，一座是横跨八英里多直达奥克兰和伯克利的海湾大桥，另一座是北上到达马林县的金门大桥。这两座大桥建成之后，将改变整个海湾地区到现在为止一直依赖渡船的交通状况。1930 年，狄克逊接到一个任务，描绘金门大桥贯通之后的场景（这幅让人叹为观止的鸟瞰图，现在就挂在旧金山金门收费站广场的办公室里），这幅作品是为了推动债券发行。大桥工程的公关人员查尔斯·邓肯是梅纳德的姐夫，他请梅纳德帮助推荐一位建筑师；梅纳德推荐的欧文·福斯特·莫罗得到了这份工作，然后他定期咨询梅纳德和他的艺术家同人。这个项目饱受争议。有人认为它损毁了太平洋通向旧金山湾的宏伟入口的形象，也有人对它表示欢迎，认为它是一座纪念丰碑、一个技术壮举、一项优良投资。梅纳德竭力从中斡旋，召集艺术家们在他的画室举办了一个"论证会"。总工程师和邓肯带来了示意图、草图和模型。虽然出席论证会的很多人依然表示反对，但是他们同意不再发表正式的反对意见，这对梅纳德和其他的大桥支持者来说是一个重大的胜利。有人声称，大桥的颜色是梅纳德和多萝西娅选定的：莫罗用工业红做了底漆，他们竭力赞同他使用这个颜色。

有计划有步骤进行的这些工程也许能够帮助遏止本地区的失业和刺激消费。但是州政府和地方政府实施了矛盾的经济政策，在发行大桥债券的同时削减预算，因此增加了失业。在联邦救济到来之前，州政府和地方政府陷入了一个恶性泥淖之中：一边是失业和经济衰退减少了税收来源并激起了抗税浪潮，另一边是救济需求日益增长而政府的借贷能力下降。旧金山的反应比其他许多城市稍好一点，但是净效应对缓和消费不足的危机没有起任何作用。罗斯福也犯了一些同样的错误。他强行减少了联邦雇员百分之十五的薪水。他的国家复兴总署（NRA）的资金来源是递减的营业税，但是，正如国家复兴总署的负责人亲自警告的一样，"这个国家百分之八十的购买力来自年收入低于一千八百美元的人群……"此外，国家复兴总署没有能控制好物价，光 1933 年 7 月物价就上涨了 10%。

有一个项目无论从政治角度还是道德角度看都做得很正确，那就是救济。救济是地方性和私人性的，罗斯福因此得到广泛的拥护。不顾人们对救济这一决定仓促草率的指责，负责救济的救济署署长哈里·霍普金斯怒气冲冲说道："不是从长远来看人们要填饱肚子，他们每天都得吃。"不像许多未实现和缺乏资金的举措，土木工程署兑现了其承诺，在圣诞节前雇用了三百五十万人，最终帮助了百分之二十二的人口就业。失业的人们为土木工程署喝彩，因为他们不愿做"乞食者"。1935 年，政府成立了公共事业振兴署，预算投资 48 亿美元（当时美国历史上和平时期最大的拨款），解决一千一百万到一千二百万失业人员中百分之三十的人员就业。由于大多数工程都涉及大型公共设施的建设，所以公共事业振兴署成为最引人瞩目、最受欢迎的新政项目。它的雇员建造起了四万多幢新大楼，包括法院、消防站、医院、学校，还建造了三百五十个新机场、七万八千座新桥梁、八百个公园、一千四百个体育场、一千八百个公共游泳池和四万英里的新道路。同样重要的是，通过两万英亩的再造林工程，种植两千万棵树和灌木丛，通过建造五百家水处理厂、一千五百家污水处理厂和铺设两万四千英里的下水道，推动了自然资源的保护，改善了公共卫生设施。1938 年，当洪灾肆虐东北部，冲毁铁路桥梁、公路和电线的时候，霍普金斯派出了五万名公共事业振兴署的雇员日夜不停地工作，转移有危险的人员，修建大坝，提供临时用水用电，然后清理淤积在街道上和房屋上的大片污泥——此前联邦政府从来没有这样出手救助过。不久，公共事业振兴署开始接触艺术家们。

这些基本建设措施提升了希望，但是其规模远远不够大，没有办法将国家从经济大萧条的黑洞中拉出来——完成这项工作的是第二次世界大战庞大的政府开支。经济螺旋式下降持续了十年，只有间歇性的上升，因为失业者、未充分就业者、低薪工人的购买力很弱，不足以保持生产的活力，于是带来了更多的失业、未充分就业和低薪工人。花在食物上的开销几乎下降了一半。儿童在旧金山街头四处流浪，显然饥肠辘辘。经济崩溃加剧了种族和阶级的不平等。紧急救济项目——拯救了百分之二十的加州人——这只能证明，政府有必要提供更多的救助。

给这一危机雪上加霜的是人们对法西斯主义的担忧。1933 年 1 月，希特勒成为德国总理，到了春季，对犹太人商行和犹太人书籍的攻击逐步升级。在意大利，数以千计的犹太人逃离家园。最令人担忧的是美国的法西斯主义甚嚣尘上，特别是兰格的朋友圈里有很多是犹太人。辛克莱·刘易斯所著的《这里不可能发生》虚构了美国的一场法西斯政变，1935 年该书一出版即引起了广泛的关注。加州很多人认为，法西斯分子正是大财团的反共产主义与反工会主义、种族主义和反犹主义集大成者的恰当名称。那些大种植园主煽动了一场歇斯底里的政治迫害，给工会组织者扣上赤色分子帽子，而且雇用暴徒威胁或者毒打反抗的农场工人。地方当局经常支持以暴力维持治安或者视而不见。1934 年，多达六千人的一伙暴民被共产主义者正在计划夺取政权的说法煽动起来，看着两个农场工人的组织者被吊了起来，然后在他们奄奄一息的时候才将他们放到了地上；手持鹤嘴锄柄的义务警员痛揍了好多人，还绑架了十几个人。州长表扬了这些义警，《圣何塞晚报》代表整个赫斯特媒体集团发声，并发表了社论，说："完成这一壮举的市民们完全是在尽自己的职责……" 1934 年在因皮里尔河谷，一个美国公民自由协会（ACLU）的理事会成员被派去观察保护工人集会权利的联邦命令执行的情况，结果被穿着州警察制服的义警绑架殴打，还把他扔到了沙漠中央。在 1935 年的圣罗莎，三百名蒙面夜骑向好几个农场工人组织者的家中扔催泪弹，把他们抓起来痛打了一顿，强迫他们亲吻国旗，然后在他们身上涂上柏油、粘上羽毛。在洛杉矶，美国民族主义党派以及与之相关联的亲纳粹团体发起了一项反犹太人运动，将数千份传单偷偷塞进了派送到家的《洛杉矶时报》里。旧金山有一些大规模的纳粹集会。包括加里·库珀在内的几个思想右倾的好莱坞明星，在赫斯特的资金支持下，组织了穿着统一服装的武装团体招摇过市，美其名曰"保护纯正的美国主义"。

一些德高望重的知识分子开始呼吁艺术家们应该带头掀起反抗法西斯主义的斗争，因为它威胁到了文化本身；他们主张，支持艺术就有必要承担起反抗极权主义的重任；他们认为，对放浪不羁的文化人所珍爱的个人主义来说，法西斯主义就该受到诅咒。当艺术家和知识分子转向了左翼时，摄影师们也许有最直接的路径，即用他们的技能来维护社会正义。

用历史学家马歇尔·丹宁的话说，这一进步的艺术团体形成了一个"文化战线"。这些文化战线的艺术家们不赞同艺术成为有钱人的特权，而工人阶级和中产阶级就要吸收商业化的媚俗作品，于是便寻求创立一种能被广泛接纳的艺术。他们始终奉行现实主义，虽然它包含了各种形式的互相矛盾甚至互相对立的政治和美学潮流。官方的新政艺术排除了不平等和冲突的谴责，而是强调民族团结，强调建立在美国民族主义狭隘特征上的同宗同源。但是，所有的文化战线的艺术家们创作出了"普通人"令人尊敬的甚至令人崇敬的形象。早在一个世纪前，以普通公民为题材的高级艺术就表达了1848年的民主革命精神；二十世纪三十年代，它又常常使抗议屈从于民族主义。与二十世纪初的现代主义艺术家对美国新教排外主义的反抗不同，二十世纪三十年代的风格在颂扬乡村和小城镇的生活方面似乎是反现代的。跟法西斯、纳粹、苏维埃艺术相一致的是，文化战线的许多艺术家谴责现代主义是不负责任和自我放纵的。然而，文化战线的艺术吸纳了很多现代主义的风格，尤其是它的象征主义、对形式的简化和抽象以及对细节逼真的否定。这意味着成为一名文化战线的艺术家并不需要放弃高雅艺术修养。

不过，许多艺术家成为左派人士不应该被视为理所当然。的确，他们尊重反独裁主义的态度和做法，将自己定义为局外人和不墨守成规的人，并声称绝不为五斗米折腰。但是，他们"目空一切的个人主义"，用历史学家简·德·哈特·马修斯的话说，经常让他们与政治保持一定的距离。此外，现代主义影响了他们的观念，他们认为艺术应该表达主观的、个人的看法。梅纳德·狄克逊绝不是一个典型的例子，但是他足以成为二十世纪二十年代波希米亚式文化在政治上模棱两可的范例：他尊重用双手劳动的人们，对杜威的进步教育学说感兴趣，鄙视低级趣味和假道学，同时也敌视知识分子，不信任非洲裔美国人和犹太人，不喜欢在他看来似乎没有爱国心的任何东西，并对美国受到的激进批评无动于衷。他对商业主义和金钱力量的蔑视甚至都没有弱化他对有组织政治行动的排斥（虽然当时如果有环境保护运动的话，狄克逊也许会加入）。此外，经济大萧条确实让许多人感到沮丧，扼杀了他们的活力和信念，这就是狄克逊的反应。相比较之下，兰格的反应则是希望做点什么。

当兰格还在观望和倾听的时候，她的顾客却早已参与到了社区服务项目和慈善事业当中，变得更加政治化：伊迪丝·卡藤是一位社会党的积极分子，伊丽莎白·埃尔克斯成为美国公民自由协会的中坚力量。她这个圈子里的艺术家和作家，譬如肯尼思·雷克斯罗斯、伯纳德·扎赫姆、孔苏埃洛·卡纳加、威拉德·范·戴克、彼得·斯塔克波尔以及在卡梅尔的很多人都在促使和号召别人创作跟社会有关联的艺术作品。进步艺术运动具有民族性，而且诸如罗克韦尔·肯特、保罗·斯特兰德、威廉·格罗珀、斯图尔特·戴维斯、约翰·多斯·帕索斯这样的纽约艺术家和作家的立场正在影响着湾区。扎赫姆和雷克斯罗斯于1933年在旧金山创建了一个艺术家和作家联盟，它的影响之广大，以至于狄克逊都有一小段时间被拉了进来。（安塞尔·亚当斯是一个例外，他坚决反对激进主义和大部分新政。）

在这一时期，共产党获得了广泛的尊敬。许多观察家对越来越多有关苏联的报道留下了深刻印象——它的工业发展，它正在建设的教育和医疗机构以及它坚定的反法西斯立场，而较少听说斯大林镇压持不同政见者和屠杀农民。1935年，共产国际采取了一个策略，跟其他进步势力结成同盟，他们将其称为"人民阵线"。事实上，在美国，早就自发地形成了一个人民阵线，其形式就是把左派和新政派联合起来，其范围远比共产党大得多。尽管如此，共产党人经常发挥领导作用。虽然共产党从来没有壮大过，艺术家在其成员中间也为数不多，但是很多进步事业却的确得益于共产党人的能量、准则和个人牺牲。

兰格在"猴子大楼"成为左派艺术活动的中心之际直接吸收了这一能量。她记得她还被邀请参加一些共产党的会议。"一开始去的时候你不会被告知那是共和党的会议。你会感到受宠若惊，为甜言蜜语所哄骗，它（党员资格）就悬挂在你的面前，似乎是像你这样的人一定会感兴趣的某种东西……拍摄照片……我是很有价值的。"她正在被考察，看其是否能成为一块好材料。在这个时候，她认识并尊敬一些共产党人："那么多心怀远大目标的人，最好的目标，最优秀的人……"她解释了她"没有进一步往前走"的原因是梅纳德的坚决反对："他在社会问题上比我冷漠。"

多萝西娅内心感到矛盾。她觉得，这并非是一段可以伸展的东西，就像一条可以两头拉伸一样的橡皮绳，而是一次拔河比赛。她抓着左边，拼命想把梅纳德拉到她这边来；他却两个脚跟钉地，先让她稍微拉点过去，接着用怀疑主义将她拽了回来。狄克逊绝对不是法西斯主义的同情者，但是他渴望回到工业化以前的西部去，当然不喜欢越来越强势的联邦政府，他认为所有的组织都在限制他的自由。这场拔河使多萝西娅倍感压力，同时也感到得意洋洋。尽管她说过这样的话，但是假如她自己迫切想要加入共产党的话，她不太可能听从梅纳德的反对意见。加入一个要求有信仰和战略服从的政党，兰格会感觉不舒服，而且共产党恰恰需要这个。旧金山的艺术家雪利·塔什恩·特里斯特说道，"你如果不创作无产阶级的艺术，那么就会被人瞧不起。"兰格从来没有在一个组织里表现得很积极。

但是，她跟左翼摄影家们走得越来越近了，譬如孔苏埃洛·卡纳加，卡纳加在距她仅有几个门面的一家照相馆安顿了下来。她跟很多人谈论政治。一对年轻的德国摄影师恋人——汉塞尔·米思和奥托·哈格尔——成为她终生的朋友。作为爱冒险的青少年，他们离开了斯图加特附近的家（多萝西娅的娘家），去欧洲流浪；约翰娜·米思将名字改成了汉塞尔，被当作两个男孩对他们来说更安全。他们正在寻找杰克·伦敦生活过的地方，便来到了加州。在加州，他们在约塞米蒂做建筑工人，在中央谷地做农场工人，以此养活自己。两人开始拍摄农场的环境和冲突；他们在德国早就具有强硬的反法西斯立场，所以到了美国便很快就加入了左派行列之中。汉塞尔和奥托来到旧金山，跟多萝西娅住到了一起，据她回忆，断断续续有六个月，而且跟其他志同道合的摄影同人取得了联系。他们拿起新的徕卡快拍照相机，逐渐向摄影图片报道发展，并于 1937 年来到了纽约，当时米思在《生活》杂志谋得了一个职员的职位，并加入到一个摄影师骨干小团体当中，这个精英小团体包括玛格丽特·伯克－怀特、阿尔弗雷德·艾森斯塔特、彼得·斯塔克波尔、卡尔·迈登斯和另外七个人。（他们在 1940 年跟罗伯特·卡帕和他的第二任妻子托妮·索雷尔一起举办了集体婚礼。）米思由于对"社会"摄影的献身不符合《生活》杂志的政治价值，没多久就离开了《生活》杂志，和哈格尔回到了加州，在圣罗莎的杰克·伦敦家附近买了一块地，有生之年便在那儿男耕女织，既基于信仰，也因为贫困，过上了粗茶淡饭的清苦生活。他们跟多萝西娅一直保持着亲密的友谊，当他们拒绝在众议院反美活动调查委员会做证时，多萝西娅十分支持。

艺术家们热衷于把自己的政治信念跟作品结合起来，并使那些作品面向公众，让公众被壁画所吸引。这需要政府的支持。没有政府的支持，艺术始终是一种只有少数人能够享受到的奢侈品，而他们认为，艺术应该是普通老百姓能够享有的权利。新政的救济项目提供了获得这种支持的机会。虽然公共事业项目雇用的主要是建筑工人，但是白领也获得了一些就业机会：他们在图书馆从事图书编目工作，清查历史档案，制作具有历史意义的路边标识，提升公共卫生，管理运动场，协助老师看管有特殊需要的孩子。（这样的岗位对被排斥在血汗制衣工厂之外的妇女来说特别有吸引力。）很快，艺术家们也加入了进来，他们创作了新的政治文化，认为艺术应获得公众支持。二十世纪二十年代的艺术繁荣意味着有更多的艺术家——在美国估计有五万七千之众——需要帮助，联邦项目雇用了数万名艺术家——估计一万到三万人不等。这些人包括了湾区的八位摄影师，不过不包括兰格。

然而，这些视觉艺术家作品的知名度增加了将他们纳入联邦项目的政治风险。对保守派和其他不赞成凯恩斯主义关于政府支出理论的人来说，艺术家应该得到税收资金的支持似乎是轻率的决定，是近乎不道德的。所以，让联邦工程项目雇用艺术家需要做鼓动和游说工作。在旧金山，伯纳德·扎赫姆和雷克斯罗斯为此发动了一场运动。艺术品销售及委托项目的急剧萎缩和商业艺术岗位的枯竭湮灭了他们内部之间的内讧，所以连狄克逊也加入了这场运动。在他画室的一次聚会上，他们制定了一份壁画提案。拉尔夫·斯塔克波尔认识华盛顿的"某个人"，艺术家们把他们的"小零钱"凑在一起，给拉尔夫的联系人拍了一个有关他们这个提案的电报。四天之后，他们居然收到了一个很积极的答复，这让他们大吃一惊。斯塔克波尔认识的人就是爱德华·布鲁斯，他是财政部的一位行政官员，也是一位画家，他鼓动联邦资金为艺术家们设立一些项目。布鲁斯得到了其他新政官员的支持，更重要的是得到了总统夫人埃莉诺·罗斯福和财政部长亨利·摩根索的夫人（摩根索是富兰克林·德拉诺·罗斯福的密友）的支持，于 1933 年 12 月成为了公共艺术工程（PWAP）主任。

当保守派的艺术赞助人听说了"公共艺术工程"拥有资金之后，采取了迅速的行动，以夺取控制权。集团公司负责人兼兰格的顾客赫伯特·弗莱什哈克是旧金山市政管理委员会的成员和公园委员会主席，他因为他的"最后的建造"——特里格拉夫山那个丑陋的科伊特塔而深受批评。他还面临以权谋私的指控，因为科伊特塔的水泥和混凝土是由他自己的公司供应的。因此，他把公共艺术工程的资金集中在一起，原先是想用它装饰金门公园，后来实际用到了科伊特塔的艺术工程上，并以此为该塔正名。有二十六位艺术家受委托为科伊特塔创作壁画，包括多萝西娅和梅纳德的不少朋友，但是梅纳德不在其中。梅纳德尖酸地称那些完成的作品为"杂乱无章的一团"。（狄克逊被排除在外的原因不明，他也许出于自尊和赌气决定不申请。不过，他常常申请其他的联邦艺术项目，但多次被拒绝。那些拒绝很难理解，因为狄克逊已经形成了一个感染力极强的极简风格，跟新政时期许多壁画和招贴画的风格极为相似。）

　　科伊特塔项目是一个重大的机会，项目一完成，科伊特塔的壁画将占到加州壁画的四分之三。但是，不到六个月，弗莱什哈克准备将它们全部毁掉，他被几幅画中含沙射影的左翼政治图像所激怒。扎赫姆画了一个图书馆，有一个人正将《资本论》从书架上拿下来；维克托·阿诺托夫画了一个户外报刊亭，里面出现了《群众》和《工人日报》；克利福德·怀特的画作包括了锤子和镰刀，夹在其他政治标志里面。引人注目的是，壁画上这些有异议的描画还涉及特定的标志或者名字。整个无产阶级形象没有引起人们的愤怒，要不就是那些被激怒的人受到了压制，没有表达出他们的反对意见。由于最受诟病的东西——锤子和镰刀——被去除掉了，尽管还有其他很明显的煽动性意图的作品，但是最后的结果对那些带有政治倾向的壁画家来说几乎是最好的了，假如这是精心设计的话：明显的左派符号和标志使壁画的核心内容——建设加州的劳动人民——失去了吸引力。

　　梅纳德获得了公共事业振兴署的一个委托项目，这就是画博耳德水坝的结构图，他在那儿待了九个星期。从像摄影新闻工作者玛格丽特·伯克－怀特和电影摄制人瑟盖·艾森斯坦那样的现代主义者的眼光来看，大坝的结构从视觉感官上激起并加深了人们对这一建筑物的工业化和不朽丰碑的印象，但不符合狄克逊的眼光："我决定把我最大的主题确定为'渺小的人类鏖战千年巨石……终究会走向徒劳无益'。"他认为这整个工程是一个鲁莽的举动。"荒原会笑到最后。"他向来同情小人物，所以也反对开发危险的环境："博耳德城就像一个俘虏营；武装警卫；公司的房子和租用的商铺；一只手付钱，一只手拿回……男人精疲力竭……死亡率居高不下——"他注重其他艺术家经常视而不见的工业威力的方方面面。狄克逊拒绝为这些巨大的工业标志额手称庆——就此而言，也包括农业的工业化——表达了他反现代主义以及保护大自然的本能，这是一种早期的环境保护主义，这一观念影响了兰格，并体现在了兰格后期的摄影作品中。

作曲家欧内斯特·布洛克是旧金山艺术精英中的一员，也是兰格的顾客，有几位像他这样的艺术家试图说服梅纳德对社会事业承担起更多的责任，但是都无功而返。多萝西娅想方设法劝诱他画城市大萧条的画作。像他把她引到乡村去一样，现在她把他拉到了城市风光里来。他的油画《被遗忘的人》《无路可走》《无地可去》《无处可往》表现了无法释怀的忧郁：孤独无援、无精打采的男人，他们满身疲惫，心情沮丧。他们的沮丧跟他的沮丧一样，既是外显的，又是内在的。他的哮喘病正在恶化，当他走到"猴子大楼"顶楼他的画室时，经常喘不过气来。他进行了自我批评："像别的艺术家一样，我逃避了面对社会的责任。是大萧条唤醒了我……"鉴赏家们对这些画作的品质评价不一，但是无论如何，他没有延续这一风格。狄克逊最后认为，他不适合于这样的创作，就像兰格最后认为她不适合拍摄植物一样，于是他最终回归到了自然风光和印第安人的创作当中。

联邦的艺术项目对艺术家们施加了多方面的影响力。这些项目使得许多有才华的人不用去缝纫床垫或者建造桥梁，而是去创造艺术。与此同时，政府的雇佣减轻了知名艺术家对技能较差的人、业余爱好者和初学者的鄙视。政府还常常将艺术带给新的人群。诗人和国会图书馆馆长阿奇博尔德·麦克利什说，新政的艺术工程"在美国引发了一场文化革命"，它们让美国的观众和美国的艺术家面对面……"由于那些艺术项目都是协力完成的，它们培育了同志情谊，产生了交互影响，共同酿就了对公众长远支持艺术的希望。换句话说，政府支持艺术家不仅仅是对要求解决救济问题的回应，也是一项行动主义的事业，推动接受救济者以更民主的视角看待艺术。兰格沉浸在了这一氛围中。

不过，公共财政经费带来了限制，兰格很快就会有此经历。对红色宣传资料的禁令不是唯一的审查。在全国大多数地方——纽约偶尔是个例外——没有了抽象艺术，没有了超现实主义，没有了拼贴艺术，没有了表现主义。这些限制既拉近了人们与艺术的距离，也安抚了那些保守政客的怨气。具有讽刺意味的是，这些限制跟在法西斯国家和苏联的限制一模一样，在苏联，斯大林政府只容忍爱国的艺术和社会主义的现实主义艺术。尽管如此，伴随着约束而来的是自由，因为政府的艺术项目暂时削弱了市场的力量，迫使艺术家们只创作立即可销售的作品。

在画家们绘制壁画的时候，兰格却正在旧金山的贫困地区和公共场所游荡，如今她和在纽约下东区一样自在。正如她所相信的那样，相机是用来学习的一门工具，不用相机如何观察，那么她正在自学重新观察，通过她的照相机了解社会。

反过来也是如此：她的摄影活力和深度来自于她对社会的探究。《白色天使施粥所前等候施粥的队伍》并不是一幅侥幸成功的作品。1933 年，兰格抓拍了一位妇女在领取食品队伍里的温暖的特写镜头；1934 年，还拍摄了一些抒情诗般的黑暗影像，无家可归的男人在睡觉，失业的人垂头丧气地靠在墙上。1934 年，她创作了最感人的影像之一，一个男人坐在一只箱子上，低垂的头埋在双手间，身旁是经济大萧条的一个完美象征——一辆翻了个底朝天的手推车。她很快掌握了如何在自然光下拍摄，虽然没有测光表（1931 年市场上才有测光表；一种可以同步闪光和曝光的相机——没有这一装置，摄影师独自拍摄就无法使用闪光灯——于 1935 年在德国首次生产）。由于对手势和肢体语言痴迷，她发现了一种新的影像词汇。她在照相馆的照片常常通过拍摄对象的身体变化来表现人物的性情和情绪，如脸转向一边或在阴影中。现在，她的街拍照片展现的都只是身体。几十年之后，当被要求选择几张她最具代表性的作品时，她总会挑一张她早期的这种街拍照。

她开始跟她的新拍摄对象走得更近。她在联合火车站外面拍摄了一个流浪汉每天刮胡须的一组照片。他干净迷人，在布置户外的洗梳台时足智多谋。她携带了两架相机，一架是禄来福来相机，用的是 2.25×2.25 英寸的胶卷，还有一架就是她照相馆里的格拉夫莱克斯牌玻璃干版相机。她打算在街头摄影中依赖那架较轻便的禄来福来相机，可是她发现因为机身较小而不太好使用。她说，当时要是有办法的话，她就会用 8×10 的大画幅相机。（后来，她有了汽车和助手，喜欢带上三台相机。）

她短暂地尝试参与了一个集体项目。1933 年 10 月，一群摄影师聚集到一起，准备有组织地拍摄激进主义的作品。他们把自己称作"照相机评论员"（这个名称有什么意味没有任何记录可查，但是我的理解就是以摄影为媒介的评论员），成员中有兰格、孔苏埃洛·卡纳加、威拉德·范·戴克、奥托·哈格尔、汉塞尔·米思和偶尔也玩几把摄影的梅纳德·狄克逊。他们组织了一个社会纪实摄影展，但是迫于"美国军团"的压力，摄影展开了一天就关闭了。

兰格正在逐渐关注政治，加州的激进主义强度也在呈几何级加剧。这种动荡跟新政的关联不断升级：草根社会运动不仅仅是对经济大萧条时世艰难的回应，也是对罗斯福及其政府的志向抱负的回应，即便这些运动对罗斯福政府构成了强烈的挑战。相对于全国其他地区，新政对加州的好处微乎其微，主要是因为加州一直是以农业为主。加州的大种植园主以及南方的种植园主通过他们的国会议员和参议员将农场工人排除在了大多数新政立法之外，《国家劳动关系法》就是一例，它保护工人有权在工业领域组织工会，但是排除了农业领域。除了紧急救助之外，加州的联邦政府项目主要起到帮助雇主的作用，对农场工人和失业人员没有发挥什么作用。

两场遍及全州的政治运动助长了政治参与度。1934年，洛杉矶的弗朗西斯·汤森医生领导了一场运动，要求联邦政府为退休人员发放每月不低于两百美元的养老金；这项计划将使每个人受益，因为强制性退休将为更年轻的人腾出就业岗位，要求退休人员所获得的两百美元退休金必须全部花完又可以刺激经济复苏。汤森倡议获得了数以千万的支持者，形成了一股强大的力量，使得美国国会通过了《社会保障法》。与此同时，小说家厄普顿·辛克莱倡议一项"终结加州贫困"（EPIC）计划，其推动力相同，但是更加复杂、更加现实。"终结加州贫困"计划将为穷人和中产阶级减税，给富人增税，收购闲置的农场和工厂，让失业者到这些农场和工厂去就业，为老年人、残疾人、带有孩子的寡妇发放每个月五十美元的补助。辛克莱在1934年差一点被选为州长，他得到了多萝西娅大多数朋友们的支持，但是最后在大企业主的轮番攻击下失败，这也是在当时称得上美国历史上最负面、最肮脏的竞选活动之一。尽管如此，辛克莱的努力为改善加州的环境增添了可能的筹码。

在这些因素的影响下，兰格的胆子大了起来，虽然在那些年里，她依然认为这一冲动必须"从她身体里去除"。她不再徘徊在街头，而是越来越频繁地奔向闹嚷嚷的有组织的抗议活动。重大的示威集会成为她经常光顾的场合。1933年五一劳动节，她让自己接受了一项特别的挑战："……到了那儿……进行了拍摄……看我是否能抓拍到一大团闪电。"她为自己的任务设定了时间——不超过二十四小时，包括冲胶卷和印照片的时间。她摄影的时候恰逢瓢泼大雨。示威者们要求释放劳工领袖汤姆·穆尼，他于1916年被关进监狱，据称他为了支持有轨电车工人的罢工而炸毁了一个高压电线塔。在这场让人想起当年声援萨科和万泽蒂的运动中，世界各地的知名人士——塞缪尔·冈珀斯、乔治·伯纳德、肖伯纳、约翰·杜威、卡尔·桑德伯格，仅举少数几个人的例子——纷纷呼吁释放穆尼。大多数从左翼到自由派的旧金山人认为他是被诬陷的。（1920 年，一位旧金山的警官向市长坦白，他参与了诬陷穆尼的案子，但是加州的共和党拒绝赦免穆尼。）兰格去了圣昆廷监狱为他拍照，拍摄了他在牢房铁栅栏后面争辩的样子，其中一张出现在了"保卫汤姆·穆尼委员会"发布的一张大海报上。

她有捕捉到她想要的"一大团闪电"吗？还没有。有一幅照片曝光率很高，一个警察站在示威者的前面，他的双臂交叉在有点肥厚的上腹部，回头看着那些扛着标语、穿戴绝对体面的人群，一脸鄙夷的神情。她还拍摄了其他嘲弄警察的照片，经常拿他们的肥胖开玩笑；这是左翼人士的老套路，没有特别的深意和启迪。

兰格于 1934 年五一国际劳动节拍摄的照片有五十六幅保存了下来。没有一幅拍摄人群；她重新回到了她所熟悉的东西上面，人像，或者少数人的群像。可是，她无法像在照相馆里拍摄她的顾客那样对示威者进行个性化刻画。集会上的那些照片有时展现出不同寻常的现代主义构图：从下方拍摄一个人在麦克风前讲话，几乎是明亮天空下的剪影；一位演讲者的头紧挨着五星状的麦克风，麦克风几乎和他的头一样大；一位女性演讲者的脑袋被麦克风一分为二。拿这些照片跟她拍摄农村穷人的成千上万张照片相比较，它们似乎既缺乏启迪作用，也不讨人喜欢。那些面孔不是愁眉苦脸就是咄咄逼人。甚至当人群在欢呼的时候，他们的面孔看上去也是矫揉造作和缺少美感。兰格对人群的同情看上去主要集中在安静沉思的听众的形象上，听众包括黑人、中国人、儿童和青少年。有时，她会让我们看到他们所扛的标语牌：需要现金救济，取消营业税，向富人征税用于失业保险。她自己也明白，这些都是没有把握很难有定论的实验性照片。

不久，一场声势浩大的罢工深刻地影响了兰格，罢工起初给她提供了拍摄的机会，接着使她了解了工人的苦难和加州公司的权力结构。旧金山是一个港口城市，占统治地位的是航运业。即便在经济大萧条期间，它的八十二个码头每日依然有两百五十艘船只进出。十九世纪八十年代以来，船东协会设立了招工大厅，将它作为削弱码头工人工会势力的一种手段。每天，码头工人得一大早前来报到（"排队等候分配当天的工作"），以期被选中分配这一天的工作。这样的分配是随心所欲的，没有任何规矩，所以贿赂和偏袒盛行。码头工人有时连续工作二十四小时到三十六小时，然后就可能好几天甚至好几个星期没有工作。他们本来寄希望于新政中为多种行业设定了最低标准的《国家复苏法案》能给他们带来帮助，但是该法案不包括滨水区和农业。所以码头工人举行罢工，要求在工会控制下一视同仁地分配工作、创造更加安全的工作条件、把劳动报酬从一小时七十五美分提高到一美元，加班费每小时一点五美元，以此作为分配工作和限制长时间加班的一个措施。

静悄悄的码头区——足足有八英里长——似乎让整个城市都安静了下来。很快，这种寂静蔓延到了数千英里范围，1934 年 5 月到 7 月，码头工人关闭了从西雅图到圣迭戈所有西海岸的港口。当公司雇用了罢工破坏者之后，卡车司机和仓库管理员为支援码头工人，拒绝将货物运进和送出码头。到了 7 月份，公司说服了市长派遣警察前来保护罢工破坏者。暴力行为发生了，在 7 月 5 日这个"血腥星期四"，两位罢工者被杀害，数百人受伤。接着，州长派遣国民警卫队占领了滨水区。罢工者号召全旧金山工人举行总罢工给予回应。一时间，罢工产生了很大的效果，以至于形成了一种双重权力的局面——也就是说，工会的罢工委员会接替了州的部分权力，以至于许多市民都承认它的合法权力。罢工委员会决定哪些服务和应急车辆可以通行。工会颁发许可证允许某些企业和机构可以继续营业，作为回报，工会给纠察队发放优惠券，使他们有权获得食物和其他日用品。这里有一种假日的气氛：街上没有多少有轨电车或者汽车，行人可以随意穿行；公园里挤满了人。整个城市处于度假模式。

反对罢工的人一方面歇斯底里，指控红军已接管了罢工，另一方面还放出谣言，说农场工人正在计划罢工以支持码头工人。虽然在底层实际上没有这样的城乡联合，但是在高层，种植园主加入了旧金山资本家的行列，组织了武装的治安委员会，攻击支持罢工的人们，恫吓公众。总罢工逐渐平息，码头罢工诉诸仲裁，最后以工会的重大胜利而告终。码头工人获得了每小时九十五美分的报酬和一点四美元的加班费；工会、雇主联合控制招工大厅，由工会选择岗位调度员，调度员有最后的话语权。

罢工加强了旧金山激进派的力量，多萝西娅所在的艺术群体也百分之百支持工会。梅纳德和多萝西娅驾车行驶或步行在滨水地区，他带着写生簿，她带着照相机。在他的画中，贫病交加和沮丧失望的人此时被坚持不懈的纠察队员、人行道演说家、罢工者——悄悄商量计划、痛揍工贼、跟警察搏斗——取而代之。但是，兰格关于罢工的照片相对于罢工事件来说缺乏生气，没有入木三分。她所拍摄的码头工人形象随处可见。大部分行动快速而激烈，以至于行动缓慢的兰格无论在客观上还是在主观上都没法接近。这样的题材是敢于冒险的新型摄影记者的领域。她所拍摄的行动中的人物永远无法跟沉思中的人物形象相媲美。迄今为止，她的生理局限已经深深扎根在了她的摄影风格之中，节奏缓慢，若有所思，画面风格似乎在交谈而非叫喊，氛围安静而非吵闹。其他的局限也许是静态摄影所固有的。唱歌和呐喊常常会使人的面孔扭曲；历史学家尼古拉斯·纳坦森曾经写过（另一位摄影家）："一架愤怒的相机变成了一架失去尊严的相机。"

这些激进主义摄影作品的相对劣势也许还预示着兰格纪实摄影的政治特征在接下来的几年里将会更加明显：同情进步事业，然而对社会冲突或者有组织的激进主义却感到不安。她被个人内在的复杂性和可见的纪律所吸引，她也是一位政治上的个人主义者。她对社会的不公极为愤怒，她欣赏对这种社会不公的反抗，她设想的反抗和英雄壮举是个体的。那时她跟后来成为她第二任丈夫和终身伴侣的保罗·泰勒还互不相识，但是英雄所见略同，他们支持码头工人的罢工——支持罢工者的要求，但是急于希望通过不偏不倚的局外人的调解来解决问题。

与此同时，罢工向兰格展示了泰勒在之后几年里所强调的某种东西：防止冲突就需要缓解正在让加州人日益分化的极端不平等状况。

在此期间，兰格有一段舒适的家庭生活，但却是碎片式的。1933年初夏，狄克逊全家去了犹他州。工作日，男孩子们被寄养到了托克维尔的一个摩门教徒家里——看样子梅纳德和多萝西娅对不带孩子的单独相处变得越来越习惯，哪怕并不是非要把他们送走的情况下。他们再次对自己说，孩子不在身边将会有助修复他们之间的亲密关系。

周末，这对父母会带上孩子到宰恩国家公园的一个三角叶杨树林里去野营，这个小树林距流经峡谷的那条河流仅一小段路。两个小男孩极其喜欢这些周末的点点滴滴——徒步旅行、下水游泳、捡拾柴火、户外野炊、星空下露宿、从爸爸那儿学习野营的一些技术、瞧着他画画。（梅纳德跟男孩子们在他离婚四年之后的1939年再访此地，这也是孩子们最后一次跟爸爸旅游。）梅纳德陶醉于月光之中，甚至在夜里也在画画。丹记得，有一天夜里，他被梅纳德弄醒了，小声地叫他"别动"，因为有十几条响尾蛇围着他们，梅纳德正在绘画，边上的篝火引来了蛇。"我们躺在那儿，一动不动，头上盖着东西，直到太阳出来。"（多年之后，约翰·狄克逊怀疑丹可能记错了响尾蛇的数量，没有那么多。）多萝西娅和梅纳德参观了博耳德水坝工地，多萝西娅的弟弟马丁在那儿工作。多萝西娅没拍几张照片。自然景观不再是她摄影的主题。

这趟旅行也许达到了它的目的——因为梅纳德在博耳德水坝挣了点钱，1934年初他们又租了一座房子，房子位于瓦列霍的高夫大街 2515 号，这是考霍洛地区一幢精致的维多利亚式住宅，离拉菲德公园几个街区远，于是他们便把孩子们接回了家。孩子们高兴坏了。约翰回忆，全家晚上聚集在一起，用一台老式的带摇柄的维克多牌留声机听音乐。随着贝多芬的《土耳其进行曲》的节奏，两个小男孩就会"穿着睡衣在房间里四处蹦跳雀跃"。这个时候，狄克逊家的经济状况有所不同：多萝西娅放弃了她的照相馆，把房子的二楼改造成了一个工作空间。她在竭力挽救她的婚姻，她认为，如果要让梅纳德丢掉他的独立画室，无异于要了他的命，而她却可以。后来，她对这一系列决定提出了批评——倒并非是因为她扼杀了自己的工作积极性，而是因为她认为自己的牺牲对梅纳德并没有好处。"也许，有些时候我本该给梅纳德不自在，但我没那样做，究其原因我从没感觉自己有足够的勇气……我有所畏惧。"

缺乏勇气并不是兰格的品质之一。她的自我批评恰恰表明，她对自己非常严格，对别人相对宽容，这也表明当时婚姻对女人意味着什么。那时，没有多少女人不会对夫妻分居感到畏惧，更不要说离婚了，尤其是还涉及两个孩子。对她来说，不仅仅是单身母亲的经济和体力上的负担，在当时，离婚是一种耻辱的观念盛行，甚至会祸及孩子们。由此带来的负罪感违背她的道德和责任。她害怕成为单身女人。成为梅纳德·狄克逊的伴侣是她成年状态和她社会地位的一部分。随着她街头摄影的发展，她更加明白自己的雄心，这也使她变得更加害怕，因为有雄心就感觉不像女人。结婚强化了她的女性气质——她的可爱。因此，一位经济上完全能够自给自足的职业女性会十分抗拒成为单身女性多少有些讽刺。

不管有意识还是无意识地，她害怕成为像她母亲那样的人。琼的生活经历本该是令人欣慰的：她找到了好的工作，也再次有了美好婚姻，嫁给了一个讨人喜欢的有钱男人。但是，多萝西娅对她父母亲的情感停留在她的青少年时代父母分居时的记忆——一种被遗弃的记忆。

还有一种同样深沉的情感：爱。她爱梅纳德，依旧对他有好感。尽管年龄有差异——现在他五十九岁，她三十九岁——他的容貌、他的反传统精神、他内在的率直以及他非凡的能力，依旧深深地吸引着她。他从不令人生厌。当然，年龄消蚀了他部分精力。他患了一生的哮喘病引发了肺气肿。他经常需要吸氧。此时，他依赖她，这样的依赖本身就是一种强力的牵绊和忠诚。她可能认为，他正在削减的活力意味着他四海为家和寻花问柳的时代已经宣告终结。

1934 年夏末，在犹他州的修复婚姻之旅以及那场罢工之后，多萝西娅的母亲琼从霍博肯来到了这儿，这次她没有带她的新丈夫来。她的日记记录了一个和睦的家庭。他们在 8 月 6 日星期一的上午一起前往火车站迎接琼。"这两个小家伙（此时丹九岁，约翰六岁）会吻他们的外婆吗？他们不会的，"琼这样写道，"太尴尬了——他们扭动着身体，直到外婆放弃了努力。"丹尼扛着一把还没有削好的木头枪，约翰则拿着一把宝剑。当他们看见一位警官时，丹尼变得紧张不安，便走到那个警官跟前去解释，这些不是真的武器，这也许是他受到了罢工时的暴力的影响。他们兴高采烈地陪着琼走向他们的新汽车。然后，他们开启了繁忙的行程：参观艺术展览，到科帕酒店用午餐，去海滨旅行（很可能是马林县），去落叶湖观光，再次到安妮塔·鲍德温家做客，梅纳德和孩子们在那儿抓鳗鱼，用纸烤鱼。她写道，她看到了一个因为热爱艺术而结合在一起的亲密家庭。

他们回到旧金山等马丁，他正从博耳德水坝的建设工地上赶过来。像往常一样，他带着一种欢快的气氛。多萝西娅和孩子们都非常喜爱他。丹至今都记得他是"阿波罗"，他绝对英俊，有着六点一英尺身高的消瘦身材，从事着像水手和高空作业的吊运工一样危险的工作——一个和他们的父亲一样的人。琼整夜"跟我的两个孩子在一起说笑、喝酒。从来就不知道，多萝西娅竟会如此有趣"。他们跟多萝西娅和梅纳德的朋友们交往，参观酿酒厂，在商业中心和唐人街购物。他们带着孩子去看了一场迪斯尼电影，后来丹尼还把电影里的东西表演了一番，博得全家满堂喝彩。马丁一离开，家里的气氛甚至连孩子们的情绪都变得低沉，琼觉得她起初认为这是一个和睦家庭的看法是多么肤浅和一厢情愿。她怀着难过的心情离去了。在 1934 年，离儿女们和外孙们三千英里的路程，意味着见面的机会很少。

琼一离开，梅纳德便再次变得郁郁寡欢和沉默寡言。他发表评论说，他鄙视"过于附庸风雅的"塔霍湖地区那种"明信片式的风景"，他们就再也没有去落叶湖。整个夏季，无论他们用什么样的婚姻黏合剂都无济于事。多萝西娅绝望了，尽管她并不感觉惊讶，梅纳德不愿意也不能理解她渴望参与发生在他们四周的重大事件的愿望。他动辄生气的情形使她烦不胜烦，而他对她的依赖又令她不忍心抛下他不管。渐渐地，她梦想的最大障碍似乎是那个照相馆和她养家糊口的责任。她发觉自己带着相机走出家庭、走进城市的渴望与日俱增，但是没有收入却什么也做不了。

第八章　保罗·舒斯特·泰勒，标新立异的经济学家

　　这位旧金山波希米亚式的人像摄影师未来的第二任丈夫跟她的第一任丈夫截然不同。从穿戴得像牛仔、被印第安人的神秘弄得神魂颠倒的顽皮淘气的西部画家转向刻板、稍稍有点老成持重、西装革履的经济学教授。有人预测他是一个最不适合她的伴侣。但是，泰勒并不是一个典型的经济学家。兰格在他们持续了三十年的非凡合作中汲取他的学识和他的理解方式，直到她离世，这是一段跟一些伟大的人物如富兰克林和埃莉诺·罗斯福相似的伴侣关系。

　　多萝西娅的两任丈夫连同他们的社交圈将她带向了新的世界。如同梅纳德将她引向艺术和大自然的世界一样，保罗将她引向了一个进步的社会正义的世界。不过，在第二次婚姻中，其影响更多是相互的。保罗教多萝西娅如何对社会、经济和环境问题进行批判性和系统性的思考。多萝西娅则教保罗如何在他所研究的政治经济学中更加敏锐地看到人类情感和审美经验。两人早就具备了容忍、克制、同情、自我牺牲的巨大能力，互相影响使得这些能力变得更加强大。

　　尽管保罗对小农文化和拓荒者的根基十分尊崇，但是他从来没有在农场生活过。他的祖先——英国人（泰勒家族）和德国人（舒斯特家族）——是威斯康星州典型的农民，可是他们的子孙后代都成了受过教育的城里人。保罗的母亲罗丝·舒斯特 1885 年毕业于威斯康星大学，成为一位生物教师——这对当时的女性来说是一个不小的成就。他的父亲亨利·詹姆斯·泰勒获得了律师身份，在美国最高法院进行辩护，并当选麦迪逊市戴恩县的教育局长。当他的政治生涯遭遇困境之后，他于

1887 年将全家迁徙到了爱荷华州的苏城。保罗·舒斯特·泰勒 1895 年 6 月 9 日出生在那儿，正好是在多萝西娅出生两个星期之后。

　　年轻的保罗在一个小城市里长大，但也在叔叔一百二十英亩的农场生活过，在那儿工作过六个月，完成了暑期农场劳动夏季的农田活儿。他记着集体的温暖和与帮工的平等的关系，大家一起享用大餐，还互相交换劳动力，也就是从这些记忆里，他产生了一种罗曼蒂克的家庭农耕观念，这种观念将影响他的研究方向和政治主张。在那个年代，苏城是一个封闭的小地方，住着大约四万居民。苏城的"多样性"包括了斯堪的纳维亚移居者、季节性的白人短工和天主教教徒，保罗瞧不起天主教教徒，因为他被教导认为天主教教徒是专制主义者，而像他们的家庭这样的公理会教徒是独立自主的人。保罗还记得镇上有一个"有色人种"家庭。保罗是教堂唱诗班的成员，虽然他并不是特别笃信宗教。（待到长大成人之后，他依然喜欢在家庭聚会上引吭高歌。）他的母亲在家里教育所有四个孩子，一直到小学三年级——并非上苏城的学校有什么问题，那些学校都是好学校，而是将这作为她继续自己职业生涯的一种方式。

　　像多萝西娅一样，保罗早年即 1902 年就失去了父亲。他的母亲罗丝像琼·纳兹霍恩一样，十分自如地应对守寡生活。保罗跟多萝西娅不一样，是一名优等生，高中时是高年级班的班长，然后于 1913 年进入了他父母的母校威斯康星大学深造，主修经济学和法律。在那儿，老师和同学都肯定他的能力、雄心和自制力。他在大三纪念册的照片下面写着"我能，我愿"。有影响的社会学家 E. A. 罗斯成了他的偶像和导师。罗斯因为鼓吹进步改革而被斯坦福大学开除，在威斯康星同样因为鼓动学生去听埃玛·戈德曼的校园演讲而冒犯了那些保守的校务委员。保罗跟随约翰·R. 康芒斯和理查德·T. 埃利学习经济学，这两位"进步主义"的著名学者不认可市场是一种自然现象的理论，相反，他们分析认为，人为机构构建和管理的安排——尤其是政府的建构和操控对市场产生了影响。这种制度经济学的方法论不同于新古典主义经济学——把由私利激发的个体当作经济决定要素的单位；它是一种包括社会分析和历史分析的方法论，保罗·泰勒从未偏离它。

　　1917 年大学毕业后，泰勒入伍从军，加入了美国海军陆战队，拥有上尉头衔。他指挥一个排参加了布洛涅森林的战斗，这是美国海军陆战队历史上伤亡最惨重的一个战役，伤亡 9777 人。1918 年 6 月 13 日，德国人为夺取布洛涅森林而发动了一场惨绝人寰但徒劳无益的进攻，他们用芥子气弹轰炸（那个时候，所有的敌人都在使用毒气）。芥子气是所有毒气中最致命的，十二个小时毒性发作：皮肤长疱，恶心呕吐，体内出血，支气管黏膜脱落。仅那一场战斗，就有 900 人死于这种毒气。泰勒将他的防毒面具给了伤员，结果自己受了重伤。他在法国的一家医院住了三个半月，支气管和肺得到了康复，但是他的嗓子和喉部的伤害永远无法完全恢复，而且丧失了大部分嗅觉。他获得了一枚紫心勋章，并把一再复发的支气管炎归因为战争，以便获得美国退伍军人管理局（VA）的医疗福利，但是这一努力没有成功。然而，他始终为自己曾经是一名海军陆战队员而感到骄傲。

泰勒回到美国之后，进入哥伦比亚大学攻读研究生。他的伤依然使他痛苦不堪，一位大夫劝告他，为了保护他的喉咙，最好避开寒冷气候；于是，他从哥伦比亚大学转到了加州大学伯克利校区，也因此成就了他作为一名西部学者的事业。他以创纪录的时间拿到了博士学位，并于 1922 年被留在了加州大学伯克利校区经济学系任教。他对加州和西南部的农业劳工产生了浓厚兴趣，并梦想着以农业劳工史的内容来补全康芒斯享有盛誉的美国劳工史。

他的梦想因为缺乏资金一直未能如愿，就这样教了四年书之后，一次幸运的巧合成就了他的事业。伟大的"进步时代"社会学家伊迪丝·艾博特当时是美国最负盛名的社会福利学校——芝加哥大学社会服务管理学院的院长，在她的妹妹美国劳工部儿童局局长格雷丝·艾博特和芝加哥学院德高望重的教授索福尼斯巴·布雷肯里奇的陪同下碰巧停留在伯克利校区。这三位全国最杰出的女社会学家是赫尔之家的资深人士，赫尔之家是简·亚当斯在芝加哥开办的一个社会福利团体，那里的居民发展了始于十九世纪九十年代的社会调查方法。在二十世纪二十年代，她们代表了激进的社会科学和改革中最先进的一面。泰勒见到她们完全是巧合，但是这位坚强母亲的儿子以及两位雄心勃勃女人的未来丈夫，受到女强人伊迪丝·艾博特的青睐并被选中却绝非巧合。

碰巧，伊迪丝·艾博特当时负责一项社会科学研究委员会的移民研究，正在物色人选来对移民美国的墨西哥人快速增长的原因进行研究。由于墨西哥人大多从事农业劳动，所以这个项目很适合泰勒。墨西哥移民当时在加州是一个有争议的话题，反移民的地方保护主义者面对的是大种植园主，他们坚持认为没有这些廉价劳动力就生产不出粮食，但是泰勒的导师告诉他，好工作也可能招致反对。伊迪丝·艾博特来访之后的几星期之内，即1927年的初冬，他向大学告假，走向了田野，他的薪水由社会科学研究委员会支付。

当时的美国还没有人研究过墨西哥移民或者墨西哥裔美国人，泰勒的研究是从基础知识开始的。他旁听了一门大学本科生的西班牙语课，这说明从一开始他就计划收集资料，会见当事人。跟其他经济学家做法不同的是，他决定拍一些照片。他买了一台新的柯达袖珍相机，装上他那辆1924年生产的道奇汽车，然后便出发了。像往常一样，泰勒对田野的调查研究做了精心准备，收集可用的资料，从有影响力的人物那儿获取介绍信。然而，他早先所犯的错误说明，人们对墨西哥裔美国人的了解真的是少之又少。他甚至都不知道到哪儿去找墨西哥人。有人告诉他去纳帕试试，可是当他到纳帕才知道，在这么远的北方，2月份干农田活儿还太早；他马上转向南方的默塞德和马德拉，又得知，要跟那些农业工人会面，最好是到咖啡馆、酒吧间、弹子房、理发店去，而不是去田野。他很快就了解到加州的种族隔离跟密西西比州一样极端。他收集"歌谣"，一种墨西哥民间的叙事诗歌，里面常常包含了社会评议。他研究德克萨斯州的白人预选制。

审视泰勒的研究方法即可以理解他跟多萝西娅·兰格究竟是如何琴瑟和鸣的。当他试着拜访那些农业工人的时候，大多数人都不愿意跟他说话。他的相貌、他的口音太美国化，虽然他的西班牙语已经说得比较流畅了（那个时期，没有几个农业工人会说上几句英语的）。试验和失败是成功之母，他探寻出了一条不具威胁的自我介绍的方法，一个兰格后来也仿效的方法。他用中性的问题先套近乎，譬如，"到下一个城镇有多远？"或者"我在那儿能找到汽油吗？"，然后逐渐增加问题，诸如能找到什么样的工作，能干多久，工作条件如何，薪水和住宿如何。那些被问的对象当然想知道，他为什么问那么多问题。他不说自己是一个负有调查研究使命的教授，只是简单地回答"我是一个老师"，这样的回答既得到了人们的尊重，也不会让人产生威胁感。一开始，他将笔记本藏在口袋里（因此他只使用小笔记本），直到他走访的对象给了具体的回答；然后他会说："我把这写下来您介意吗？我的记性很差。"那些墨西哥人永远是彬彬有礼的，所以他们会说不介意，于是泰勒便不断地写，而且写得很快，并练就了一手速记技能。走访结束之后，他会坐在自己的汽车里，趁没有忘记之前尽可能更完整地把走访的内容追记下来。除了是经济学家，他还成了一位人类学家、民族学家、劳工历史学家。他拒绝把这些工人仅仅看作是另一种生产成本，也不愿意把他们当作是同质的无产阶级的成员，他想要了解他们个人的志向和抉择，其实，他们的教养并不比雇用他们的老板逊色。

他也拍摄照片。"单靠文字已无法传达我正在研究的情况。恕我妄下定义，它（摄影）就是另一种语言。"他会在伯克利家中的一个房间里拉上窗帘，在晚间将它变成暗房。他的照片中没有一张特别惹人注目，但是每一张都包含了大量的信息。泰勒认为，照片包含了事实真相。更为重要的是，它们证明了有可能受到质疑的事实真相。

在这种非常规的研究中，泰勒抵制经济学乏善可陈的状况，因为它成了一门抽象的非实证的、热衷于模型的科学。他正在探索一种揭示人类经济生活的经济学学识。这一方法反映了他在威斯康星大学所受教育的成果：研究社会科学以人为本，将学术与促进社会改革融合起来。尽管如此，他在进行走访时，超越了康芒斯学派的经济学范畴，采用了一种独特的人种论的方法。他后来为这种方法辩护时说道："假如你能把人减化为数学，你就摆脱了一些责任。"

就像他的导师、项目资助人伊迪丝·艾博特，以及这个进步时代的大多数社会科学家一样，泰勒从来不相信研究的完整性需要假设一个完全公正无私的视角。相反，他认为社会研究的意义在于使社会变得更加美好，所以很快他就成为了几项社会正义运动的倡导者。这一社会责任感在他遇见年轻墨西哥裔美国女人梅赛德丝·杜兰时以个人的善意表现出来，杜兰的潜能给他留下深刻的印象。对一位致力于大规模改革而不是慈善事业的学者，他却出资把她送到大学深造，此类事情的确颇为鲜见。从 1929 年开始，她从北科罗拉多大学一直给他写信，她在中小学练过书法，所以写得一手好字，那些信的字体十分漂亮；她用完美的语言一再感谢他，向他汇报她的所有喜怒哀乐，还给他寄来了成绩报告单。"一个女人对我说，我可以跟她住在一起，可是当我说了我是西班牙人之后，她就改变主意了。"她经历了人往高处走的时候会碰到的常有的冲突："我回家的时候，老人对我并不友善……他们对我奶奶说我很蠢……他们都以为我会嫁给一个甜菜工人……可是年轻人都很想了解大学的情况。"她被邀请到她以前就读的高中去演讲，她在信中写道："美国（原文如此）人对待我的态度十分不同；他们表现得仿佛我是一个他们刚刚发现的了不起的人……我没有意识到自己是可怜的西班牙人。"这些信件体现了一位年轻墨西哥裔美国人的意识：她称自己为"西班牙人"，这是该地区的习俗，以示她跟墨西哥移民中的农场工人的区别，不过她也承认他们是自己人，而把盎格鲁人叫作"美国人"，"美国人"在西南部是"白人"的同义词。泰勒从来没有公开说过他的此次善举，他的两任妻子似乎也并不知道这件事情。

加州的农业并不是泰勒所知道的那种农耕。弗兰克·诺里斯拿它跟采矿业相比较——只是一种榨取，没有丝毫长远打算：最初的小麦产量是每英亩四十到五十蒲式耳，然后下降到十到十二蒲式耳。"到了最后，土地……不愿意再产出了，他们就把钱投向其他方面……"这是工业性质的——即批量生产，劳动力像在工厂里一样被组织起来。加州的农业从来就不是以家庭农场为主。大多数农场工人在全州四处游荡，每当一茬又一茬的庄稼成熟了，他们就去收割。让美国中西部人感到更加奇怪的是，他们甚至在荒漠上耕种。加州的农业需要大量的资金、建设和政治手腕，才能从其他地方购买或者窃取大量的水资源。

在外的地主和大公司拥有大部分加州的农耕土地。加州最大的"农场主"是美国银行。这些大种植园主将一些集团组织起来，进一步强化他们的控制，获得减税，躲避反垄断指控，获得关税保护以抵御外国农产品的进口。不过，他们的最大问题不能单靠政府解决。对于大的农业综合经营实体，难以克服的基本困难是短暂的农忙季节需要大量的劳动力投入，而一年中其他大多数时间只需要一小部分劳动力。譬如，1935年，加州的种植园主们在9月份需要十九万八千个工人，但是到了1月份就只需要四万六千个工人了。水果季节，这种不平衡加倍地严重：高峰时工人的需求量为十三万，低谷时仅需一万六千工人。于是，临时劳动力似乎就是必不可少的了。像约翰·斯坦贝克说的那样，那些种植园主想要的是雇工，只按实际工作天数付薪酬。哈里·霍普金斯的意思不难理解，问题在于工人们是一年到头都需要挣钱吃饭。

种植园主们组织起来解决这个问题。他们纵向联合，拥有从种植到收获、加工、包装、销售农产品的所有流程。他们还横向联合，在1926年成立了农业劳动局，这一措施使得他们能够根据种植园主的需求分配劳动力，设定工资标准，防止罢工，将反叛的工人列入黑名单，代表种植园主跟政府打交道——简而言之，发挥垄断性企业的作用。加州的各县有一个制度，农场工人在找不到工作的时候各县将提供救济，种植园主们因此而得益，从而将负担从种植园主转嫁到了纳税人身上，但是当种植园主们需要劳动力时，这些劳动力会从救济名单上删除，这样工人们在工资问题上就没有讨价还价的余地。

分包系统的设置对工人们来说是雪上加霜，但对老板们来说是锦上添花。在大多数大型农场，经理们不需要自己雇用劳动力，而是依赖于那些分包商，这些分包商通常招聘与他们同一种族的人。在大规模的商品蔬菜农场，剪顶和装运一吨甜菜或收割一英亩玉米，承包人将从中抽成。这样就有两层管理者抽取利润。分包商也许还会开办杂货商店和酒馆，工人们可以在那儿赊欠，这样一来，他们便从一个发薪日到下一个发薪日都一直债务缠身。分包商还解放了种植园主，使得他们不需要自己管理、雇用或者解雇工人。

种植园主们通过报纸广告和散发传单，招募多于实际需要的劳动力，以便建立一个竞争上岗的机制，据此进一步降低工资水准；由于就业岗位稀少，工人们没有办法提出更高的薪水要求，因为总是有人等着接受更低的薪水。整个二十世纪二十年代，种植园主们通常比实际需要多招募百分之四十的工人。德克萨斯州的一个棉花种植园主对泰勒说："没有过多的劳动力。"老板们还引诱工人们在庄稼尚未成熟的时候就前来找工作，为种植园主们提供预备劳动力——但是他们的薪水得从棉花开摘时算起。

到了二十世纪二十年代后期，泰勒在西部农业问题上已经成为了权威学者，也是唯一关心劳动力问题的学者。他追溯了七十五年来农场使用外国劳动力的方式。这种全世界招募用工是全球化的雏形，在这一过程中，雇主们将廉价劳动力带到美国，但不是像今天这样输出活计。中国人最先自行来到这儿，被发现的金矿而吸引，淘金梦破灭后，他们转向了务农。种植园主们很快就变成了积极的招募人员，相信唯有中国人才派得上用场："……没有什么（人）像一帮中国佬那样听话的了，而且一点就通。"种族歧视的浪潮导致1882年和1892年的《排华法案》，种植园主们便引进了日本劳工。当日本人开始积攒钱财，自己买下田地，经常跟英裔美国人形成竞争时，他们也不再是模范工人。到了二十世纪二十年代，又一波种族歧视浪潮中止了日本移民，所以因皮里尔河谷的种植园主们当时只好引进旁遮普人（在加州被称为印度教徒）。由于移民配额受到限制，种植园主们便转向了菲律宾人，菲律宾不受配额限制，因为菲律宾已经成为了美国的领地。南欧人也被招募，很快在加州的农场劳工中有二十多个民族。

二十世纪初，种植园主们常常认为墨西哥人"总是好逸恶劳"，不愿意干活。不过，大约1910年之后，墨西哥人成为了西南部农场工人中的主力军，最后雇主们对他们的品质也赞赏有加："……墨西哥人很容易交往，安分守己……听从吩咐，执行到位……墨西哥人没有政治意识，在政治上没有追求，也没有……意愿操纵社区的政治事务……不跟美国人通婚……"像大多数移民美国的人一样，墨西哥人并不打算定居下来，而只是想挣了钱，把钱和物资带回家去养家糊口。更多的人被驱赶到了北方（被赶到了原先为墨西哥省份的地方——或者用他们的话说叫"外墨西哥"），以躲避墨西哥革命的暴力。与此同时，灌溉的进步使得种植园主们扩大了耕种的土地，所以在加州和亚利桑那州，农业劳动力似乎永远不够。到1920年的时候，墨西哥人在加州的农业工人中已经占到了大多数。到二十世纪二十年代末期的时候，约有36.8万墨西哥人在加州务农，占整个加州南部农业劳动力的百分之八十四，占圣华金河谷的百分之五十六。

这样的数据以及农场工人生活状况的信息通常来自泰勒的调研。1928年是农业大丰收之年，墨西哥人一小时平均挣三十五美分。每个家庭成员，无论老少，都在田里干活，孩子们很少有上学的。他们住棚屋、帐篷、临时工房，或者小茅屋——由泥巴、树枝、野草搭建的简陋小屋，大热天没有任何降温措施。他们从溪沟里取水，或者从种植园主打的水井里汲水，这些水井常常离厕所或者垃圾堆不远，所以传染病肆虐，很多孩子夭折了。他们所得的薪酬常常是代金券，这些代金券只能在物价过高的公司商店里使用，那儿的食物质量也很差。招募劳动力的人和种植园主经常欺骗他们，许诺的是一种工资标准，实际付的却是低得多的薪水，或者承诺的聘用期比实际要少，甚至干脆就在劳动记录上删减他们的劳动时间。工人们将采摘下来的农产品运往称重站去排队等候称重，这段时间是没有薪酬的。总的来说，工人们的工作朝不保夕。

在加州，"只雇用白人"的牌子比比皆是，这既反映了当时的种族歧视状况，也助长了种族歧视的发展。经济大萧条产生了狂热的本土保护主义，本地人抱怨说"外国人"从"白人"这儿抢走了工作和救济。移民归化局为了响应这种恐外压力，实施了一项"遣返"计划，该计划多管齐下，用经济压力、恫吓威胁、暴力驱逐等手段，在1930年1月至1933年4月期间，将大约三十万（有人说是五十万，也有人说是十五万）墨西哥人遣送出国。有很多被迫离开的人是美国公民。不过，一部分墨西哥人离开时，也有别的人进来了，因为种植园主依旧需要劳动力。农业综合经营企业的发言人表示不满。一位种植园主坚持说："我要是不雇用墨西哥人给这些甜菜间苗、除草、打尖，那么我的甜菜生意就完了。印度人狗屁不如，菲律宾人全是废物，白人又不愿意干这活儿。"

二十世纪二十年代，工人开始组织罢工，种植园主认为墨西哥人驯服听话的信心开始削弱。泰勒在他的研究课题里增加了罢工的内容。西部劳工在二十世纪初叶就进行了抗争，最先是在采矿场和伐木营地；大萧条期间，战场转移到了农场。二十世纪二十年代，农场工人的工会组织常常是地方性的，所以很容易被县治安官的代理人和种植园主的义警给摧毁。接着到了1933年，一些年轻的共产党组织者们开始用他们的精力和智慧支持农场工人的奋斗（这种奋斗不会受到其他工会的重视，大多数工会支持将外国人驱逐出境），组建了罐头食品厂和农业工人联合会，即CAWIU，将种植生菜、豌豆、土豆、甜菜、番茄、辣椒、樱桃、草莓、树莓、葡萄、桃子、梨的劳工联合起来，到了年底，种植柑橘的劳工也加入了进来——囊括了加州的整个农业系统。在1933年到1934年，大约十三万农业工人参加了方圆五百英里范围的一百四十场罢工。最大规模的罢工爆发在棉花行业，棉花在二十世纪三十年代是加州的主打农产品。棉花种植区绵延一百十四英里长、三十到四十英里宽，因此，当有一万五千个工人在1933年举行罢工时，这是一场不小的危机。种植园主一开始企图不让罢工工人获得食物，但是以失败而告终，因为富有同情心的商店老板们提供赊欠或者免费的食物；于是种植园主的手下拿着武器，代表主人，以暴力威胁罢工者，他们迫使执法的警察逮捕了纠察队员，并最终向纠察队员开枪，打死一人，打伤多人。

罢工变成了一场田野间的战争。种植园主组织了一个新的农场主联合会进行反击，而且获得了几乎所有加州有实力的法人团体的支持——银行、铁路、公用事业公司和工业协会，工业协会是一个类似于全国制造商协会加州分会这样的组织。约翰·斯坦贝克极具讽刺地写道："农场主联合会，它自以为代表加州的农场，但却是由诸如连锁银行、公用事业公司、铁路公司和那些被叫作土地公司的大公司这样的肮脏的劳动者组成的……"农场主联合会经常在加州发挥不可战胜的政治影响，将亲工会的工人列入黑名单，组建武装的治安维持队，威胁并殴打工人，焚烧工人宿营地边上的十字架，将他们赶出家门，恐吓他们的家人，企图以饥饿来胁迫他们屈服。农场工人则反过来威胁和攻击那些工贼。在布劳利的罢工总部阿兹特卡大厅，警察和县治安官的代理人们用催泪瓦斯驱散集会，将参加集会的人们赶出大厅，然后殴打他们。义警在皮克斯利袭击了一个罢工集会，杀害了德洛雷斯·埃尔南德斯和德尔菲诺·达维拉，打伤了七人。《纽约时报》将其贴上了内战的标签。义警被宣告无罪，十六个罢工者被判犯有暴乱罪。有人指责那些义警及其雇主正在制造一种法西斯式农村暴政。

泰勒继续他的农村劳动力关系研究——从 1927 年到 1930 年连续三年向大学告假，1931 年又到墨西哥去待了六个月——其代价是：虽然保住了职位，但是伯克利校区的经济学系对他非常规的工作作出了回应，不给晋升和加薪。此外，他发表论文的频率在他的一些同事中间引发了不满。很快，泰勒树立了更多危险的敌人。美国银行曾经在 1930 年向大学的詹尼尼农业经济学基金会捐款一百五十万美元，这在当时是一笔巨大的捐赠。这个基金会跟农业部的官员和大种植园主的游说代表农场局联合会关系十分密切。詹尼尼基金会的负责人、校长和其他大学的领导跟种植园主在农业立法委员会举行正式会面，并与种植园主在几个精英人士俱乐部举行非正式会面。所以，无论是基金会还是农业学校都不支持对农业劳动力问题的研究。泰勒发表了一连串文章，抨击他们剥削劳工的政策以及后来他们所获得的巨额水资源补贴，这自然激怒了他们。后来他们声称泰勒就是他们的头号敌人。种植园主在大学的董事中很有代表性，对整个大学系统施加了重大影响：约翰·肯尼思是二十世纪三十年代伯克利校区的一名研究生，他描述了当时的形势："……加州农场局联合会和……那些组成加州农场主联合会的富可敌国、盛气凌人的贵族……告诉农业学院的院长和学院附设部主任，他们需要什么样的研究方法和结论。他们全神贯注地听着，甚至毕恭毕敬。从来没有人被告知要相应地确立自己的学术职责；把这种情况作为理所当然的大有人在。"好在，伯克利校区的教务长门罗·多伊奇为泰勒辩护，反对那些想让他闭嘴的批评者。

泰勒得到美国参议院的委任，负责调查 1933 年的棉花工人罢工事件，他跟他的研究生兼朋友克拉克·克尔一道撰写了一份报告。这个报告的开场白告诉我们泰勒成了一个什么样的人：一位人本主义经济学家。"地球的断层会显露出它的地层并暴露出它的结构，而一场社会骚乱也会让社会结构暴露无遗……"泰勒和克尔否认外部煽动者的理论，坚持认为这场斗争是农业工人为了填饱肚子而引发的。他们批评共产党，认为它具有机会主义者特征，它在操纵工人，尤其是那些有色人种，其政策的改变完全来自上层的命令而不是根据底层的需求。不过，他们也坚持认为，共产党的组织者们并非罢工的发起人，他们只是响应工人的自发罢工，甚至试图引导他们。

泰勒的工作还有另一个代价，由他的家人承担了。读者从他简略的生活轨迹也许猜不出他有妻子和三个孩子。他缺席父亲角色的记录甚至比梅纳德还要糟糕：从 1927 年到 1931 年，他大多数时间都在路上，驾车穿过加州的圣华金河谷到因皮里尔河谷，然后进入科罗拉多州和德克萨斯州，再辗转于伊利诺斯州和印第安纳州的卡柳梅地区，最东到宾夕法尼亚州的伯利恒，接着在古根海姆研究基金会的支持下跟随那些流动工人进入了墨西哥。

保罗是在威斯康星大学遇见他的妻子凯瑟琳·怀特赛德的。她出生于肯塔基州的路易斯维尔，是一个娇生惯养的孩子。她后来写过一部回忆录，开头是这样的："没有一个小公主会得到那么爱她欣赏她的陪伴者"——母亲、父亲、许多溺爱她的亲戚，还有两个黑人侍者。凯瑟琳跟保罗的母亲一样成绩斐然。她在威斯康辛大学的成绩全优，代表班级参加游泳比赛和群舞演出，在文学杂志上发表诗歌，积极投身其中一个"最佳"女生联谊会工作。她像保罗一样，社会责任意识很强。1917年，她参与组建了一个妇女和平委员会的组织，在一份请愿书上收集了两千人的签名，呼吁总统不要介入战争，她毫不畏惧她母亲给她贴上的"黄色"标签，也无所顾忌她的女生联谊会谴责她"亲德"。但是，她没有得到她想要的认可：她回忆起她的男朋友菲尔·拉福莱特说她能得全优只是因为"她看上去像是百万美元"，这让她很受伤。菲尔·拉福莱特是参议员"战斗的鲍勃"拉福莱特的儿子，拉福莱特后来成为威斯康星州的州长。不像保罗·泰勒，她跟大多数女生一样，没有导师。矛盾的是，她既渴望成为一位知识分子，又渴望成为一位顶尖美女。

在此我需要告诫读者：我对凯瑟琳的了解几乎都来源于她那部未出版的自白性回忆录。在写这部回忆录的时候，她是荣格精神分析法的信奉者，对她的人生有着深刻的精神分析观念，她也是一位进步的儿童早期教育和青少年成长方面的全国知名专家。她的专业知识也许可以使她富有洞察力，也有可能是随着时间的推移，她重建了记忆，正如我们大多数人一样，而且这两者很可能都是事实。毫无疑问，她是一个喜欢自吹自擂的人——所以，读者们要保持警惕。

她既喜欢卖弄风情又在性生活上十分克制。保罗在他们接吻前将他的兄弟会徽章送给了她，而她坚信，"所有的亲昵行为一定得留到可以十分严肃地宣布他们相爱并结婚的时候……"（这在当时对一位南方大学的姑娘来说并非是一个不寻常的标准，但也并不十分典型。）1917年保罗回海军陆战队军官训练学校的时候，他们甚至都没有吻别。1921年，她随保罗来到了伯克利；他们结婚了，在卡梅尔度过了一个她描述为痛苦的蜜月："我们商量决定不要有过分的亲密行为，直到我们计划要孩子的时候……我对采取避孕措施的想法十分反感。"（保守的性观念有很奇怪的矛盾之处：几年之后，她卷入了好几件风流韵事；而她母亲则是节育的倡导者。）她回忆，在卡梅尔的两周婚假快结束时，保罗急着回学校去了，意味着他在性生活上屡屡受挫。

显然，她跟保罗很快就发生了实质性的性关系，因为1922年她就生下了一个女儿，取名为凯西，1925年又生了一个儿子，取名为罗斯，以E.A.罗斯的名字命名。保罗的母亲罗丝和她的姐姐埃塞尔搬到了伯克利他们附近的一幢屋子里，凯瑟琳不得不跟这位依然让保罗像小时候一样服服帖帖的女人作斗争。但是凯瑟琳绝对不是一个受气包。据克拉克·克尔回忆，她是一个和蔼可亲、时髦雅致、勤俭持家的妻子，带有一点"乡村俱乐部的风格"，她把屋子装饰得舒适漂亮，她还邀请合适的人去吃饭。像多萝西娅·兰格在那些年一样，她努力在做一个妻子应该做的事情。她也营造了自己的生活，研究儿童发展，并在伯克利帮助创建了一个幼儿园。她变得有点放浪不羁：宣扬爱情自由，读伯特兰·罗素的书，参加由伊莎多拉·邓肯的学生为母亲和孩子举办的"自然"舞蹈课程，这位舞蹈老师跟她的家人一起住在伯克利山区的一个桉树林的帐篷里，穿着束腰外衣。即便在二十世纪二十年代，伯克利依然有反主流的文化现象。

凯瑟琳几乎是一到伯克利后就急于寻找婚外情。她在她的回忆录里坦陈，她经常会"热恋上"一些重要人物。她喜欢自己这种自由女性的身份，喜欢将自己的风流韵事讲给其他人听。1926年，她跟来访的人类学家布罗尼斯拉夫·马利诺夫斯基有过一场短暂的热恋。1927年，她开始跟她的研究儿童发展的教授、儿童发展研究所所长赫伯特·罗厄尔·斯托尔兹发生暧昧关系，这段关系持续了七年。像马利诺夫斯基一样，他是有妇之夫，还有孩子。凯瑟琳和赫伯特都跟他们的配偶说过他们的事情，试图创造开放的婚姻。与此同时，没有证据证明保罗有婚外情。

凯瑟琳的第三个孩子玛戈生于1929年，父亲是赫伯特，这不是一个秘密。玛戈在她很小的时候就知道了这件事情。颇为残忍的是，保罗的母亲罗丝不承认玛戈是她的孙女，并要求在玛戈八岁的时候就告诉她生父是谁——如果凯瑟琳或保罗不愿意说，那么罗丝会说。凯瑟琳谈到玛戈会公开称她是"爱的结晶"，而玛戈则一直知道她妈妈"有很多男人"。不过，保罗将她视如己出。

凯瑟琳与多萝西娅有一些共同的品质：脾气执拗，喜好冒险。保罗·泰勒素来喜欢充满活力和强势的女性。但是，凯瑟琳的志向受到了制约。她本人以及身为心理治疗师的女儿玛戈，得出了同样的结论：凯瑟琳·怀特赛德·泰勒是一个有野心的女人，但受到了那个时代的性别和家庭传统的阻碍，于是只好以依恋男人来寻求自己的"命运"。

伯克利热衷八卦的圈子确信，泰勒夫妇的婚姻并不稳定，而且他们倾向于仅仅指责凯瑟琳；不过，保罗作为父亲几乎跟梅纳德一样不顾家和不负责任。他不停地旅行既是事业使然，也是他们夫妇发生摩擦的结果，这表明他想要逃避，又否认这种痛苦和羞辱。这种对愤怒的否认，很可能也是对渴望女性的否认是如此有效，以至于爱上多萝西娅完全出乎他的意料。

第九章 浪漫爱情，浪漫事业

新的爱情像是自由生长的野草，而不是人工培育的鲜花；哪怕是在贫瘠的土地上，它也可以在一夜之间生机盎然。保罗跟多萝西娅相遇的时候，谁也没有想到他们会敞开心扉，更不用说去寻求一种新的关系，一段让他们在生活和事业上相互扶持三十年的伴侣关系。但是，他们对社会公平正义的同情促进了他们之间天然的相互吸引以及压抑良久的情感渴望。对保罗来说，这种同情已经发展了十多年了；对多萝西娅来说，这种同情产生于国家危机之中。1935 年，罗斯福总统承认，经济大萧条的糟糕情况依旧，并号召进行永久性的经济改革。在此过程中，罗斯福呼吁一种政府主导的社会运动。

1934 年，保罗·泰勒得知，威拉德·范·戴克在位于奥克兰 683 号的布罗克赫斯特画廊举办了有关社会问题的艺术展。泰勒成了那儿的常客。当他看到一些令他震惊的照片，而他并没有听说过这位女摄影师时，便从范·戴克那儿要到了她的电话号码，打电话询问兰格在有关总罢工的文章中是否可以用她的一些照片。她问了费用的问题。泰勒联系了编辑，编辑答应出十五美元，兰格同意了。"她很冷静……没有任何迹象显示她因受到一位素昧平生的教授的青睐而受宠若惊……"

她第一次跟保罗的见面没有擦出什么火花，不像她瞬间被梅纳德所吸引那样。泰勒似乎就像是这一类教授，一个对科帕饭店所发生的不正常行为会感觉不自在甚至深恶痛绝的人。他对摄影的兴趣纯粹是工具性的：他把摄影想象为是一种司法鉴定技术，一种佐证不法行为的方式。

他们欣赏彼此的作品，并坠入了爱河。他正好开始一个新的研究项目，是关于在全加州的失业工人中如雨后春笋般涌现的自助合作社。这些失业人员合作社，简称 UXA，在全国蓬勃兴起，常常发展成为机制健全的组织。加州大约有一百七十五个失业人员合作社，成员有十万之众。那时无家可归者棚户区被称为"胡佛村"，湾区最大的"胡佛村"是"管道城"，位于奥克兰滨水区边上的铁路附近，有数百人栖居在一段段的污水管道里，这些污水管道因为资金链断裂而荒废。1933 年初，在失业的大提琴手、作曲家、管弦乐队指挥卡尔·罗德哈梅尔的领导下，"管道城"贫病交迫的人们创建了令人印象深刻的失业人员合作社，拥有六百个劳动力。他们经营着铸造厂、五金厂、木器厂、汽车修理厂、肥皂厂、印刷厂、罐头食品厂、托儿所、成人学校，生产的产品销往合作社之外，他们有十八辆大卡车——用旧零件拼装而成——承担运输工作。所有工作每小时记一百分，没有男女之别，也没有技术工与非技术工之别；物品的价值大致以制造、寻找或者购买这些物品的劳动时间来估算。

正当泰勒研究失业人员合作社的时候，范·戴克前来找他，表示愿意出一份力。于是泰勒安排了一项纪实摄影的课题研究。他将五位摄影师——范·戴克及他的女友玛丽·珍妮特·爱德华兹、普雷斯顿·霍尔德、伊莫金·坎宁安（全都来自 f/64 学派）和多萝西娅·兰格——带到了萨克拉门托以北六十六英里的奥罗维尔，奥克兰小组在那儿创办了一家锯木厂。

泰勒走访工人们的时候，丝毫没有生硬的表情，他对走访对象的兴趣使他们的交流更像是平等的对话，而不像是居高临下的问讯。兰格为之着迷。泰勒也一样：他注视着她的工作，并迷上了她。在他的回忆里，她的外表与众不同——歪戴着贝雷帽，留着非常短的头发，穿着长裤。"她只是安静地直接去投入工作干活……不声不响地带着她的手提禄来福来相机四处拍照。"事实上，兰格十分专注于自己的工作，他几乎没有多少机会可以跟她交谈。但是，他一看到那些照片，立刻抓住了兰格眼睛里的某种东西。她拍摄的第一张照片是"一个站立着的男人的背影，倚着斧头，就像倚着拐杖，面向着森林……正是这个男人的背影在表达着什么"——在劳作间隙歇一会儿，感觉良好，在美丽而又清新的松树林里呼吸新鲜空气。然而，在很多这样的照片里，她的拍摄手法类似伊莫金·坎宁安，作品的构图接近现代主义。她的纪实摄影风格不是一蹴而就的。

兰格对失业人员合作社的印象不深；她发觉这一组织"悲伤、沉闷、注定没有美好未来"。她觉得最悲惨的部分是那些参与者怀抱着太多的希望。她忽略了这件事的社会和政治重要性：人们相互合作运用他们的技能和智谋拯救自己，并在这一过程中获得有组织的公民式的新技能。

这些误解很快得到纠正。在他们继续一起工作的过程中，泰勒教导她参与民主的重要性。在他的影响下，她成了用图像描绘乡村经济大萧条的标杆性作者，一位农业部所雇用的最不寻常的雇员。她后来回忆说，"我一开始都不知道小型拖拉机跟大型拖拉机有什么区别。"梅纳德让她认识了大山和荒原；多萝西娅将梅纳德带到了贫民窟和工人阶级的居住区；现在保罗将她带向了田野。

泰勒对"新政"没有向农业工人提供任何帮助持批评态度，因为农村的经济萧条比城市更加病入膏肓、更加广大无边、更加旷日持久。罗斯福在竞选总统时对被多数种植园主操纵的势力强大的农场局联合会有过一项承诺，即提高通缩下的农产品价格。他就职仅仅四天之后，法案就被提了出来，两个月之后，成为了法律。该法案允许补贴农场主，让他们停止耕种，以便造成农产品供不应求，抬高价格。跟大多数法律一样，其效力取决于如何实施，而保守派控制了地方农业部门的代表们。美国农业调整署因农产品歉收而补偿的对象应该是包括佃农在内的，这些佃农在南方和西南部占到全部农民的百分之七十五。但实际上，大多数地主不仅仅拒绝让佃农分享政府补贴，而且通过解雇佃农和驱逐佃农来减少产量，用农业调整署的补贴来购买拖拉机，然后再用拖拉机来替代更多的佃农。泰勒将农业调整署的作用跟英格兰近代早期农村的圈地运动作了比较，当时地主要求封闭曾被当作公有田产的土地。

1935 年初，泰勒从大学获得了又一个假期，成了加州新成立的农业复兴处的田地主管。除了本职工作，他又干了很多实事，成了为农场工人呼吁的领军人物。

与此同时，农业部长亨利·华莱士在农业部推行一项改革计划，任命了有进步思想但有争议的副部长雷克斯福德·特格韦尔负责解决贫苦农民包括佃农的困境。当农业部没有批准特格韦尔的试行方案时，华莱士给了他一个新的行政部门，重新安置管理局，后来被称为农业安全局（FSA）。泰勒确认机会来了。农业部生怕得罪那些大种植园主选民，从来就没有设立劳工处——其批评者常指出农业部知道美国有多少头猪，但不知道有多少农场工人。此外，农业部的官僚分子仅仅参照东部沿海的框架来看待全国——譬如，特格韦尔认为他可以将贫苦农民迁移到更好的土地上以帮助他们脱贫，但是这在加州是一个不切实际的想法。事实上，加州的农场工人绝大多数是有色人种，他们没有投票权，所以农业安全局就更加看不见他们。

形势逼人，所以泰勒加快了步伐。他在他认识的人和他所需要的有政治影响力的人物中召集了一批工作人员：他的研究生汤姆·瓦齐；原威斯康星大学的同班同学欧文·伍德；充当过"雇主代表"的前银行家，大学董事的侄子，《旧金山纪事报》编辑爱德华·罗威尔；一位能用西班牙语采访的年轻墨西哥裔美国女人和兰格。当泰勒讨要一位摄影师的薪酬时，州政府的机构犹豫了。所以他雇她作为打字员。

他们开始驾车穿越加州，而且常常用她的汽车，也许是因为泰勒家的车正被她妻子使用。兰格1935年的里程补贴申请记录了她的行程：1月1日和2日，到印第奥，一百五十四英里；1月3日，从印第奥到圣贝纳迪诺，一百二十六英里；1月4日，从圣贝纳迪诺到弗雷斯诺，三百四十七英里；1月5日，从弗雷斯诺到旧金山，一百八十三英里。这些旅程比今天所花的时间更长，因为当时没有高速公路，而且到了3月份的时候，热浪甚至可以让一个健康的年轻男子崩溃，更何况小孩和还在工作的老人了。夏天是收获的高峰季节，她的旅行时间变长了。她在6月10日早上五点三十离开旧金山，于6月28日夜里十一点回来。这一路的风景她曾领略过，这条路就是去荒漠或者内华达山脉的线路，她不喜欢这条线路。广袤的田野一望无际，没有树木，没有房屋。平坦干燥的平原，笔直的耕地，一直延伸向地平线，其间的灌溉渠纵横交错，水泵将混浊的泥浆水抽进沟渠。劳作的人们一组组沿着田沟慢慢移动，不时地弯下腰去，间苗或者拔草，锄地时身子更直一点。

在描述她第一次见识泰勒与她不相上下的工作干劲时，她的抱怨几乎掩盖不了她的钦佩："……我们早上六点出发，他从来不考虑我们该吃点东西……我们发现这个男人对吃喝、住宿这些事一窍不通……"兰格下面这番话有说教的成分："我还记得所有男士晚餐的花费，一美元七十五美分。这绝对是自我放纵的行为。他们先是跟那些短工一起干活，然后走进旅馆，一个人花一美元七十五美分吃顿晚餐，这也太不道德了。"兰格的花销很寻常，三餐花二点二美元，二美元花在住宿上。

泰勒宽慰兰格，习惯田野工作也许得有个过程，如果第一天没有拍出一张照片也不必担忧。可她很有天赋，泰勒说："……她只是拿着相机悄悄地向他们走去。她跟采摘豌豆的人相安无事，一直如此。"她在城里游荡感觉很惬意，很快，她在田间地头和那些短工宿营地进进出出同样感觉很舒适。她主动记下拍摄对象的片言只语。泰勒回忆道："她真的掌握了他们话术中的精髓。"她向她的拍摄对象解释"自己是如何在精神上诊断"他们的问题的。她学会了像泰勒一样带一本小小的活页笔记本，记下的文字后来成为出色的图片说明。（这本笔记本将成为他们合作关系的象征，因为他们经常共用一本笔记本，相互传阅。）换句话说，她很快就抓住了泰勒研究方法中激进的民主倾向，不光光是从一个专家的角度去提出一些问题，而且尽量倾听那些农场工人的想法，无论这样的可能性多么有限。她不知道这些研究方法有多么不合常规。

兰格的摄影技巧也随之提升。她很快就对拍摄远景丧失了兴趣，远景使工人们的形象看上去很小，很边缘化，仿佛仅仅是土地的附属品，她想要走得近一点，所以她只好到地里去。起初她想悄悄地接近。就像泰勒叙述的那样，她只是闲逛到那些人那儿，环顾四周，然后开始拨弄她的相机，"假如她看到他们不愿意，不明白她为什么要走近前来……她就会等，直到他们看上去习惯了她的存在，变得不在意了……然后她就会拍摄照片，有时还跟他们交谈，有时不跟他们交谈……她自然很有技巧，不敷衍，不耍花招……"泰勒赞同这个方法似乎有些奇怪，因为这样显然对人不够尊重。擅自带着一架相机就走上前去似乎显得唐突，至少是打扰了他们，很容易让拍摄对象说"别拍我"。那些农业工人是否觉得可以拒绝兰格？无论如何，兰格很快就改变方式，开始自我介绍并解释她在做的事情。

后来泰勒和兰格一组，兰格拍照的时候，泰勒努力寻找话题；她最好的一些照片是农场工人跟泰勒在交谈。泰勒还负责跟雇主和工头进行交涉，那些人对研究者对农场工人的兴趣很不满意。雇主们第一次看到这些移民劳工的劳动和生活场景在外人眼中的样子，很快意识到摄影可能会威胁到他们的利益。有些雇主就跟在他们身边，目的就是威胁那些工人。有的雇主干脆就不让研究小组进入他们的田地里，不过由于种植园太多，他们事实上没有办法有效地守住他们的地盘。

为了尽快了解农场工人、尽快在这样的环境里拍好照片，兰格的脑子、情感和身子高速运转起来。她感觉到了那些农场工人的疲惫、痛楚、悲伤。他们的生活状况有时也侵袭她自己的身体：灼热、尘土、苍蝇、虱子、臭气。整个团队的齐心协力——包括保罗——在她回家之后始终很清晰地留在了她的记忆里。所以，当她跟梅纳德和孩子们重聚的时候感觉很累，有时甚至心神烦乱；两个孩子现在一个十岁，一个七岁，又托付给了养父母。虽然她见到她的两个儿子高兴坏了，可她无法抵挡住暗房的诱惑，因为没有暗房，她就看不到自己干了什么。

泰勒决定发起一项提议以满足紧急需求：政府建造宿营地安置流动的农场工人。他说服了他的老板亨利·德罗比什接受了他的想法，要为流动农场工人建造比较像样的营地，这样可以从源头上打好基础，然后再解决卫生、医疗保健、教育、营养等问题。德罗比什的上级断然拒绝了这些想法，于是泰勒只好求助于农业安全局，请求投资建造二十到三十个营地，后来又逐渐把这个数字增加到四十五个。农业安全局回应说，建造营地无助于解决农业劳动关系的基本改革，而且还会增加政府对那些大雇主的津贴。这两个说法都是正确的，泰勒和德罗比什心里清楚，但是对他们来说，在加州这块土地上，最紧急最迫切的事情是缓解苦难。所以，他们希望泰勒的调查和报告具有最大的说服力。

兰格第一眼看到农场工人的生活条件时差一点无法呼吸，她怎么也想象不到会糟糕到这个地步。他们睡在劣质的帐篷里，或者靠着树或汽车搭的披屋里。就像一位农场工人后来回忆的那样，"我们睡的地方总是湿漉漉的，没有床……没有地板的，只是泥地。天下雨的时候，水就会流进来，地下泥泞不堪……我们走路都得低头弯着腰，因为头要是一碰到帆布，就可能会顶出个裂缝。"另一个人说："我们没有炉子。我们没有床铺。我们只好睡在箱子里——有时睡在街头。"孩子们上不了学，有病无处就医，也没有法律服务。让人觉得讽刺的是，农场工人也吃不起新鲜水果和蔬菜，他们的食谱大多是豌豆和炸面团；孩子们没有牛奶喝。营养不良、痢疾、钩虫在营地流行，伤寒病和猩红热十分常见。1936年，百分之八十的流动工人家的孩子有健康问题，都是由营养不良和极差的卫生条件引起的，婴儿的死亡率很高。

农场工人一般都要向种植园主缴纳租金，租用一块地方搭建帐篷和停靠他们的老爷车，通常是四到八美元一个月。那里会有井水，如果幸运一点，那么每两百到三百个人的宿营地有一个厕所和淋浴房。老板们通常会雇用全副武装的人员到宿营地来巡逻，报告是否有可疑活动（工会组织），强行"遏制"那些不听使唤的工人，这些人常常是地方治安官委派来的。在较大一点的营地，他们开设商店，工人们可以在那儿赊账购物，于是也就陷入了无休止的债务循环之中。由于这些原因，许多农场工人宁愿待在灌溉渠边或者小河边，以便有水可取。他们用帆布、薄铁皮、卡纸板和树枝搭建棚子。厕所就是在地上或者灌木丛里面挖的坑，常常在水源附近，很不安全。即便在露天的野外，也是臭气熏天。

1935年3月到8月期间，兰格和泰勒几乎不间断地工作，他们给出了五个图文并茂的报告。他们知道有一扇机会的窗户敞开着，也非常清楚罗斯福的救助项目随时都会结束。兰格的社会责任感越来越强，体现在第三个报告就是经她整理变成了一个备忘录，并非出于泰勒之手，这也是泰勒的一个策略，以强调她对这项工作的重要性。

这个报告不像一份政府的文件，因为里面不仅有照片，还有农场工人的原话。"有些事情根本就是错的。""我的孩子成长条件很差，不像我父亲抚养我的时候那样。""我觉得总统不会知道发生在我们身上的事情。所有事实都证明，我们没有渠道把情况反映给他。"有一位种植园主告诉她："他们就想要睡在地上——他们不想要床铺。"因为他们得展示那些农场工人勤劳而又有能力，兰格开始自己写一些图片说明："他们白手起家搭建家园。他们栽树种花。这些简陋劣质的棚屋代表了许多人维护自尊的最后立场。""独腿的人自己盖了房子。"

泰勒在提出他的理由时，面临着一个政策上的矛盾，这一矛盾一直困扰着各地联邦救济所的努力。救济只是救急，而农场工人们的情况并非属于救急范围。他们在经济大萧条之前就生活在这样的贫困中了。事实上，农场工人中有很大一部分人所得的救济金比他们原先所得的劳动薪酬要高。反对救济的人指责联邦紧急救济署和公共事业振兴署违背了紧急救济的初衷，从而使得那些大种植园很难获得足够的低工资补偿。他们说得没错。在圣华金河谷，救济"事实上将薪酬降到了最低点……棉花工人的报酬是每小时二十五到三十美分，可是当他们在弗雷斯诺可以获得每小时多十美分的救济之后，便不干活了。"这不是加州仅有的现象：在南方，救济调查人员仿佛是第一次"发现"美国的贫困状况，一位波多黎各的调查人员总结说，那儿没有人有资格获得"紧急救济"，因为他们的生活并不比大萧条前更糟。

泰勒发现救济政策维护甚至加剧了种族不平等。救济分为两个层面——白人和非白人——有不同标准。譬如，在圣安东尼奥，当局认为，白人每月"需要"三十五美元，而十二到十五美元对墨西哥人来说就已经是一笔大钱了，因为据称，他们所喜欢吃的就是豌豆、黄油、玉米粥。在洛杉矶县，英裔美国家庭获得每月三十美元的救济，墨西哥家庭获得每月二十美元的救济（虽然按平均值计算，墨西哥家庭人口多于英裔美国家庭人口）。当公共事业振兴署提出建议给墨西哥农场工人家庭建造房屋时，当地的白人认为，计划所提出的五百平方英尺的两居室、带门窗的单元房，对墨西哥人来说太奢侈了。

当泰勒开始这些调查时，他期望将目光聚焦在墨西哥和墨西哥裔美国农场工人身上，兰格的照片首先做到了这一点。第一个报告里的人物照片，有十三张是墨西哥人或者其他有色人种，有七张从外表看可能是白人。即便她的照片没有标注种族特点，她的说明也写得清清楚楚。譬如，在加利西哥，她原原本本地记下了一个农场工人对她说的话："我不想让你拍照片，因为我们这些房子太寒碜了。"兰格理解泰勒的反种族主义思想，但矛盾的是，她的城市经历强化了种族间的不平等。她对纽约下东区的犹太人和旧金山的世界主义很熟悉，所以既不害怕也不轻视种族差异，而是以欣赏的目光看待种族的多样性。

不过，仅仅过了一个月，一场非同寻常的全国性灾难，即沙尘暴引起的大迁徙之后，兰格和泰勒发觉情况发生了变化。谁也没有提到"沙尘暴"的事。泰勒知道，早在 1933 年，墨西哥人和菲律宾人领导棉花罢工时，俄克拉荷马州人就作为破坏罢工的工贼开始进入加州。到了 1935 年，泰勒意识到这是一场大规模移民，而并非对罢工所创造的雇用机会的回应，这一大迁徙堪与淘金热相媲美。当他的团队驾车向东进发去调查其原因时，他雇了尤马大桥边的一个加油站的职工，每天给他提供西行的移民有多少的数据。这项即兴的研究开创了后来更加精准的数据收集：从6月到11月这五个月期间，有三万七千名移民通过这条线路进入加州；在接下来的三年里，这个数字上升到了二十五万人（不包括妇女和孩子，很可能也不包括墨西哥人）。能成为最初的调查人员，兰格感觉很兴奋。她在随后的几年里乐意渲染他们在当时亲眼目睹的情景。"那是逃难的第一天，泥石流般的人群切断了这个大陆……这些人的背井离乡始于那些沙尘暴，它就像地球的运动……"

她说得对，这些人是难民，被迫离开他们世世代代生息的古老农庄，丢掉了所有的财产，只剩身上穿的以及塞进粗制滥造的破车里的那一点物品。兰格和泰勒想方设法对他们遭受的污蔑进行了反驳，将他们称为"先驱者"，并为《图表调查》杂志写了一篇文章，标题是《又见大篷车》。他们用《圣经》里的话描述溃逃，比斯坦贝克《愤怒的葡萄》里采用的象征手法更早，就像受压迫的犹太人出埃及寻求一方乐土一样。这些逃离家园的人们像逃跑的奴隶一样，也像第一次世界大战之后向北大迁徙的那些非洲裔美国人一样，对土地抱有天真的幻想——对加州抱有幻想，认为加州会欢迎他们。（然而仅仅五年之后，正如兰格的纪实摄影描述的那样，这些被人瞧不起的俄克拉荷马人成为了西海岸国际工业抢手的劳动力。那些墨西哥的农场工人就没有这样好的机会。）

所以，在第二个报告里，泰勒提供了一个稍稍不同的信息，表明了他反种族主义的局限性。"大多数难民……是美国白人。""美国白人"有时被称为"土著美国人"，在之后的一些报告里频繁出现。它不仅仅强调了"白皮肤"，而且把墨西哥人当作外国人，在字面上和象征意义上都是这样，甚至包括那些已成为美国公民的墨西哥人。兰格的照片反映了这种变化的焦点：在第二个报告的二十三幅人物照里，只有三幅拍的是墨西哥人。他们期望让农业部醍醐灌顶，明白这是一个史无前例的大迁徙，他们隐含的意思是，俄克拉荷马州和德克萨斯州来的白人的处境比墨西哥农场工人的处境更让人难以接受；白人有权得到墨西哥血统的人没有得到的帮助。泰勒和兰格没有直截了当呼吁当地对他们进行救助，原因是因为这些移民是白人。但是他们在文本里面的照片说明了一切。他们有意识地运用了白人的形象，其目的就是赢得人们对他们建议的支持，表明了一种下意识的惊愕，连白人都生活在如此可怕的境况中。当然，俄克拉荷马州人和阿肯色州人唱了这首歌给兰格和泰勒听："我们确实像白人一样生活。我们绝对不是乞丐。我们认为我们是白人。"接下去的五个报告里，白人占据了绝大多数。

泰勒写完报告后觉得他有责任为他的建议而奔波，游说记者、州政府官员和大学专家。正如跟种植园主迪乔治的谈判所表现出来的那样，来自大种植园主和地方官员的反对不仅十分紧张，而且十分迂回。迪乔治表示愿意提供土地、水、电建设一个营地。作为交换，他想要他的人"有权发声决定谁可以被分配（原文如此）到这个营地居住……他不想要那些赤色分子、布尔什维克分子来居住，也不想让营地变成一个红灯区。"换句话说，他想要联邦政府建造永久性的居所，当联邦营地完成使命之后将由他继承。依此方法，他可以用政府的钱为工人们建造一个将来能在他掌控之下的营地。克恩县的官员们打算接受他的建议，但是泰勒的盟友太熟悉利用反共的强烈情绪阻止工人组织起来的伎俩，所以表示反对。

多萝西娅渴望加入泰勒的行动。他和梅纳德认识《旧金山新闻》的一位编辑，于是她邀请他和泰勒一起来吃饭，一个星期之后，他发表了一篇社论，支持他们的建议。泰勒见证了她的干劲和自信，他对她了解得越多，就越迷恋她。

这顿晚餐，以及到1935年6月下旬梅纳德又多次外出的事实表明，保罗和多萝西娅之间还没有发生任何浪漫的事情——或者说他们还没有准备好承认他们之间已经建立了新的关系。在那几趟外出中，梅纳德像她一样被他的所见所闻吓坏了。他写道："胡佛村、流动的农场工人、路边的营地；义警的威胁就在背后看不见的地方。""这是我的国家吗？"如果政治观念的不同使梅纳德跟多萝西娅的关系疏远的话，那么这是因为她越来越倾心于为了一项事业而奋斗。当梅纳德孤身一人在荒郊野外的时候，他的心灵是受到了触动。而当多萝西娅和保罗在骄阳炙烤下尘土飞扬的田野里跟那些采摘者交谈的时候，他们的心灵被触动了。分享这段经历会产生情感上的亲密。威拉德·范·戴克在这一时段看到了他们在一起的情形，便认为，"那里立刻就会产生一种联系……来自一种感觉，什么样的地方会让人们感觉饥饿？"他们的情感由同情转向愤怒，这种情感鼓舞着他们克服了疲惫，而且他们在彼此身上都发现了这种感觉。与此同时，范·戴克明白，她正需要"确认一种用她的摄影进行奋斗的途径。保罗给了她这一途径。"

到了1935年夏末的时候，多萝西娅和保罗已经在计划跟各自的配偶离婚的事宜，并打算结婚。尽管始终弄不明白他们何时确定的关系，但是事实一目了然：他们的互相迷恋掺杂了个人对政治的兴奋。多萝西娅正在跟保罗一起进入一场终身的冒险。像他们那样磁铁般的相互吸引经常可以在社会运动中发现，在社会运动中，同志情谊以及对一项事业的献身精神往往可以跟个人的激情融合起来。在这样的情形下所发生的亲密关系——无论是性关系还是非性关系——可以走得很远。这两个人并不经常单独在一起，但一天中见面的时间有十四到十八个小时。尽管路途辛苦，以及亲眼目睹一个身体瘦弱的七岁小孩子在田里拖着一大包棉花时感觉很心痛，但他们的工作是愉快的，这种愉快来自希望，来自他们期待在奋斗的道路上成为志同道合的伙伴。他们很快便明目张胆地相恋。威拉德·范·戴克说，他"从未见过两个人如此相爱"。

尽管梅纳德和保罗有显著的差别，但是两人都在多萝西娅面前扮演了慈父般的伴侣气质。在她走到生命尽头的时候，她发现自己有点像一个孤儿。梅纳德的慈父气质来自他年长二十岁的资历和相当可观的知名度。她遇见他的时候，几乎是一个十几岁的小姑娘，第一次孤身离家远行，她的梦想和抱负还处在落花有意流水无情的阶段。而他自信而富有经验，在男欢女爱方面技巧丰富，迷人的朋友簇拥四周，如众星拱月，他似乎无所畏惧，不羁传统束缚。保罗则是一位不同的父亲。他也自信满满，成熟老练，不随波逐流，而且十分愿意挑战他的专业标准，他对多萝西娅慈父般的安慰来自他的稳健可靠和十分坚定的信念，他认为他所做的事情是绝对正确的。梅纳德和保罗不同的男子气概都证明了多萝西娅对自己勃勃雄心本能地感到焦虑。在十九世纪人们常说，野心使女人丧失了性的特征，所以一个有野心的女人常常感觉更需要证明自己是一个女性，而且妩媚动人。多萝西娅的两个丈夫都给了她这样的证明，但是保罗公开颂扬她的野心并发现这种野心令他着迷。

保罗发疯一样地爱她。他写给她的信都保留了下来，证明保罗的感情比她更炽热。他的激情格外显露无遗，因为，在断断续续地进出情感领域的时候，他的措辞同时也透露出他正式的、有点浮夸的说话方式。1935年夏天，在一辆去华盛顿的列车上，他写道：

我亲爱的多萝西娅：

如果我需要某种东西让我认识到将我拉向了你的纽带的力量——那么，这趟旅行似乎就提供了一个美妙的路径。我为什么会爱你？因为你完美的诚实和正直，因为你看待人的清澈纯净……因为你面对他们时的勇气。我爱你对人类理解的宽度和深度。我爱你的同情和善良，无论他们位高权重还是人微言轻，你总是一视同仁。（任何例外都是建立在正确辨别的基础之上的。）我爱你对待自己工作的观念——你有杰出的成就和卓越的标准，还有高超的艺术才华，你把你自己的事业跟科学目标和社会目标联系了起来，使之发挥重大作用。我爱你和你最亲密的人那种纯洁的私人关系……我爱你的爽朗性情、幽默欢快——对人最深切的愿望以及最隐私的弱点一样具有洞察力……

他在信的最上方草草写道，"这不是一封'能放在桌上'的书信，是吗？"一天之后，他又补充道，"我的心为你而痛，多萝西娅。"无论有多浪漫，他对她的了解远远超过了梅纳德跟她建立恋爱关系初期。

他在信的最后署名"巴勃罗"，因为他们一起在农场度过的大段时光说的都是西班牙语，她习惯了这样叫他。他喜欢这个称呼，因为这是一位恋人所给的爱称。他在信的结尾写道："晚安，我的小心肝。"

泰勒在华盛顿的日程增加了一倍。除了游说支持营地建设之外，他开始四处活动，想方设法为多萝西娅找一份摄影的活儿，这样他们能继续一起在田野工作。这使得正直诚实、道德至上的泰勒处于尴尬的境地，可是他既没有办法忽视他的个人情感，也没有办法摈弃他的政治热情。他知道，兰格的摄影将会继续成为渐进式改革的有力工具，更何况，他想要继续跟她一起旅行和工作。他已经无法容忍没有她的日子。他得跨越一个很大的障碍：已婚妇女根本无法在联邦政府的岗位上谋职，尤其在她们的丈夫是联邦雇员的时候；而且，他们俩在同一个项目里，要忽视或者不强制执行这一规定愈加困难。[1] 当泰勒在农业部四处介绍、广泛颂扬兰格的工作时，也不得不向他在华盛顿的同事们坦陈，他马上要娶这位摄影师为妻。

但是，坚持不懈是保罗一直以来的方法。他给罗伊·斯特赖克，一个新的农村摄影项目的负责人展示她的照片，斯特赖克对这些照片心醉神迷。当时艺术家本·沙恩也在场，他对这些照片的冲击力留下了永不磨灭的印象："……这是一种启示，这个女人在做的事情……罗伊的整个方向都改变了……"他立马雇用了她。

就连兰格那些富有说服力的照片也没能说服农业安全局为流动工人们建造营地。泰勒说服了联邦紧急救济署旧金山地区的负责人劳里·纳尔逊跟他一起去看看那些农场工人的状况。纳尔逊感到震惊，找到了一笔还未拨付的二万美元救助资金拨给加州，并且批准用这笔钱建造两个营地。泰勒迅速行动，尽快开工，他要让那些种植园主措手不及，免得他们提出反对意见，他快速选好地点，即刻任命欧文·伍德负责建造并协调社区关系——这项工作十分艰苦，因为要说服那些种植园主或顶住他们的压力。

泰勒希望得到大笔资金为所有流动农场工人建造像样的住房的目的没有实现。一直反对建造营地的特格韦尔于 1935 年 10 月份来到了加州，参观了最先建造的两个营地。他评价道："嗯，这是可行的。"他为这个项目拨款了一千万美元，打算为十五万到二十万的农场工人建造足够的住处。但是，地区农业安全局新上任的负责人乔纳森·加斯特对营地建设从来就不积极，况且农业安全局本身也经常遭到右翼的政治攻击，所以这个项目再次缩水。到 1936 年年中，营地建设项目被重新界定为一组示范项目，作为其他实体建造时仿照的样式。1936 年 11 月，特格韦尔卸任。最后，加州的农业安全局只建造了十五个营地和三个流动营地，流动营地在收获季节由拖车运送。

保罗和多萝西娅决定结婚，但面临着艰巨的挑战：告诉他们的配偶及孩子，并说服梅纳德和凯瑟琳同意离婚。保罗特别害怕告诉他母亲罗丝和姨妈埃塞尔这件事。

---

[1] 这是大萧条时期的一项规定，其正式的目的是在就业最紧张的地区照顾就业；支持这一做法在当时是一个普遍的观念，人们都认为已婚妇女没有必要或者没有权利去就业。

他给多萝西娅写信告知进展："我进一步对我母亲和姐姐说了这件事情，正在按照我们商量好的既定方针执行……我肯定，随着时间的推移，你会被接受的。"保罗敦促多萝西娅不等离婚就跟他一起搬到他们租的房子里去，还特别指出她可以省点房租。"为什么不在 11 月 1 日搬进来呢，省一百美金呢？……为什么要到玛吉家去——你更喜欢她的睡衣吗？"多萝西娅拒绝了。这一次保罗奇怪地违背了礼仪准则，而她则坚守体面的准则。他们的离婚从表面看是心平气和的，但是梅纳德一如既往简洁的日记表明，他失去了亲人。

狄克逊家的孩子们对即将发生的分离一无所知。丹事后想起一个信号。"我们的后院变成了邻居孩子的玩乐场。我们把它毁得不像样，它成了一个灾区——没有鲜花，没有植物，只有垃圾和无人问津的野草。这不像梅纳德和多萝西娅的风格。他们之间要是没事的话，我们的后院就会被整理得好好的。"他们将十岁的丹叫到他们的房间，宣布他们要离婚的消息，当时他们正光着身子在床上（他们总是这样裸睡）。这样做恐怕是为了安慰丹。但是，威拉德·范·戴克的记忆中，多萝西娅告诉他的是另一个完全不同的版本，他们告诉他们的大儿子时，场面要让人痛苦得多：当她将丹尼哄上床的时候，她向他解释了她很快要做的事情，接着丹尼说："嗯，你再次得到了你想要的东西，是吗？"

他们的朋友们对此反应强烈。兰格先是将消息透露给了汉塞尔·米思和伊莫金·坎宁安，毫无疑问期望得到她们的支持，但是两人都不赞成——这种反应说明她们的社会自由的局限性。就在一年之前，当罗伊·帕特里奇告诉梅纳德和多萝西娅他打算和伊莫金离婚时，他们都表示了反对；现在离了婚的伊莫金写了一封措辞激烈的信给多萝西娅，告诉她不要离开梅纳德，否则会亏欠孩子们。多萝西娅和梅纳德在他们朋友们的心目中似乎是一根标杆，是这帮人在动荡不安大萧条世界中的一碗心灵鸡汤。"这件事情就像有人将一幅画对半劈开一样。"罗杰·斯特蒂文特说。他们的朋友们也感觉到了梅纳德会受很多苦。他们崇拜他傲慢而又充满激情的精神——前提是他们不必跟他一起生活。有些人批评多萝西娅，离开梅纳德是为了跟一个比他年轻的人在一起，这是老夫少妻这种模式通常会出现的有趣现象。多萝西娅被这些反应弄得很受伤，但是她没有动摇，就像在嫁给梅纳德的时候面对反对没有犹豫一样。最后，多萝西娅和梅纳德都没有失去这些朋友。

泰勒的离婚没有那么一帆风顺。凯瑟琳惊骇得如五雷轰顶。正当她打算努力修复婚姻的时候，她在她的回忆录里写道，"保罗兴高采烈地回家说他已经深深地爱上了多萝西娅·兰格……我真的感到高兴，向他表示祝贺。"她在竭力为他的自由恋爱思想正名，但是这跟她真实的情感相抵触，所以她的叙述似乎有些不真实。她身心交瘁，怒火万丈，声称保罗请她带上玛戈，到他"母亲的房子里去睡一夜，这样他和多萝西娅就可以住在我们的房子里"。（这不符合保罗的个性，故疑点重重——然而谁又能知道这是否是激情导致的迫不及待呢？）凯瑟琳写道，她遵从了（她没有提到她另外两个孩子在什么地方），但是事后歇斯底里大发作。在她回忆录里的一篇手写附言中，她补充道："实际上，我变得精神错乱了。"她写道，保罗叫来了她的医生，将她送到了一家"疗养院，我在那儿酣睡了两个星期"。等她离开疗养院之后，她求助于过去的情人威廉·杨德尔·埃利奥特，他带着她到马林县的因弗内斯去休养了四天。

等她回家之后，保罗请求跟她离婚。凯瑟琳哭着同意了。她很快了解到，她过去的情人赫伯特·罗厄尔·斯托尔兹也正在跟他老婆闹离婚，准备迎娶另一个女人，这使她痛上加痛。凯瑟琳藏好家中的东西，去了内华达州的卡森县，待了六个星期——跟梅纳德·狄克逊一起。这是梅纳德的主意，出于他的"同病相怜"——这正是梅纳德表达和掩饰悲伤用的一类措辞。在卡森县，梅纳德和凯瑟琳成了情人，她的回忆录有这样一段记载，说他"那些有趣的故事，常常是他在旧金山的艺术圈子里一些淫秽和有趣的事情"使她感到快乐，帮助她度过了那段时光。她喜欢看他画画，后来他送了她一幅画，画的是大山，两人都感觉很美。

多萝西娅和保罗于1935年12月6日结婚，这时他们还在路上奔波，阿尔布开克的一位治安法官为他们主持了结婚仪式。上午举行的结婚仪式，下午他们就回去工作了。正如保罗写的那样："我们的共同工作从那儿开始。"没有蜜月，但是他们将政治热情和个人热情结合在了一起，一起分享工作和快乐。婚礼其实并非随随便便。多萝西娅花了六七十美元（记忆可能夸大了这个数字），定制了一套米黄色的华达呢套装作为自己的结婚礼服——这在当时对多萝西娅来说是一笔很大的开销。她跟往常一样，戴着她的印第安银手镯和贝雷帽。

当然，对多萝西娅和保罗来说，新的生活需要代替旧的生活。但留下了严重的后遗症。狄克逊和泰勒家的孩子一样都被寄养到了别的家庭，当时保罗跟多萝西娅在到处奔走，凯瑟琳跟梅纳德则在内华达州。丹和约翰至少在一起，而泰勒家的孩子却被安置到了不同的家庭。这些孩子的经历几乎可以用紧张不安来形容。在他们看来，"孤儿"多萝西娅正在让泰勒家的孩子们也成为孤儿。狄克逊家的孩子已经不跟他们的父母住在一起了，这次的经历让他们觉得，他们的家似乎永远解体了。

第十章 重组一个家庭

在此后的三十年中，多萝西娅跟保罗尽可能地在一起做每一件事情，自然而然地，他们相互影响。他们的婚姻包含爱情、承担、尊重、互相吸引。唯有一个问题：这一旅程中还包括了其他人。除了没有孩子，他们的关系几乎可以被称为婚姻的典范。

多萝西娅和保罗两个人对待他们的前任既小心谨慎也充满关怀，两个人从不在孩子们面前说前任的坏话。保罗写信给多萝西娅，说他是多么感谢她"在凯瑟琳在加州最后几天的日子里对她的态度"。梅纳德和保罗至少一起打过一次高尔夫球。约翰·狄克逊给我看了一张照片，梅纳德和保罗坐在孩子们学校的草地上，说："这是一场很文明的离婚。"多萝西娅积极帮助推动梅纳德的事业发展，让保罗鼓励《图表调查》聘梅纳德为插图画家。在多萝西娅跟保罗成为两口子之后，梅纳德甚至还有几次跟多萝西娅和保罗一起外出摄影，一起做调查研究，但是他坦陈这对他来说并不容易。有一次这样的旅途中，兰格写道，他"把帽子狠狠地摔到了地上，说这样（亲切友好）的态度没用。当你依然爱着那个姑娘的时候！"

两人的离婚和再婚没有在伯克利的官场掀起轩然大波，但是躲不过闲言碎语。保罗特别害怕公众舆论，担心离婚风波会被种植园主的组织用来在政治上抹黑他。他发现很难向他的同事们谈及此事。然而，非难和抹黑主要发生在多萝西娅身上——婚姻的插足者，抢别人老公的女人。那些认识保罗·泰勒的人无法想象他会先提出离婚，虽然了解凯瑟琳风流韵事的人表示理解。

多萝西娅为这个重组家庭营造了一个住所。她找了一处很好的房子，位于弗吉尼亚大街 2706 号，这是 1906 年大地震之后建造的一座用红杉木建成的两层小楼，在一幢大房子的后面和上方，由一条狭窄的砖铺小路通向那里。它只有三个小房间——一间是多萝西娅和保罗的卧房，一间给三个男孩子住，还有一间给两位姑娘做闺房——但是房子下沉式的客厅里最吸引人目光的竟是一个很大的石头壁炉。这栋房子是由加州最有名的住宅建筑师伯纳德·梅贝克设计的，房子的乡村风格呈现出一种舒适与温馨的氛围。梅贝克的建筑风格根植于英国的农舍，同时又借鉴了加州、日本和西班牙殖民风格的建筑，有高档住宅的特征，地震难民东渡旧金山湾之后建造的就是这种住宅。梅贝克和他的追随者——塞拉俱乐部早期的成员，设计的房子表达了人和自然和谐相处的理念——显然全靠取之不尽的廉价红杉木——并标志着伯克利永久性的住宅景观。因为悬垂的拱檐很大，再加上实木地板、窗框和墙板，这些房屋内通常昏暗，但是，从窗口望去，外面的景色尽收眼底。站在弗吉尼亚大街房子的二楼望去，就可以看到峡谷、大学校园和海湾。1935 年秋，多萝西娅将房子打扫得干干净净，添置了家具，这样他们一结婚便可以搬进去，并在那儿庆祝圣诞节——这是一个她十分珍视的节日。她在没有装修的地下室建造了一个暗房。

她现在有六个孩子，包括继子继女：康西·狄克逊，是梅纳德跟第一个妻子生的孩子，二十五岁了，已经独立生活，但是偶尔会来伯克利的家，尤其是节假日。凯西·泰勒十三岁，罗斯·泰勒十岁，玛戈·泰勒六岁；丹·狄克逊十岁，约翰·狄克逊七岁。当年冬天和 1936 年春天，这五个孩子全都花钱寄养在养父母家里。比起那个年代的父母，这种寄养对现在的父母来说难以理解。今天对孩子成长的看法以及大多数人的常识会认为在离婚这个节点让孩子离开父母是最糟糕的。当孩子们害怕失去父母的时候，他们需要安慰，需要得到他们的父母不会抛弃他们的保证，告诉他们家庭的破裂不是他们的错。这一事件的四位父母不可能像今天这样从心理学的角度去理解孩子们的需求，甚至连儿童成长专家凯瑟琳都做不到。他们像二十世纪大多数专家一样，想当然地以为，只要照顾好他们的身体，孩子们是有可塑性的，是会很好适应的。当时在儿童成长方面的进步人士更加关心的是孩子们是否被剥夺了探索的自由，而不是关注他们的情感保护。

今天，像多萝西娅和保罗那样在四处奔波的父母很可能会雇用一个全职保姆在家照看孩子。泰勒和兰格两人加起来的薪水是五千八百美元（相当于 2007 年的八万七千美元），要养活一家七口并不宽裕，但是按照当时大萧条时期的低薪状况，他们可以负担得起一个保姆。他们并没有选择这一做法。在二十世纪初的时候，住家保姆在中上阶层家庭中很常见，但是在二十世纪三十年代，只有最上层家庭才雇得起住家保姆。兰格的决定并不矛盾：她根本无法拒绝农业安全局所提供的机会。即便她每天晚上都可以回家，她照顾孩子的时间也十分有限。在有孩子的母亲之中，有自己事业的依旧鲜见——相比较之下，贫困的母亲只有工作，没有事业。

所以，保罗和多萝西娅毫不犹豫地决定将孩子们送到别处寄养；梅纳德不负责任，也没有提出什么意见；凯瑟琳干脆宣布她要到纽约去过年，将孩子们留给了保罗和多萝西娅。

把孩子们送到哪里去是研究、讨论的主要话题，有时他们又犹豫不决。多萝西娅了解到——很可能是从凯瑟琳那儿——奥哈依峡谷学校不错，这是一所具有进步思想的私立寄宿学校，坐落在圣巴巴拉，距伯克利三百五十英里。保罗对这个建议一直持十分顺从的态度，不断地告诉多萝西娅，他完全相信她，她决定就可以了，他对寄宿学校和寄养家庭的相对优势没有自己的看法。保罗被爱冲昏了头脑，所以根本无法把注意力集中到孩子们身上，而且他也从来就不习惯对他们承担多大责任。他甚至提议再休一次假，跟多萝西娅一起外出旅行一年。

多萝西娅决定不把孩子们送到学校去，转而送到伯克利附近的寄养家庭去。1936 年春季那个学期，她出差的时间都相对比较短，所以孩子们在周末经常可以回到这个重组的新家庭。泰勒和狄克逊家的孩子跟一个名叫特德·盖伊的律师和他妻子住到了一起。盖伊夫妇在内华达山区办了一个儿童夏令营，享受着养父母的欢乐。几个女孩子流动了好几次——泰勒家三个孩子没有任何一次被寄养在同一个地方。

在讨论如何安排孩子们的时候，四个父母亲有不同的意见，但是没有一个人坚决反对。在凯瑟琳的眼中："我当然有我的孩子，我深深地爱着他们，但是我不得不离开他们一年，去寻找属于我自己的崭新生活。"她跟多萝西娅一样，说得好像她别无选择似的。她去纽约攻读临床心理学的学位，多年中在儿童心理学领域取得了杰出的成就。为了学习和工作，她从一个地方换到另一个地方学习、工作，结果，当孩子们跟她在一起之后，他们也四海为家了。

保罗从来没有对这一决定发表过什么意见。（在他口述的历史中，他很少提到凯瑟琳。）这是一个采访者所能采访到的最私密的内容了："你是说我们结婚之后吗？嗯，家里的事情得面对啊。两个家庭的孩子。是的，的确不容易……消除两个家庭的藩篱，建立关系，但是总体讲，问题解决了。"他觉得有一件事情十分重要，"当他跟多萝西娅结婚之后，他们应该自由地理顺他们的关系，而不涉及五个孩子中的任何一个……"这可以被理解为不以孩子为中心，或者说表达他在爱情方面有多么无助，或者不那么仁慈地说，对他的孩子没有责任心，因为他总是以为两位母亲会做出安排的。他以为对孩子们来说最好是大多数时间远离新的家庭，因为这样可以让他们逐渐契合。

多萝西娅也不想对她的选择承担责任，虽然她的内疚路人皆知。她颠倒了因果关系，解释说因为跟孩子们的分离驱使她出去工作。她的话让别人以为，孩子们到一个朋友家里去了，她从来不说她和保罗花钱请了陌生人照顾他们的孩子。这样的行为如何跟她对贫苦儿童苦难的极度敏感相一致呢？也许，相比较之后，她觉得自己孩子的处境要好得多吧。兰格的众多采访者中没有一个敢在寄养孩子的问题上追问她。但是，事实胜于雄辩，促使她冒险将孩子送出去、摆脱家庭责任的渴望跟保罗一样强烈。

梅纳德对此一言不发。他在这件事情当中既不承担责任也不发声，而且他很可能都没有想过怎样做才是对孩子们有益的。他从来不掏钱供养孩子——都是多萝西娅和保罗出钱抚养孩子。

孩子们的情感记忆并不一致。由于多萝西娅和保罗婚后第一年时孩子们都在伯克利，所以有时周末他们就得待在一起。谁都不好过。重组的家庭又新鲜又陌生。当约翰·狄克逊的女友，后来成为他妻子的海伦第一次到他们家时，对他们家的关系感到吃惊和困惑，她对我说她从未听闻过这么复杂的家庭关系。

约翰·狄克逊的痛苦记忆十分清晰。他回忆说，他跟母亲一道坐在他们家的旅行车上，驶上渡轮，接着来到伯克利码头（海湾大桥当时尚未开放），"我又哭又闹，不想去，不喜欢那个新男人，都是他害得她多次外出旅行。"丹在1932年第一次到陌生寄养家庭时十分生气，相比较之下，他对我说这次他倒是宽容大度，多萝西娅和保罗"很容易就让小孩子适应了"他们的新关系。丹和约翰都记得与罗斯的摩擦，这样一个陌生人，突然就变成了兄弟；约翰记得罗斯"在床上蹦跶，还挥舞着一把短弯刀；一个野小子。"约翰还有其他的痛苦回忆：身上长了疖子，有一次错过回家的公共汽车时吓坏了。

狄克逊家的两个儿子失去了父亲。梅纳德偶尔去看他们一下，通常他们跟泰勒家的孩子在一起。梅纳德以他自己的方式尽力减少这场离婚给每个人带来的伤害，而且由于他经常旅行，所以两个男孩并未明确意识到失去他了。多萝西娅说到他的时候尽量轻松随意，而且将他的那卷画纸放在一个橱子里，供孩子们用。有一次，两个男孩在梅纳德的画室里，跟他们可爱的怪叔叔哈里·圣约翰·狄克逊一起过感恩节，他会唱苏格兰歌。他们主要会在多萝西娅举办的节日宴会上见到自己的爸爸，那里会有很多人，狄克逊家的，泰勒家的，帕特里奇家的，还有保罗经常款待的学者。狄克逊家的两个男孩子并不总是喜欢伯克利的聚会。不仅是因为要小心谨慎地执行多萝西娅的指令会让他们紧张，也因为梅纳德有可能会表现得不够礼貌。"有两个女人被梅纳德那张刻薄的嘴巴抢白得哑口无言。"约翰回忆道，这两个女人就是保罗的母亲和她的姐姐埃塞尔。丹叙述道，后者就"像一个五十多岁的老处女一样，穿紧身胸衣正襟危坐的样子使她成为被攻击的目标……我们在那儿的时候，他一直在挖苦她们、讥笑她们、捉弄她们……我要是保罗的话，就会一拳打在他的嘴巴上。"有一个夏天梅纳德带着两个儿子出去露营，他们很喜欢这样的露营。约翰的回忆十分真切，他生动地描述了梅纳德到盖伊家来看他们的情景。他在帮男孩子们用一块木牌削弓箭的时候割破了左手，他画画的那只手。约翰记得，鲜血顺着他的手指流下来，他担心地问："你没事吧，爸爸，你没事吧？"父亲的手割破了比他自己的手割破了更让他着急。

梅纳德开始与另一位刚离婚的艺术家伊迪丝·哈姆林交往，他们很快就结婚了。伊迪丝是一位很有教养的女人，她在梅纳德健康每况愈下的时候放下自己的绘画照顾他；她还尽全力扮演好两个男孩子的继母的角色，给他们留下了和蔼可亲的印象。多萝西娅喜欢伊迪丝，对待她的态度热情友好，而且对她照顾梅纳德感恩戴德。几年之后，梅纳德和伊迪丝搬到了图森居住，因为他得了肺气肿，同时厌倦了成为一位公众人物，厌倦扮演舞台角色。他们在犹他州的卡梅尔山为自己建造了一桩木头小屋避暑。他喜欢孩子们，但是觉得没有必要经常联系。他偶尔也给他们写写信，还附上迷人的趣闻轶事和速写。

具有讽刺意味的是，泰勒家的孩子也感觉他们失去了父亲。保罗对自己和狄克逊的孩子一视同仁，但他总认为照管孩子是凯瑟琳的责任，所以他即刻把这种责任转移到了多萝西娅的肩上——就像梅纳德将照管康西的责任转移到她身上一样。五个孩子都知道，他绝对不会因为保护他们而跟她闹翻。结果是有时候所有孩子都感觉仿佛没有父母一样。保罗的孙女戴安娜的结论有点冷酷无情：保罗基本上不关心自己孩子的幸福。伊莫金·坎宁安的儿子龙德尔的脑海里还记着这个重组家庭的生活起居，他生动地描述了保罗的超然物外：罗斯在吹法国号，约翰在吹单簧管，丹演奏另一样乐器，而保罗在其中写一个报告；有时候，他们会在客厅里打篮球，而保罗就在边上打盹，接着被吵醒，嘴里嚷着"好啦，好啦"，或者"天哪，天哪"，总说两遍，然后继续他的工作。丹·狄克逊对保罗的描述更加具有批判性：他跟多萝西娅的伴侣关系如铜墙铁壁，仿佛我们这些孩子是入侵者一样。

相比之下，多萝西娅会突然大发雷霆，就像她对康西发火一样。玛戈的丈夫认为她具有双重人格，善恶两重人格交替出现。凯西是泰勒最大的孩子，穿着妖艳，行为轻佻，常常揣着当演员或电影明星的梦想——而且可能还因为她的外表和风格很像母亲罗丝，所以多萝西娅看不惯。有一次罗斯跟多萝西娅顶嘴，她打了他的耳光说，你不能对我傲慢无礼；然而，也是多萝西娅，给他买了他生平第一样乐器，一支军号，肯定他令人惊叹的音乐天赋。（他后来成为旧金山交响乐团的首席圆号演奏家。）多萝西娅担心自己的脾气，有一次对她的儿媳奥尼坦白说，"有时我像是魔鬼附身一样。"并不是说泰勒的孩子们感觉多萝西娅偏爱自己的儿子，而是因为保罗将做父母的责任都交给了她，她可能会出乎意料地严厉。

如果丹和约翰的叙述准确的话，罗斯的行为表明了他的愤怒。罗斯的女儿戴安娜认为，他是他母亲的宠儿，凯瑟琳的"金王子"；玛戈的丈夫认为更精确的说法是罗斯是他母亲的帕西法尔[1]，一个独一无二、盖世无双的英雄。他因为被寄养出去而吃尽苦头，也因为以为父亲抛弃了他而心痛万分。父母离婚后的第二个学年，他跟母亲一起生活了一年之后，罗斯请求去跟父亲一起生活，他母亲同意了。可是

---

[1] 亚瑟王传奇中寻找圣杯的英雄人物。——译者注

他感到极度失望，因为他从保罗那儿什么也得不到，他唯一真正可以依赖的亲人是多萝西娅。

玛戈成了一位著名的心理治疗师，从她的回忆里可看出她的专业性。她是最小的孩子，拥有的情感资源最少。她发现"多萝西娅的愤怒"很可怕，回忆起她是如何"用蛇一样的眼睛瞪着你"。六十年后，玛戈回想起这可怕的场面，便恍如昨天：有一次，这个重组家庭形成不久之后，她在哭泣——记不清是什么原因了——她想要被人抱起来寻求安慰。多萝西娅说，不。玛戈哭着去找保罗，多萝西娅还是对她说："不，你不会得到你想要的。"多萝西娅对保罗说："不，保罗，她得靠自己解决这个问题。"保罗竟然照办了。（几年之后，玛戈逐渐懂得多萝西娅说的"靠自己"的根本意义是什么。）保罗不会违抗多萝西娅，就像他不会违抗他母亲一样，玛戈得出结论，如果她违抗继母的话，那么她跟她父亲的关系就会被"切断"；保罗对多萝西娅来说，既是"父亲"，又是"儿子"，玛戈心想，多萝西娅在这段关系里的角色是令人羡慕的。

这些怨气和痛苦记忆说明了这个家庭的错综复杂，玛戈觉得她曾是多萝西娅最喜爱的人，她还记得，多萝西娅对孩子们有爱，有温暖，有丰富的情感表达。玛丽·斯皮维从初中时代起就是玛戈的闺密，她还记得玛戈的抱怨，抱怨她继母是如何干涉孩子们感兴趣的事情的，不允许干这干那，然后把注意力转回到她自己身上。玛丽说，她在遇见兰格之前"先遇见的是玛戈的痛苦"。然而，玛丽喜欢到玛戈的家里去，她感受到了多萝西娅热情好客。"我感觉像是回家了一样。"她说。多萝西娅常常解释，一些她自己的孩子们听上去觉得乏味的事，但是玛丽很喜欢听，因为多萝西娅表达了"藏在事物背后的"情感。然而，那些藏在"背后"的强烈情感助长了多萝西娅的控制欲。有一次，玛丽在厨房帮忙，她拿起一只分菜用的陶瓷盘到餐厅去；多萝西娅从她手中拿过盘子，说："哦，不，你必须这样拿，才是尊重其器形。"

保罗只发过一次脾气：丹叫多萝西娅老母猪，保罗将他扔下了楼梯——这真有可能要了他的命，丹心想。纵然这件事情在记忆里被夸大了，丹也明确了一点：保罗不能允许严重冒犯多萝西娅的事发生。当多萝西娅最初加入到泰勒这个家庭的时候，她被告知，就像泰勒的首任妻子凯瑟琳一样，他母亲罗丝是不可以违抗的。但是，多萝西娅接受了挑战，而且赢了。据玛戈说，经历了最初的冷战之后，没过多久，多萝西娅就建立了绝对权威。保罗每周一次独自前去探望他的母亲。

随着丹和约翰的成长，这些紧张状况让他们对自己的母亲有了一个新的看法：专制主义者，用丹的话讲是"威严的立法者"。他们叫她"独裁者多特"；丹写道："……她的统治手段像俾斯麦。"他们倍感压力。玛戈对她朋友玛丽说，你不知道父母双方都在《名人录》里是什么感觉；玛戈生怕进不了美国大学优秀生联谊会。

随着年龄的增长，孩子们可能越来越注意到多萝西娅的易怒，可是多萝西娅内心深处所感受到的"魔鬼"也许一直在积聚力量。那一年的发展所带来的兴奋并没有降低在赶工作进度的同时打理家务的紧张和压力。

多萝西娅在家庭中的专制暴君形象和对待摄影对象的民主意识之间的反差如此之大，一开始竟使我很难将两者联系起来。每个在她家里面见过她的人都说，她是家的主宰，精心安排每一个细节。她的儿媳妇海伦·迪克逊以最大限度的宽容描述了这一情况。海伦跟多萝西娅十分亲密，爱她，为能成为她的朋友感到非常骄傲，即使跟约翰·迪克逊离婚之后，她也依然住在兰格－泰勒的房子里，一直照顾多萝西娅，直到她离世。而且，海伦意识到多萝西娅总是有一个计划，而且需要把其他人纳入到她的计划中来。

这种强迫性控制最受益的场所是家：家里必须一尘不染，谁也不可以将任何东西挪位，也不允许将东西叠在一起，因为她不能忍受杂乱。不过，多萝西娅对凌乱的不容忍是一种现代主义的设计敏感，而不是对肮脏的恐惧。她喜欢线条简单的木制家具，数量不必太多，喜欢没有装饰的窗户，比起软包的椅子，她更喜欢木头椅子，或者帆布做的轻便扶手折椅。她摆放的物品、艺术品、照片不多，而且经常更换。她的目的是鼓励人们去观察它们、注意它们，不要让室内装饰成为熟视无睹的东西。她的原则是，千万别把你真正不喜欢看的任何东西放在屋子里。她坚持认为，你只需要一套餐具；最好的东西就应该天天用。

她对简朴的追求既不是斯巴达式的，·也不是一种自我克制。她喜欢购物，喜欢有趣的东西，而不太青睐时髦的东西。她喜欢惹人注目。虽然经常重新布置自己的家，但是自从二十世纪二十年代她确定了自己的外在形象之后，她的穿着打扮的风格始终如一，当时旧金山的社交圈很认可她以简单来展现优雅的品味。只有一个例外：她不再刻意掩饰她的跛脚。即便搬到更古板的教师居住区后，她也丝毫没有改变这种风格。她在二十年代把头发剪短，这在当时是一种时尚，从此再未留过长发，而是逐渐剪得越来越短。她继续戴贝雷帽，把它歪向一边，以便创造出一种引人注目的不对称。早在二十世纪四十年代民族服装流行之前，她就留意到了它们，主要是墨西哥风格的：白色的绣花衬衫和宽下摆长裙子。她外出拍摄时，穿的是工作服：长裤和衬衣，头上常常扎着方头巾。她喜欢她所谓的"好"东西，常常不以价位来衡量。1957 年，她跟堂妹、电影明星霍普·兰格一同参加奥斯卡金像奖颁奖典礼，霍普·兰格凭借《冷暖人间》获得最佳女配角提名；多萝西娅得意洋洋地说她花了十二美元在西尔斯淘了一条斑马条纹连衣裙，没有料到活动现场的人纷纷问道："你的设计师是谁？"

她为自己精湛的厨艺感到骄傲。她做菜讲究繁文缛节，玛戈回忆说无异于日本的茶道。当然，这种过分讲究的代价就是把自己弄得疲惫不堪。但是，她也能凑合。有一次玛戈跟她在一起时，她把整只火鸡掉到了地上，她捡起火鸡，把它放回盘子里，朝玛戈眨了一下眼睛，意思是这事儿就当她们两人之间的秘密。玛戈很开心。

多萝西娅的节假日仪式特别复杂死板：丹称她为"节假日的波拿巴人"。这些都是她孩提时代的仪式——她母亲也举办盛大的节日活动。圣诞聚会尤其富丽壮观，每年都要编排和表演一样的舞蹈，但是增添新的内容。通向门口的小路两边摆放着放在白纸袋里的蜡烛。圣诞树上古朴的德国烛台上点着真正的蜡烛，因为这是她外祖母的传统。（保罗准备了一个灭火器和几桶沙子。）她将挂在她工作室长长的白色墙壁上的照片取下来，用节假日的纪念品替代：家庭照片、一封小孩子写给圣诞老人的信。多萝西娅自己有特别的圣诞节全套装备——一条白色的有精致花边的棉质墨西哥连衣裙，袖子很宽松，她通常戴着她平常戴的那只很沉的纳瓦霍银手镯，偶尔会戴一条同样很沉的项链。当保罗邀请大学里的外国人来家里时，她要求他们穿上"传统的当地服装"。（我无法想象这些韩国经济学家或者埃及农艺师会遵从她的要求，但是他们的妻子也许会。）

这些都是大型聚会，包括梅纳德和帕特里奇家的人，但也有跟保罗有关的客人——有时有三十个人之多。到了二十世纪五十年代，这个群体更大了，因为孩子们的配偶与他们的孩子加入了进来。多萝西娅负责烹饪所有食物——没有其他人的菜肴可与之媲美——和装饰，这很耗时，所以通常在感恩节与圣诞节之间她很少拍摄。会有两只火鸡，有时是一只火鸡加一大块烤牛肉或一大块火腿，还有很多配菜：奶油洋葱、番薯、土豆泥、自制面包卷、蔬菜、沙拉。简单而又地道的菜肴，朴实无华但殷实富足，而且上菜很有风格——这是来自于琼的传统。常有切肉竞赛：保罗小心谨慎地将肉切成薄片；马丁则在长桌的另一头将肉切成大块——所以男孩子们大多坐到他这边。餐后便是魔鬼咖啡，这种咖啡要用专门准备的杯子。随着一年年的逝去，节假日聚餐变得越来越照本宣科。"感恩节真是温暖而又美妙，"她儿媳奥妮回忆道，"但这是多萝西娅的表演。"

音乐也被仪式化了。多萝西娅坚持播放一张78年的老唱片，舒曼－海因克夫人演唱的《静静的夜》，尽管孩子们抱怨他们什么也听不见，就是沙沙的噪声，背景音乐里还有微弱的歌声。重组的家庭很快加入了他们自己的歌曲。梅纳德推荐了《我所说的小老头》，泰勒家的人带来了《当蛤壳变成银铃时》，而罗斯则喜欢《黑麦威士忌》，这也是梅纳德的最爱。这个家庭的传统还包括暗号、秘密握手和一首没有多少价值的抒情诗：

> 我们是十分优秀的一伙人
> 头儿的名字叫芬克尔斯坦
> 每晚九点差一刻
> 我们聚会在十分美妙的时辰……

这首抒情诗的发音带有德语或者意第绪语口音，第一句经常在家人写信的时候表达自己的爱意。如果这首抒情诗是反犹太人的，那么就不可能得到这个家庭的认可。

晚饭之后，户外会想起铃声，圣诞老人（保罗）就会从一扇法式门进入，背着一袋礼物，包括给所有孩子的柑橘——这些柑橘都是从旧金山的唐人街买来的，因为多萝西娅坚持认为只有这些柑橘才行。保罗很快加上了自己的仪式：在感恩节的时候，他会朗诵林肯的原作"感恩节宣言"，或者丹尼尔·韦伯斯特在清教徒登陆两百周年纪念日上的演讲："结果是……土地的大片划分，以及条件的极大平等，这是一个深得民心政府的真正根基。"（对保罗来说，在个人情感和政治情感之间没有任何距离。）他常常会加上梅纳德·狄克逊那首不敬的诗《异教徒之死》。毫无疑问，多萝西娅和保罗两人都失去了父亲，这让他们在仪式的纽带中感同身受。这些场合提供了一个环境，他可以在其中表达热情、爱国主义和采用家长式作风。它们是多萝西娅带给他的礼物。

这些聚会有时会给不在这个"美妙社团"的家庭成员康西带来更多的痛苦。1935年这个重组家庭组成的时候，康西正在成为一个参与政治的积极分子。她为一份思想进步的报纸撰稿，支持码头工会，其间，她遇见了工会的负责人戴夫·詹金斯。他们结为了夫妻，他们的女儿丽贝卡（贝姬）于1937年出生。她和戴夫在陶斯、伍德斯托克、纽约市的西村待了一小段时间，在那儿他们跟其他一些激进分子和艺术家住在一个集体家庭里，之后她跟戴夫分道扬镳，带着贝姬回到了旧金山。（戴夫·詹金斯继续成为旧金山一位重要的劳工领袖和政治积极分子；如果多萝西娅跟康西的关系更好一些，她也许会跟湾区的左翼政治有更多的联系。）

康西是一位富有爱心但反复无常的母亲，无法给贝姬带来稳定的情感保障——任何一份工作她都干不长，而且很快就开始酗酒——重蹈梅纳德·狄克逊的第一任妻子，她母亲莉莲·托比的覆辙——而且，在忠诚的小约翰·科利尔看来，她交往的男人没有一个好人；小约翰·科利尔有多次将她从灾难中拯救了出来。她后来又有过几次短暂的婚姻。在二十世纪四十年代到五十年代，如果不是因为女儿贝姬喜欢那种仪式、热闹和温馨，康西应该会拒绝到欧几里得大街聚会的邀请。尽管如此，连小贝姬也能感觉到，康西的头上笼罩着"乌云"。人们很难触及这个家庭悲剧的核心，但它很可能是多萝西娅和康西两个人共同构成的：继母没有对康西释放她一贯的热情和好客，继女则无法接受给予她的帮助。但是，权力在多萝西娅手中，但很难理解她长期以来对继女啬啬情感。她似乎陷入了1920年时对这位姑娘抓着她才华横溢的父亲不放的嫉恨中而不能自拔。

多萝西娅对聚会的重视，部分是补偿性的，因为她经常四处奔波。不过，这也正好适合她新的居所。起初，多萝西娅感到忧心忡忡，因为她将离开心爱的旧金山，离开激励她、给她勇气并塑造了她的艺术家圈子，离开具有欧洲风格的咖啡馆生活，去成为在她看来的郊区大学城的大学老师的妻子。正如加州的一位建筑师曾经写的那样："伯克利北部的艺术聚居区是以健康为导向，而且……与旧金山科帕喧闹的波希米亚风格无关。"不过，令多萝西娅自己感到惊讶的是，她很快就喜欢上了伯克利阳光灿烂的天气、健康的生活方式、宽敞的住所以及由一所好大学所带来的种种好处。

伯克利最初是占地四万五千英亩的圣安东尼奥大牧场的一部分，由西班牙总督德索拉于 1820 年授予佩拉尔塔家族。多明戈·佩拉尔塔在一条小溪畔建了一个家，他们家将这条小溪命名为科多尼塞斯，即"鹌鹑"的意思——兰格和泰勒的第二个家就在小溪边。在淘金热之前，那儿没有英裔美国人居住，淘金热的时候，佩拉尔塔家卖给了他们一些土地，然后又捐赠了更多土地建造了第一座校舍。不过，英裔美国人开始运用各种各样的欺骗手段掠夺土地，包括十九世纪五十年代欺骗性的勘测，抢走了佩拉尔塔家七千英亩土地和整个滨水区域。最后，他们以八万二千美元买下了余下的土地。二十世纪初这儿修建了一条短短的铁路线通向渡口，使得跟旧金山的往返更加便捷，而且到了 1906 年，旧金山大地震使很多幸存者穿过旧金山湾到这儿定居。

1935 年兰格移居伯克利的时候，伯克利已经十分繁荣昌盛了。海湾大桥于 1936 年竣工，花五十美分车费就可以快速地去旧金山。伯克利在旧金山湾附近发展出了一个很大的工业区，大学招生人数大约一万五千。对多萝西娅来说，一个去哪里都离不开车、只有白人、很难闻到意大利食物和中国食物香气的地方就算不上一个城市。但是，在新政时期，伯克利获得了其他的资源。公共事业振兴署正在为建筑工业添砖加瓦，在欣克尔公园建造了一个小型的露天剧场，伯克利玫瑰园就在他们位于欧几里得大街房子的对面，还有水上公园、伯克利游艇码头。地方资源养护队的小伙子们建造了巨大的蒂尔顿公园的大多数设施、丛林防火道和步道，在东湾，他们还在小山上种植红杉树和蒙特雷松树。大学的激进主义思潮蓬蓬勃勃，大多是左翼分子。历史学家亨利·梅回忆说："校园的政治辩论在新政者和马克思主义者之间展开。"泰勒－兰格家成为大学老师、访问学者、研究生、加州进步人士和农业专家进行热烈讨论的场所。多萝西娅不在厨房忙的时候便认真聆听、虚心学习，也会加入讨论。客人们注意到了，她从不闲聊，而是投入到严肃的交谈中。研究生们特别喜欢去他们家，因为那儿的气氛活跃，轻松，不势利。克拉克·克尔在两次婚姻期间都来过泰勒家，她说多萝西娅不在乎也不关心人们的身份地位，不在乎时尚，跟凯瑟琳完全不一样。后来成为杰出的人类学家的沃尔特·戈尔德斯密特和他妻子盖尔很乐意晚上顺道拜访保罗和多萝西娅，邀请他们去参加一些毕业生聚会。戈尔德斯密特在伯克利教了一个学期的书，就住在他们家里，看到了他们的不同和他们之间关系的复杂性。当保罗对不公正"生气"的时候，多萝西娅有一种精神上的方法，他说："她不是激进分子，而是一个多愁善感的自由主义者，一个比'花童'[1]早诞生整整一代的'花童'……她有坚强的性格……我很钦佩，但我不喜欢。"他们一开始会有不同观点，但逐步达成一致意见，戈尔德斯密特注意到："两个很真诚的人……真心关心着这个世界……他们志趣相投。"

不过，显而易见，这些客人没有一个人提到孩子们。

---

[1] 指美国二十世纪六七十年代流行的嬉皮士的流派。

第三部分
创建纪实摄影
1935-1939

"在一个闷热的初夏，我找到了一个不太容易被找到的小办公室，那儿没有一个人明确知道他们究竟要干什么。这并非指责，因为你进入了一种十分特殊的自由氛围中。那是一种几乎不可能复制或者找到的东西。罗伊·斯特赖克是一个开明的人。你知道有一个词叫'锐气'。某件事假如仅仅适用于我们中的一个人，那么我自己便会更好地去理解它。但并非如此。它蔓延开来，就像有传染性一样。你所做的事情是重要的。你是重要的。这不是纸上谈兵，完全不是。你有一种责任，不仅仅是对办公室里的那些人，而是对所有人。就像一个人有重要事情要做时就会更自信。当你来到田野的时候，找到了你的方法，但你从未像一个大师级的摄影师那样，也不像现在那些杂志男孩所做的那样。我们找到了进去的路，挤着边儿溜进去了。那些喋喋不休什么都告诉你的人是一类人，但是躲在树后面的那个家伙，你最好搞清他为何那样。所以你经常只是待在附近，而不是在一大团尘土中跑进跑出；跟人们一道坐在地上，让那些孩子们看着你的相机，将他们积满了污垢、肮脏不堪的手指放到你的镜头上，你听其自然，因为你知道如果你表现得慷慨大方，那么你很容易接受这种情况。我并不是说我总是这样做的，但我确实这么做过，我曾要了一杯水喝，花了很长时间才喝完，而且在我问问题之前，已经把我自己的一切都告诉他们了。'你来这儿干吗？'他们会问，'你为什么要给我们拍照？'我花很长时间作解释，并且尽可能真诚。他们知道你在说实话。你无法答应他们什么，但这对华盛顿政府来说意义重大，他们足够明白这一点，所以会派你到这儿来。"

——多萝西娅·兰格

第十一章 "父亲"斯特赖克和深受爱戴的团队

　　1935 年到 1939 年之间，兰格将她大多数工作时间——有几次因为被解雇而中断——花到了为农业安全局拍摄纪实照片上。他们的工作既代表了最先进、最有远见的新政梦想，也代表了最与历史无关的怀旧情感，他们为新政中最无效的项目创作了一首颂歌。但是，在当时这群人给民众的感觉并非如此。农业安全局的摄影团队是一个"深受爱戴的团体"，这一说法来自二十世纪六十年代初南方的民权运动。那些摄影师像家庭成员一样，暂时将个人的事业放到了一边，为了追求社会正义的一个集体项目而走到了一起，他们之间像家庭一样紧密合作，也有分歧和对立。然而，这个群体中的每个人都知道，他们将抓住一个良机再次出手干它一个天翻地覆。

　　罗伊·斯特赖克是农业安全局这个摄影项目的负责人，是兰格的另一个"父亲"。他自己的父亲是堪萨斯州大本德市一个激进的民粹主义者，曾经中断家人的祈祷，高呼："该死的华尔街，该死的铁路，该死的标准石油。"斯特赖克在第一次世界大战中服过役，之后他进入哥伦比亚大学——跟泰勒一样——学习经济学，师从雷克斯福德·特格韦尔，他的思想从此被点燃了。斯特赖克也像兰格一样走遍了这个城市的每一个地方。他看到了贫困，看到了歧视，他想为改变这一现状做点什么。作为哥伦比亚大学的一位兼职讲师，他将大学生们带到城市生活中进行"革命性的实地考察"——工会会议、印刷厂、屠宰场、贫民区都有他们的身影。他开始收集图片，以便让他的城市学生们了解农业和农村生活。斯特赖克痴迷于收集旧照，他的口袋里总是鼓鼓的，塞满了三英寸宽五英寸长的纸条，上面全是笔记和参考资料。后来，特格韦尔聘用他汇编一本《美国农业图片史料》。虽然这部书没有面世，但是这个项目后来却发挥了更大的作用。

农业安全局是农业部内部斗争的结果。农业部的进步人士对 1933 年的《农业调整法案》（在第九章里曾讨论到）大为光火，这部法案最终使数十万农场工人受害。这些进步人士的精神领袖就是斯特赖克曾经师从的教授雷克斯福德·特格韦尔，一位多产的作家，一位魅力非凡的农业部副部长。他威胁要辞职，除非农业部强制让佃农也分享《农业调整法案》的成果。与此同时，激进的社会抗议运动在左翼和右翼都掀起了风暴，使得罗斯福更难支持保守派联盟。特格韦尔并没有得到他所想要的代表进步势力强制执行法案的结果——相反，自由主义者在农业部受到了清洗——但是他倒是在 1935 年 5 月 1 日得到了一个新的机构：迁居管理局，该机构由总统授权建立，独立于农业部之外。这是一个"穷人的农业部"，在反民主的农业部内部是绝对不可能成立这样的组织的。特格韦尔找了一个局外人来负责这个部门：威尔·亚历山大，一位牧师，新奥尔良迪拉德大学的校长，也是南方白人反种族主义运动的领导人。几乎没有比这更具有煽动性的任命。特格韦尔还任命了另一位进步人士，亨利·华莱士的忠实拥护者 C.B. 鲍德温为行政助理。所以，从诞生那一刻起，迁居管理局便成了反罗斯福阵营攻击的目标。

迁居管理局最初没有专项拨款，他们不得不从紧急救助项目中争取资金，虽然该机构面对的农村贫困不是紧急情况，而是长期问题。保罗·泰勒总结，进步的农业部组织网络认为它的任务不是紧急救助，而是要使土地所有权和使用权永久民主化，随后出台一项在别的地方被称为"土地改革"的政策。特格韦尔的机构迅速扩张，从 1935 年 4 月份的十二名雇员扩大到了年底的一万六千名雇员。不过，它的主要项目——把最贫苦的农民安置到更好的土地上或城市郊区的花园城镇——需要有让农民迁移的合适土地，唯一的办法就是购买或征用大种植园和大牧场，而迁居管理局无权这样做。由于对"集体主义"替代方案的政治攻击，农业安全局就把主要精力投放到了老式的家庭农场和小城镇的项目上。他们也为现代化提供贷款，在碰到自然灾害时给予补助，给生产者和消费者合作社发放贷款。但是这些项目都是小规模的，想要稍稍改善农业状况主要得依赖紧急救助。

迁居管理局尽管很弱势，但是立马遭到了来自右翼的政治攻击，他们用政治手段向它施压：反对强烈却收效甚微。为了让这个机构摆脱左翼的污点，特格韦尔于1936 年 11 月辞职。该机构被移交到了农业部，并在次年更名为农业安全局——其模糊不清的名称恰好就是其关键所在。这一变动使得农业安全局真实地受到了敌人的包围，只有农业部长亨利·华莱士保护着它。

尽管农业安全局遭到反对，他们还是实施了一些令人印象深刻的举措。例如它的"家庭督导员"会给农场妇女提出营养、服装、卫生方面的建议。这样的督导也许高高在上，但是，通过督导人员反馈给农业安全局的报告，农场妇女试图让华盛顿明白她们最重要的问题——特别糟糕的健康状况，从牙齿脓肿、角膜炎、性病、婴儿腹泻、糙皮症到疟疾。农业安全局随后实施大量的医疗援助计划。它在一些干旱的州引入了团体医疗保健项目，建立非营利性的医疗保健类型的公司，雇佣内科医生、牙医和护士。农业安全局发现，健康状况不佳是导致贫苦和拖欠借款的普遍原因，所以实施这一项目有正当理由。现场工作人员也认识到了事物的另一面：正是贫困导致了不健康。在二十九个州里，农业安全局跟州医疗协会订立了向农村的穷人提供医疗关怀的合同。更有争议的是，农业安全局跟美国节制生育联合会密切合作——玛格丽特·桑格的组织——为其顾客和流动劳工营的居民提供避孕药具。"农业安全局的一位官员这么说：'如果你愿意，我们是作为上帝的使者在做这项服务，而不是作为山姆大叔的使者，山姆大叔并不真的知道我们在做这件事情。'"流动农场工人渴望成为这项服务的受益者之一。

对农业安全局最激烈的反对声集中在其既对白人服务又为黑人服务这件事情上，其实他们在这件事情上的作为还真的微乎其微。种植园主们抱怨，向黑人们提供贷款"无异于扼杀我们的黑人们刚刚好不容易培养起来的勤俭节约和进取精神"，甚至无异于去满足黑人"蠢蠢欲动的某些特权思想……弄得（种族间的）形势更加紧张……"弗吉尼亚州有权有势的参议员哈里·伯德了解到农业安全局在为其南方的顾客交纳人头税之后十分愤怒。农业安全局的行政官员鲍德温回应说，他对这样做感到骄傲："……我们的立场是，不是选民的公民就不是一个好公民。"

不过，总体来讲，农业安全局被迫在种族主义问题上跟农业部保持一致。甚至连农业安全局的负责人种族自由主义者威尔·亚历山大都赞同农业安全局项目中种族隔离的做法，连与此相关的信息也相互隔绝——譬如，有关救助黑人农民的新闻稿只发布给黑人的报纸。同样的原则也指导着农业安全局照片的发布。农业安全局第一个巡回展览去掉了所有黑人的图像，只留下了兰格的一幅照片，而且其背景和图片说明都作了淡化处理，即便这样，这幅照片还是受到了德克萨斯州政府官员的反对。由农业安全局提供的埃德·罗斯坎的二十幅照片构成的偌大的大中央火车站壁饰，没有一张黑人面孔，尽管这个壁饰是在一位黑人助手的帮助下完成的。甚至当《图表调查》杂志的弗洛伦丝·洛布·凯洛格特别要求农业安全局提供反映种族差异的照片时，她也没有得到这样的照片。这样的种族歧视充斥了新政的各个机构。政府主导的摄影项目几乎没有白人跟黑人在一起的照片。在所有的公众艺术项目中，行政官员对艺术家们说，要遵守南方的种族规范。

这个摄影项目原本是农业安全局公共关系部门的一个附属项目，却出乎意料地成为了最具影响力的活动。特格韦尔在1935年创立了这一项目，以便抵消或者反击不可避免的保守派攻击。他聘用了他的学生罗伊·斯特赖克来领衔这个项目，鼓励他"运用新的形式如电影、静态图片等等……"，许多联邦机构都会利用摄影图片向公众宣传他们的工作。一开始，斯特赖克整理了拍摄土地、机械、庄稼的图片，尤其是滥用土地和对土地处置不善的图片，以此促进这一摄影项目。他说，只是当他看到了兰格的照片之后，他才意识到农业远不止是"机器、自制的耙等"。然后，他开始和他的摄影师谈论他们所看到的"社会学意义"。如果没有斯特赖克这样一个思想开明且具有创造力的人，无论兰格的影响有多么巨大，这种影响也会被忽视。兰格认为他有一个"开明的脑袋"。他的领导能力创造了一个非凡、不寻常和广博的项目：美国乡村生活的公共摄影记录。非凡之处在于这些照片的数量与质量；不寻常之处在于它的政府主导的定位；广博之处在于斯特赖克不仅将农业而且将社会生活甚至政治生活的方方面面都包括在内。

斯特赖克的项目运作通常更像小本经营。1939年鼎盛时期，斯特赖克的工作人员总共是二十一人：三名女打字员和速记员，三名男技术员；被聘设计出版物和展览的埃德·罗斯坎；五名或者更多的摄影师；六名相应的雇员担任诸如制图员、助理摄影师等职，全是男性。斯特赖克是官方委派的，但其他人都有文职官员等级——罗斯坎是九级文员，摄影师们是六级文员，负责技术的小伙子们是四级文员，最低级的是一级文员。其每年的预算也非常简单：

薪水	38460 美元
差旅费	11000 美元
采购费	13525 美元
由调整而加薪	3540 美元
总计	66350 美元（23）[1]

斯特赖克知道，报刊杂志正以前所未有的速度刊登图片，于是他着手给他们提供照片，以进一步激发印刷媒体对摄影的兴趣。新闻记者和摄影记者开始依赖农业安全局的素材：他们会打电话要求机构提供特定的图片或者到机构里来参观浏览。

说到自己的角色，斯特赖克带着半真实半做作的谦逊："我是中间人。我经营着这家作坊。"事实上，他在摄影方面的直觉、灵活性以及技巧不够纯熟是他的财富，因为这让他拥有别样的见解和创新开放的态度，使他远离附庸风雅："……真是很幸运，"他写道，"我们……距纽约的'沙龙'有一段距离……"

斯特赖克在招聘时并不看重丰富的摄影技巧。当被问及如何选拔摄影师时，斯特赖克回答说他寻找的是好奇心、求知欲。他聘用的第一个人是哥伦比亚大学的学生阿瑟·罗思坦，他成为了一位优秀技术员，建了一个很好的暗房——他来的时候，农业部的暗房十分陈旧，几乎都无法处理胶卷，只能对付玻璃干版底片。罗思坦是纽约的犹太人，一个外来移民的儿子，比斯特赖克小大约二十岁。罗思坦是纽约任人唯才的高中体系的产物，也是典型的第一代犹太裔美国人，是斯特赖克在哥伦比

---

[1] 可能是作者笔误，四个数字相加总计应为 66525 美元。——译者注

亚大学开始了解并尊重的"类型"。（他在农业安全局找到一份工作，因为被医学院的反犹太主义者拒之门外。）斯特赖克接着聘用了犹太记者卡尔·麦登斯，但是他只在农业安全局待了一年，而后被《生活》杂志挖走了。

接着来了两位年轻艺术家，沃克·埃文斯和本·沙恩。这两个人都是由一位非凡的女性介绍给斯特赖克的，这位女性对这个摄影项目的影响鲜为人知。欧内斯廷·埃文斯（跟沃克没有亲属关系）是作家、儿童图书编辑，也是最早出版迪戈·里维拉作品的美国人之一。她在农业安全局的职位对她来说是大材小用，这在当时对一个女性来说并不反常。她在国际艺术圈有着广泛的人脉，尤其跟纪实摄影师和电影制作人联系紧密，在新政期间她获得了"总是能在新的机构里开拓新思想"的美誉。她为沃克·埃文斯谋得了一份意义重大的摄影工作——为卡尔顿·比尔写古巴的一本书拍摄照片。埃文斯来自一个富裕家庭，身边仆人如云，上的是寄宿学校和威廉学院，然后在巴黎度过一段时光。他的优雅风格和举止帮助他结识了很多有影响力的朋友，尤其是那位艺术界的慈善家林肯·柯尔斯坦，这也使得他"在纽约的名利场进出自如"。

埃文斯和他的好友本·沙恩共用一个工作室，这样的关系中肯定有相互吸引的成分。埃文斯欣赏摄影中乡土建筑和满脸皱纹的宁静及匀称之美，只有沙恩独特的叙事方式与他那台快速的徕卡相机才能创造出这种可能。沙恩是来自立陶宛的犹太移民，一位左翼分子，他早在二十世纪二十年代就是一位重要的画家了，作为迪戈·里维拉的助手，他参与了洛克菲勒中心那些壁画的绘制（因为有赤色内容，所以在洛克菲勒的坚持下被毁掉了）。他也是经欧内斯廷·埃文斯的推荐而到斯特赖克这儿来的。当沙恩第一次见到兰格的照片时，他被这些照片的力量震撼了，心想这真是难以想象，我也要干这样的事情。斯特赖克就把相机放到他手里，说："去干吧。"他的技术太蹩脚了，早期的大多数作品不是聚焦不准，就是曝光不足，或者曝光过头，但是斯特赖克相信他的眼光，认为他会学会聪明地摆弄相机。他的判断是对的。

后来，有更多的摄影师加入到了这个项目中，杰克·德拉诺，原名雅各布·奥恰罗夫，基辅人，他既是一位摄影师，也是一位作曲家和艺术家；拉塞尔·李原本想成为一位画家，直到1935年才第一次拿起相机；埃德·罗斯坎在成为摄影师之前也是一位画家；戈登·帕克斯是这个团队里唯一一位非白人摄影师，他坚持到这个项目最艰难的收尾阶段。帕克斯实际上不是这个机构聘用的：一个叫罗森沃德基金会的社团资助他到这儿来当实习生。（其他摄影师，甚至初学者都没有当过不拿薪水的实习生。）即便如此，斯特赖克也很勉强，好不容易被说服了将他招了进来；在农业安全局的暗房里的工作人员不愿意为他冲印胶卷。斯特赖克还雇用过另外两位女性：玛丽昂·波斯特·沃尔科特是 1938 年被雇佣的，埃丝特·布伯利是 1942 年被雇佣的。所以，兰格进入了一个白人男性的地盘，虽然她有一年没有见到他们，有些人她从未见过，包括杰克·德拉诺。

令这个团体变得更加奇怪的是，他们中大多数人来自城市或者有移民背景，十一位主要摄影师中有五位是犹太人。要不是农业安全局的这个项目，他们中的一些人就会被左翼的纽约摄影联盟吸引过去。可现在，这些城里人却把农民作为了美国的象征。而且，由于他们的关注，大萧条在美国人心目中的形象和概念更多地停留在了农村，而不是其他地方。这种反常促使民主民粹主义的特殊形式形成了新政的政治文化的特征：认为这个国家及其公民根植于农场和小城镇。这样一来，即便农业安全局的摄影项目扩大了这个国家对穷人的同情和对于新政项目的支持，它也许妨碍了人们对危机根源的理解。由于美国农业的结构性改革已经失败，农业部对农村社会的最终冲击是将数百万农民赶出土地，陷入城市的贫困。

兰格在被正式任命之前就开始在农业安全局工作了。加州和联邦驻加州的农村救济官员们的联系如此紧密，以至于斯特赖克、农业安全局的地方代表、州救济人员，甚至一度包括泰勒，都从几个机构筹集资金来支付她的工资。这样的安排也是合理的，因为有几个机构都在使用她的作品，而斯特赖克也在使用泰勒的成果。1935年上半年，泰勒和兰格在为加州的州紧急救济署起草那些报告。9 月份，他们去看了农业安全局的第一个营地，营地位于萨克拉门托北面的马里斯维尔，是根据他们的报告要求而建的。有时候由兰格申请报销费用，有时候由泰勒申请。

兰格的年收入是二千三百美元，相当于大萧条期间全职平均年薪的两倍多，当时的全职平均年薪是一千一百三十七美元；77％的美国工人挣得比她少，当时一个白人职业女性的平均年收入大约是六百七十六美元。不过，她的薪水对她来说是不公平的。她的所得跟阿瑟·罗思坦、保罗·卡特、西奥多·琼这样的摄影师一样多。罗思坦刚从大学毕业，比兰格小二十岁，他唯一的摄影经历仅是在哥伦比亚大学摄影俱乐部玩过摄影；卡特是农业安全局情报处处长的儿子，他跟琼都很年轻，因为他们没有表现出任何才能，斯特赖克不到一年就解雇了他们俩；麦登斯比兰格小十二岁，是一位刚刚在摄影领域入门的记者，收入为二千六百美元；沃克·埃文斯比兰格小八岁，在公众眼里早已经是一位摄影师了，他的收入是三千美元。斯特赖克虽然对兰格的照片感到很震惊，但是他当时确定工资的思路是给妇女的薪水可以低一点，还给出了"正当理由"：兰格不用对家庭负责任，她老公可以养家。她跟泰勒的关系进一步减轻了斯特赖克应当付她与男性同等报酬的责任。（事实上，在过去的十五年里她家的男人不养家糊口，但这并没有使她跟其他数百万有男人养家的职业妇女区别开来。）此外，当农业安全局经费紧张的时候，斯特赖克认为兰格是最容易接受削减薪酬的雇员。

另一方面，兰格在加州的住所给她带来了别人所没有的外快。自从关掉了旧金山的照相馆，她就没有了暗房。当她跟泰勒一起为加州工作时，她被安排使用加州大学伯克利校区的暗房。后来，她在弗吉尼亚大街家里的地下室里建了一个暗房，农业安全局同意给她二十五美元一个月的补贴，用来付水电费、相机的保险费、小部分房租和一点折旧补偿。

有人估计，这些摄影师一共拍摄了二十七万二千张照片，也有说是十万张的，没有人能够把它们全都看遍。那么多的胶卷，那么多的底片和照片，堆放在办公室四周，没有人能够弄得清楚。就像新政最好的部分一样，这项工作是忙乱的，流动的，变化无常的——兰格说得很巧妙，称它是"一种昂扬的状态"。但是，在这个作坊里的每一个人回想起来时都认为这种混乱是他们创新的必要条件。考虑到大萧条和新政所带来的紧迫感，斯特赖克的预算中存档和保存记录的经费十分有限也不足为怪。

斯特赖克首先是一位教育工作者，由于他对教育的尊重和他对教育意义应作为农业安全局纪实摄影项目重要组成部分的坚持，他一直致力于提高摄影作品所揭示的内容的水准。他学富五车，要求下属也要博览群书，包括1936年发表的反种族主义的《农民绪论》，这是南方的白人社会学家阿瑟·雷珀对收益分成佃农制度研究的成果，他是保罗·泰勒的一位业界友人，也公开表示反对私刑。在华盛顿工坊的每个人，包括文书人员，都包括在了斯特赖克要求接受教育的范围之内。"他经常给我们布置家庭作业。"秘书海伦·伍尔回忆道，"他让我读比尔德的《美国史》，如果我不了解美国历史，就没有办法对付那些图片……"

工坊员工们接受教育的过程包括一些特殊照片的讨论和评论，跟一些学者和为个别州撰写公共事业振兴署指南的作者见面，听斯特赖克的讲座等。卡尔·麦登斯记得自己还被派往南方，去拍摄棉花。"……我整理好相机，领取了胶卷，拿到一份行程，然后去对罗伊说我要走了。他跟我道了别，祝我好运，然后罗伊说，'顺便问一下，你知道棉花是什么吗？'……我说，'不太知道。'"斯特赖克当即告诉他的秘书取消麦登斯预定的行程，并利用午饭时间和晚饭时间跟他谈棉花的知识，从晚上一直谈得深夜——"……罗伊说棉花是一种农产品，是一种商品，他谈到了棉花在南方的历史，棉花对美国的政治和历史所起的作用，以及棉花如何影响了美利坚合众国以外的地方。"在城里长大的阿瑟·罗思坦被派去牧区拍摄照片，但是在此之前斯特赖克也对他进行了一些"临时指导"，"我和他一起养牛，因为这是我一贯的做派。"斯特赖克说。只有沃克·埃文斯坚称斯特赖克从未以任何方式影响他的工作。兰格驻扎在加州，所以受斯特赖克的影响也相对较小，但是她受到了泰勒的影响。

斯特赖克给他的摄影师们"分镜头剧本"——"我的天哪，我那时老是用那些提纲把你们逼疯。"他回忆道——最初完全是有关农业的。譬如，

一、食品制作……

1. 上述食品的包装和加工

2. 采摘、运送、分类、配制、脱水、装罐、包装、运输

3. 农田作业——种植；培育；喷灌

4. 田野的戏剧性画面，展现乡村的"风格"；感受一下肥沃的土地，无边无际的田地

5. 装满未经加工和加工过的食品、罐头、箱子、袋子等的仓库……

这一情况在 1936 年工坊跟社会学家罗伯特·林德的一次会谈后得到了改变，

他敦促他们调研社会学问题。这次会谈产生了一个研究方案，就像为论文准备的建议。林德建议他们问问："人们在什么地方聚会？……富人……？穷人……？"他建议他们到汽车修理厂、汽车加油站、商店、客栈、咖啡馆、乡村俱乐部、火车站、汽车站、大街上去看看。"女人聚会的地方是否像男人一样多？闲暇时间和工作安排之间的关系是怎样的？""他们认识多少人？"

不过，斯特赖克的"分镜头剧本"并不是强制性要求。他的善意和天赋主要在于先教导他的摄影师，然后就信任他们。他们很快就学会了不执着于满足他具体的指示，而是去拍摄好的照片。约翰·科利尔回忆说，不管斯特赖克下达什么指示，他们拍摄的照片百分之九十都没有偏离方向。摄影师们给斯特赖克写长信，偶尔也打打电话解释他们正在探索的新路子。斯特赖克解释说，摄影师就是"那个最终在现场的人，我们肯定他的判断，因为我认识的所有摄影师的判断我都是可以相信的。"正如兰格所说，他们运用相机进行探索，而不是像插画师那样描摹已知的东西。

尽管有学究式的家庭作业，但是农业安全局在摄影风格上是有意接地气和反精英主义的。斯特赖克称自己是"一个无知的人文主义者"。这对像兰格这样服务于附庸风雅的上层人士的人像摄影师来说也许会产生问题，但是她很快就适应了，她已经学会在没有可控光线和中性背景下在户外拍摄。此外，斯特赖克对艺术照的谴责主要是一种政治策略。他禁止在工作坊使用"构图"这个词，他把自己喜欢的照片称为"有张力的"，但是这主要是为了阻止右翼对他们崇尚精英主义的指责。与此同时，他寻求艺术机构的支持来反击保守分子将他的项目贴上罗斯福宣传机构的标签。他试图在现代艺术博物馆举办农业安全局摄影展，但是没有成功。（沃克·埃文斯倒是通过他的好友兼创办人林肯·柯尔斯坦在那儿举办了他的个人摄影展，但是这个展览几乎没有给斯特赖克这个大家庭带来多少好处，因为埃文斯不愿意把功劳归于农业安全局，甚至连该署出钱让他拍的照片也不算。）

渐渐地，农业安全局的摄影开始引起评论家们的关注。1936 年，《美国相机》——一本颇有影响力的摄影杂志——刊登了兰格和罗思坦的两张照片，并在洛克菲勒中心举办的年度沙龙上展出这两张照片。有几十个展览，包括有声望的高校艺术协会和大城市的艺术博物馆都在显要位置展出了农业安全局的照片。

农业安全局的摄影师作为个体通常不在出版物和展览上署名。在这方面，农业安全局的摄影项目将其重心放在了反现代主义上，反对把艺术发展的历史轨迹聚焦在艺术家个体上。这种否定"个体创作者"的努力也源于该项目的反精英主义取向，尽管它在农业部以及在新政时期广泛的公共民主艺术活动中的定位都很奇怪。把摄影归属于集体创作似乎是恰当的，因为它跟机械复制有关——虽然农业安全局不同的人所拍摄的照片的相似性并不总是比新政绘画作品的相似性大。不过，尽管这些摄影师具有同志情谊，但是他们个人得不到认可，便心生怨恨，因此他们中继续从事摄影的每个人都转向了创作个人的作品。由集体署名的摄影作品似乎不可能成为艺术。

关于纪实摄影是否可以算作艺术的争论一直存在。历史上，对那些决定什么是艺术的博物馆和画廊曾面临无数的质疑，到了二十世纪三十年代，纪实摄影强行挤了进来。艺术的狭隘定义，以及艺术和信仰之间的区别正在失去吸引力。保罗·斯特兰德、爱德华·韦斯顿和安塞尔·亚当斯的"白描式"摄影风格正在受到青睐——如果一座大山的照片可以是艺术，那么为什么乡村田野或者霍皮印第安人的照片不可以是艺术呢？就连施蒂格利茨也拍摄过一些平民百姓的照片。相反，纽约公共图书馆摄影策展人罗马那·贾维兹则认为每一件艺术作品都是纪实作品，这个观念在今天的文化研究评论家中已经司空见惯，但在当时对所有的历史学家和档案保管员来说却是不可思议的。

然而，纪实摄影模棱两可的地位给斯特赖克带来了政治上的问题。假如他的资金是用于艺术创造，那么他的预算就无法名正言顺；假如这些照片的真实性是有问题的，那么照片的纪实功能就无法名正言顺。对相机和相机的操作者再现客观真实的期望导致人们反复地诘问，摄影师们是不是在摆布被拍摄对象，就像画家摆布静物一样，选择意想不到的角度和焦距，裁剪照片，修正瑕疵。特格韦尔对这一诘问加以驳斥，说这些照片是否是艺术"对我们的目的来说是次要的"，但是斯特赖克知道事情没有那么简单。为了抵御政治攻击，他不得不禁止在照片制作过程中使用"技巧"，尽管无论是作为一个词，还是一种文化现象，技巧对艺术来说是必要的。而且，他不得不免费向那些公共出版物提供照片，在以奢侈的艺术品为特色的市场上，这一做法降低了那些照片的艺术地位。他不得不要求他的摄影师们制作大量的明显是宣传性的和提供证据的图像——如，农业安全局的房子、小屋、定居点和田野,农业安全局分发的高压锅和那些感激涕零的受赠人。最后他解雇了沃克·埃文斯,因为他不愿意拍摄这样的照片。虽然斯特赖克欣赏优秀的摄影作品,而且常常对他的摄影师在顶峰时期拍摄的作品感到敬畏,但是他还是做好了充分准备,不惜以牺牲摄影的完整性或者艺术情感为代价来为他的雇主服务。

斯特赖克的导师般的冲动和父亲般的风格帮助那些雇员们团结在了一起——不是作为一个民主团体,而是作为一个家庭,而斯特赖克就像一位父亲。他是一位好父亲,表扬或者告诫他的孩子们,保护他们不受外界的攻击,为他们争取有利的薪水和设备的更新,尽力保护他们获得艺术上和政治上的自由表达,必要的时候控制他们,尽量不让农业安全局这条大船沉没。当预算削减的时候,斯特赖克在政府内部或者在那些新办的摄影杂志社努力为他的孩子们找工作。

在官场斗争中,为求得生存斯特赖克学得很快,他坚决要求他的照片的使用者们相信农业安全局,为了确立这一原则,他敢于跟一家主要的新闻和图片机构以及其他政府机构对抗——这也是鼓舞他的摄影师士气和团结的方针。他不断地抵制预算削减和对业务的其他威胁。用他一贯幽默但又不乏严肃的方式描述了一件事:"两三天之前,费希尔(他的顶头上司)得了'预算炎',发高烧,气短。希望明年不要变成慢性病。"他的项目获得了越来越多人的认可,当他的上司们试图削减他的预算时,他威胁说要将这个项目转移到政府的其他部门去。"我从没有在战斗中打退堂鼓……"这对一个联邦雇员来说是一项非凡的记录,对此他又补充说,他也知道该闭嘴的时候就闭嘴。他在失去他的靠山雷克斯福德·特格韦尔的情况下生存了下来,特格韦尔曾经给他"撑保护伞"。他的下属认为他喜欢接到"与电话线另一头战斗"的电话。他对此予以否认,但是对他的"打架斗殴的技能"很是骄傲。"我有两三次被逼入了绝境……我露出了利牙。"但是,他又骄傲地补充道:"我从来不欺负我下面的人,从来没有!"

工作人员之间的纽带是一场社会运动的纽带。二十世纪六十年代接受采访的时候,摄影师们都认为在农业安全局的那段时光是他们生命中最美好的一段时光。就像小约翰·科利尔说的那样:"这不是一项工作。这是一种奉献……"当兰格说是忠诚把他们团结在一起时，约翰·瓦尚表示赞同。"忠诚！那实际上是一种狂热……"多萝西娅说，就像是加入一个宗教团体。但是，它不是一个遁世的宗教团体——他们漂浮在汪洋大海上。"整个华盛顿都沉浸在美妙无比的兴奋中。"兰格回忆道，她到访过华盛顿。本·沙恩将它描绘成能感觉到"完全跟时代节拍一致……完全是一种献身精神……太完美了"。

摄影师们也热爱农业安全局的工作，因为它使他们的摄影技艺日益精进。就像兰格说的那样，"……有对你寄予希望的人在你身后，那你就得进步……你得创作，不是因为你不创作了有人会对你不客气，而是因为这是一项真正的义务。"斯特赖克对他们的赞扬也发挥了作用。甚至他的批评也是和风细雨式的："他会说，某某人太累了，我能从照片中看出来……他在外面待得太久了，工作太辛苦了。"

这些评论都来自数十年之后，那时怀旧塑造了记忆。他们再也没有遇见过这样有趣的工作，所以，很自然，这项工作在他们的记忆里比实际更加完美。你可以听记者采访他们时所说的话，那些委屈和冲突得到了淡化和解释。据称，更加生动地记住正面的经历而不是去对负面的遭际耿耿于怀是一个健康的做法，但是对历史学家来说，这是不可取的。

有几个摄影师，尤其是沙恩和埃文斯，觉得斯特赖克这位"父亲"既独裁又专制。斯特赖克有一种粗暴的风格，他训斥他的摄影师。当德拉诺发电报给斯特赖克请一天假去结婚时，斯特赖克竟然回答说："不行。"虽然这是开玩笑。他常常挖苦人。他写信给罗思坦："为什么不把这段话从信纸上剪下来贴到你的帽子上，免得我每封信里都要写？"他写信给李，说："假如德克萨斯没有像你说的那样好，那我就不明白你究竟为什么还要待在那儿。请你滚到下一个州去。"斯特赖克不怕做出"艰难的"决定，就像解雇卡特和琼一样。

斯特赖克表现出令人不安的铁石心肠，他拒绝聘用刘易斯·海因，尽管他比其他任何一个人都有资格被称为美国穷人摄影之父。他对二十世纪早期进步改革非同一般的贡献怎么评价也不为过，但在 1938 年，他六十四岁时他破产失业了，靠救济金生活。他的儿子因一次事故在住院治疗，他妻子所患的不治之症哮喘病越来越严重。海因不断给斯特赖克写信，请求在农业安全局谋个职位，这是一个合理的回归请求，因为这一项目就是建立在海因的遗产之上的，但是斯特赖克一再拒绝。

摄影师们最气愤的是斯特赖克扼杀他们照片的方式——有时是因为有异议的拍摄题材，譬如罗思坦在妓院里拍的照片，或者沙恩拍到了警察动粗的镜头，但主要是因为斯特赖克认为它们质量不高。起初，他会剪掉他认为反差弱或者有瑕疵的底片的一角，然后会在底片上打孔；有些人估计——我认为不合常理——他毙掉了多达十万张的照片。斯特赖克辩称这样的鉴别分类是必要的，因为冲印照片是他们这个实验室最耗时的工作，但是，摄影师们不理解，他为什么不把较次的底片放在一边，而将它们毁坏。戈登·帕克斯认为，斯特赖克在底片上打孔是"野蛮的"行为，"因为没有办法确定什么样的照片在什么时候会得到人们的青睐。"摄影师多年来一直在给他施压，让他中止这种行为，而事实是，一直到 1942 年才来这里的帕克斯也在抱怨，这表明，斯特赖克也许从来就没有完全中止过这一恶劣行径（虽然帕克斯有可能是看到那些老的底片才知道这一行径的）。

从这些抱怨中，我们可以听到艺术家们期望控制自己作品的呼声。尽管他们有社会运动的觉悟，但也想要把握摄影的主动权。他们中大多数人宁愿自己冲洗胶卷和冲印照片，尤其是兰格，她竭尽所能想这样做。她强烈抱怨不能见到即时冲印出来的照片，这使她失去了评价自己的作品和立刻改进的机会。她不喜欢自己的作品脱离语境，她尤其不满她的图片说明从未被发表或展出过。他们所有人都不满于他们的作品被净化；他们觉得，斯特赖克的审查亵渎了他们的劳动，偷走了他们为社会正义而工作的一些满足感。

这个摄影项目的本质是歧视妇女的。妇女不得不承担许多的责任，所以很难连续几个月在外奔波。男人有妻子在家里照顾家庭和孩子，也可以有妻子或者类似这样职能的人在路途上做助手，有时妻子或者女朋友也会外出充当男摄影师的助手，这一切是如此地理所当然，所以瓦尚夫人有一次惊讶地对兰格说："你是说你没有带一位助手上路？"杰克·德拉诺的妻子艾琳、埃德温·罗斯坎的妻子路易丝、拉塞尔·李的妻子琼都曾跟随她们的丈夫同行，充当助手；格雷丝·福尔克·特格韦尔就在农业安全局里做她丈夫的助手。这些女性伙伴帮助撰写文字说明，而兰格往往既要做摄影师的工作又要撰写图片说明；例如，路易丝·罗斯坎就会在埃德摄影的时候跟在他身边做记录。所有被采访的妻子在说到这个摄影项目的时候都说"我们"。兰格在丈夫没有随同她外出的情况下曾经带过一位助手，但这是一位摄影助理，而不是一位能洗衣服、写说明文字、寄信给亲朋好友、购买食品、做三明治的助手。在所有摄影师里面，只有兰格有孩子，也只有她是残疾人；然而，当保罗没有办法陪同她时，她必须自掏腰包找人帮忙。

在农业安全局里工作过的女性摄影师只有四位，大多数是在晚年，而且大多数工作的时间都很短：除了兰格和玛丽昂·波斯特·沃尔科特，她们是1938年被聘用的；玛乔丽·科林斯是1942年被聘用的；埃丝特·布勃利也是1942年被聘用的。路易丝·罗斯坎是一位一流的摄影师，她从来没有领过薪水，虽然斯特赖克"收集"并分发了很多她的照片。在农业安全局的档案里，布勃利的工作大部分是她自己主动干的，她当时就想争取斯特赖克雇她为摄影师。换言之，农业安全局从几位女性那儿获得了优质的照片，但是没有付过她们薪水。玛丽昂·波斯特·沃尔科特二十八岁，是一位富有、美丽的姑娘，人们对她总是采取挑逗和保护的态度。她单独出行，结果遭遇明显的歧视：地方官员和地区农业安全局的工作人员总是拒绝她所要求做的一些准备工作，尤其是在南方，譬如帮助她物色可拍摄的地方。斯特赖克和其他摄影师拿这些开她的玩笑。她"因为是一位迷人的姑娘而吃了不少苦头"，罗斯坎评论说，他能认出玛丽昂的照片，"因为那些男人总是对着镜头暗送秋波。"斯特赖克称兰格为"女家长"，相比之下毫无新意，他根本不理解也不知道如何描述一位干劲十足的女性。（他还称周围的其他女人譬如秘书海伦·伍尔为办公室女管家。）尽管兰格技术精湛，并远离华盛顿，但是她无法摆脱作为一位女性的重负，既要干好工作，又要照顾家庭，这在接下去的几年里将变得十分明显。然而，尽管有那么多的负担，兰格还是开始了她生命中的伟大冒险。

墨西哥劳工营地
瑟漠附近，加利福尼亚州，1935 年

贝克斯菲尔德与法莫索之间，99 号公路上的旱灾难民车
子，早上 9:00 到 9:45 之间，28 辆这样的难民车经过
加利福尼亚州，1936 年

在贝克斯菲尔德与立德基之间的 99 号公路旁，一个移民工在刮胡子
去往圣地亚哥的途中，1939 年

移民母亲
尼波莫，圣路易斯·奥比斯波县，加利福尼亚州，1936 年

摘豆者

帝王谷，加利福尼亚州，1939 年

早上 7 点，来自俄克拉何马州的一个小孩，
拖着麻袋准备下地
加利福尼亚州，1936 年

清晨，白人雇农与雇工在烟草地摘烟叶
旭福来，北卡罗来纳州，1939 年

沙尘暴，这是这种状况的天气逼迫许多农民放弃
了这个地方
新墨西哥州，1935 年

被驱逐雇农的孩子，现在生活在舍尔伍德·艾迪合作农场
密西西比州，1936 年

周六下午在匹兹博洛镇的主街上购物与游逛
北卡罗来纳州，1939 年

烟草雇农家厨房一角
珀森县，北卡罗来纳州，1939 年

这些棉田锄地者从上午 6 点干到下午 7 点，
只为了 1 美元
克拉克斯戴尔附近，密西西比州，1937 年

佃农
查萨姆县，北卡罗来纳州，1939 年

佃农的儿子和孙子在中午牵着骡子来饮水
格兰维尔县，北卡罗来纳州，1939 年

欧拉锯木合作社五人组
杰姆县，爱达荷州，1939 年

第十二章　奔波：加州

从 1935 年到 1941 年，兰格几乎经常在外奔波，拍摄农村劳动场景。正是这几年她毫无争议地确立了纪实摄影也可以是一门艺术，而她就是一位艺术家。

她将纪实摄影跟乡村社会学融合在了一起，成为了一位视觉社会学家。她有一位私人导师——保罗·泰勒，一位培养了一大群充满活力、令人瞩目的社会科学家的大师。他也让她成为了一位农业劳动方面的历史学家，并鼓励她向另一个成就攀登——创造视觉叙事。她从农业已经高度工业化的加州开始，然后去往残存的小农场主和佃农正在消亡的南部平原，再从南部平原深入到农业依旧处于极其原始状态的东南部各州。

她还创造了一种方法，通过引用拍摄对象的话语，将文字和形象结合在一起。当她将那些话记录下来时，她常常在笔记本上将它们像自由诗那样排列。

> 我都觉得滑稽，我们
> 什么都不缺，
> 包括优秀男人，有着
> 强壮的身体，但我们
> 吃了上顿没下顿。这是一个
> 不公平的交易。我不明白
> 这究竟是怎么一回事儿。

她就是在记录信手拈来的诗歌。

在孩子上学的那几年，她和保罗总是设法每天回家，或是尽可能经常回家看看孩子。即便这样，兰格也要负责整个加州的拍摄工作，这是个南北长达七百七十英里的大州。每拍摄一个小时，她都要开数小时的车。因为汽车是前往小城镇和农地农区的唯一交通工具，而且她携带着很沉的设备。当时高速公路还没有建成，道路通常很窄，车速很慢；汽车内没有空调，热气和尘土从开着的车窗直灌进来。

她通常根据炎热的程度安排一天的行程。一大早她得下到田地里，因为那个时候凉快一点，农场工人开始干活，还因为那个时候的光线适合拍摄。"上午十点半到下午三点半是歇工时间。"兰格说。但是，她想展示枯萎的庄稼，不过她要是等到后晌的话，它们就又会昂起头来。而且，她也尝试拍摄炎热的状况："这个地方一片白光……这是一个小镇，没有人出门，天太热了，但是看这个小个儿，他走路低着头，帽子戴得很低……在热浪里炙烤。"

摄影师们住在廉价的汽车旅馆里，那些汽车旅馆的窗户通常没有纱窗，蚊子、虱子、苍蝇畅行无阻。他们常常睡不好觉，也很少用电话跟家里联系，因为长途电话费很贵，他们必须把每一通电话都列在支出单上。（不过，那时的邮递服务比今天要快。）拉塞尔·李认为，出门在外把他的第一次婚姻给断送掉了。他们寻找做"冰凉的自来水"广告的汽车旅馆，寻找可以被改造成暗房的浴室。艾琳·德拉诺说，在外奔波也没什么大不了，因为他们都还年轻，但是多萝西娅不年轻了。她当时四十岁，是农业安全局这个团队当中最年长的。

她长期疲惫不堪，因为夜里太累而犯了不少错误："晚上我装上胶卷，把曝过光的胶卷转到盒子里去。昨晚就出了一个差错，把盒子弄混了。""根本就没有星期六和星期天……整天工作，晚上大部分时间在赶路，第二天再工作，对大伙儿来说根本不算什么……晚上还得做笔记……整理胶卷……给罗伊写信……到下一个城镇等他的电报。"你得保持井井有条，哪个图片说明是配哪张底片的，但有时，你一连好多天都太忙了，所以图片说明要到几个星期之后甚至几个月之后，也就是等华盛顿送回样片后才能写。

她不得不在疲于奔命的工作中培养她的新技能。有些是体力活，有些是联络人的工作——扛很重的设备，把活干得快一点儿，跟潜在的拍摄对象联络。有些是考验智力和艺术水准的活——找到在相同照片中既表现个人同时也体现他们的社会、经济、环境状况的方法。

她在一位新朋友的牧场里稍事休息。泰勒联系了一位与众不同的左倾种植园主萨姆·汉堡，他支持农场工人，同意他们罢工期间宿营在他的土地上并给他们提供食物和水。联邦的营地工程流产之后，他为自己的工人建造了体面的住房。就连他的孩子们也不明白他是如何逃脱惩罚的，尤其是因为他是一个非美国公民的犹太移民。汉堡的牧场在弗雷斯诺西北面的洛斯巴诺斯，在整个溪谷中这是兰格和泰勒唯一可以待的地方，既受欢迎又安全。萨姆是一个乐于助人的人，性格开朗，给他的朋友取了绰号：保罗叫"博士"，多萝西娅叫"女王"。多萝西娅跟萨姆一见如故，互相结识不到几分钟，"他们就像一对灵魂伴侣那样交谈了"，他的女儿们回忆道。这两个人都有一种能力，"能看到事物的全貌……用梦想家的语言交流。"（他梦想在以色列建立一个棉花合作农场。）多萝西娅给他拍了几张人像照，我感觉，他们在合适的环境下有可能发展成暧昧关系，虽然没有任何证据表明这样的猜测。萨姆的激进思想强化了她对农场工人的同情。

她带了三架不同的照相机：一架是使用盒装胶片的格拉夫莱克斯相机，通过拉纸片头可以连续快速曝光；一架是蔡司公司的朱韦尔相机，适合一次拍摄十二张胶片；还有一架是禄来福来相机，使用的胶卷可以进行十二次曝光。蔡司公司的朱韦尔照相器材公司和格拉夫莱克斯照相器材公司分别生产 3.25×4.25 英寸的底片和 4×5 英寸的底片，比禄来福来反光照相器材公司 2.25×2.25 英寸的底片要大两到三倍。（她后来偶尔也使用 35 毫米胶卷的照相机，是为了速度快一点，还因为她不够强壮，扛不动沉重的设备，可是她经常觉得这很讨厌，因为你得把它举到自己的眼睛前，这样跟人交谈就很不方便。）她把三台照相机都装好胶片，时刻准备抓拍转瞬即逝的镜头。所以，她学会了有可能的话就带上一个助手。

如果有时间保罗就充当她的助手，但是不久，她花钱招募了还是青少年的龙德尔·帕特里奇，是她最要好的朋友伊莫金·坎宁安的儿子。他一岁多的时候她就认识他了。当伊莫金和罗伊于 1934 年离婚之后，两个家庭的关系更加密切了。他们共同庆祝每个感恩节、圣诞节和复活节。龙德尔和他的双胞胎弟弟帕德里克以及他们的哥哥格赖法德就像狄克逊家和泰勒家的孩子们的表兄弟，龙德尔就像多萝西娅的又一个儿子；她爱他，他也爱她，一直到她生命的终结。

龙德尔早就对摄影感兴趣了，而且早就在充当安塞尔·亚当斯的助手，他后来成了一位大师级的摄影师。她付他一美元一天的工资，并包揽了他所有的开销，这都是从她四美元一天的津贴里开支的；她的饮食简单，他则喜欢在旅途中享受生活的浪漫。他们自己到食品店采购食物，而不是到咖啡馆吃饭。在他们过夜的汽车旅馆里，他经常拿着睡袋睡在房子外面，他贪恋外面的凉快，不喜欢睡床。他记得，他在南太平洋浪涛的咆哮声和拍岸声中安然入睡。当他们在旅店登记入住的时候，那些经理们有时会用怀疑的目光瞄着这对男女，一个是四十岁的女人，一个是二十岁的小伙子，她有一次登记入住时就干脆写上"多萝西娅·兰格和情夫"。

龙德尔描述他的工作"主要是驾车，保持热情，让干啥就干啥"。驾车是常态，因为她想要自由自在地浏览窗外的景色。她常常会要求他开慢一点，但是他不喜欢开慢车，有时当她看见感兴趣的东西，会让他突然刹车。他们会跳下汽车，慢慢地靠近，给她架好三脚架——尽管她的脖子上还挂着禄来福来相机——这种活动常常会吸引孩子们。他们会请求给他们拍照，然后跑回去告诉他们的父母，她就会跟上去，用龙德尔的话说，跟大人们"攀谈"。

就像每个跟随她工作的人一样，他对她的采访技巧肃然起敬，她采访时将她的自然魅力跟她在保罗那儿学到的东西结合了起来。她一开始不问"工会关注的"问题，诸如水的供应情况，是否有厕所，拿多少工资；这些问题会让害怕遭到报复的工人们警觉起来。相反，她会询问他们所走的路线，他们的汽车是否承受得了，孩子的年龄。她也许还会抱怨天气太热，请求给点水喝，然后会喝上好长时间。她也许会碰上一些好唠叨的人，但是她提醒自己同样要聚焦那些躲躲闪闪的人，她说，原因是"有时候处在不友好的环境中，你不能逃避，因为不友好本身也值得重视。"事实上，龙德尔记得，如果没有时间走访，那么她就不会停下来拍摄，如果她知道不能从容地拍摄，就经常会错过看好的拍摄点。

然后她就会问是否可以"为他们拍摄照片"，他们几乎从来不拒绝。她会解释，她为罗斯福总统工作，拍摄这些照片就是为了增加对公共救济和就业的支持。大多数拍摄对象完全明白，有很多人还请求她将这些照片送给总统。一开始，他们会摆一些姿势，可是她拍摄的时间很长——我感觉肯定是故意的——四处走动，计算准确的角度和距离，然后他们就会回去干自己的活。她会多次移动她的器材，一直移动到距她的拍摄对象三到四英尺的地方为止。龙德尔渐渐明白，对她的工作来说，"她的现场发挥是最重要的事情"。他认为她跟人们在一起时就像是一位魔术师。

每隔一段时间，她会回到汽车里，匆匆记下人们所说的话。"她就是把这些话锁进脑子里，然后按镜头的拍摄顺序准确地记下来。"龙德尔回忆，这样在引用这些话的时候就不会张冠李戴。

一个人有站立的权利
就像一棵树有站立的权利一样

兰格一直是一位人像摄影师，她对穷人和对富人采取同样的视角，同样讨人喜欢的角度，同样很容易看懂的构图。她最有名的照片——占她摄影作品的一小部分——其构图简单——主要是三角形和椭圆形构图——符合传统的、本土的、基督教的视觉文化。相比较之下，她的许多其他照片展现出更加复杂的构图。但是，即便简单的照片也没有减少张力或消除冲突。她对人类个性和复杂性的兴趣丝毫也没有减退，哪怕她的拍摄对象是穷人。她曾经为了满足富人的需求，长途跋涉上他们家去拍摄，如今她来到了棚屋区。

然而，这种照片的意义在于展现出人物所处的环境，不像她照相馆里的人像摄影那样是空白的背景。当然，她创作远景作品，展示农业的规模。她运用翻耕过的田沟、地垄以及一排排庄稼的节奏，增加田地辽远广阔的视觉效果。她的这些田野镜头包括了农场工人微小的身影、骡子、拖拉机，不仅是作为一种比较来衬托田地的大小，而且是为了展示这些农场缺乏人情味，工人们从未见过老板，也不认识很多在一起干活的工友。当你将她这些照片拿去跟她偶尔拍摄的农场主家庭充满了罗曼蒂克、柔情蜜意的照片一对照，她对这种农业制度的不认同就一目了然。

农场工人劳动和生活的地方有两个：田野和营地，与劳动状况和生活状况相对应。她的拍摄很有系统，从一种作物到另一种作物：一百七十七幅照片拍的是棉花，一百七十一幅照片拍的是豌豆，五十四幅照片拍的是胡萝卜，三十二幅照片拍的是土豆，四十一幅照片拍的是生菜——这些还是不完全统计。她做了图片说明的很多作品都是弯腰劳作的形象。人们弯腰在摘棉花、拔胡萝卜、挖土豆、收生菜苗、采包心菜、采花椰菜。他们的身体成为了大地的一部分，人们看不见他们朝向大地的面孔，用来遮挡阳光的帽子挡住了他们的脸。她成了人种学专家："……帽子远不只是抗晒防风的工具，它是为人效劳的标识……连接过去和现在。"在很多这样的照片里，其构图既是象征性地又是经验性地表达了工人跟土地的关系——譬如，在呈倒写的U字形构图的照片里，采摘棉花的工人们身处一排排棉朵吐银无边无际的棉花地，其剪影衬托在浩瀚的苍穹里。在拍摄搬运的画面里，工人们拖着一包包棉花，或者拖着筐子、木箱、抱着一堆扎好的胡萝卜；为了保持平衡，他们的身子前倾。

然后，她构思的视觉叙事把我们带到了一个使阶级冲突变得极其生动形象的时刻：称量农产品。工人们希望他们所采摘的农产品分量越重越好，那些经理们则相反。大家都在互相观察着，密切注视着那杆秤。有时，不仅仅是称重的人在记录，工人们也在记录——工人们通常记在反复使用的小纸条上，前者则记在账本上。

还有一些照片让人质疑是"谁"在工作。兰格记录下了孩子和老人们干重活的场景。她的图片说明把有些拍摄对象称为"奶奶"，以免年龄带来模棱两可的歧义。这些照片引发了愤怒的否认信函，就像一个县试用官声称的那样，兰格的照片——一个小孩子拿着一只装棉花的袋子等着七点钟上班——不可能是在孩子们上学的时段拍的。

农场工人的最大问题不是工作过度，而是工作不足，缺少有工资的工作时间。种植园主们宁可找四百个采摘工人干五天，也不愿意让一百个工人干二十天。所以，兰格真实地记录了人们花费数小时或数天等待开始工作的情景。她拍摄机械化和其他形式的合理化改革，寻找大种植园主正在引入的经济一体化的视觉象征——例如，在田间包装蔬菜和水果，而不是将它们运到房子或棚子里去。她对这些变化持否定的态度。这一时期，苏联摄影家和美术家们正在颂扬农民的英雄形象，既有男性，也有女性，他们开着拖拉机和联合收割机。在兰格的照片里，使驾驶人相形见绌的机器——拖拉机——是问题的一部分，而不是解决方案。这个令人失望的方向与农业安全局所寻求的更加积极的方法相冲突，因为，毕竟，那些机器是农业部花钱买的。

许多加州的照片聚焦在农场工人极为恶劣的生活条件上。兰格的照片尽可能淡化了细节，她把她的图像当作政治弹药："这个营地属于克恩公司的一个大种植园主，他坚决反对营地项目。因此，这些底片在这儿就是无价之宝。"她写信告诉斯特赖克。人们经常需要用放大镜才能找到她照片中的全部信息，而且需要好几页纸来写下兰格想表达的东西。在那些照片里，垃圾就紧挨在人们睡觉的披屋边上；一碰就破的薄薄的棚屋是用被丢弃的材料搭建起来的，好些家庭连棚子也没有一个；洗澡和煮饭用的是同一个金属盆；供暖的方法十分危险。种植园主提供的最好的营地有一间小木屋，没有水管，没有电，通常没有窗户，只有一个柴炉。下雨的时候，地上积满污水，四处泥浆飞溅，有时整个营地水漫金山。她照片中的厕所——通常都是歪歪扭扭的木棚子搭成的，有门，但永远关不上——常常离水源很近。有一张照片颇有讽刺意味，拍的是贝克斯菲尔德郊外的一个厕所，由加油站的招牌建成，其中一块招牌上写着，"同类之中……它总是无与伦比"。

兰格特别详细地展现了那些外来妇女为了创造整洁的环境而无休止地艰苦劳作的情形：清洗过的东西挂在绳子上，洗衣盆靠在小屋外面，屋顶上晾晒着床单，五十码外挖了个整齐的垃圾坑。她们不仅在捍卫文明的生活环境，也在捍卫文明本身。她们这样做不仅仅是为了个人和家庭，也是为了一个更大的移动社区。人们不光在营地内部互相帮助，在流动大军的群体之间还弘扬这种风气。他们共享工具、器皿、水、食物、社交活动。1935 年 6 月份在因皮里尔河谷，兰格抄下了这些：

> 胡佛村两年了，在这儿过冬，
> 即便它们是一个纵横填字游戏
> 我也没有听说过这样的游戏。一个人有了
> 他们就全都有了。我无法解释——

每个人都同情

别人，因为他们都是

一样的人。

孩子们特别令她担心，也让她从一个新的视角审视对自己的孩子的牵挂和负疚感。大多数外来孩子不上学：有些孩子因为健康状况太差而被拒之校外；墨西哥人的孩子不被鼓励上学，甚至被学校正式排除在外。那些上学的孩子经常饿着肚子来学校，有的时候严重营养不良。"孩子们穿得破破烂烂，双手沾满泥土，面色苍白，牙齿烂得厉害……"兰格在她的田野笔录里记下了这些。厕所边上的灌溉渠和水井里的水受到了污染，尤其容易使孩子们生病。伤寒和脑膜炎肆虐，糙皮病也并不鲜见，孩子们染病并不是因为无知——克恩县的一位母亲对兰格说："我不在意饮食，只能有什么吃什么。"在田地里干活的孩子们一天干八小时的活算是幸运的——在甜菜地里，工作时间常常是一天十个小时或者十五个小时。

兰格的照片开始吸引新闻记者走进那些巨大的农业河谷，他们的话语印证了她的照片："令人作呕""难以想象的污秽""溃烂的疮口"。但是，光是那些呈现肮脏的图像太疲软、太乏力——或者说这些照片里的人太遥远了——不足以引发她和泰勒想要的令人愤怒和想要"做点什么"的反应。兰格了解到，个人的图像可能会更有效果些，而且个体图像的说服力不太容易受到压制。譬如，有许多观众对她那张一个蹒跚学步的儿童身上停满了苍蝇的照片唏嘘不已。在近距离拍摄的画面中，对孩子光滑的皮肤的视觉亵渎，似乎是一种比群体悲惨更有力的象征。兰格重拾她人像摄影的特殊才能，因为这不仅仅是她最喜爱、最擅长的东西，而且也因为她感觉到了它的说服力。她的人像摄影发挥的政治功效是那些展现恶劣生活条件的非人像镜头所无法企及的。她的人像摄影所展示的人物在某种程度上比他们的实际生活状态更好些。他们也习惯了这种更好的生活："我以前从来没有过这样的生活……可是我现在过上了这样的生活，我身不由己。"而且，他们应该有更好的生活。就像一位农场工人对她说的那样："普通人都希望生活得体面一点。"有的时候，他们也很生气。"我们来这里不是因为我们喜欢这里。来这个地方是迫不得已。"

兰格的方法不光是一种套路，也是一种民主的观察方式。像所有她那个时代的纪实摄影师一样，她赞同被称为社会现实主义的大众前沿的美学标准。她颂扬"普通人"，形象地反映脸朝黄土背朝天的人们，把他们作为"模特儿"公民。她认为最不幸的佃农和无家可归的移民是社会中坚力量。他们辛勤劳作，值得尊重，在一个民主政体中应该得到公民的权利。更何况，这些普通人的复杂和庄严不亚于富人和受过教育的人。用阿瑟·米勒对这个时代的描述来说："在最高意义上，普通人和国王一样都是悲剧的角色。"

二十世纪三十年代的社会现实主义及其对劳动人民的尊重是一种国际现象和民族主义现象。在美国，受到墨西哥壁画和美国地方主义的影响，这种美学便以腰圆膀粗、汗淋如雨的工人以及他们朴实的伴侣为特征。在这个高度城市化的国家，反常的是农业安全局照片的广泛传播起到了宣传农村形象的效果，而且，当时美国乡村主义的样式强化了有民粹倾向的民族主义，反过来，又使这种风格流行起来。农业安全局的摄影作品有的时候很像苏联社会主义的现实主义作品，身强力壮的农村妇女头上扎着头巾，钢铁工人在倾泻着钢水。纳粹分子，编织着有种族主义倾向的社会主义——他们终归称自己为"国家社会主义者"，也赞同这一美学标准：在看似对立的政治文化令人困惑的融合中，他们的艺术品和摄影作品也充斥着肌肉发达的工人和身强体壮的妇女。换言之，社会现实主义的风格既起源于左翼也起源于右翼，其民族主义和民粹主义的内容使其跨越了意识形态的界限。

美国的社会现实主义呈现出好多个版本。乐观的、主流的风格可以在邮局的壁画上发现，表明勤劳的美国人有信心克服一切障碍，为他们的孩子们营造繁荣和健康的未来。它对民族团结的强调跨越了阶级阵线，与苏联的共产主义意识形态相似，强调工人和农民的团结。更高雅的风格，大型工业形态的现代主义的摄影抽象主义，如玛格丽特·伯克－怀特的作品里展现的那样，其灵感大多来自二十世纪二十年代苏联和魏玛德国的先锋艺术和设计。美国左翼的社会现实主义遵循马克思主义理论，更多涉及的是城市而不是农村，强调了剥削和苦难，这背后是对工人暴动的默许。其被压迫的形象常常出现在印刷品——杂志、宣传册和招贴画里，尤其是木版画里，印制和传播。农业安全局服务于该机构土地改革的工作计划。

兰格的社会现实主义首先突出的是种族政治。尽管她和泰勒决定在 1935 年的加州报告里主要描写俄克拉荷马州来的流动农场工人，但是她的摄影作品却突出了有色人种。历史学家尼古拉斯·纳坦森计算出她有近三分之一的照片拍的是有色人种，这个比例大大超过农业安全局的任何一位摄影师，直到戈登·帕克斯加入进来。那些照片把拍摄对象描绘成动人的、智慧的、勤劳的、可靠的人，其质量跟数量是可以比肩的：在二十世纪中叶，白人难得见到让人尊敬的黑人或棕色人种的形象。

　　大体上，所有的社会现实主义都尊崇劳动人民及其家庭。不过，兰格的作品以及后来农业安全局的摄影家埃丝特·布勃利的作品突出的是性别政治，这是拒绝接受标准家庭是唯一的"正常"家庭形态以及身强体壮的男人是工人的完美典范的观点。在流动农场工人中间，互相依存的群体往往构成破裂或扩大的家庭，以及不相关的同行者群体。兰格拍摄了很多带着孩子的单身父亲或母亲的照片，使得我们也许认为她特别注重这样的家庭。她的图片说明有时让人注意那些非标准的家庭形态，譬如"她七十高龄，来自内布拉斯加州的格里利附近，带着六十五岁的妹妹、三十岁的外甥和六十八岁的弟弟"。在她展现流动的农场工人标准家庭的照片里，丈夫和父亲常常看上去身体羸弱，失去了一家之主的自信，比起母亲和妻子要弱不禁风得多。这绝对不是对家庭场景的"女权主义"解读，而是从内心审视令人恐惧的不安全感对男性的影响；这些影像跟她在东南部所拍摄的影像形成了鲜明的对比，后者展现了虽然同样贫穷却更加稳定的佃农家庭。（参看第十五章）它也不是表达对男人的憎恶。兰格拍摄的男人常常洋溢着男性的感染力，但没有一张能比她拍摄的父亲带孩子的照片更柔情，这样的照片显然有很多。（参看整版插图 19）她对展现父爱的兴趣或许是因为自己没有父亲而生的感念，但这也必须被视为对多一点平等、少一点传统的偏见的家庭形式持开放心态，但这种家庭形式在本世纪后期却变得更加普遍，更加受尊敬。这是兰格的标志之一，表明她的视觉敏锐地发现了民主的潜在价值，许多人对此尚未领悟。

　　有一些照片拍摄的是英俊的无家可归之人，可以说是从新政的角度对经济大萧条进行剖析。新政拒绝从个人的角度研究贫困的原因，那是前几十年的主要方法，新政的前提是结构性的经济危机。是经济而不是人民需要道德变革。因为大萧条的危机让那么多体面的工人家庭和中产阶级家庭陷入贫困，很显然，那些看上去蓬头垢面、衣冠不整的人也许完全是正直诚实的，他们的经济窘境不再是人格懦弱的象征。所以，新政的救济没有对那些牺牲品进行道德说教，而只是提供金钱和就业机会。

为了从视觉上支持这一政策，为了颠覆几个世纪来对穷人的歧视，需要展示他们勤奋工作、保持良好的道德、行为克制。兰格从视觉上表现这种准则的方法之一便是秩序，这种构图在审美和道德的角度都能被接受，要获得这种效果，需要小心翼翼地设定拍摄对象的位置，常常是在画面的中央，而且要运用风景或者整齐的农田来提供宁静的背景。为了消除移民营地的杂乱，她强调了稳定要素，那些照片就往往以女性为中心：母亲带着孩子（也许是人类秩序最放之四海而皆准的象征），不断重复的家庭活计——洗衣、烹饪、梳洗——尽管并非一帆风顺。

如同二十世纪三十年代其他的社会现实主义者一样，兰格尊重劳动人民，为劳动人民树碑立传，甚至颂扬劳动人民。她所拍摄的穷人道德高尚，有适应能力，很少怨声载道，从来不好吃懒做抑或有暴力倾向。他们让人敬重，就像二十世纪二十年代她所拍摄的富人肖像照一样。也许更重要的是，她所拍摄的农场工人的照片，就像她为照相馆里的顾客所拍的照片一样，显示出自身的个性和复杂性，这样的风格使得她的照片没有那种多愁善感的等级观念。用于她所拍摄的对象的标准形容词是"有尊严的"，至少，同样引人入胜的是他们"很有趣"。兰格镜头下绝望的农场工人既受尽苦难又充满生机；通常很迷人——既有女性，也有男性——充满活力，生气勃勃或者沉思默想。他们也许是沮丧的，但并不仅仅是沮丧。她的拍摄对象唱歌，演奏班卓琴和吉他，跳舞。孩子们兴高采烈，充满了好奇心；大人们开怀大笑。她记录下了一首她听到的歌：

> 啊，但愿我是一个标致的坏女人
>
> 我要永远富有，我绝对不愿贫困
>
> 我要白天睡觉，我会整夜干活
>
> 我要住在屋子里，那儿有大红灯笼
>
> 啊，我每月休一次假
>
> 把我的顾客逼疯！

在公路上行走的最贫困的妇女有可能穿戴得很像样，那些外来工人哪怕在地上睡觉和吃饭，也常常将自己收拾得很干净。她的拍摄对象有思想、有智慧；他们用情感和体力，同时也运用智慧来解决生存问题。

兰格寻找的是复杂的情感和性格。她主张摄影"应该是充满矛盾的"。她的人像照之所以能抓住观众，是因为拍摄对象无序的生活和完整与稳定的构图之间，他们的贫穷和丰富的个性之间形成了一种内在张力。她的拍摄对象无论怎样不名一文和饱经风霜，仍然是迷人和有力量的。

然而，从另一个维度去审视，兰格的作品很像苏联社会主义的现实主义：聚焦于积极的劳动。当然，她许多最优秀、最著名的影像是人们在交谈、休憩、沉思，抑或警惕地注视着她。但也有不少照片显示了她对人们的工作方式很感兴趣。她在被许多人鄙视的劳动中看见了技能、聪明才智甚至创造力：人们用篝火和提桶替代厨房；在棉花花蕊上捉棉铃象甲；凭触感轻轻地采摘草莓，不使其留下伤痕；在果树林里站在梯子上，远远探出身去，将很沉的柑橘扔进背上的袋子里。她受梅纳德·狄克逊的影响，感兴趣的是有技能的体力劳动，蔑视的是官僚，在她进入农业安全局的时候，那种定位已经基本形成。

在她最得心应手的人像摄影和该机构的政治议程所需的社会背景之间依然存在着紧张关系：人像需要特写镜头，这样一来就会忽略背景。她逐渐熟练掌握了有背景的人像摄影，但也擅长用图片说明来诠释背景，这已远远超出了斯特赖克最初的指示。在说明文字的撰写上她成了农业安全局其他摄影师的楷模。她明确反对"一幅照片胜过千言万语"的观念，她感到无奈的是展览和出版物几乎从来不用她的文字说明。她不想让自己的照片成为对人类共性的永恒洞察，而她的很多照片已成为标志性的作品。"每一张照片……属于某个地方，在历史中有其一席之地——可以因为文字说明得到强化。"她坚持认为，"我只是在尽可能想得到的地方找到更多的方法，来丰富并加深视觉图像的内涵，以便让它们传达更多的含义……一个纯粹派艺术家不会只写一行……"（纯粹派艺术家对她来说只是一个骂人的词汇。）她的图片文字是实质性的、而不是文学性的说明，而且不重复照片里面已经包含的信息。

毫不惊讶，她的文字说明很大程度上得益于泰勒的帮助。譬如：

1939 年 2 月，加州的萨利纳斯河谷。大规模的商业性农业。仅加州的一个县（蒙特雷），在 1934 年就运送了两万零九十六整车的生菜，约占全美生菜

运输量的百分之四十五……生菜的产量主要掌握在相对少数的种植园主兼运货商手里……田地里的劳动力主要是墨西哥人和菲律宾人，美国白人都在包装车间工作。

或者：

1938 年 11 月，克恩县。棉花罢工者在夜间聚会街头，接近尾声的失败罢工。罢工工人每采摘一百磅棉花的报酬是七十五美分；他们的要求是每采摘一百磅棉花给一美元报酬。1910 年，因皮里尔县的棉花种植园主在西南部登招聘广告：来因皮里尔县采棉工的报酬是每一百磅一美元。

当兰格在 1935 年开始为美国农业安全局工作时，加州的农业劳动力市场因为"俄克拉荷马人"迫于"沙尘暴"的大迁徙和墨西哥人受到驱逐而被重构。实际上，因为干旱而逃难的人并非主要来自俄克拉荷马州，大部分是来自其他平原州。使他们成为"俄克拉荷马人"的是他们白人的身份，以明显区别于习惯所称的农场工人。大批移民西迁以矛盾的方式搅动了加州的政治。白人正在受苦受难对上层人士来说更加骇人听闻。政界两派——保守主义的种植园主们和自由主义的改革者们——事实上忘却了他们曾经公开讨论过的同样遭受苦难的墨西哥、菲律宾、日本、中国和印度的农场工人。与此同时，"俄克拉荷马人"这个标签变得如此贬义，以至于威胁到他们白人的身份。他们如此"低人一等"，以至于许多加州的白人将他们当作是另一个不同的种族。农场工人的路边营地常常被称为"丛林"，这个说法后来被贬义性地用到了城市黑人聚居区。

在"俄克拉荷马人"迁移之前，种植园主们坚定地认为白人根本不可能去干那些累断筋骨的活儿，那些活儿只有墨西哥人和其他非白人才愿意干。后来的大萧条向种植园主们表明，白人也愿意干这种活儿。

吸取了这一教训后，种植园主希望所谓的俄克拉荷马人将会提供稍微稳定一点的劳动力，不像墨西哥和菲律宾农场工人那样动辄罢工。但是，俄克拉荷马人带来了另一个问题——他们不打算再回到那些平原州去了。许多墨西哥人让他们的雇主感到欣慰的是没有活儿干的时候，他们就会"消失"，回到墨西哥。许多墨西哥人完全是在两个国家生活，想方设法在美国赚钱，以便为他们的家庭在墨西哥创造更好的经济基础。泰勒和兰格跟不少人一样最先发现，相比较之下，那些俄克拉荷马人才是无法返回家园的难民，他们确信，他们所逃离的土地在那些没有资源的小农场主那儿已经无法复耕。他们别无选择：

> 谋生
> 即便像这样的谋生方式
> 也聊胜于饿死。
> 回到那儿我们怕会饿死。

他们的目标是永久定居下来并拥有土地。"他们会擅自占用土地……在手里筛着泥土，说，'我们想要的东西就那么一点点……一点点这种肥沃的土地'。他们从未见过这样的土壤……这样的水果……如此丰盛的果实源源不断地来自土地……"

俄克拉荷马人在加州的农业综合企业中是享有特权的工人，他们得到的薪酬更高，获得的岗位更好。譬如，菲律宾人可以得到收割芦笋和生菜的活儿，但轮不到采摘豌豆的活儿，而采撷的庄稼不同，收入也有相当大的不同。俄克拉荷马人常常在兰格面前信誓旦旦地维护白人至高无上的优越感："你什么都向着犹太佬——"但是，他们有关种族的言论就像所有歧视言论一样，表达的是复杂多样的关系。有时，他们用种族化的词语表达阶级愤怒："为了薪酬而工作的白人比黑人惨多了。"大多数状况下，这是抱怨他们地位的降低："我们倒是的确像白人那样在生活。""我们不是乞丐。我们认为自己是白人。"他们维护自尊，也要求别人尊重他们，尽管是通过让人反感的跟有色人种的比较。他们几乎没有其他路子来获得尊严。他们对"白人"的理解，在全美公认的词汇表里，不仅仅是语言上的，而且是有实际作用的。这样的理解将"白人"设定为一种意识形态、一种幻想——让贫穷的白人和有权有势的人联系起来的神话般的幻想——一种能减轻由贫穷、无知、政治上的弱势所带来的屈辱的身份。他们的话语中充斥着受伤的自尊以及对不该遭受的悲惨生活的极度不满。现状是他们就过着这样的悲惨生活。

像兰格和泰勒这样拥护新政的进步人士认为，他们只能利用人们对俄克拉荷马人种族主义的同情，把它作为调动人们支持改善农场工人的生活境况的途径。泰勒写道:"应该明白，有了这个新的种族，旧的方法，如镇压、不够维持基本生活的工资、监禁、威胁等不管用了。这些是美国人。"这样的话进一步证实了墨西哥裔加州人是外国人的说法。有一位白皮肤的移民告诉兰格:

不太公平。
他们嚷嚷我们不是公民
但我们要是不来
他们的果子就会烂掉。

他说得对，他们实际上被剥夺了公民权。俄克拉荷马人的待遇很少有像有色人种那样糟糕的，但是他们的权利也经常遭到侵犯。许多场所都设有"墨西哥人或俄克拉荷马人不得入内"的标志。不仅仅是私营部门，即便政府也拒绝给予他们应得的公民权利。他们的孩子上不了学，他们无法去当地的医院看病，没有行使老年人援助和一般的救济的权利。儿童保护服务机构对他们不管不顾。他们被剥夺了公民权，无法受到劳动保护法的保护。他们也享受不到许多联邦公民权:没有补偿金，没有社会保障养老金。新政中唯一把农场工人当作公民的项目就是紧急救济。尽管有联邦政策，但是地方救济机构却往往拒绝农场工人的申请。有一位外来工人对兰格说:

现在我想问你一个问题
你能不能告诉我谁有资格
享受救济，什么理由——
这事儿让我心烦意乱——我以前可是有
家具的。

农业安全局要让农场工人获得公民权的意图得罪了种植园主。一位地方农业安全局的官员回忆道，农业安全局"很可能是华盛顿派到这儿来的最不得人心的机构了"。种植园主们指责说，"如果不是农业安全局搞的那些活动，加州根本就不会有这些移民问题"。种植园主的经济地位以及他们对州事务和地方官员的控制，使得他们能够抵抗或者破坏农业安全局的举措。眼睁睁瞧着种植园主阻止了营地项目对兰格来说是一种政治教育。如果说她以前不了解他们的这种能量，那么现在她了如指掌了。她写信给斯特赖克："发生在因皮里尔河谷的事情令人难以置信……（该地区）有自身的社会结构……在那儿，他们要是不喜欢你，就会一枪把你打死……把你揍个半死并把你扔进阴沟里……"她正式通知斯特赖克，她不愿意孤身一人到那儿去。

你也许会以为，种植园主本来会欢迎农业安全局的营地项目。该项目给予他们补贴，承担他们留住劳动力的部分成本。但是，最终，他们担心农场工人组织工会的顾虑占了上风。由于他们见到过不管给多少工资都拒绝工作的情形，并把它作为赤化影响的证据，所以他们争辩说，假如允许组织者举行集会，招募据称是头脑简单的移民，搞阴谋活动，那么营地就会成为共产主义的滋生地。总而言之，联邦营地标准的提高会使工人们的要求过高。

种植园主说得对，更好的设施提高了农场工人的觉悟，他们知道了他们应该有什么样的待遇，因为农业安全局对他们来说像是天堂。标准的营地一般都有金属棚子或者帐篷台地，围绕公用建筑而建。户外有无数的水龙头提供净水；中央建筑的特色是安装了抽水马桶，有热水和冷水，有浴室，有洗衣房和熨烫室，还有垃圾箱。给人们带来最大快乐的设施莫过于浴缸和淋浴房。当有人注意到一个新来的人一天洗三次澡的时候，那位农场工人回答道："你要是像我这么长时间没有澡洗试试……"地方农业安全局的一位雇员报告说，一个刚刚到达营地的女人"在淋浴房里足足洗了一个下午，一面哭，一面擦干身子，接着又回去淋浴……"营地设有日托中心、医疗室、急救中心、汽车修理厂和配备有工具的车间，通常还有熟练的技工。每个家庭通常每天支付十美分，被要求每周义务劳动两个小时。那些营地远非奢华，有时甚至是有缺陷的，比如在亚利桑那州，农业安全局用金属搭建的预制房屋热得像火炉。这些营地几乎没有隐私，也不提供食品，但是比起种植园主提供的营地或者路边临时栖居处，算是高度文明了。

种植园主还有一点也说对了，那就是这些营地使得农场工人进行集体活动变得更加容易。居住在营地的人们选举出管理委员会，建立并实施治理规则。他们打造集体花园，举办培训班，出版时事通讯。尤其是，他们交流信息，倾吐委屈，传播流言蜚语。从某种角度讲，营地所起的作用就像公民学校，类似于二十五年之后民权运动中所创立的那些公民学校。当时要是有更多的那种营地的话，可以想象加州的政治格局和权力结构会发生多大变化。阿尔文营地经理汤姆·柯林斯认为，那些营地引导了很多居民在州选举和全国大选中进行登记及投票。他把自己的工作称为"让美国的流亡者回归"，意思是让他们回归国家，回归公民身份。

"公民身份"这个说法在兰格的图片说明里没有出现，但是这一概念却一直存在于她的图片和图片说明中。那些对农场工人充满敬意的人像照表现了他们智慧、勤劳、负责任的形象——从视觉上展现了他们的公民资格。只要有可能，她也会用文字来达到这一目的，给一张父子照配上文字说明："未来的投票人和他的墨西哥父亲。"她记下了一位农场女工的话："我想回墨西哥去，但我的孩子们说，不，我们都出生在这儿，我们是这个国家的人。我们不回去。"要是拍摄对象可以看到这些照片——兰格对自己的作品没有任何控制权，所以她无法与拍摄对象分享她的照片——那么也许会有助于构建并代表他们的公民身份。兰格所表述的公民身份不只是一个法定权利，而有更强烈、更苛刻的含义：更加积极地参与民主政治。所以，她对农业安全局营地的管理特别感兴趣。她的照片不仅仅聚焦于营地的设施，还聚焦于公告栏、缝纫俱乐部以及代表他们实施公民权利的营地管理委员会的会议。她对一次这样的会议的进程做了大量的笔记，并配上相应的文字说明，"民主的开端"。

种植园主指责营地成为了"煽动闹事人的港湾"，从某种程度讲确实是正确的。共产党的确试图在农场工人中招募人员，虽然并非所有的共产党人都是局外人，也并非所有的煽动者都是共产党。共产党领导的工会 UCAPAWA（美国罐头食品、农业、包装及相关行业工人联合会）至少在每个营地都建立了区域性的指挥部。凯利·麦克威廉斯甚至把那些营地看作"走向集体农业经济的第一步"。但是，大多数营地的居民更多的是沮丧而不是愤怒，他们对集体行动持怀疑态度，对阶级斗争这一说法感到不安。此外，他们的爱国主义趋于种族主义。俄克拉荷马人的政治文化不同于墨西哥人，而且工会的组织者们对俄克拉荷马人集体抗议的潜在力量估计过高。

与此同时，农业安全局的左翼还有相反的担忧——这些营地不仅仅使雇主们获得了政府补贴，而且还可能用来监督工人们。加州农业安全局的弗雷德·索尔抱怨说，"彻底受到监督、彻底兵营化的营地……民主的、协作的、提振士气的、自我引导的精神泯灭了……"兰格也觉察到了危险，她认同汤姆·柯林斯的看法："一个瘦削、黝黑、结实、紧张的家伙……他和人民的关系无比亲密，当他每天早上在营地上空升起美国国旗的时候——的确是这样，那就是他的营地——他保护着它不受外部世界侵犯，他掌控着它，虽然他致力于为人民的利益而造福。这是最怪异的组合之一……"保罗·泰勒担心，营地会把这些移民"冻结"成一支"廉价而又富足的劳动大军……"农场工人们明白这点：

> 我不是可以随意欺凌的。
> 我得到了照顾
> 但我万一就这样活得富足了，
> 那我就决不再往前走了。

但是，泰勒不会为了长期的激进的目标而忽视当前的苦难。此外，左翼批评家也没有提供其他选择。

不过，泰勒发现不能容忍的是营地里的种族歧视：几乎所有营地只接纳白种人。他的抗议没有效果。即便斯坦贝克的《愤怒的葡萄》里那位营地总管的角色原型，被神化的汤姆·柯林斯也排斥黑人。种族隔离是非法的，但容忍这一现象的是农业部的决策。有色人种知道这点，所以也没有想方设法挤进营地去。墨西哥人害怕遇见任何官方人士，因为后者威胁要将他们驱逐出境。只限白人的政策不仅仅在高层得到了强化，而且在底层也得到了强化——被居民所强化。专供白人居住的阿尔文营地管理委员会投票决定将"黑人、墨西哥人、菲律宾人安置在独立的单元里"——而这样的单元根本就不存在。推动营地建设的是墨西哥人和菲律宾人的罢工，而现在由于他们的积极努力而获得成功的这个项目却对他们关上了大门，这是莫大的讽刺。

泰勒总是期望会有改进，所以并未公开批评农业安全局的营地政策，甚至连营地的数量严重不足也不提。泰勒是《图表调查》的定期撰稿人，他们发现他关于营地的文章"肤浅而过于乐观——只看一些小地方、已经做的事情，但忽略了一些大问题……丝毫也没有对救济署提出批评……"后来泰勒对他的文章进行了修改，杂志也发了这篇文章，但是它仍然回避了那些大问题。

兰格的照片同样美化了营地。这种观点对政府内部人士来说有职业风险，他们试图针对强大利益集团进行改革：他们不得不努力将小项目落实到位，对有限的甚至是微不足道的成就感到骄傲，却把整体的失败丢之脑后。另一方面，自豪感和乐观主义让泰勒产生了他正在取得进展的幻想，这让他坚持下去。他一直在支持农场工人，直到他逝世的那一天。当然，他很失望，他曾用对他来说不常见的情绪化语气写道："有时，真是让人沮丧。"但是，好在他经常提醒自己，成功的概率十分渺茫，否则他恐怕早就偃旗息鼓了。

兰格就没那么有耐心。正如评论家所说，她总是很情绪化，她也比泰勒更加具有内省和自我批评精神。她很少回避重大问题，或者说因小失大。她责备自己的摄影不够完美，进而发展到责备自己的摄影没有强有力到能改变一项政策。随着她摄影智慧的增长，她对决定摄影质量的因素的评价发生了变化。1936年，她感觉她的情绪化是一种负能量："我在自己为之激动和倾注热情的题材上犯的错误最多。换言之，作品越糟，素材就越丰富。"在后来的几年中，她开始反思：她最优秀的作品来自她最深的感受。

保罗的具体政策目标从未取代她自己的摄影目标。当她不可改变地向着纪实摄影发展的时候，她对摄影的投入也越来越大。驱动她并令她最兴奋的是让摄影艺术的表现力达到最大化的挑战——揭示表面的眼睛、耳朵或头脑无法明显看出或听到的真相。

对她来说，营地不仅提供了庇护，还预示着自由，这种自由既是她的社会理想也是她的艺术理想。二十世纪二十年代，她的波希米亚式的感性想象的自由是没有禁锢，现在她理解了，政府可能必须采取行动培育自由。对她来说，农业安全局的营地工程有一种乌托邦式的特性。诚如学者卡罗尔·什洛斯指出的那样："在一个州警已成为私人保镖的世界里，唯一的自由只能在封闭的空间里才能找到，只能在保护人们不受那些想要用警戒手段吓唬他们闭口不言和屈服的地方才能找到。"兰格认为，对那些没有安全感的人来说，没有家，没有一个互相尊重和安定的环境，甚至无法扎根，谈何自由。外来工人无家可归的经历给了她更加深刻的情感共鸣，在当了教师后，她将这种情感共鸣转移到了布置的作业上，拍摄了"你住在哪里"。即便一个暂时的停泊点也可以减少焦虑，提高生活质量，而不仅仅是为了生存。

女人心灵上的健康尤其需要一个最低限度的家庭秩序。营地提供了一点体面的设施——淋浴、厕所、洗衣房——跟兰格发自内心的热爱持家形成了共鸣。尽管她的生活条件比起她的拍摄对象来要优越得多，但是她工作的流动性强化了她对农业安全局营地政策的支持。她绝对不是一位要挑战男性权威的女权主义者，但是她相信，女人是母亲和家庭的代名词。"我希望通过这些照片来表达或者刻画或者揭示我对女人的爱，对女人的职责的爱。"她说，"不仅仅是我对女人的爱，还有我对她们职责的尊重……"

兰格和泰勒对营地的构想带着一种救济使命，这引发了一个问题，他们是否把自己当作农场工人的救世主？很可能是这样，但没有那么简单，因为他们明白，建营地有一部分是起安抚的作用，通过提供临时援助来应对农场工人的罢工，而不是提高工资和工会的议价能力。作为一个中产阶级的城市人，拍摄那些没有受过教育、通常肤色较深的农村穷人，兰格是否像一位研究处于"原始"社会的土著人的人类学家？她"遁迹潜形"的花招，她娴熟的"交谈"技巧，很可能加剧了这种交易的不平等。是否有观众发现她的影像很令人兴奋？这些问题不容易避免。兰格知道，优秀的纪实摄影既需要打扰拍摄对象也需要保持情感的距离。她也知道，她的照片常常会引发善举。因为纪实摄影的不平等而谴责它，等于是取消一个有能力的人通过创造性的工作而帮助那些不幸的人的权利。这显然不正确。

兰格和泰勒的工作至少为一个重大的政治发展做出了贡献。兰格对农场工人富有同情的照片，连同那些种植园主的傲慢，引发了公众对加州大种植园主统治的谴责。这种大众舆论促成了进步的民主党人卡伯特·奥尔森在 1939 年当选为州长（战胜了臭名昭著的反工会的在任州长弗兰克·梅里亚姆），这使泰勒和兰格感到高兴。

不过，在加州那些大种植园里，公开的阶级冲突有可能撕裂兰格将客观性报道跟宣传性倡导结合起来的努力。过了相对稳定的 1935 年之后，兰格开始近距离地接触农业罢工。她没有被派去报道罢工，但她想去，觉得有必要去报道。

1936 年 6 月，当因皮里尔河谷种植柑橘的两千五百名墨西哥裔工人听到种植园主刚获得了两百万美元运费减免的消息之后，便走上街头。罢工的工人痛揍破坏罢工者，而种植园主则以武力镇压作为回应。柑橘县处于"被包围状态"，四百名武装警察，由前南加州大学的"足球英雄"指挥，在县治安官的命令下开枪杀人。两百名工人遭到逮捕，被关到种植园主们建起来的围场里；同情罢工者从洛杉矶运送来的好几卡车食品被劫持并被丢弃。

由于不敢冒险进入因皮里尔河谷，兰格便觉得可以去萨利纳斯拍摄一场罢工，这只"全世界的沙拉碗"为全国提供了百分之九十的生菜。那儿的县治安官和警察局长干脆将权力交给了农场主联合会，农场主联合会则建立了一个总参谋部来指挥这场战斗，招募了两千五百名他们的支持者宣誓就职，担任他们的代理人。这支由"职员、服务站操作员、店主"组成的军队，用约翰·斯坦贝克的话说，就是被那些大种植园主欺骗的"傻瓜笨蛋"，他们逮捕了数百名农场工人，强行中止罢工，并带来了破坏罢工者。萨利纳斯也一样，种植园主们在罢工之前就预先设置了一个围场。凯利·麦克威廉斯写道："我看见了一个奇怪的现象……一个集中营，四周围着铁丝网，大门坚固，岗哨林立，塔楼高耸……人们也许会说，这个集中营象征着种植园主兼运输商圈子里盛行的劳动关系模式……"当地方官员提出质疑时，种植园主们宽慰他们说："当然啦，我们不会把白人关进去，我们只关菲律宾人。"种植园主以人种分化工人队伍的策略很有效，由此产生的分裂导致罢工者无法抵抗直接针对他们的暴力。再一次，兰格从这次暴力中退缩。

两年之后，1938 年，她的确试图报道一次棉花种植区的冲突，此时，棉花已经是加州的主打农产品。农场主联合会扬言报复在工资问题上做出让步的任何一个种植园主，并拒绝接受劳工部的调解。有太多饥肠辘辘的外来工人，无法阻止破坏罢工者，于是，罢工流产了。在一封致斯特赖克的信中，兰格解释为什么她无法拍摄当时发生的事情时，所使用的语气是心烦意乱的，"一次让人心碎的长时间罢工接近尾声，没有成功……"；由于田里没有任何人，除了"破坏罢工的人……太危险了，没法去……"

就像在 1934 年的旧金山一样，兰格将纪实摄影运用于社会冲突的尝试一直没有成功。她少有的几幅有关罢工的照片既缺乏艺术表现力也没有提供多少信息。她的问题在一定程度上是战争摄影所固有的，就像罗伯特·卡帕概括的那样，"如果说你的照片不够好，那是因为你靠得不够近"。兰格靠得不够近——靠得近是危险的，哪一边都不信任她，而且她行动又不快。对罢工者来说，有了那些照片很危险，至少会导致被列入解雇的黑名单。她那位更加爱冒险的年轻朋友奥托·哈格尔有关罢工的照片也好不了多少。不过，兰格的摄影禀赋表明，她对公开的冲突没有兴趣，更不用说暴力了。当然她对那些种植园主大为光火：不平等如此巨大，针对工人的手段如此暴力和不公，集中在种植园主手中的权力如此势不可挡。不过，她的照片更多的是哭泣，而不是愤怒。

第十三章 《移民母亲》

　　《移民母亲》是兰格最著名的照片，也是美国最著名的照片之一，展示了一位面容憔悴、饥肠辘辘的农场工人母亲的非凡美丽。（参看原文第 xii 页）这是兰格的标志：美得恰到好处。然而，像《白色天使施粥所前等候施粥的队伍》那样特殊的照片（参看第六章），明显是偶然的，我们知道兰格惯用的手法不是这样的，这个创意属于例外。

　　弗罗伦丝·汤普森，这张《移民母亲》的主角，是俄克拉荷马人，但她实际上是出生在美国本土的俄克拉荷马人。1903 年出生于俄克拉荷马州的彻罗基保留地——一个印第安人的帐篷里，她说她的亲生父母都是彻罗基人，但是她的父亲杰克逊·克里斯蒂在弗罗伦丝出生之前就抛弃了她母亲。她母亲后来嫁给了一个名叫查尔斯·阿克曼的乔克托人，弗罗伦丝把他当成了自己的生父，他们到俄克拉荷马州塔勒阔附近的一个农场定居。十七岁那年，弗罗伦丝嫁给了克利奥·欧文斯，几年之后，这个年轻的家庭移居到了加州，她丈夫在波特维尔、奥罗维尔、默塞德福尔斯的锯木厂工作，也干些田地里的农活。他 1931 年就死了，留给她五个孩子和她身上怀着的第六个孩子。她白天在田间干活，夜里去当女招待。1933 年，她再次怀上了孩子，这次让她怀孕的是奥罗维尔，一位很富有的商人。她生怕这个私生子被政府的福利机构带走，她回到了俄克拉荷马州她父母亲那儿去生孩子，但是到了 1934 年，整个大家庭迁徙到了加州中央谷地的沙夫特。弗罗伦丝在田间干农活，从北部的雷丁到南部的因皮里尔河谷。她在那儿跟詹姆斯·希尔结为夫妻，在他们随着庄稼成熟而流动的过程中又为他生下了四个孩子。兰格遇见他们的时候，希尔和儿子们正好去修理他们家的汽车去了。

兰格通常带一个助手，事先安排好工作日程；这幅照片是她单独拍摄的，而且差一点错过了机会。1936年2月一个寒冷凄凉的雨天，她正沿着101号国道往北行驶。一个月在外奔波，该回家歇歇了。她已经疲惫不堪，"筋疲力尽"，急于回去与家人团聚，估计还要开七个小时的车。离开圣巴巴拉大约两个小时，在尼波莫小镇附近，她看到手写的一块小牌子，"豌豆采摘者营地"。（尼波莫位于沿海丘陵地带，比起中央谷地是一个不太热但多雨的地区，所以适应凉爽气候的庄稼可以在那儿种植。）她没有理睬那块指示牌，又开了二十英里，几乎快要到达圣路易斯－奥比斯波了，好像又有什么东西一直在将她往回拽。据她回忆，她在内心有一番争论：

> 多萝西娅，后面那个营地怎么样？
>
> 那边的情况怎么样？
>
> 没人能要求你这么做，不是吗？……
>
> 你在这个主题上不是已经有很多底片了吗？
>
> 这会不会又是一张同样的呢？
>
> 再说，如果你在这样的雨天拿着相机出去，那就是自找麻烦。

不过，这幅照片的偶然性来自只有多年的实践才会有的运气。非典型性受到习惯的制约。兰格短暂的一瞥似乎捕捉到了什么重要的东西，因为她的目光训练有素。接着，她摄影准则的又一个部分占据了主导地位：一种责任感——记录场景，抓住视觉机会。她调转车头，往回开——像一只"信鸽"，她回忆。

来到营地，她了解到，寒潮来袭，豌豆被冻死，所以他们无活可干。汤普森的孙子经常听奶奶反复唠叨这一事件，正如他后来叙述的那样，"营地里已呈现出饥馑景象；不出一周，死亡来临。首先是年幼的孩子，然后是年纪最大的老人。很快，当地人会来袭击营地，逮捕一些人，殴打另一些人，把所有人驱散到风餐露宿的野外"。兰格看到一间披屋，几块破帆布从后面两个短桩拉到前面两个高一点的桩上，桩子用绳子固定着，绳子的一端钉在地上。里面唯一看得见的家具是一只箱子，上面搁着一只空的馅饼盘，还有一只打开的小旅行箱。披屋里面窝着全家人：一个怀抱着婴儿的母亲，两个年幼的孩子，还有一个郁郁寡欢的十几岁姑娘。他们身上的某些东西吸引了兰格。她已经很累，于是她和拍摄对象简短交流了一下。她了解到，这位母亲今年三十三岁，全家就一直靠从附近地里偷来的冻蔬菜和孩子们逮来的鸟儿充饥活命——这个营地的两千五百人都处于类似的绝望境地。

兰格通常会拍两类肖像——一类是拍摄对象在与摄影师的直接接触中抓拍，还有一类是等拍摄对象习惯了相机、以至于熟视无睹的情况下拍摄。《移民母亲》属于后者。它是六到七张系列照片中的一张，从照片的变化来看，很显然兰格让这位母亲和孩子们挪到几个不同的地方。她一开始用的是中距离镜头。然后她后退了几步拍了一张，接着靠得更近一点拍摄了其余几张。她将一堆脏衣服移到一边。（她从来不让她的拍摄对象难堪。）接着，她靠得更近一点，聚焦到三个小一点的孩子身上，后来的照片里完全把那位十几岁的女儿排除在外了。然后，这位拍摄孩子的摄影大师作出了一个非同寻常的决定，请求最小的两个孩子靠在她们母亲的身上，但是把脸背向镜头。她是在营造一种戏剧性效果和视觉冲击力，她要强迫观众完全把视线聚集在弗罗伦丝·汤普森的美丽和焦虑上，通过孩子们的身体而不是脸来表达他们对母亲的依赖。也正是这种构图策略使得《移民母亲》变得如此强大。

兰格感觉她获得了此时此刻她所要的东西，然后便回到101号公路上，继续驱车赶往伯克利的家。当她将底片冲洗出来时，她知道她获得了扣人心弦的作品，她将照片提供给了报纸。《旧金山新闻》在1936年3月10日刊登了其中的两幅作品。作为回应，二十万美元的捐款寄向了被困在尼波莫的贫困潦倒的农场工人营地。

《移民母亲》一次又一次地被翻印，以至于评论家们称之为标杆。它被用于三十二美分的邮票、政治竞选的宣传、各种商品的广告、筹集善款和杂志封面。黑豹党人给这位母亲弄了一个非洲式爆炸头。一个右翼网站将它比作约瑟夫·戈培尔创造的冲锋队偶像赫斯特·韦塞尔。当我问我大学的学生多萝西娅·兰格是谁时，几乎所有人都说不知道。可是，当我请他们说说大萧条时期给他们留下深刻印象的影像时，有很多人提到了这幅照片。由此可以联想，其含义各不相同：它可以表示受苦受难、母亲的无私，也可以表示美国人非凡的坚韧。这幅照片甚至都可以说是代表了这个国家，就像玛丽安代表法兰西一样——《移民母亲》是一个吃苦耐劳、终究不可战胜的民族在一场可怕的集体悲剧里的忍辱负重。它的作用就像"激活'情感结构'的备忘录"。

这张照片引发了一些对母亲深刻的固有的观念，所有这些都是高度意识形态的。她的孩子们靠在她身上，因为她是力量的支柱。他们不仅仅靠在她身上，还因为在这个家里没有空间将这四个成员分开；就像他们出生前一样，他们成为了一体。母亲的担忧表达了她需要不惜一切代价养活和保护他们。没有什么能够诱使她推卸母亲的责任。像许多其他母亲一样，她辛勤工作，但没有收获回报或安全感。她被她无法控制的环境所压倒。她没有任何过错。我们知道她已经尽了最大努力，处于穷尽生存之道的危险之中。她甚至会使人更加联想到女性的软弱，因为是焦虑而不是忙碌将她击垮。其他的象征意义则是基督教传统独有的："移民母亲"是圣母马利亚，一位神圣的母亲，因为她纯洁、无性。更为重要的是，她是一个神圣家庭的中心。

不过，摄影学者萨莉·斯坦表示，假如这幅照片表现的仅仅是圣母玛利亚，那么它的力量就没有如此强大。她强调，这幅照片还包含了一种张力，从而增添了它的力量，尽管是无意识的。斯坦指出，这位母亲跟她的孩子融合得如此天衣无缝，以至于就像捆绑在一起，就像通过视觉压缩将他们锁在了一起。母亲们是劳动者，兰格作为一位拍摄劳动人民的模范摄影师，一位了解母亲辛劳的摄影师，敏锐地意识到这一点。但是，母亲不是自由的，就像契约劳工。母爱本身就是一种囚禁。更有甚者，就像斯坦指出的那样，她的肩膀和面孔将她的孩子们推向前方，她在人群中孤身一人，目光游离于其他人，就像《白色天使施粥所前等候施粥的队伍》里的那个男人。她的孩子们用手抚着她，但是她对此没有做出回应。此外，圣母玛利亚的图像里，玛利亚的目光通常是聚焦在孩子身上，但是《移民母亲》中完全看不到这一点。斯坦概括道："（这幅）照片基本上没有落入母亲对孩子充满柔情蜜意的俗套，不是宗教信仰的世俗变体。"

有时，兰格自己也感到费解，为什么这幅照片的传播如此广泛，她知道这是一张优秀的照片，但是她还拍摄了其他很多具有同样实力的照片。为什么一幅特定的照片能如此引人入胜，这依然是个谜，但是斯坦强调，《移民母亲》的内在张力，确切讲是它的无解，是它力量的来源。兰格拍摄过很多讨人喜欢的照片，但是她的风格并没有走向体现传统的美。她对具体的情感十分敏锐，她也很可能感觉到汤普森焦虑的复杂性，因为这也是她的焦虑。兰格的个人生活里没有什么比母亲的身份更令她焦虑了，她每天都生活在矛盾的冲力之中。

　　反新政的共和党人经常指责农业安全局的照片有倾向性。罗伊·斯特赖克为它们辩护，坚持认为它们反映了真相，但是并非他所有的属下都认同他对真相的字面理解。所以，当反罗斯福的报纸曝光农业安全局的摄影师阿瑟·罗思坦将公牛的一块头骨移动了好几码以便更加突出旱情的效果之后，斯特赖克就像被架到火上烤一样。在回击另一次保守派的攻击中，斯特赖克错误地否定了兰格让《移民母亲》的家庭成员摆姿势的事实，他的否定隐含的意思是这样做就是欺骗。当兰格对照片做修整，将弗罗伦丝·汤普森侵入到构图中的大拇指的边缘清除掉时，他很是不满。四十年之后，一位学者指责兰格在 1938 年 6 月拍摄另一个家庭的照片时，故意将什么东西摔到地上，引得一个幼童猛地扭过头来瞧它。然而，有的时候，斯特赖克指示他的摄影师们有些照片需要导演一下。"有可能的话，"他写信给罗思坦，"拍一些……债务调整委员会在工作的照片（哪怕导演一下）……"
　　修图和摆拍为什么是一项让人质疑的技术？为什么这些问题很重要？这些问题的产生是因为人们对摄影是一项机械复制的普遍理解，它跟大萧条时期的纪实摄影的政治分量发生冲突了。正如评论家威廉·斯托特所觉察到的那样，这种对真实性的关注遍及二十世纪三十年代的政治文化中，包括视觉艺术和文学作品。纪实模式与联邦政府在推进其政策过程中越来越依赖经验数据相匹配。摄影涉足政治领域所产生的极强效果，激起了反对者对其真实性的质疑。从不同的政治视角，斯特赖克分享了他们的臆断，并使用了法庭类比：他的照片是作为证据的，是为联邦政策搭桥铺路的。他的目的是"将专业新闻摄影新的声望和权威附加到社科专家业已确立的'科学'可靠性上……"（斯特赖克明白，他的摄影项目要是被认为是艺术的话，那么他就无法名正言顺地获得资金。）法庭或者新闻摄影师也许会承认，他们不应该修图或者摆布被拍摄对象，但是他们无法避免定格每幅照片的画面，哪些包含在里面，哪些排斥在外面；观众没法知道画面外面有什么。

七十年之后，真实性的观念似乎不仅模糊了，还显得肤浅了，而且意识形态化了。禁止重新排布一群人，以便产生更引人注目的画面，这是基于一个有关真实的观念，感观立意能感知真实，从来不需要分析和理解。这一观念会使真实成为常识、传统表象的俘虏，而兰格为了引发更深层的问题，决心打破用传统视角看问题的诱惑。兰格在农业安全局的同事杰克·德拉诺认为："纪实摄影不是展现你碰巧看到的东西，而是展示你正在观察的东西的实质。"兰格驾驭摄影场景的目的是揭示不易触及的真相。她喜欢一句中国格言：心不领会，目无所见。

当然，这一方法来自人像摄影的观念，即个体有其内在本性，有时隐藏起来，但在适当的条件下会暴露出来。当然，她现在正在实践的纪实摄影不光是单独的个体，而是处于社会条件和社会关系中的个体："某个事件、某些境遇、某种情形的全部含义和意义……"她相信，把人作为其拍摄主体，可以更好地把那些条件和关系联系起来，通过把这些条件和关系纳入她所喜欢的经典构图和有深意的姿态中，使它们更具表现力。

在这幅照片被拍摄完成的几十年之后，一位新闻记者找到了弗罗伦丝·汤普森，发现她是一个"纯血统的"彻罗基人。对于这幅照片主人身份的追踪，增加了这幅照片的讽刺意味。其声誉日隆，因为它象征着白人母亲和白人难民在"沙尘暴"中的遭遇。兰格要是跟汤普森夫人的会面时间长一点，她是不是会了解到她的历史和出身？现在不清楚，当时汤普森是否说了她是一个印第安人。要是观众当时知道照片的主人翁是"有色人种"，这幅照片还会那么流行吗？兰格也许会愉快地接受这一事实。但是，斯特赖克还会同意传播这张照片吗？很可能不会。

在十年之内，当然是到1955年为止，当这幅照片在现代艺术博物馆的"人类大家庭"摄影展展出之后，弗罗伦丝·汤普森的照片便传遍了全世界。它被当作公共财富，任何人、任何组织都可以出于任何目的免费使用它。1958年，汤普森及其家人在《美国相机》杂志上看到了这幅照片，便写信给杂志社表示异议，他们的信件本身又变成了十分吸引人的文本，表明那些受教育有限的人们可以运用正义的语言维护自身的权利：

这幅照片后来一直在旧金山美术馆展出，而且两年之前我注意到它出现在《形象杂志》……（和）《美国相机》上……鉴于没有咨询过我……我请求你们召回所有未出的杂志……请你们帮多萝西娅·兰格一个大忙，把她的地址寄给我，这样我可以告诉她这幅照片要是再次出现在任何杂志上，那么我和我的三个女儿就不得不维护我们自己的权利。相信没有必要在未经许可的情况下因你们的出版物中使用我的照片而采取"极端的手段"，迫使你们撤下已经在发行的杂志。

弗罗伦丝·汤普森敬上

兰格感到震惊、害怕和苦恼，她的照片竟然带来了麻烦。当然，她没有从照片上挣到任何钱，也没有办法控制它的使用，所以弗罗伦丝·汤普森没有理由提起诉讼。但是，汤普森的愤怒之情是可以理解的：她感觉自己被定型为《愤怒的葡萄》里的一个角色，一个俄克拉荷马人，而她从这幅照片上却什么也没有得到，她估计兰格已经赚得盆满钵满了。汤普森还指责兰格曾经答应过给她寄照片但没有寄，而且还答应过这幅照片不会发表。这些指控并不真实，因为兰格知道得很清楚，所有农业安全局的照片都有可能发表，因为兰格不可能答应过会寄照片给她，何况农业安全局的照片从来不署名，这是这个项目的准则。等兰格跟这幅照片的关系澄清之后，汤普森和她的家人便撤回了她们的抗议，而且今天，汤普森的一个女儿对拍摄这幅照片的评价十分积极："她问我母亲是否可以给她拍照——说……她的名字绝对不会出现在公开出版物上，这是为了帮助在艰难时世中那些和我们一样深陷困境的人。"佩姬·麦金托什说道，"所以母亲就让她拍了，因为她觉得这样会有帮助。"

不过，汤普森的感受值得尊重。她对那次邂逅的叙述有助于揭示她对这件事情的理解："一辆闪闪发亮的新汽车"开了过来；"一个穿着很体面的女人扛着一架很大的相机走了出来。"兰格的汽车在加州不是泥泞不堪就是在灰尘蔽天的田野里四处奔波了好多天，不可能是闪闪发亮的，而且，她同样也不可能看上去穿戴很体面。毫无疑问，汤普森的回忆数年之后发生了偏差。但是她的情感记忆是真实的，因为兰格显然来自另一个阶层。一个独自驾车的女人,她的大相机是权威的标志。而且,这个女人所得到的东西——照片——表明了汤普森的看法是错误的,即她没有从拍摄对象身上拿走任何东西。事实上,兰格通过拍摄汤普森和她孩子们穿着破衣烂衫、面黄肌瘦的照片,也许就拿走了她们的一点点自尊。就像一位俄克拉荷马人告诉兰格的那样,"我从来没有写信回家告诉我的家人我们住在帐篷里。我总是写我们过得很好,诸如此类的话,从来不写我们住在帐篷里"。这样的感触引发了社会伦理问题。拍摄穿着破衣烂衫的农场工人,以便激起人们的同情,从而得到可能的救助,这样的做法是最好的吗,还是让她有机会按照自己的意愿呈现自己?前者是不是会给拍摄对象带来双重伤害呢?先是被社会和经济伤害,接着是被纪实摄影师伤害。汤普森的感觉也许跟加利西哥的那位墨西哥裔农场工人一样,他也不愿意被拍照,因为"我们羞于住在这些屋子里"。(参看第九章)就像一位黑人牧师在 1963 年告诉罗伯特·科尔斯的那样,"我不知道是谁在进行'纪实拍摄',心里想看什么……他们会拍摄我们的眼泪而不是我们的微笑吗?……我知道我们需要外面的人帮我们一把……可是……我们最终会以三 K 党想要的方式露脸——惨得像牲畜一样,一天到晚像猫狗那样呜呜地哀鸣"。弗罗伦丝·汤普森为自己被拍成那样,感到耻辱。

兰格对所有这些伦理上的质疑不敢苟同。她像她母亲和丈夫一样,感觉有一种对拍摄对象施以援手的责任。的确,她接近汤普森的方法偏离了她一贯的运用交谈的方法,甚至,像一位评论家说的那样,都没有运用"诱导"来缓和被拍摄对象的紧张或者羞耋。2 月的那一天她接近汤普森时已经筋疲力尽了,所以都没有采用诱导的方法,而且很可能有点简单粗暴。但是,兰格虽然经常反省自己的摄影技术,可她从来没有担心过摄影对拍摄对象有着潜在的危害。她十分肯定,她是在做好事,不容许有这样的怀疑。

弗罗伦丝·汤普森在被拍下这幅照片之后生活过得并不容易。正如她所指责的那样,她从这幅照片里没有得到任何好处;更大程度上,她的生活走向了失败,即兰格和泰勒对经济民主所寄予的希望的失败。汤普森做了一段时间的农场工人,努力养活她的十个孩子。1978 年,《莫德斯托蜂报》的一位记者发现她住在一座活动房里,便采访了她;她再次抱怨她应该得到一些钱,并威胁要诉诸法律。她当时的生活费来自每月 331.60 美元的社会保障救济金,外加 44.40 美元的医疗费。1979

年，另一位记者比尔·甘泽尔将她拉进了一个更大的项目——追踪大萧条期间那些拍摄的对象的轨迹——之中。1983 年 8 月，她再次引起媒体关注，当时她已经患了不治之症，癌症、心脏病、中风后遗症，她的儿子告诉记者，他们家负担不起每周 1400 美元的高额医疗费。最终，兰格稍稍帮助了一下汤普森一家：这篇文章引起了公众的注意，由此所带来的捐款高达 3 万多美元。汤普森于 1983 年 9 月去世。

第十四章　奔波：沙尘暴区

沙尘暴区是一个关键性的民族传奇，在美国历史上具有神话般的地位，多萝西娅·兰格帮助构筑了这个神话。正是沙尘暴区使得兰格成为了一位环保主义者；泰勒通常会在他们漫长的旅途中对她娓娓道来，而她亲眼目睹的东西才使他的教导具体化到情感上的认知。多萝西娅通过观察来深入理解所有事物。

兰格沙尘暴区的照片通过视觉讲述了一个环境的故事。兰格发展中的环保主义思想的核心是一种叙述——关于人和自然关系的叙述，两者在互相改变对方。地球本身是第一位的。沙尘暴区照片的第一个主题是沙尘暴。她试图拍摄沙尘暴，但是很少能抓拍到旋转的沙尘，于是她的图片便似乎是模糊不清的一片。她拍摄沙丘的照片效果更好些，堆积的沙尘淹没了栅栏、农场的设备、储物的地窖。甚至房屋一楼的窗户。更重要的是，她揭示了原因：那广袤的耕地曾经是绿草如茵的大草原，现在却无法抵御风的袭击；拖拉机上的人们，无视多年来的失败教训，再次将土地撕开。

沙尘暴区照片的第二主题是遗弃，起始于田地龟裂、地表不毛、寸草不生。接着，照片转向了人类的遗弃行为：废弃的农舍、无人问津的犁铧、一处处废墟。城镇中心广场空空如也，宽阔的大街上车辆几乎绝迹，商店关门大吉，招牌脱落。农业安全局的几位摄影师在被干旱侵蚀的平原上工作过，但是没有一个人留下堪与兰格相媲美的影像，她描述的是灾难让人类付出的代价。

第三个主题重复了兰格关于展现经济大萧条的画面的拍摄：垂头丧气的男人。在沙尘暴区，这些男人通常扎堆聊天——干旱地区由许多小城镇组成，那儿的人都互相认识。（相比较而言，她在旧金山所拍摄的垂头丧气的失业者的画面，不仅表达了他们的绝望，而且还展现了他们的孤立，表明兰格对城市的焦虑在上升。）男人们出现在冷落寂寥、阒然无声的大街两侧。他们全都瘦骨嶙峋，有的站着，有的蹲着，有的靠在车上。有些人穿着工作服，但很多穿着更好的人会上城里去，因为农田里没活可干了。他们都戴着帽子，有的是草帽，有的是浅顶软呢帽，有的是牛仔帽。许多人花几美分钱去赶个电影上午场，因为无事可干。在这些城镇里，看不到女人，没有女人的状况说明了一件很重要的事：男人没有农活可干的时候通常浪荡在街头，而这时候的女人则比以往任何时候都更加勤奋地干活，努力保持屋子、身子、衣服、食物和水的清洁；拿出储藏在那儿的不多的食物，或者倒出藏在咖啡罐里的一点钱买点食物，尽量把几餐饭并作一餐；尽量把牲口养活，尽量让人类的精神不要被造成严重损害的大萧条摧毁。

　　不管在农场还是在路上，女人都很多，她们揭示了兰格摄影的另一个主题：女性史诗。地里，她们在男人身边辛勤劳作；家中，她们烧菜煮饭，打扫卫生。她们以自己的实际行动证明了兰格和人民阵线对女性的感受：她们在两性中是强者，但是她们从来不求出人头地，从来不想替代男人，从来没有要求男人分担女性的家务。她们身边经常没有男人，但并非出于她们的选择。当女人和男人一起出现时，男人常常看上去更加沮丧一点。在这两张照片中，兰格以其一贯的简洁风格，将丈夫排除在外，把焦点聚集在了女人坚毅的目光上。结果，一个与其说是可怜毋宁说是坚定的形象诞生了。

　　接下来的故事说的是农民决定背井离乡，这一决定使她无法拍摄，但是她将这段迁徙经历记在了她的田间笔记里，例如，"那场干旱使我们陷入困境。"兰格为了形象地反映他们的迁徙经历，拍下了大篷车的远景，但是通常是停着的大篷车，因为兰格速度相对较慢的照相机抓拍不了运动中的他们。穿着破衣烂衫的乘客们或站或坐在闷热的汽车外面——等汽车的散热器冷却下来给汽车加水，等待零件到来，等修理好汽车。特写镜头显示那些破旧的汽车是如何装载货物的——汽车的每个表面都吊满了或挂满了生活用品。有时这些车辆是小型皮卡，后车厢用自制的帆布搭个棚子，给家人遮风挡雨。有的照片聚焦点不是在汽车上，而是在家庭本身——那是新的开拓者，这是兰格和泰勒想要告诉我们的。他们的旅程也许并不像十九世纪的开拓者那样危险，但是他们依然历尽艰辛。这些人形容憔悴，不仅仅因为忧心忡忡，而且有时候目光呆滞，很可能处于崩溃的边缘；他们很可能已经脱水，抑或中暑了。开车的总是男人。女人、孩子、老人挤在其他地方，女人常常抱着孩子，用奶瓶或者用乳房给孩子喂奶。孩子们的脸脏兮兮的，腿、脚、衣服都脏兮兮的。

这些家庭通常在路边扎营。我们发现，他们巧妙地搭建临时住所：吊一块帆布在树上遮挡风雨日头，点个火堆或者生个小炉子临时垒个煮饭的灶头，多用途的器皿用来烧饭、洗刷碗碟、洗衣服、洗澡。一旦宿营，妇女便成了家庭的中心，一面自己干活，一面吩咐别人干这干那。成年男人和年纪大一点的男孩子很可能外出办事或去找工作。偶尔，只有孩子们在帐篷里，因为大人们和年龄稍长一点的孩子都上田里去了。孩子们一边玩耍一边照看更小的孩子，还要去打水。对这样的场景，兰格在她的图片说明里指出，旱灾的难民跟墨西哥裔的农场工人混在一起。她还拍摄了好几组墨西哥裔孩子跟俄克拉荷马人的孩子在一起玩耍的照片——显然是一种很稀有的现象，足以引起广泛关注。

一个个家庭和一个个群组常常将他们的车前后串联起来，因为他们的车抛锚的频率太高。有时候，他们会在路边营地组建小组，这样他们就可以共享资源，交换信息。他们的文化要求他们无论贫困到什么程度，都必须互相帮助，为人慷慨。另外，他们的文化也是一种顺从的文化。"这不是我们能理解的 / 就把一切交给耶稣吧。""别去争不是你的东西 / 就听天由命吧…… / 如果你只是小蝌蚪 / 那就别想当青蛙。"然而，兰格也遇见过反对这种顺从的人："像我这样的人没有足够的头脑，所以不会像他们那样痛苦。"

保罗·泰勒对这场灾难的了解不亚于任何其他农业经济学家，也许跟那些身临其境的农场主们一样。他在俄克拉荷马移民问题上成为了新政的首席专家，像历史学家凯文·斯塔指出的那样，成为了一个"就这一大灾难提供事实依据和统计数据的快速旋转的文献性引擎"。泰勒的部分技能和洞察力在于他将环境视为一个故事，在这个故事中，自然和人类相互改变。对泰勒来说，"环境保护主义"需要对人与自然的相互影响保持敏感，这样便可以找到一个不仅仅是保护而且是可持续发展的途径。

事实上，遭受沙尘暴打击最严重的地区并非俄克拉荷马州；沙尘暴的核心区域不仅只包括俄克拉荷马州狭长地带的一角，更大的区域在德克萨斯州、堪萨斯州和新墨西哥州。整个沙尘暴区——一亿英亩的土地——向北延伸到北达科他州和蒙大拿州，向东延伸到路易斯安那州西部。不过，"俄克拉荷马人"这个称谓最初是非常保守的《洛杉矶时报》记者本·里迪克提出来的，专门指所有西行找工作的难民。其中，有大量并不为人所知的像弗罗伦丝·汤普森那样的印第安人；也还有好几千非洲裔美国人，虽然那些人总是被称作"有色人种"或者"黑鬼"，从来不被称作俄克拉荷马人。

我们被"拖出去"了。

泰勒对沙尘暴区的考察一直追溯到十九世纪七十年代，当时白人定居者就开始损害平原印第安人生活的"野牛生态"区。他们无视这个半干旱地区年降雨量仅为典型美国农业区的一半到三分之一的状况，硬是在那儿建立家园，耕种土地。他们将平原上保持干旱土壤不致流失的草连根拔起，其中一些，像格兰马草，其根系深达一百五十英尺。有了这种布满草根的草皮，风可以刮起尘土，但是绝对不可能连同土壤一起刮走。十九世纪八十年代的暴雨给人们造成了一种错觉，即耕种土地实际上会增加降雨量——"雨随耕种而来"这个口号甚至还在科学家中有一定的市场。房地产公司和铁路公司促进了白人移民潮，他们宣扬地下浅表层有一条取之不尽、用之不竭的地下水带。农业部招募自耕农，但根据 1862 年出台的《宅地法案》，每个家庭只允许拥有 160 英亩土地，后来增加到 640 英亩，但事实证明，在这一干旱地区即使这样也远远不够。农业部还发布了干旱地区农田作业指导，解释说合理的耕作可以防止水分流失。"土壤是国家拥有的不可破坏、不可改变的财产。它是不能被耗尽的唯一资源……"

庄稼歉收，再加上掠夺性和投机性的土地市场，毁了很多自耕农，家庭农业很快让位给了大规模的商业农业和佃农模式。到 1910 年为止，德克萨斯州有 53% 的农民、俄克拉荷马州有 62% 的农民属于佃户。棉花是引起不良后果的罪魁祸首。随着棉花生产的西进，有资本的人获得了更多的土地，更多的定居者被迫租地耕种。

随着农场的扩大以及大萧条引起的土地价格的降低，实行机械化并取代佃农变得十分划算。兰格在她的田间笔记里写道，"西部正在重新修筑樊篱"，这话指的是迫使欧洲农民离开家园的圈地运动。那些还迟迟不肯离去的佃农甚至被剥夺了可以种点蔬菜和饲养小牲畜的小块自留地，农场主坚持要把每一平方英尺的土地用于种植经济作物。这场干旱一直持续了五年，从 1925 年到 1930 年，每年有一百万英亩的草地毁于一旦。

土地所有权的合并也改变了农业技术。早先的农场主们用的是双壁开沟犁，即从中间犁一条沟，疏松的泥土对称地翻向两边，留下未翻耕的垄作为屏障抵挡风的侵袭。当农场主们寻求更高的生产力时，将原先的双壁开沟犁换成了更加快捷的单向圆盘犁，就是一组平行的尖利圆盘，可以更多地减少土块，将所有土壤翻向一边。这种单向犁可以解决重茬和晒硬的土壤，而且，随着机械化水平的提高，还可以装上附件用于播种。但是，它们留下了更加细碎的粉末状表层，更容易受到风的侵袭。

机械化不仅是生态遭到破坏的成因，而且也是导致生态破坏的结果。面对过度资本化、农田面积过度扩张和周期性干旱的现实，地主们把机械化视为唯一的希望，显而易见，这也导致了他们的毁灭——"在寻求花园的过程中毁坏花园。"许多佃农倒过来分析，跟英国那些反对机械化的人那样，把机械化本身当成了罪魁祸首。"拖拉机应该被扔到河底去。它们什么都不是，就是让人饿死的玩意儿。"有些人比较实际："用拖拉机耕作是最便宜的耕作方法，所以我得说句话——一个人就不能耕种那么多土地，是该调整一下。"

然而，《农业调整法》使得事情变得更加糟糕：种植园主不种植作物就能收到补贴，便将佃农赶走了，用补贴的钱买拖拉机。正如一位佃农说的那样："我们东家说，他可以把更多的（土地）租给政府，所以他没办法再让我在这个地方待下去了。"一位移居者对兰格说："我认为是《农业调整法》骗走了我的份额，迫使我走上了流浪之路。"然后，种植园主采用了加州模式，雇用拿工资的农场工人，不雇用分成的佃农。雇主不对拿工资的工人们承担任何责任，甚至都不用承诺给他们定期工作。一位佃农对被"解雇"的思考就像马克思对"自由"劳动力一语双关的咆哮：

> 他们硬要让我们所有人自由。
>
> 为什么让我们自由。让我们自由
>
> 就像他们让骡子自由……

兰格在抄下这段话之后写道："他是在为他的阶级说话。"

二十世纪三十年代美国历史上最严重的干旱，使得南方平原的土地变成了不毛之地。无情的高温——1934年的夏天，大平原连续三十六天气温超过华氏一百度——进一步吸干了土壤的水分。1932年，有十四次大的沙尘暴，1933年有三十八次，1937年达到了七十二次。正午时分，常常天昏地暗。保罗·泰勒用他独特的人文主义者和经济学家的笔触写道："就如同因皮肤过度刺激而裂开的新伤会随着保护层的生长而弥合一样，沙尘暴区会产生也会消除。在大平原上，沙尘并不陌生，但是它从来没有……如此遍布各地和具有如此的破坏力。多年干旱使土壤干燥，再被机械盘犁碾成粉状，土壤被风吹起，一团团地卷上天空，飞越乡野……它们吹跑了土地上的居民，这些像尘埃的颗粒，驱使他们沿着带状公路滚滚向前。"

黑压压的沙尘暴和一堆堆的细碎沙土不仅仅使耕种无法进行，而且破坏了整个社区：沙尘使每个人皮肤发痒，家务变成一桩无休无止的工作，沙尘毁坏了机械，引发了疾病，有时还造成死亡。俄克拉荷马州丧失了四分之一的土地；到1934年底，有3500万英亩以前的可耕地无法耕种。有一半的俄克拉荷马人靠救济生活，在有些县里，救济比例高达90%。

泰勒和兰格喜欢用"社会侵蚀"和"人类侵蚀"来描述土地被侵蚀的后果和相关性。兰格拍摄了多种侵蚀……而后也拍摄了背井离乡的人们。这些人不是在旅行。他们将一去不复返，而且常常不得不丢弃他们无法塞进汽车的东西。

于是，他们成为了俄克拉荷马人。很多人满怀着希望开始了他们的旅程。他们走向四面八方，包括北部和东部，不仅寻找农村的活计，也寻找城市的工作。但是，大多数人往西迁移，因为他们听说那儿有农活可干，消息都是从早先的流动工人或者加州种植园主广为散发的招聘小广告上获得的。"我听人说这儿有灌溉，有充足的水和足够的食物。"他们大多数人都是沿着 66 号公路，标志性的威尔·罗杰斯公路前进，这条公路带着他们越过"得克萨斯州的狭长地带"，穿过新墨西哥州和亚利桑那州的中部，到达加州边界的尼德尔斯。

公路在美国具有重大的象征意义，而多萝西娅·兰格则使用和改变了这一象征意义。和铁路一样，公路意味着运动、流动和逃离。铁路是蓝调的重要主题，由非洲裔美国人带到了北方；公路同样与蓝草音乐和西部乡村音乐相辅相成。铁路是公共交通工具，你坐火车遇见的都是陌生人，你只不过是一名乘客；在公路上，一家之主也是司机，这种体验被叠加了好几层男子气概——机器本身、对这种强大机器的驾驭、在眼前延伸的漫长公路，所有这一切都意味着自由和冒险。在兰格看来，公路能改变性质。载人上路行走的机器并不强大；它是一辆超载的、老旧的破车，跑得丝毫不顺溜，速度也不快，经常在路上抛锚。她很多拍摄旧汽车和修车点以及掀起的引擎盖下面的男人的画面，进一步证实了那些老掉牙的汽车的脆弱，也象征着人类的"年久失修"和破落失意。这些运输工具也将家庭、女性的私人空间暴露在了大庭广众之下：便桶、洗衣盆、吊在绳子上的提灯、绑在车篷上的高脚椅和桌子、卷起来绑在车顶上的床单和枕头，孩子们将头探出车窗外，爷爷奶奶抱着婴儿。公路前方的视野模糊不清：它依然通向未来和未知，但是，它孤独，贫瘠，四周都是鼠尾草、风滚草、荨麻和铁丝网围栏。公路及其汽车在诉说着失败、失落和男子气概的消退。

兰格也拍摄了男子气概沦落到最低点的男人，他们被迫步行或者沿途搭便车。在荒凉的公路上，没有什么比没有汽车的男人或家庭踽踽前行更落寞，更可悲了。

做不到
卖了汽车填肚子，卖了帐篷填肚子，
活得像猪一样

居无定所的生活对女人来说尤其艰难。如果家里有活干，女人们就在田里和营地里加倍工作；要是家里没有活干，她们负担就会更加沉重，她们得给男人和孩子弄吃的——与其说她们是厨娘，不如说她们是魔术师，用最少的钱、最少的食材煮出一顿饭。她们担心孩子的饮食和健康。有一位流动工人曾对记者说："当男人说，'让干净衣服见鬼去吧，我他妈的太累了'，女人会努力保持干净，因此可能会比男人多工作三到五个钟头。"

当他们不得不继续前行的时候，他们建立了一套高效的行事规则。男人会扔掉弹簧床和其他因体积太大或太笨重而无法带走的物品。长凳被拆成单块的木板，以便装上车到下一站重新组装。每个人都搬一点东西到车上，他们都十分清楚每样东西的位置。床上用品放在车顶上，有些物件绑在车子两侧，帐篷就装在拖车里。他们的巧思令人印象深刻。有一张照片显示，行李架装在踏板上，上面绑着箱子，塞衣服的袋子固定在前挡泥板上，装有厨具的箱子搁在后座底下，后座上有被褥，孩子们就坐在那上面。

加州的工会组织者有时声称，俄克拉荷马人跟墨西哥农场工人相比较是无可救药的个人主义者，没有办法团结起来。的确，墨西哥人在工会和草根运动方面更有经验。但是，兰格却在俄克拉荷马人中间看到了集体主义精神，并将这种精神展现了出来：他们慷慨大方，互相帮助，他们爱好唱歌，最重要的是，他们笃信宗教。

尽管如此，他们仍是难民，没有了社区生活。按照兰格和泰勒的理解，公民的权利和义务所包括的关系不仅仅是个人跟政府的关系，还包括了个人跟社区的关系。路途上的生活使得他们的社区不复存在。兰格有一份图片说明是用干巴巴的社会科学的腔调写的，她说："不断的迁移不利于公民和社区之间正常关系的发展，不利于雇主和雇工之间关系的发展，也不利于民主发挥其应有的作用。"公民权利和义务可以从很多方面加以阐释，但是其基础是家庭，是早先的美国所称的"定居"。历史学家凯文·斯塔所说的"污秽贫困乡村地区的谣言"，暗示俄克拉荷马人是一群乱伦、堕落、淫荡、愚蠢的"白种人渣"，他们是导致加州人口遗传基因下降的原因，如果这种说法有什么真实性可言，那就是社区的标准出了问题。

用这一图像可与之抗争，兰格认为，"照片首先应该是结果的推动者"。她的图片说明，虽然维持了纪实的声音，但却带来了争议。照片拍的是德克萨斯州哈德曼县的一群男人，她写了十五段说明文字，其中还包括了来自被拍摄者的原话。七个人全都靠救济生活，都经历了被驱逐的千篇一律的故事，但是兰格从他们身上推导出了更多的信息："我们没有一个人投票。在德克萨斯投票的每对夫妻要交三点五美元的人头税。""我们有好一点的衣服穿的话也常常去教堂的。""大地主都是公共事业振兴署的委员会成员，他们要我们割断救济关系，这样我们可以为他们收割小麦，每天一点五美元。但是，一个男人要是找到了工作，那么他就会失去公共事业振兴署的卡；等他干完活，得等待一个月才能重新回到公共事业振兴署的救济行列，然后再过二十天，才可以拿到他的第一张支票。"她从拍同一个人的众多照片中选出最有代表性的那张，提出她的问题，然后像作家和学者一样，从他们的原话中选择答案加以佐证。她的目的无可置疑：展现这些被剥夺了公民权的农民的行为多么像公民。

不久，俄克拉荷马人的公民权利直接受到了洛杉矶警方的挑战。跟往常一样，很多流动工人没活可干了，绝望的人们没有办法，只好前往小镇和城市，申请救济。州议会不鼓励这种迁徙，命令不允许那些"有可能成为政府救济者"的人迁徙。1935年12月，洛杉矶商会建议，那些流浪者应该被判流浪罪，送去服苦役。接着，立法机构强化了制裁流浪罪的法规，规定流浪者可以被逮捕，"借"给种植园主，以劳抵罚。一时间，反迁徙的声音甚嚣尘上。洛杉矶有一个专栏作家认为，政府应该停止修建道路，这也是把他们挡在城市外面的一个办法，并声称，罗马陷落就是因为那些迁徙的穷人。当所有这些方法都被证明无效之后，早已因为宽容暴行、不宽容"赤色分子"而臭名昭著的洛杉矶警察局长詹姆斯·E.戴维斯，在1936年1月接见了该市检察官和商会的代表们，决定留取所有成年流浪汉和"丛林"居民的指纹。他要求家庭妇女举报她们所看到的乞丐。但是，什么也奈何不了他们。"他们不愿意走，"兰格在她其中的一篇图片配文里写道，她引用了因皮里尔县一位负责流动人口的社工的话，"他们都饿着肚子呢，什么活也找不到……只有不到25%的人愿意走。"

戴维斯局长没能阻止这股人流，于是直接采取了行动。1936年2月3日，他调度警力，让他们守住从亚利桑那州、俄勒冈州、内华达州进入加州的十六个关口，拦下所有车辆，判定他们是"具有特定目的"的旅客，还是"明显有养家办法"的旅客。他要求县治安官委派一些人担任本次"封锁流浪汉"的工作人员。流动工人可以有两个选择，要么打道回府，要么服三十到八十天的苦役。这个完全违反宪法的特殊行动是盎格鲁人排斥"外国人"做法的故伎重演。这个曾经被用来对付中国人、日本人、墨西哥人、菲律宾人的做法，在整个大萧条期间不断地被用于对付流动工人要求延长居住期以便得到救济的企图。

并非所有的县治安官都愿意执行这样的封锁，因为这必然会引起有人员被遣送回去的各州州长和检察总长的不悦，尤其是亚利桑那州。但是，封锁还是起到了作用。洛杉矶市长和加州州长裁定，封锁是合法的。商会的代表对媒体发表讲话，仿佛他们被选为了官方代表一样。戴维斯声称，全州将省下三百万美元的救济款以及一百五十万美元有可能被那些流浪者偷走的钱。

斯特赖克要求兰格找机会拍一些封锁的照片，但是她没有成功，她解释说，流动工人害怕被拍，因为他们担心会被认定为"外来人口"从而遭到逮捕或被驱逐出境。

美国公民自由联盟提起了诉讼，两个月之后，戴维斯撤回了他的"外籍军团"——反对者称之为边界巡逻队。（封锁最终被美国最高法院在爱德华兹诉加州案中裁定为违反宪法行为。）但是，其他违反宪法的做法仍在继续。保罗·泰勒在他的卷宗里保存着州公共福利救济委员会 1936 年 12 月的一个指令，内容为敦促县公共福利救济委员会没收流动工人的车辆——"稳定流动人员计划的措施之一就是拿走他们最方便出行的交通工具汽车"——把它们卖了，用所得的钱把他们送回到他们来的地方。

与此同时，商会和加州公民协会继续在反俄克拉荷马人的怒火上浇油。当然，按照今天的理解，俄克拉荷马人完全是"白人"。但是在二十世纪三十年代的加州，他们属于另一个种族，一个"堕落"和"退化"的种族。加州卫生部门的一位官员在 1938 年发表的一个讲话中宣称，俄克拉荷马人"无法融入到我们的文明当中……"很多英裔美国加州人把俄克拉荷马人归类到墨西哥人、菲律宾人、日本人、中国人和印度人的行列之中，称他们为非法的移民。对俄克拉荷马人的指责预示着兰格的另一个主题——五年后的反日怒火，提高了她对种族仇恨的进一步认识，这种仇恨之火一点就着。

第十五章　奔波：南方

兰格在南方拍摄了她最赏心悦目的农业安全局项目的照片。南方的照片所包含的不仅仅是景物，还有气味、湿度、绿色和炎热。当你拿那些照片跟沙尘暴区和加州的农业谷地的照片相比较时，你的感官会感受到不同的自然环境，以及环境跟人类的关系。

南方的照片也是她最美的照片。可能是因为天气炎热之故，人们的身体放松，动作放缓。也可能是因为她的拍摄对象更深地扎根于此。这方水土使得他们的皮肤状况良好，成为了很好的拍摄对象。但是他们扎根于此是因为缺乏自由，而不是源于他们所热爱的传统或者内心的满足。兰格的儿子丹尼尔概括了她的看法："在那之前，她是在社会秩序的任何形态都被大萧条撕扯得支离破碎的地方进行拍摄。但是在南方，社会秩序依旧。这种社会秩序顽强维系着当地人之间的关系，她发觉她要拍摄人物时也不得不将社会秩序包含在其中。"兰格说道："我费尽九牛二虎之力也没法把两者分开……早先，我利用当地人一盘散沙的特点接近他们，现在我利用当地人抱团的特点接近他们。"

农业安全局的照片把南方当作比其他地区更加稳固、更加不变的代表。沙尘暴区和西海岸地区的照片无法避免土地的流转和人员的流动。这些现象在南方不太看得见。沃克·埃文斯的照片在这方面走了一个极端：静止状态。他的人像照的拍摄对象一字排开在他们建造的屋子前面，告诉我们，他们祖祖辈辈就这样生活在这里，绝对不会有其他的生活方式了。他对民间建筑的热爱再现了这种宁静。农业安全局的每一位摄影师，包括兰格在内，都拍摄过一些这样的"埃文斯镜头"。不过，兰格的人像照通常没有埃文斯的那种正面照，她把每个人都拍得很漂亮。她选择有魅力的拍摄对象，而且她也在每个人身上找到了魅力。这是一种源于洞察力的方法，源于在多年的人像摄影工作中养成的习惯，并且由于她的民主化政治观念而得到强化。

这些照片也反映了南方乡村的美丽。农业安全局的所有摄影师对此做出了回应，并带着一些惊喜。此前，他们没有一个人熟悉南方。他们所想象的南方的形象都是从斯特赖克指定他们看的读物上得到的，构成的要素全都是落后、无知、贫穷、种族歧视。跟加州种植园的整齐、平坦和跟干旱的大草原上的苍凉相比较，南方的风景是大自然的饕餮盛宴和人类创造的旖旎美色。粗糙的木板或圆木房屋和谷仓似乎像树木一样从泥土中生长出来，石头烟囱紧贴着房屋的一侧，像是偏离中心的脊柱，门口铺着堆起来的石条。泥路在山间蜿蜒，似乎是人们经年累月沿着每天劳作的线路踩平了野草后逐渐形成的。让人与自然融为一体的是人们的生活离不开户外，不仅仅是农活，还有烹饪、浆洗、缝补、编辫子、盖房、聊天、休息。即便被损毁的环境也可以是美丽的，就像镜头中严重破损的黑人墓地一样。

但是，这些印象也为这位粗心大意的纪实摄影师设下了一个陷阱。跟其他地区不一样的是，南方可以引诱摄影师融入到如画的风景当中。由于其经济和社会的"落后"，浪漫主义不知不觉地渗透到了农业安全局的风景照中，而且也渗透到了人像照中。城市摄影师们不可能总是拒绝去看那些描绘丰富多彩的社区生活和千姿百态的传统的"简单"生活场景、没有现代性的商业主义和紧张氛围。他们的浪漫正是农业安全局希望矫正的"落后"。即便兰格，一位擅长拍摄人像的摄影师，也被感动得去记录那些千姿百态的圆木屋、板房屋、烟草仓库、篱笆、晾衣绳上的衣服、野花。与此同时，一张田园牧歌的照片可以打破那些刻板印象，比如一个佃农，通常被认为是文盲的阶层，坐在树下自制的椅子上看报。

农业安全局对南方的流行文化的尊重既是一种民主政治的立场，也是对纯朴民俗的感伤。它带有殖民时期的东方主义色彩，这些图片当时会让人想起《国家地理》上关于前现代社会的照片。埃文斯冷漠、吝啬的目光使他没有染上那种伤感色彩。兰格的视角，即便在她难得的正面构图中，也表现出更多的怜悯，但是避免了伤感，而将重心放在了个体的个性和复杂性上。她照片中的佃农通常是沉思或健谈的，而且，因为他们常常是黑人，便传递出一种反种族主义的信息。拍摄南方的非裔美国人可能会危及他们，这也许会加剧他们对摄影师的怀疑甚至敌意。兰格不仅没有避开那样的目光、少拍那样的照片，而且在他们身上看到了自尊和自由意志。

要揭露南方社会用暴力维持社会秩序更加困难。人们只要观看兰格甜美动人的南方风景照和热情奔放的人像照，就会忘记这是一块可以动用私刑的地方，而且合法地以私刑判处斯科茨伯勒那些"男孩子"死刑的地方，种族主义不是奴隶制的残余，而是正在蓬勃发展的思潮，就像西部工业化的农业经济导致它不停地繁衍，以适应新的形势。

农业部长官以及罗斯福需要求得支持的南方民主党政治家禁止在照片中公开反对种族主义。不允许展现黑人跟白人的社会交往，不允许涉及种族压迫，不允许出现种族不平等或虐待黑人的画面。摄影师们就删掉了会引发种族主义报复的照片，而且掩饰了受访人的身份。尽管如此，摄影师们还是被他们所看见的东西给吓着了——杰克·德拉诺给斯特赖克寄了"从杂货店里买来的两张令人作呕的明信片"，并告诉他把它们放到"美国耻辱"的卷宗里——尽他们的力量打破常规。他们拍摄"仅限白人"的招牌，以及人行道上黑人给白人让路的场景。这种违反规定的摄影遭到了抵制，甚至受到了人身威胁。阿瑟·罗思坦向斯特赖克报告说，他请求拍摄"伯明翰地区的矿工和钢铁工人的照片……就像我请求他们提高雇员的工资一样难"。当他未经允许驱车前往一个矿区拍摄时，"一个工头……把汤姆和我关了起来……四周有好多支枪对着我们……有人似乎以为我们要炸毁这个地方呢"。

在一张种植园主和他的佃农在一家乡村商店的非同寻常的照片里，兰格成功地从视觉上重现了权力结构，无论是从照片的平面，还是它所代表的三维空间来看。种植园主站在密西西比一家杂货店的门廊边上，在中间偏右的地方占据了画面的主要位置，一只脚放肆地搁在他汽车的保险杠上，眼睛朝右下方看着。他的身后是五个黑人，很可能是他的佃农，或坐或站在门廊上，谦逊的姿态，退缩、渺小，与白人相比甚至微不足道。由于那白人显摆的样子，再加上兰格的强化，他的形象高大得不能再高大了，那几个黑人就显得很矮小。这幅照片让我们真真切切地看到了一个南方种植园里权力与服从的关系。有些观众一眼就看出了这幅照片的煽动性。一封写给一份报纸的信抱怨:"兰格小姐巧妙地抓住了'那位农场主'的这个姿势……该照片暗示了该机构（农业安全局）严重的左倾……"

为了应对这样的攻击，斯特赖克的工作人员有时会进行审查。兰格有一张图片的说明文字是："老黑人——种植园主喜欢的那种人。他锄地，摘棉花，充满了幽默感。"工作人员删掉了"种植园主喜欢的那种人"。另一方面，那位办公室的文员倒是没有干涉兰格另一段图片说明，其中她引用了被拍摄者的原话："密西西比三角洲一位使用拖拉机的先驱。1927 年，他有一百六十家有色人种佃户在他的土地上干活，到了 1936 年，他获得了三十台法玛尔拖拉机，便只雇用了三十个临时工性质的家庭。他说，'现在我可以赚钱了。时间对我们来说不算什么了。耕作是没法工业化的。我们密西西比人知道如何对待我们的黑人'。"

为了绕过挑战种族主义这个非难，农业安全局的摄影师们突出了跨种族的相似性。这不仅仅是一种策略，它也是包括保罗·泰勒在内的拥护新政的进步人士对南方的主要分析。对农业安全局的进步人士来说，南方的主要特征是佃户或者收益分成制度，这一制度不仅仅束缚了黑人，也同样束缚了白人。这一准确但并不完整的分析，虽然也激起了南方种植园主及其政治代表们的愤怒，但是对罗斯福政府不直面种族歧视的政策来说是合适的。虽然兰格和泰勒也强调，白人和黑人农场工人之间的相似之处以及租赁土地是问题的根源，但是他们比农业部内外的其他人士更明白问题的关键在于种族主义。

兰格拍摄的南方劳工的形象主要是黑人。此外，她不满足于像往常一样进行简单的谴责，她展示了种族间的亲密，以此来勾画南方种族制度的反面画卷。她展示白人和黑人，甚至佃户和地主在田间劳作的情景。她拍摄跨越种族界限的孩子们玩耍和亲密相处，以及白人和黑人农场工人在商店里休息的场景，最重要的是，展示了穷苦黑人跟白人惊人的相似性。她的图片说明讲述了图像所无法表达的东西，强调了其复杂性："那个三岁的白人小姑娘不时地扇和她年龄相仿的黑人小姑娘的耳光，叫她该死的笨蛋；但是不发作的时候，两个小孩子就在一起平和地玩耍……"一位黑人佃农"现在可以去白人的教堂并坐在前排。她要是不得不坐到楼厅的话，那她就会不去。"

你如果要获得收益分成

你恐怕得干所有的活

他们本该提供所有物资

他们没有尽到责任

如果干旱地区有关男性的主题是沮丧，那么在南方，这个主题就是汗流浃背的租地佃农和收益分成佃农——此外，这里还包括女性这个主题。"佃农"是笼统的说法，可以包括在别人土地上耕作的所有农人，只拿工资的劳动力除外，就此意义而言，租用别人土地、根据收益分成的农民也是佃农。更为常见的是，"承包佃农"指的是支付现金租地，自己出钱添置农具、牲口、饲料、种子，收获的农产品拿去卖掉或者自己消费；而"收益分成佃农"的一切都是地主提供的，所有的农作物都要交给地主，作为回报，他会获得一部分。密西西比河以东，以收益分成佃农模式为主。从理论上讲，收益分成佃农每年会从地主那儿得到种子、肥料、牲口饲料等的"供给"，使用的也是地主的犁铧等农具。等农作物卖掉之后他们再来还清这笔债，理论上讲平均利息为10％，但是由于预先提供的贷款一年中只有一部分时间是属于他们的，所以他们实际上支付的利息要高得多，常常高达44％。使用土地需要交租，他们交给地主一部分收成——有时是一半，有时是三分之一。

这一制度至关重要的方面是没有自由的劳动力市场，这是南方"落后"特色的核心。农场工人常常为了寻求更好的条件，从一个地主流动到另一个地主那儿，但实际上，收益分成佃农经常欠下地主很多债，没有离开的自由，除非他们偿清债务。种植园主们通常都有他们自己的杂货店或者公司、商店，于是佃农们不得不以高得出奇的价格买东西。佃农被迫以未来作物作为抵押品，以提前拿到粮食，这被称作作物抵押制度，他们有可能甚至把自己的那部分收成都抵押给地主或者商店老板。收益分成佃农赖以生存的土地属于地主，所以他们会以任何理由或者毫无理由地被驱逐出去。他们的生计常常依靠打鱼、狩猎和在地主的土地上干点园艺活维持，他们要是被驱逐，就连这点"特权"也会丧失殆尽。似乎所有这一切还不够保险似的，地主可以根据自己的利益，每年修改租赁合同。地主还通过口头合约、杂货店做假账、在称收成的秤杆上做手脚等伎俩进一步欺骗佃农。

这种制度在民主政体就没有生存的余地，但是没有这样的民主政体。在"铁板一块的南方"，由于有人头税、识字测验和其他用来剥夺公民权的手段，只有不到一半，有时常常不到四分之一的白人佃户可以投票，几乎没有黑人能够投票。大地主控制了地方政府的方方面面，包括税收、刑事、司法、教育和运输。

由于劳动力如此廉价，没有多少种植园主使用机械化生产。到 1930 年，在所有南方的种植园里只有近 1000 台拖拉机，而在加州就有 11000 台拖拉机。爱荷华州的农场主的生产力是南方种植园主的七到八倍。泰勒的朋友阿瑟·雷珀写道："佃农们通常使用的农具对摩西和汉谟拉比来说似乎也不会陌生。"兰格展示了人们对畜力的依赖——公牛、骡子，偶尔也有马拉的车，车上装载着圆木、人以及任何可以想到的东西。政府也好，种植园主也好，根本没有想过为穷人提供教育和医疗，因为他们不需要受过教育的和身体健康的劳动力。南方的农场变得"西部化"是在收益分成佃农被迫成为计时工之后。1939 年，种植园主们租用了飞机在佛罗里达州散发招工传单。种植园主效仿西部招募的农场工人远远超过他们所需要的或愿意付工资的数量。有一位招工人员使用了和西部种植园主相同的措辞："你不能有太多的劳动力。你就是不能有太多。"这些工人就像加州的工人那样，跟随着庄稼的成熟而迁移。1937 年 6 月，泰勒估计有一千名到一千五百名农场工人被迫从孟菲斯被带到密西西比三角洲摘棉花，其中大多数是以前的佃农。兰格拍下了一卡车一卡车的农场工人被送到很远的地方干几小时或者干几天活的情形，她指出路上的时间农场主是不付报酬的。其中的一个拍摄对象解释了这种情况，而且像散文诗一样被兰格记录了下来：

土壤休养
可以为你的玉米带来回报……
然后他们淘汰了玉米。
他们与其说是寻求土壤
休养，不如说是不让
你种玉米。
我们需要面包度过冬季

我们想要养猪。

他们想要的是他们自己的东西。

他们还没有填满那些房子

他们想要短工，把他们

从城里拽了出来。

他在这个地方招了一些短工

但是却引得大多数人

离开了城镇。

农业安全局认为土壤受到侵蚀是南方贫困和落后的原因之一，而兰格就顺从地拍摄了几十张土壤受到侵蚀的照片。南方的木材行业破坏性特别大，她拍摄了树木被砍光后荒芜不毛的土地。在这样的照片中，她用图片说明是人类造成的后果。譬如，对树木被砍伐光了的土地，她加了这样的说明："这一地带绵延三十七英里。木材行业老板没有再次种上树苗，历经十八年的砍伐之后，于1931年砍伐完毕。他们雇用了将近三千个工人。"

这种落后一度使得专家们得出结论，南方的农业不仅仅处于前工业化时期，而且也处在资本主义制度前的水平。但事实并非如此。这些种植园在十七世纪创建的时候就已经跟世界经济紧紧地联系在了一起，而且到了二十世纪，作为国际贸易的供应商和全球贷款机构的借款人，这种联系还在继续。1934年，有三分之一的南方棉花种植园归银行和保险公司所有；在棉花种植地带，60％到70％的产权人不在本地。南方的"落后"是由现代资本主义造成的。

兰格通过跟她的拍摄对象交流，开始渐渐明白这种矛盾——南方农村地区仍可能是世界经济的一部分，尽管其工人只知道当地社区。她震惊地发现，北卡罗来纳州戈登通的一个女人竟然从来没有听说过加州，而德克萨斯州棉花种植园的"黑人耕童"从来没有听说过乔·路易斯。兰格在走访当事人并倾听他们的愿望时注意到这种情况正在改变。那位不知道加州的女人听说过阿梅莉亚·埃尔哈特，而且还希望能去旅行。"除了达勒姆和丹维尔。我从来没有去过任何地方，我所看到的东西就只有玉米和烟草——还有一屋子的孩子。"一位黑人老佃农认为她六十九岁的丈夫应该拿养老金了，并希望他们的土地每隔一年"休耕"一次。一位带着十三岁的女儿在番薯地里工作的黑人父亲想送她上高中。一位母亲，对她孩子在学校表现出色感到骄傲，想要送他们上大学。

农业安全局的确帮助过一些佃农，主要是白人佃农。阿瑟·雷珀发现，在北卡罗来纳州的格林县，农业安全局的项目大大改善了当地的营养状况，增加了家庭罐装水果、蔬菜、鸡蛋、牛奶、面包和肉类的分量；这个项目帮助新建了二十六幢新校舍（实行种族隔离），组织了好多个4H型俱乐部（实施种族隔离）、一个县图书馆系统、一个流动图书馆，添置了一台电影放映机，提供了一个热午餐项目——即便在一个小合作社里，也有了维护健康的医疗保健项目。这样的成果使得多萝西娅和保罗在被要求为农业安全局做宣传时感到安慰。

但与此同时，他们记录了农业安全局的腐败，这种腐败在南方尤其普遍。令兰格和泰勒感到愤慨的是，一群流离失所的佃农是来自附近农业安全局的安置社区迪克西种植园的难民，农业部在当地机构的一位官员耶茨欺骗他们。一位佃农对兰格说："去年的收成从来没有结算过——没有对账单，没有收据，没有酒票。"他们全靠在商店赊账生活，甚至都不知道他们买的东西该付多少钱。关于耶茨，他们说："跟在种植园里一样糟糕。""他在谢尔比有一家商店，玻利瓦尔食品杂货零售批发商店。他自己也是一个种植园主。"他告诉他们，联邦政府要求他们把所有牲口转给他。另一个农业部的代理人，斯太尔沃尔特在政府支票上伪造名字骗钱，中饱私囊。

兰格对南方"落后"的另一个部分——当地的百货商店兼加油站——表现出更加矛盾的态度，它们通常共处同一幢建筑物内。她几乎走到哪儿拍到哪儿，因为它们是天然的社交中心，而且画面生动：破旧的木板结构，有门廊，门廊上的男人们——很少有女人，她们通常更加忙碌——坐在箱子上或休息，或吸烟，或探望熟人。商店的正面，有金属的商业招牌，上面有各种广告：可口可乐、流行可乐、压榨橙汁、阿穆尔化肥、德士古汽油、切斯特菲尔德香烟、古金威士忌、罗利自行车、骆驼香烟……还有一些小东西；也有手写的牌子，譬如：

自由

现金杂货店

教皇

一箱箱绿色可口可乐空玻璃瓶堆在外面。

她很少拍家里面的镜头，不仅仅因为她不喜欢使用闪光灯，还因为不想引起尴尬或者不想因为她的进入而打扰拍摄对象。有一次，她站在一个黑人教堂的窗户外面听完了整个布道，不愿意去打扰他们。此外，她的拍摄对象白天通常都在外面，即便不在地里干活也是如此。所以，她的照片能够展示男人锯木头、敲敲打打、拉着黄麻袋装烟草准备运输的场景。可以看到女人和孩子在搅拌东西、缝纫、理发、抽水、做饭、给牲口喂食、捡鸡蛋、杀鸡、给婴儿喂奶。小孩子在泥地上玩耍。照片充满了浓郁的生活气息。

尽管兰格总是不愿意让任何人看上去不雅，不过她也拍摄一些破败的家，但大多数是看上去整洁的家。一位历史学家声称，她的照片显示，黑人的家比穷苦白人的家要整洁，兰格认为，黑人妇女更会装饰房子、打理花花草草，但总体来说，那些佃农的小房子看上去都很整洁。洗干净的衣服晾晒在绳子上，附近有野花盛开，门廊上一盆盆鲜花竞相绽放。蔬菜园地并不多见，家用器皿和工具井井有条地摆放在外面的架子上或者挂在钉子上。她在几年之后解释她的一幅照片时指出："一位棉农佃户的妻子的仪态高贵典雅，几乎像女王一样……这是一种高品质的仪态。"她回避了凄惨的一面吗？她不能也没有展示他们吃的是什么：玉米、番薯、肥肉；她的照片也不可能展示糙皮病、钩虫、贫血。

她用房屋描述不平等和美丽。佃农们的房子通常在有顶的过道里，从前到后有一条开放的通道，两边各有一个房间，不过很多家庭住在只有一个房间的小屋里。兰格的镜头不仅停留在未油漆过的木板的纹理上，停留在粗糙的四轮木板车上的树皮碎片上，停留在雕刻的接缝上，停留在室内室外穿梭的人流上，还停留在临时搭建的小屋上——为了地板下面有通风的空间而建在岩石上，看上去摇摇欲坠。凡是油漆过的房子、两层楼的房子、木板用砂纸磨过的房子，都是有钱人的房子。有些种植园主仍然住在老宅里，兰格也记录了它们夸张的圆柱、宏伟的入口和二楼的阳台。大多数种植园的老宅都已年久失修，没有人住了，或者让佃农住着。在兰格的照片中，房子跟公路一样具有象征意义：一位白人女佃农坐在以前是"大宅"的破败不堪的前门台阶上，四周是正在受到侵蚀的田地；一个黑人少女坐在门廊上，目光穿过修整得十分漂亮、牢牢爬在门廊顶上的利马豆藤蔓之间的空隙，忧郁地望着摄影师。

在她的照片里，经济转型最明显的标志是汽车。不过，不像它们在平原和加州的意义，那里汽车是寻找工作时代步的工具，但是对南方的佃农来说，毫不夸张，汽车就意味着逃离。黑人在人行道上顺从地给白人让道的情形并没有在公路上重现，汽车对非裔美国人来说具有更大的吸引力。可是很多汽车因为没有钱买汽油或者牌照而闲置。一名显然是家中掌管钱的黑人女佃农对兰格说："我总是说，吃穿要优先于出行……"

1936 年到 1939 年的几个夏天里，兰格有四次南方之行，她聚焦在三种农产品上——棉花、烟草、松脂。根据她的时间表，她尽可能用相机记录下每种作物的生产周期。最后一趟去南方的时候，跟北卡罗来纳大学的社会科学家合作，她完成了一项非同寻常而富有成效的任务，通过照片文本研究烟草生产。一群才华出众的社会学研究人员被吸引到北卡罗来纳大学，集中到著名社会学家霍华德·奥德姆及其社会科学研究院的麾下。该研究院在洛克菲勒基金会的资助下于 1924 年创建，致力于研究南方社会，特别将重点放在了种族问题上，虽然并不高调。充满活力的奥德姆创办了《社会力量杂志》，这份杂志后来在该领域十分有影响力，使得北卡罗来纳大学的社会学系和北卡罗来纳大学出版社在全国声名鹊起，尤其是成为了跨种族和反种族歧视研究的学术中心。编辑威廉·库奇开始把农业安全局的照片用于出版物。奥德姆的同事阿瑟·雷珀了解泰勒的工作，便带着保罗和多萝西娅在 1937年走遍了格林县。

奥德姆团队包括了玛格丽特·贾曼·哈古德，一位颇有成就的女人，全国有名的统计学家和计划生育的倡导者。当兰格到来时，哈古德刚完成研究白人佃农母亲的书《南方的母亲》，这项研究产生了一些令人惊讶的结果。例如，88% 的妇女喜欢干田间农活，不喜欢干家务活——把妇女关在家里来"保护"她们的做法该到此为止了。然而，即便在农忙的收获季节，她们肩并肩地跟男人一起在地里干活的时候，也从未想到要让男人来分担家务活。她们对"改善自己"的期望很少，甚至完全没有，但是，当贫困夺去她们孩子的生命时，她们会感到极度痛苦。像兰格一样，哈古德的人像照打破了人们对"污秽贫困乡村地区"的刻板印象。但是哈古德走访的仅仅是白人女人。由于她身边的人全都是奥德姆圈子里的种族自由主义者，所以她对黑人也许会有慈悲情怀，但是她不愿意将黑人归类为"南方的母亲"。

哈古德要求将一些农业安全局的照片作为她这部书的插图，斯特赖克便将兰格和玛丽昂·波斯特·沃尔科特的照片寄给了她。哈古德是兰格强有力的合作伙伴，不仅因为她有更好的接触拍摄对象的途径，还因为她的研究方法与泰勒相似，但她带女权主义倾向，她甚至还提供避孕的资料。

在该地区，烟草是主要农作物。由于此种作物的特性，还因为北卡罗来纳的历史和地理，所以跟南方腹地或者南方棉花产区相比较，当地更多的是小农场，不太有大的种植园。兰格所拍摄和走访的是了解和控制着烟草生产方方面面的工人。她对他们劳动的尊重充分展现在她所写的详细的"总体说明"中。烟草种下去的时候兰格没在那儿，所以我们首先看到的是 6 月里的烟草，那时他们已经有大约两英尺高了。兰格拍下烟草的特写镜头，拿健康的烟草跟枯萎的烟草相比较，这个时候烟草枯萎已经无药可救。这一年虫害特别厉害。从照片里可以看出，佃农们正在捉虫子，虫子有时藏在顶端的叶子的背面，有时藏在植物的中心部位。一位父亲和他蹒跚学步的女儿一起在一排排的烟草间移动，父亲在打尖和除去根蘖，女儿在捉虫子；当她发现了两条虫子时，一脸骄傲。小孩子参与了所有的农活——地里的活、谷仓的活、家里的活、院里的活、喂鸡捡蛋、种植蔬菜以及和烟草相关的各种活儿。男孩们尤其为自己的技术感到骄傲，有时还吹嘘自己有多能干。

与此同时，农场工人还建造和修葺烟草库房，烟草库房需要经常维修。一间烟草库房的平均寿命大约十五到二十年，因为火会烧坏烟道里的砖块。烟草库房大多数是原木建成的，但特别富足的种植园主也许会用厚木板建造。工人们也制造和修理烟草滑板或者滑橇。这种容器大约五英尺长、两英尺宽，用粗麻布制成，挂在木架上，它们的底部就像雪橇，每个容器下面都有固定的木板，沿着泥泞的小径可以从田野滑到库房。偶尔，佃农们制作一辆很大的木头手推车，一次可以搬运好几个滑橇。兰格亲眼目睹过他们给烟草打尖的情形——在烟草开花前折断它们的顶部，只留下少数做种子。有一位老人吹嘘说他可以用行走的速度左右迂回，一次掐掉两行尖，甚至可以精确到只留下十到十二或者十四片叶子——随他自己任意选择。第一茬烟草成熟的时候，采摘便开始了。因为下部的烟叶先成熟，所以这是一项需要弯腰的劳动，不仅要有技巧，而且十分辛苦。烟叶被装上滑橇，由男人或者骡子推着、拉着，或者男人和骡子一起推拉。接下来的事情归女人和孩子了，他们小心翼翼地捆扎烟叶，用绳子系紧烟叶的梗，然后把它们倒挂在木棍上，挂在库房里熏。

生火烘烤烟叶是下一步的工作，而且是一项十分细巧的活儿。由于不合适的温度或者时间都可能毁了烟叶，所以这项操作得一天二十四小时有人监视，而且往往也为夜间添柴控火的男人准备了"睡觉的棚子"。

在这些照片里，兰格有一种悉心呵护、体贴入微的特殊情感，仿佛她试图再现农场工人们对待他们赖以生存的作物的悉心呵护。由于烟草库房尤其被精心呵护，兰格仿佛现在理解了库房的建造及其功能的逻辑，它是整个烟叶生产流程的一部分，所以她对烟草库房的关注度远远高于那些非生产性的建筑。她的照片和文字说明中的唯物主义立场道出了她对佃农的专业知识和经验的尊重，她把体力劳动视为技术活。

佃农的失意催生了一场重要的劳工和民权运动，这场运动尽管最终归于失败，但却留下了极其重要的遗产。阿肯色州的佃农在一些外来组织包括共产党人的帮助和农业安全局官员非正式的帮助下，成立了南方佃农联盟。1934 年 7 月，十八位佃农作为创始组织者举行会议，计划成立一个秘密社团，一个由佃农组成的惩戒团体，通过夜间突袭"来惩罚不守信用的地主、压榨工人的经理和骑着马的老板"。习惯了暴力报复的他们随后决定走向公开，这需要非同寻常的勇气。他们在当地两位做小买卖的可以信赖的白人社会主义者的支持下，创立了一个联盟，目的是通过与种植园主的集体谈判改善他们的状况。他们的会议常常有祈祷、唱圣歌、忠诚宣誓这样的仪式。这些仪式要么在户外，要么在一些友好的家庭举行，不仅仅是为了躲避暴力，还因为种植园主们把教堂和学校的大门锁了不让他们进去，只对信任的成员开放。像二十多年后的民权运动一样，成员们被要求将猎枪留在家里，尽管他们有可能受到武装袭击。

为了阻止地方权力机构不可避免的分而治之的策略，他们冒着联盟有可能破裂的危险，要求让佃农们享受到美国农业调整署的付款方式，并禁止驱逐佃户；农业部支持种植园主进行报复，其理由是该联盟是共产主义者愚弄无知佃农的一个阴谋。（罗斯福的立法影响力特别依赖于民主党人、阿肯色州参议员多数党领袖约瑟夫·鲁宾逊。）尽管有来自地主、县治安官和当地种族主义者的暴力和驱逐的威胁，南方佃农联盟还是茁壮成长了起来。几个月之后,该组织声称已经拥有一千四百名成员,到 1935 年初,成员人数发展到四千五百到五千名。密苏里州、俄克拉荷马州、德克萨斯州、密西西比州都成立了相应的地方组织,所以高峰时成员多达两万人到两万五千人。

兰格是农业安全局几个接近南方佃农联盟的人之一。她在一个受信任的人的陪同下,做出了未经本人允许不拍摄的承诺后,去参加了几次他们的会议。所以她拍摄的照片十分有限,很少有展示不同族群的照片。唯有白人领导才允许她拍摄他们的人像照——J. R. 巴特勒主席和 H. L. 米歇尔秘书——尽管她也拍摄了几张不知名的黑人积极分子的照片。南方佃农联盟在夜间开会时她曾经试着用了一下闪光灯,但是她立刻就后悔了。一个漆黑的夜晚,她迷路了,为了辨别方向,她求助于一个"开始讲话"的人,她回忆道,"他告诉我们他的生活经历,我拿出一架带有闪光枪的相机……我没想到他从未见过相机,更不用说这东西对着他的脸'发射',他吓得一动都不敢动,我打着了闪光枪……五张底片,一张接着一张,他呆若木鸡。(声音变得低沉)后来我常常想,真的,我做了一件多么可怕的事情啊……一定要看看那张照片……从黑暗中蚀刻出来的,那是一件多么可怕的事……"

暴力镇压南方佃农联盟一个始料未及的结果是诞生了一个合作农场,这个特别吸引了农场合作社的热情支持者泰勒。在事先没有通知的情况下,一位种植园主驱逐了二十一个家庭,就让他们栖息在路边。地方官员拒绝给他们救济。为了帮助他们,南方佃农联盟决定组建一个合作农场,便请求孟菲斯白人盟友的帮助,白人盟友将他们介绍给了舍伍德·埃迪,埃迪是一位新英格兰上层阶级传教士和宗教作家。当埃迪到达阿肯色州展开调查时,遭到了当地警员的逮捕,而且没有指控就被拘留,他们警告他别去帮助"这些不想干活的该死的黑鬼"。但是,他有势力强大的朋友:美国检察总长霍默·卡明斯设法让他获释,莱茵霍尔德·尼布尔帮助他筹到了资金,在河对岸密西西比州玻利瓦尔县希尔豪斯买下了两千英亩土地——佃农们觉得阿肯色州太危险了。南方佃农联盟于 1936 年 3 月在这儿创建了德尔塔合作农场,总共二十四户人家,其中有十三户是黑人。

1936 年 7 月初,当兰格和泰勒第一次驾着他们满是尘土的福特旅行车前往那个合作农场的时候,他们成为了一道风景。即便在密西西比州的腹地,多萝西娅的穿着也很古怪，到访合作社的一些其他客人担心她是否能被接受。他们的担心纯属杞人忧天，她四处游走而不引人注目的惯用手法，全神贯注于拍摄前相机的调试，使得拍摄对象并没有因为她而感到不自在。保罗腰酸背痛（这么多星期在路上奔波，这并不奇怪），多萝西娅想要让他好好休息；她请求合作社的成员帮忙，他们在锯木架上铺上木板，他伸展着身子躺在上面——一艘完美的"破冰船"。

她的照片和泰勒的笔记真实地记录了一项社会实验，该实验是如此令人鼓舞，所以他们于1937年和1938年又回到了这里。合作者对自己的房子特别自豪，兰格尽职尽责地拍摄了那些房子。房子用防雨的木板而不是原木建造，其鲜明的特色是有纱窗和门廊，窗户上还有窗帘，每家每户都有一个水泵。合作社的成员们还开办了一家商店和一个社区中心，社区中心有图书馆、医务室、学校和会议室。他们招聘了一名护士和一名医生，向从未享受过医疗服务的人提供医疗服务。他们开设了成人教育项目，招募了美国公谊服务会的志愿者在建筑、儿童保育、采摘棉花等方面提供服务，为二十年之后成千上万的北方人前来支持民权运动奏响了序曲。合作者们为了阻止暴力攻击，对南方白人的种族礼仪只是小心翼翼地加以抵制：黑人和白人生活在一条道路的两边，孩子们上种族隔离学校。由于白人孩子的上学时间是八个月，黑人孩子的上学时间是白人孩子的一半，只有四个月时间，所以该组织专门为黑人孩子设立了一个附加教育项目。合作社的会议和社区的设施——商店、医务室、教堂、信用合作社——被整合在一起。无论什么种族的访客，都被安置在同一个地方，比如研究人员阿瑟·雷珀是白人，查尔斯·S.约翰逊是黑人，但他们被安置在一起。合作社成员绕过了禁止称呼非裔美国人先生或夫人的禁令，直呼其名。到第一年年底，每个家庭挣得了三百二十八美元，外加延期支付整理土地和建造房子的劳动所得一百二十二美元——以前他们从来没有挣过这么多，而且高出当时佃农平均收入两倍多。

兰格在她的照片中不加掩饰地展露了她的热情，强调了种族融合——工作时、开会时、闲暇时的种族融合。她展示白人和黑人男性在一起干活的情景，但是，令人奇怪的是，没有拍摄女性的照片。也许在这儿她们比过去少干农田的活儿——这几乎是佃户的普遍愿望，让妻子全身心地做家庭主妇和母亲——兰格继续不太自在地在室内拍摄一些镜头。但是，在南方佃农联盟的照片中缺少妇女的照片也许还反映了一个事实，因为兰格对该项目如此积极主动，所以她是依照官方安排的线路拍摄的，而不是自己探索。她在加州培养的对联盟成员勇敢无畏的尊重在这儿得到了进一步确认，但她的观点通常是感性的，而不是战略性的。"联盟的组织者就是重要人物。这些是最初的种子，联盟运动的烈士。烈士，这正是我想用的词……"

她感到失望。德尔塔合作社仅仅维持了七年。由于土地贫瘠，合作社从来就离不开慈善捐赠，1942 年，它并入了密西西比州霍姆斯县一个更大的合作社。南方佃农联盟被种植园主和县治安官的暴力和报复的威胁给摧毁了，他们威胁说让佃农无法生存下去。农业安全局的支持者们无法改变南方佃农联盟成员因对威胁、逮捕、鞭打、处死的恐惧而被打败的命运。尽管如此，泰勒几十年来一直在为南方佃农联盟提供资金，即便在它仅仅剩下一个空壳的时候。

无论是南方佃农联盟还是德尔塔合作社，都没有让兰格产生最佳作品。合作社的大多数照片都是摆拍的——一个黑人小孩跟一个白人小孩一起抬着一个大西瓜，黑人男子和白人男子围在一辆拖拉机四周。其余的照片便是一些没有人的活动的、表现进步的图像——更好的房子、合作社商店、翻耕过的整齐田野、告示教育项目的招牌。几乎没有南方佃农联盟成员的人像照，但我怀疑兰格销毁了不成功的或者可能会给拍摄对象带来危险的那些底片。最好的照片依旧是那些领导人的肖像照，这些领导人早已是闻名遐迩的公众人物，所以也不怕被拍照。拍摄庆祝场面不是兰格的专长。

兰格亲眼目睹过种族歧视，但最严重的地方莫过于南方腹地，近距离观看南方白人的暴行加深了她对那些反抗者的敬意，但也让她明白了为什么也有那么多的人不敢反抗。

> 当我看着在南方拍摄的农业安全局（照片）的时候……我想，这些将是二十年后起来反抗的人。
>
> ——多萝西娅·兰格，1965 年

横贯大陆的经历让兰格亲眼目睹了西部、中部、东部农田上的种族关系，也为她提供了种族主义和劳动力剥削是如何互相强化的独特理解。兰格的理解当然是不完整的，她尚未领会到激发种族歧视的还有文化、性、心理冲动等方面的原因。不过，到二十世纪三十年代末期，兰格－泰勒的分析报告比大多数美国白人进步人士的都更具前瞻性。

兰格知道，她的视觉传达能力不够完美——而且，她越是接近于成为一位大师级的摄影家，她的自我批评意识就越强。兰格和泰勒坚信，文字需要图片，图片也需要文字，于是他们决定制作一本图文并茂的书，用生动而又简略的表述来概括他们对美国农业以及它所面对的根本性历史危机的全面认识。这将是一部有关地主、农场工人和土地本身的视觉历史。

第十六章 《美国大迁徙》

二十世纪三十年代末期，兰格和泰勒决定一起总结他们的工作成果。他们设想的合作，既是私人性的，也是公众性的，既是历史性的，也是对改革的一种召唤。泰勒想要用他通俗的而非学术的语言来发声，以此来增强说服力。兰格想要把纪实摄影推向她所认为的顶点，一种图文并茂的叙述。其结果是 1939 年出版的《美国大迁徙》，据一些评论家所称，它是照片结合文本叙事的一个高峰，是迄今为止图像和文字充分融合的典范。这一项目是对他们合作关系的一种庆祝，提供了共同、平等合作的基础上创造属于自己的作品的机会。

幸运的是，他们很享受这一过程，因为这部书没有引起应有的关注。《美国大迁徙》在 1939 年 9 月第二次世界大战爆发后几个月出版，被淹没在可怕的头条新闻中。况且，它缺乏商业吸引力。它讲述了几个世纪的历史，没有被当作一部揭露性的作品；它的目的是土地改革，不可能勾起那些购买摄影图书读者的兴趣。相比较之下，稍稍早于《美国大迁徙》出版，受到兰格照片强烈影响的约翰·斯坦贝克的《愤怒的葡萄》却一炮而红。二十世纪福克斯公司立刻买下了该书的影视版权，请来明星和大牌导演，匆匆推出了电影。该电影获得了七项奥斯卡提名奖和两项奥斯卡大奖。

《美国大迁徙》值得重新审视，不仅仅因为它是一部好书，还因为它标志着兰格在摄影方面新的野心，即创立视觉叙事。她很早就将目光盯在了如何对照片进行分组和排列上，从而扩展它们的意义。传记作家亨利·迈耶写道："兰格已经开始认识到，摄影语言也许可以借鉴句子和段落的复杂的文法，但是农业安全局项目的摄影语言每次都只是单个的词。"

图文并茂的书籍最近成为了新宠。当然，插图书籍和摄影书籍早已有之；《美国大迁徙》的新颖性是将文字和图像放在同等重要的地位，并且相互融合，其影响超越了文字或图像单一的载体。最先吸引公众关注的是另一对摄影家、作家夫妇玛格丽特·伯克－怀特和厄斯金·考德威尔1937年出版的作品《你看见了他们的脸》，一部关于南方佃农的轰动之作。伯克－怀特十分有名——世界上第一位著名女摄影记者，她关于一座大坝的现代主义照片刊登在《生活》杂志第一期封面上，预示工业的力量可以战胜大萧条，与她合作的众多小说家中最有名的是《烟草之路》的作者。但是，这本书引起轰动的是其骇人听闻的语言和图像。兰格不喜欢这本书。书中的拍摄对象都是卑贱的、可怜的、堕落的；南方看上去像一个人间炼狱，其牺牲品"像他们的牲畜一样麻木"。每遇见一个丑陋的人或者生病的孩子，伯克－怀特好像非拍下来不可似的。书中几乎看不到干活的人。黑人看上去只是被囚禁的、懒散的，或者是愚蠢的。书中引用了被拍摄者的原话，其中一位黑人妇女说："我的孩子多到都不知道该怎么办了，可他们就是像夏天的西瓜一样不断地滚出来啊。"

令兰格和泰勒感到愤怒的是，他们所引用的话都是编造出来的；就像伯克－怀特和考德威尔直率地承认的那样，这些话都是"作者自己体会到被拍摄对象的情感……"虽然兰格和其他摄影家们也对图像和引文进行编辑，但与伯克－怀特和考德威尔相比有本质的区别。雅各布·里斯经常布置黑色场景，有时候还付钱给拍摄对象。沃克·埃文斯把东西挪走从而简化拍摄对象的厨房。农业安全局的杰克·德尔诺对斯特赖克解释说，他毙了有可能"被不公正理解"的黑人照片。兰格和泰勒编辑的引文："如果你死，那你就死了呗，就这么回事儿。"这是从一则长得多的图片说明中提炼出来的，而原来的语境赋予了它不同的含义，埋怨县里不肯出钱体面地安葬穷人。对所有这些纪实摄影师来说，编辑的目的是产生更美更令人肃然起敬的图像，绝不是杜撰或者以耸人听闻的手法加以处理。兰格和泰勒在他们自己的书里旗帜鲜明地表达对伯克－怀特和考德威尔这种方法的愤慨："照片的引文是拍摄对象的原话，而不是我们想当然地认为他们也许没有说出来的想法。"

在《你看见了他们的脸》之后，下一部图文并茂的图书的作者是出身名门的阿奇博尔德·麦克利什，他是一位诗人、热情的新政派人物、未来的国会图书馆馆长。他的《自由的土地》发表了六十二张农业安全局的照片，其中有三十三张是兰格拍摄的，获得了评论界的认可。这本书比其他任何单一因素更能确立农业安全局艺术生产者的地位，但是它的基础是空洞的、多愁善感的爱国主义，这一点兰格不喜欢。其文字跟照片几乎没有什么关系；麦克利什只是把照片放在书的右页，而左页上放了一些乏味的自由诗。他（或者农业安全局的什么人）无疑对兰格的一幅照片犯下了罪行。麦克利什用了她拍的种植园主和他的佃农的照片，居然不知羞耻地裁剪掉了几乎所有其他东西，只保留了那位白人，而且把他变成了一位美国的自耕农，美国草根精神的象征。那幅照片的裁剪证明了在照片中寻求准确性或真实性是徒劳的，也佐证了兰格的观念，照片本身没法"为自己说话"。

在这些图文并茂的书籍中，最经久不衰的是新闻记者詹姆斯·阿吉和摄影家沃克·埃文斯的《现在让我们赞扬名人》。兰格和泰勒的书出版两年之后，《现在让我们赞扬名人》最终受到了高雅读者和普通读者的一致好评，这是十分罕见的现象。不过，一开始它也受到了冷遇，1941 年 9 月整个欧洲落入纳粹之手后，它一度也像兰格和泰勒的书那样销量不佳。阿吉那忏悔一般的文本过于冗长，过于以自我为中心——在文本中，他对自己的"间谍"身份感到极度痛苦，从而为后现代主义学者的愤怒批评埋下了伏笔。它以三个白人佃农家庭为背景，将照片和文字完全分开了。埃文斯所拍摄的人物、家庭、简陋厨房、木头棚子的照片都十分恬静平和，一目了然，所展示的美都是相似的，饱经风霜的木板、饱经风霜的面孔——两者看上去都是永恒的，不变的。《现在让我们赞扬名人》是一部与历史无关、与社会无关、与政治无关的书。它使穷人变得崇高，但是无助于解释他们为什么会那么贫困，也无助于改变他们的命运。与此相反，或许出于天真，兰格和泰勒寻求消除贫穷。阿吉和埃文斯的书介绍的只是白人，而《美国大迁徙》的前两章则聚焦于非裔美国人，而且还包括了墨西哥人和菲律宾人。这部书要不是只以"俄克拉荷马人"为主体，那么也许其受众面还要大得多。

诚如兰格所指出的，《美国大迁徙》的组成是"三足鼎立的图片、图片说明和文本"。这部书的设计总体来说是保守的，使得它实质性的创新更容易被读懂。正文采用了经典的字体，而不是风行于二十世纪三四十年代的花里胡哨的字体。照片展现的形式始终如一：版面出血，图片通常占据四分之三页面，下方是图片说明。纸很厚，亚光，奶白色。但是该书的一个创新之处表明了它的民主政治意向：在封二和封三有来自农场工人的语录，以拼贴的方式呈现出来，首尾相连，像墙纸一样，产生了如同希腊大合唱那样的效果。

有一位评论家称兰格的布局是"立体派的方法"。这是立体画派的一种延伸，但卓有成效。兰格的摄影具有象征性，是美国社会现实主义的典型代表，和她那个时代欧洲摄影师探索的结构主义、超现实主义和蒙太奇形成鲜明的对比。《美国大迁徙》是一部坚定不移地反传统艺术的作品，表达了当时兰格的两个观念：她是一位纪实摄影家，而非艺术家；这部书传递的是信息，以及政治目的。然而，兰格将图像、引文、手写字体、报纸广告、资料、来自当局文件的简短摘引排列在一起，她的做法类似于立体派的做法：将物体拆开，解析它们，再将它们重新聚合成一种形态，通过使整体变形，引起人们对其结构的关注；不是从一个视点呈现物体，而是从多个视点来呈现，展示比你一眼所能看到的更加丰富的内涵。她运用布局产生一种新的句法。初稿完成之后，她坚持把关其中的每一个细节。

这部书稿要找到出版商不容易。多萝西娅请约翰·斯坦贝克写前言或序言，但是他拒绝了——这是一个十分小气的回应，因为他曾经用过她的照片。多萝西娅骑虎难下，她也许答应了出版商，斯坦贝克无论如何都会写序言的。即便如此，兰登书屋和维京出版社等出版机构拒绝出版这部书稿，直到著名的纽约雷纳尔和希契科克出版社接受了它。

《美国大迁徙》的故事线正好跟兰格的实际行程相反：她的拍摄路线是从西部到东部，这部书的脉络则是从东部到西部，从这个国家较古老的地区来到较新的地区。公路的图片展示出"在路上"。这个词在美国历史上有着丰富的含义，它意味着美国的扩张，意味着美国文化中至关重要的迁移和流动性，汽车成为了自由的象征，成为了通向更加美好的生活的交通工具。叙事的高潮是流离失所的佃农从干旱肆虐的南部平原大规模迁移到加州——因此书名叫《美国大迁徙》。

这本书由六个章节构成一个故事，主要围绕棉花展开。书的副标题"人类受侵蚀记"用了自然环境方面的一个术语作为隐喻，表明了这部书不是关于作物和环境保护，而是关于人的。封面照片是木制旅行拖车的后视图，车顶由撑开的圆形帆布做成——我们所看到的是一辆大篷车，是美国文化中最神圣的形象之一。这表明大迁徙是由开拓者组成的，而不是由流浪汉组成的。

在所有六个章节里，有图片说明的照片全都放在正文前。每一章的开头都是一个地区的标志性图片：代表古老的南方的是一堆堆打成包的棉花；代表"最后的西部"的当然是向极远处（天边）延伸的公路。有些引导图就是为了打破用滥了的老套路——沙尘暴区这一章开头并非沙尘暴图像，而是一座粮仓，把人们的注意力引向是什么造成了沙尘暴。按照兰格典型的民主表达方式，图片说明里将专家的权威和农民的真理融合在一起："种植园制度不可避免的崩溃是因为对土地的不当使用和劳动力的剥削而引发的，留下的是贫瘠的土壤、瘦骨嶙峋的牲口、不足的农用设备、粗疏草率的耕作、残缺的机构、失败赤贫的人们。""家里有一块肉会把孩子们吓坏的。""把一个人击垮的路数太多了。"有些图片说明具有理论见解："旧的形式依然存在，但其核心已经发生了改变。"

无论是内容还是设计，兰格的照片都很有分寸。照片里有伤心难过的孩子，有垂头丧气的男人，也有长期受苦受难的母亲，但是更多的是勤奋劳作、有魅力、有思想、有活力的人们。用泰勒的话说，这一信息传递的是，"这些人值得帮助"。兰格选择这些照片的标准十分严格，以推进故事，而不是提高自己的艺术名声为宗旨。《移民母亲》不包括在内。

从作者的叙述中可以看出，农村的贫困是历史的产物而不是大自然的产物。虽然南北战争前南方的农业繁荣来自机械化——轧棉机，但是由于奴隶制和后来的佃农分成制所提供的廉价劳动力，农业没有机械化的动力，也没有保护环境的动力，所以土壤开始变得贫瘠，单一作物催生了刀枪不入的棉铃象甲这样的虫害。棉花的种植带来了最大的损害——85%的棉花产自种植园，包括位于密西西比州波利瓦尔县的世界上最大的种植园。当干旱的大草原被人们拿来耕种之后，佃农制度便应运而生，但对被供养者没有规定最起码的家长式义务条款。结果，许多佃农只好四处流浪，找季节性的农活干。二十世纪三十年代，随着棉花价格暴跌，种植园主们开始购置拖拉机，驱逐佃农，雇用临时工。兰格把粮仓奉为教堂一般的存在，暗示大规模的耕作吞噬了更多的土地和人口，粮仓成为了人们顶礼膜拜的对象。被耕种的大草原面对沙尘暴毫无抵抗能力，于是土地流失。人们只好背井离乡，到从未有过家庭农场经济模式的亚利桑那州和加州去，加入大型农业综合企业土地上的农场工人队伍，这些企业通常由外地的资本家所拥有。

兰格和泰勒对这本书感到自豪，并努力推广它。他们庆贺该书能出现在威斯康星州的参议员、保罗的大学朋友、进步人士小鲍勃·拉福莱特的餐桌上。多萝西娅力图通过历史学家玛丽·比尔德得到埃莉诺·罗斯福的支持，不过她在第一夫人的每周专栏"我的一天"只提到了一句话。但是，摄影家们认识到了它的重要性。安塞尔·亚当斯写信给多萝西娅，以他寻常的热情和魅力给予了她非同寻常的赞扬："你们的书我浏览了，拜读了，观察了，研究了，再将它分解开来又组合在一起。浏览，快速浏览，微观地倾倒（原文如此），宏观地审视……这是迄今为止所有纪实作品里头最成功的作品……它的完整，它的公正，它的正直……从头到尾，从里到外，这是一部优秀的杰作（原文如此）。"爱德华·韦斯顿写道："这是我见过的同类图书中最重要的一部，事实上，它是独一无二的……这话听起来像一封药物专利推荐书，但无论如何我是真诚的。"出人意料的是，左翼人士保罗·斯特兰德对此书持批评态度。他发觉书中文字的分量比图片重，他觉得图片仅仅是文本的插图，而且他批评了一些不太优秀的照片。对照片的批评完全正确，因为兰格所选择的照片是根据他们所要展示的东西来确定的。亚当斯和韦斯顿不在乎，因为他们完全没有把这部书当作艺术图书，而斯特兰德则不一样，他致力于发展社会艺术批评。拥护新政的人们和左翼杂志喜欢它，但这本书很快便被人遗忘。

《美国大迁徙》受到冷遇，保罗比多萝西娅更加难以接受。艺术家们通常都满足于过程带来足够的乐趣。多萝西娅知道她开创了一种新的样式。她这样描绘他们所做的事——"走上了真正的纪实摄影技术发展之路"，她写信给斯特赖克说——全都是关于纪实摄影的发展。泰勒的目光是在政策层面，他发现这本书没有引起关注，便觉得是又一个失败——连同他的其他努力，为农场工人争取更好的住宿条件和社会福利，或者成立农业合作社，一并付之东流；将来，他还会在阻止大种植园主们盗抢水资源的问题上遭到失败。几年之后，他们两人都明白了这本书快速淡出人们的视野不仅仅是新政衰落的一个迹象，更具体地说，是农业安全局的目标——一项民主的农业政策的失败。

第十七章　多萝西娅和罗伊

从 1935 年到 1941 年，兰格跟罗伊·斯特赖克的关系十分紧张，除了家人，她与其他人的人际关系多少有些紧张。两个性格都很刚烈的人，互相爱慕，互相尊重，但是经常发生冲突。农业安全局摄影项目的职员、与之密切联系的合作者，连同研究该项目的历史学家对双方的责任有不同的看法。

对罗伊·斯特赖克及其支持者们来说，兰格是一位优秀的摄影师，但是关系的维护成本很高。她经常提出特殊待遇的要求。当她无法跟斯特赖克达成一致意见时，她几次试图越过他。她对待办公室工作人员的态度十分专横，以至于其中有些人生怕她到华盛顿来。她的专业技能绝对不可跟她的照片的迷人视觉同日而语；她的底片常常是有缺陷的，而且更加要命的是，她对这些问题置若罔闻，拒绝试图想要帮助她解决问题的好意。在相信她不可能干错事的爱管闲事的丈夫的怂恿下，她推销自己。

对兰格的辩护者来说，鉴于现有政治和西部问题，斯特赖克坚持集权式地控制所有摄影活动和分配摄影任务毫无意义。兰格比农业安全局的任何一位摄影师都干得卖力。她的摄影对该项目的贡献相当大，但她没有得到应有的认可，一直到她逝世，在摄影界之外她实际上依然没有太大的名声。斯特赖克不赞同她深化摄影对不公正现象批评的想法，也许甚至讨厌她的这个想法。

对这位作者来说，对她的指责似乎是准确的，但是她的自信常常由于性别歧视而被误解了，这跟她的薪水无关。在两难选择中，她不仅仅被定性为一个多愁善感的女人，而且还被指责为一个没有尽到妇道的女人。她要是经常待在农业安全局的办公室，她与同事的关系就会好得多。然而，她自己并没有多少抱怨，当时没有，后来也没有。她知道，她在这个岗位上的收获远胜于烦恼。

尽管如此，她断断续续为斯特赖克工作的这四年里，还是暴露了一桩不得体的起起伏伏的婚外恋情。他们的信中都是关于日程安排、报销、任务和建议的争论，夹杂着伤害、挫折和爱慕，双方几乎都不加掩饰——斯特赖克用调侃的口吻，兰格则逢场作戏。他们的关系既不涉及性爱，也不涉及浪漫，但是情感的饱和度显而易见。两人都对自己的事业充满了热情，两人都由衷地钦佩对方。此外，对一位纪实摄影家来说，斯特赖克是进入那场她能想象到的最激动人心的演唱会的门票。

与兰格无关的争斗围绕着农业安全局的摄影项目。斯特赖克毕生捍卫这个项目，既反对反新政的国会议员，也冲撞农业部的上司。然后，就是应对平常的紧张工作：裁员、招聘、采购短缺物资、应对紧急事件，干暗房高强度的活儿，还有一项越来越艰巨的任务，就是将照片归类，方便日后查找。唯有办公室的工作人员才能掌握所有的问题，因为摄影师大多数时间都在路上奔波，但是没有人像兰格那样疏离于华盛顿，兰格在供职期间只去过五次华盛顿的办公处，时间都很短。她请求多让她到华盛顿去，可是斯特赖克没有批准她的请求。

要不是多萝西娅跟泰勒的这层关系，他因为专业知识而可以制定自己的工作日程，要不是她已经完全习惯于自己当老板了，抑或她已融入到了农业安全局的办公室文化，作为一位雇员，她无疑会以不同的方式对待斯特赖克。相反，他们对工作的热情却引发了冲突。这些小小的冲突从来没有削弱他们相互间的欣赏。他们互致的长信清楚地表明他们对彼此的尊重。他们也通过照片进行交流。斯特赖克记得，每当在农场的一位摄影师尤其是兰格寄来一盒胶卷时，他是多么的兴高采烈。

由距离引发的冲突几乎立刻就发生了。她在致斯特赖克的第一封信里就请求他拨款建一个暗房，并竭力想自己制定日程和拍摄路线。斯特赖克的回复将两样事情都否决了。从一开始，他就领教过她自以为是的请求，而且这些请求从未停止过。但是，她的很多请求都是合理的，换作在她这个职位上的其他的专业人士，同样会提出这样的请求，也许只是更讲究策略而已。

她对控制照片的事情感到愤愤不平：如果她不能及时看到照片，就很难知道自己拍了什么，并从自己的错误中吸取教训，所以她一再请求自己冲洗胶卷，在将底片寄出之前先让她自己制作一套正片。安塞尔·亚当斯与此事没有直接关系，却为好几位农业安全局的摄影师说过话，请求斯特赖克改变他的政策，但是，斯特赖克一意孤行，继续坚持所有照片必须拿到华盛顿去冲洗，所有底片必须存放到华盛顿。这样，兰格不得不等上几周，有时得等上几个月，才能看到照片，这都是由办公室这一瓶颈造成的延误。她把所有底片编号寄给斯特赖克，请求得到副本，但是她无法确信那些编号绝对正确，所以她还得依赖他的判断——"从那里面选择最好的"，她吩咐道——或者，尽力描述她认为跟底片编号对应的图像。

有时，兰格寄到华盛顿的邮件会丢失，通常是在办公室丢的。有一次斯特赖克寄给她一批照片，要她加上文字说明，可是文字说明她早就做了，花了好多时间，随底片一同寄出的。偶尔，兰格非常珍贵的一张底片在华盛顿再也找不到了。出版商向她要照片，她不得不告诉他们要等照片从华盛顿寄过来，有时，她建议将同一张底片用于多种用途——杂志、展览、政府报告——但被斯特赖克否决了，因为使用照片的一方非要独家发布不可。当某家重要学术出版社的编辑要求使用她的一些照片时，她常常尽责地告诉对方跟斯特赖克联系；当编辑联系斯特赖克之后，斯特赖克大多会寄去其他人的照片。对自己的作品没有自主权令她沮丧。她夸张地向罗伊抱怨道："在为政府工作的三年里，我没有任何作品可以拿出来展示。"她知道她的造诣在提高，但是她无法证明这一点。

她经常夹在旧金山的办事处和华盛顿农业安全局的总部之间，因为旧金山办事处的人对华盛顿控制西部地区拍摄的照片更不开心。农业安全局在加州地区的信息主管弗雷德里克·索尔决定随同多萝西娅一起去报道棉花工人的罢工时，她感觉有必要让斯特赖克放心，她会"与索尔一起完成所有必要的工作意向……但是，不会让他制定我的计划"。令斯特赖克感到惊愕的是，地区办事处一度要求雇用办事处自己的摄影师；当他发现有问题的摄影师是威拉德·范·戴克的女朋友、兰格的前助手玛丽·珍妮特·爱德华兹时，他的抗拒反而变得更加强烈。

兰格丧失了很多总部同事的情谊。因为她错过了斯特赖克的简报会，她也错过了汇报和评议会。由于预算的变化，雇员有进有出，她没能到场欢迎新来者，也没能向离开的人道别。尽管人员变化无常，但是当摄影师工作上有交集时还是团结得十分紧密。他们有时成双成对地一起外出——例如，埃文斯和沙汉，罗思坦和李，罗斯坎和德拉诺——一个兰格所没有的机会，虽然她对每一位来加州的摄影师都很热情，慷慨地提供自己的暗房给他们用。

兰格－斯特赖克的关系起初是通过通信联系而建立的，她的专横而高效的作风，在信中流露出的一个压力过大的女人想要掌控一切的腔调，引发了不满。她写信给其中一位秘书："随信附上一张我需要的东西的清单。请尽快办好，尽全力。兰格。"她的这种风格，再加上她所需要的东西很多——一只显影罐、一些显影药水、几个镜头、一支闪光枪、一些相纸、一位助理的费用、一笔家庭暗房分担费用、当地采购的补偿费用、允许保留底片的费用、快印样片的费用、付安塞尔·亚当斯为她印照片的费用，加薪到两千六百美元——她的怒气越来越大。他们视她为喜怒无常的人。在面对面的交流中，她的请求要和风细雨得多，她会倾听预算的情况，理解预算的窘迫，取悦她的同事，斯特赖克也可以更好地解释他作出一些限制的理由。她竭力用轻松的语气也无法掩饰她内心的紧张："斯莱克曼小姐在她的信里说你正在帮我印照片。那么先生，这个想法不好。这是我们所举办的最重要的摄影展……我不能提供参展的照片，没有署名，我甚至都没有见过这些照片。"她满腔热情，进取心十足，比其他摄影师更频繁地提出摄影主题，而且几乎一被聘用就开始这样做了。她给斯特赖克写信说："我们面临成功的机会，我急于利用这个机会。"

她不会轻易承认失败，所以她发现自己很难尊重官僚制度。她偶尔也会在没有批准的情况下将照片发出去。1936 年 10 月她被解雇的时候，她越过斯特赖克写信给农业安全局的新闻处处长 M.E. 吉尔方德："有一项工作……应该马上就干。我需要得到您的批准，给我时间和授权我去干这件事情……一个有非同寻常的社会利益和国家意义的民主实践。"（吉尔方德当然将这封信转给了斯特赖克。）她写信给沃特·帕卡德提出了另一个建议（帕卡德将信转给了格雷斯·福尔克·特格韦尔，特格韦尔将信转给了吉尔方德，吉尔方德又将信转给了斯特赖克。）由于不习惯官僚渠道的沟通方式，她的这些举动显得放肆和不明智，也显示了一个习惯了没有老板的创业者的不耐烦。兰格道了歉，答应不再干此类傻事。但是，她无法做到不提建议，即便在她意识到有可能超越权限的情况下："这是不是完全超越了我的职责范围？抱歉。"她在一封写给斯特赖克的信的空白处潦草地写道，信的内容都是对那些项目的看法。然而，她执行那些枯燥乏味的任务却毫无怨言，因为，正如她所说的，是美国公众赋予她的责任——在她看来就像服兵役一样。"今天午后跟一位农场主有个约会……拍摄播撒诱杀蝗虫的毒饵"——这是非同寻常的事情。她忍受了在工作成绩鉴定表上被打等级（她的工作成绩鉴定表上的等级绝对不是优秀），她也能忍受拖欠工资和差旅费用。

她也自我推销，但并不过分。她给斯特赖克寄了爱德华·法林的一个申请的副本，法林是波士顿百货公司的老板，一位乐善好施的人，一位新政的支持者，他想在自己的办公桌上放一张兰格拍的照片。（谁不会让老板看这样的东西呢？）她不停地和斯特赖克唠叨加薪的事，再一次越过了斯特赖克，为了争取加薪，她告诉吉尔方德，她拿到了别的聘书。她感到恼火的是技术比她差的男性摄影师薪水比她多。她让斯特赖克知道她接到了许多要求提供照片的直接请求。但是，她对许多出版物发表她的作品没有提出署名要求，这本可以提高她的声誉。而且，她也绝不像沃克·埃文斯那样自我推销，沃克·埃文斯绝不接受不利于提升自己艺术和声誉的任务。

斯特赖克在对待沃克·埃文斯和兰格时采用了双重标准。斯特赖克喜欢跟埃文斯交谈，钦佩他的优雅风度，认为他的摄影作品非同一般的美丽。但是，埃文斯无法在一个官僚机构工作。诚如一位历史学家指出的那样，"埃文斯的路子是一下子消失几个月，谁也不知道他去了哪儿或者要去哪儿，最后回来了，带回来一些他所拍摄的数量不多但却完美无瑕的照片"。他以消极对抗的方式对付斯特赖克，不会跟他争论；他干脆就不干分配给他的活儿，也拒绝写图片说明。斯特赖克不停地唠叨他工作效率低。农业安全局别的摄影师感到愤愤不平，凭什么他效率不高，拒绝干他们很顺从地干的活儿，但是他的薪水却反而更高。终于，斯特赖克发觉，埃文斯的不可一世已经无可救药。"我变成熟了。"斯特赖克说，暗示他对埃文斯的痴迷是不成熟的表现；"他对待阿瑟（罗斯坦）非常傲慢，非常恶毒，而阿瑟……你瞧，他不是他的同类"——指的是埃文斯的反犹主义立场。就连埃文斯最要好的朋友本·沙恩也看出了他的势利：埃文斯一文不名的时候，他会到他的姐姐那儿去借钱；当沙恩一文不名的时候，他接了一份为百货公司的广告画锅碗瓢盆和自行车的差事，可是当埃文斯听说此事后，"轻蔑地瞧着我"，沙恩回忆道。

相比较之下，兰格跟人打交道的风格是直来直去的。她和老板争论不止，喋喋不休，而埃文斯则对他的老板不理不睬。但是，她从来不会拒绝分给她的任务。

对设备的不满也让她耿耿于怀。在总部，摄影师们可以享用无数的照相机和镜头，甚至新发明的测光表。兰格享受不到这些共用的设备，有时会提出一些特定要求——买一个戈尔茨达戈尔 III 的短焦距镜头、一个施奈德广角镜头和别的一些设备，这些设备她要么就没有拿到，要么很迟才拿到。当她得知沃克·埃文斯为他的相机配了一个很贵的新镜头时，她感到愤愤不平。兰格不可以自己采购所需物品，像相纸、化学药水，等等，她得请求华盛顿方面买了给她寄来，这样就会造成其他摄影师不会遭遇的延误。而且，她有时也抱怨寄来的物品质量不行：相纸的感光乳剂有缺陷；显影剂质量低劣。她要是在出差的路上有什么东西短缺了，那么她唯一的选择就是自掏腰包购买——不能报销。她很难搞清自己的工资状况，她要是在华盛顿，这些问题会更容易解决。

斯特赖克知道，兰格的有些要求是正当合理的，便竭力给她提供方便。他一开始就知道泰勒可以帮忙让她继续使用大学的暗房，但他还是同意在预算里开支二十五美元一个月的补贴，作为使用她家庭暗房的费用，还包括水电费、相机的保险费、一小部分房租、一点折旧费。有一次，他寄给她一张私人支票，补偿她买了一些特大的相纸，因为这些相纸钱没法报销。她不愿改变她的技术，他表示理解：1938 年快年末的时候，她还在使用大画幅的胶片，拒绝他将她的相机改装成可以使用中画幅胶卷的提议，这样就很难为她配备相应设备。他在致兰格的信中绝口不提此事，他甚至对那些男摄影师都没有这样过，他对男摄影师有时会声嘶力竭地大喊大叫，尽管通常带点幽默。

华盛顿方面对她胶卷的清晰度颇多微词，但这些抱怨很难评估。华盛顿的工作人员指责说，她的底片上有的时候有条痕、泥点、污渍、颗粒，底片灰白，或者不止一种问题。兰格认为，这些问题都是高温和潮湿造成的。斯特赖克回复说，在同样条件下工作的其他摄影师没有这样的问题。安塞尔·亚当斯在兰格外出时为她冲洗了一些胶卷，他支持她的解释。他说他在打开胶卷时可以闻到沼泽和发霉的味道，"全都蒙上了潮气和霉菌……胶卷可以承受高温，但不耐潮湿"。亚当斯在摄影技术上是一位大师级人物，他称兰格为"一位优秀的工匠……对她的作品怀有深深的敬意"。当实验室的工作人员埋怨说兰格责怪他们把她的胶卷弄坏了时，他们间的冲突进一步加剧。（然而，当亚当斯的助手西玛·韦瑟瓦克斯损毁了兰格的一些底片时，她说多萝西娅表示理解，还安慰她。）现在，谁也无法对这一争执做出判断。兰格的不确定性太大，她拍摄的作品既有优秀的，也有一般的。如果是照相馆里的作品，她可以把不太优秀的过滤掉。她在很多方面都是一个唯美主义者。她大量的照片是长期的辛勤劳作获得的，而不是一蹴而就的。斯特赖克批评她拍摄了太多同一个形象的照片，指示她至少在将它们寄出之前要删掉一部分（如果允许她自己洗印照片的话她本可以更容易做到这一点）。"有一件事情是肯定的，"斯特赖克在 1939 年就兰格即将来访的事情写信给拉塞尔·李时说道，"她不能到实验室里来工作。她要是到实验室里来工作，那我得换掉所有实验室的工作人员了。"

在农业安全局的一部分工作人员看来，兰格似乎非同凡响；凡是她在的地方，总会有一种强大的气场，仿佛在命令人们都要听从于她。可是，她要是一位男性的话，这种反应就会有所不同。乔纳森·加斯特在写给斯特赖克的信中提到了她，"……跟斗鸡、赛马、女性艺术家打交道，你得心中有数，她们偶尔要赢一回的。"从公鸡到赛马到女性，这种性别转换的隐喻明明白白地道出他们对兰格的复杂情感：自负、强大、敏感。就连她的德行也让男人们感到害怕。罗斯坎曾正儿八经地说过，她是一个"圣人……有点把我吓倒了"，她帮助那些穷人的热情太高涨了。

跟玛丽昂·波斯特·沃尔科特的经历相比较，为我们提供了看待这些冲突的新视角。玛丽昂的母亲是一位富有的女权主义者，她自愿加入玛格丽特·桑格的节制生育运动，而且离婚之后，搬到了格林尼治村居住——她要是在旧金山的话，就一定是兰格的顾客之一。年轻的玛丽昂是一位重要的现代舞舞蹈家，而且跟纽约的实验剧院的成员有交往。1933 年她在维也纳大学时，遇见了摄影家特鲁德·弗莱什曼，后者借给她一架好相机。她在维也纳的朋友是一批受到了纳粹恐吓的左翼艺术家。她回到纽约后加入了反战及反法西斯联盟，帮助包括弗莱什曼在内的一些犹太人逃离欧洲。1937 年，她为美联社完成了一些任务之后，受雇于《费城晚报》，成为了一位正式的摄影师；她的男同事向她扔有唾液的纸团，把烟头放进她的显影剂里。不出所料，她的任务仅局限于时尚和专题报道。（这一段作为摄影记者的简短经历一定让农业安全局看起来像是女权主义者的天堂。）1940 年，为纽约的进步报纸《下午报》工作的玛格丽特·伯克－怀特和玛丽·莫里斯依然是美国仅有的两名女性摄影记者。

在农业安全局，玛丽昂·波斯特不仅仅是一位漂亮的女性，而且是一位"姑娘"，是一位显而易见的上流社会人士。男人们个个和蔼可亲，个个怜香惜玉。由于她是单身旅行，所以罗思坦说服她带上一把斧头保护自己。既怜香惜玉又吹毛求疵的斯特赖克教导她如何穿戴打扮、如何待人接物——有的时候他教她的东西很管用。她驾着一辆敞篷车在南卡罗来纳州转悠，烈日将她晒得很黑，"头上扎着非常显眼的彩色……头巾，（而且）耳朵上挂着丁零当啷的耳环……"她回忆说，那些拍摄对象"开始将他们的孩子拉走，以为……我是一个开着汽车的现代吉普赛人，要来绑架他们的孩子……"（兰格也戴头巾，不过戴在她头上看上去要么古怪，要么实用，没有异域风情。）斯特赖克不得不告诫波斯特，一个无人陪伴的白人女人和一个南方的黑人男子在一起是十分危险的事情。办事处暗房里的男人们对她并不恭敬，多少有些居高临下，不过他们对她的帮助也多于他们给男性摄影师的帮助。

波斯特和兰格的长处大相径庭。波斯特更爱冒险，在女性自由问题上更加心直口快，更好管闲事——这些都反映了她的阶级背景。她可能会鲁莽冲动，而兰格总是要深思熟虑后才做出决定。波斯特拍摄脱衣舞夜总会，拍摄一位在洗澡的矿工。她所拍摄的极具讽刺意味的富豪们的休闲，是农业安全局档案里最具挑战性的图片之一。

当你仔细地检视这两位女性的经历时，便会发现自相矛盾的荒唐现象：波斯特对性别歧视的表达更加清晰明朗，对女性似乎怀有更多的打破传统的愿望，但是她抵制性别歧视的效果不太好，而且会表现出一种兰格所没有的温柔和卖弄风情。波斯特给斯特赖克寄了一张照片证明自己是能吃苦耐劳的：照片里，她侧身躺在一条傍着肯塔基河的泥泞多石的路上，用一根支撑在石头上的围栏桩把汽车顶起来换轮胎。这张照片表明她聪敏机灵，能随机应变，就像"充满活力"这个词用到女人身上，把女性的勇敢和自信视为迷人。波斯特的信既风趣又卖弄风情："（在新英格兰的冬天）真正毁了我的性情的是那些冰冷的马桶座圈……我几乎养成了穿衣睡觉的习惯……不是高档的内衣内裤，羊毛料子，是又长又丑的那种。"相较于兰格的婚姻，后来波斯特步入了一段几乎是男权的婚姻：李·沃尔科特不光坚持让玛丽昂辞去她的工作，还要求斯特赖克的工坊把她过去的照片都翻出来，在每一张照片上冠上她婚后的新名字。从此以后，玛丽昂就再也没有从事过专业摄影。她的故事跟孔苏埃洛·卡纳加、阿尔玛·拉文森的故事有相似之处，这表明兰格是一个更独立甚至更出格的女人，尽管她对女人本性的观念似乎是传统的。

兰格虽然比波斯特·沃尔科特得到了人们更多的尊重，但是她依然在农业安全局面临性别歧视。当她跟泰勒结婚之后，人事部门重新梳理了她的档案，将她的姓氏改成了泰勒——她完全没当回事，也从来没有用过这个姓氏，就像她从来没有用过狄克逊这个姓氏一样（虽然别人有时会以此来称呼她）。她的姓氏不仅仅是一个"职业化的姓氏"，而且也是唯一的一个姓氏，这在二十世纪三十年代和四十年代是很独特的。然而，对斯特赖克，她做了一件奇怪的事情：在最初的一年半里，她写给他的信署名是"兰格"。她以前从来没有这样做过；她总是将全名——多萝西娅·兰格——用于她的商业照片。很显然，她想要用这样的署名来表明她的职业性和独立于泰勒，期望人们对待她跟对待其他人一样。到1937年2月她已经跟斯特赖克见过两次面，所以从那时起她将署名改成了"多萝西娅"，对他的称呼也改成了"罗伊"。但是，她从来没有在给他的信里提到过她的孩子、她的朋友、买了新房之类的事，也不会像那些男摄影师那样说自己身体不舒服。她做了阑尾切除术，他是事后才知道的。

然而，从兰格跟斯特赖克的通信来看，他们的关系很显然是情意绵绵的。她感到特别伤心的是斯特赖克从未在她外出工作时来探望她，也没有到加州来看过她。斯特赖克口授长信给他的摄影师，提供对照片的反馈意见和进一步的指导和建议。他笼而统之地向他们抱怨华盛顿的官僚主义，尤其是他特定的敌人。有一次，他指示兰格销毁一封对农业部表达不满的特别坦率的信件，告诉她把写给他的信寄到他家，以免落入坏人之手。这种信任在他们之间建立起一种亲密的关系，这种亲密的关系又加剧了她的渴望，渴望他在她工作的时候来看看她，来见见地区办事处的工作人员，来让她尽尽地主之谊。可是，他一直没有来。他觉得不能离开华盛顿，他向她吐苦水说，"你一离开，他们就会钻空子……"但是兰格知道，他去看过其他摄影师，最西到过亚利桑那州。这样的拒绝伤害了她，感觉就像被父亲遗弃了。有一次，斯特赖克答应到西南部看望她，而且陪她工作一周，但这事最后还是黄了。1937 年 4 月，他说他 5 月份可以到阿尔布开克跟她会面。到了 5 月份，他又答应想办法在南方跟她会面。到了 6 月份，她已经在恳求他了："你跟罗思坦一起出去，你跟李一起出去，你跟迈登斯一起出去，那么我呢？"她也许意识到了自己说话很孩子气，所以一改这种情绪化的语调，换作轻松的口吻，安慰斯特赖克别在意"那些个小人的专横"，当时那些"小人"正在威胁要削减预算，强迫他窝在办公室里做"看门狗"。可是，她抱怨他忽视她的腔调听上去好像她是一个孤儿。"写封信给你的小继女怎么样？"她写道。她在打情骂俏的时候就是一个孤儿，不是一个勾引者。

为什么斯特赖克在她那儿总是扮演导师的角色，而不去跟她会面呢？在泰勒看来，可能是因为怨恨、妒忌或者不自在。但有一点是可以肯定的，他误解了多萝西娅：他把她的自信跟她操纵他人的行为混为一谈了，事实上，这源于对工作的需求和热情。

这一摄影项目既是男性的也是白人的。戈登·帕克斯是斯特赖克麾下唯一的黑人摄影师，他甚至都没有领过薪水。帕克斯 1912 年出生在堪萨斯州的斯科特堡，十五岁的时候母亲就死了，他成为了一个流浪儿，在决定试试时尚摄影之前，他当过服务员、酒吧伙计、半职业的篮球运动员和足球运动员。杰克·德拉诺在芝加哥的南塞德的一个展览上注意到了他的作品，便帮助他获得了罗森沃德基金的资助。罗森沃德基金当时是少有的资助非洲裔美国人接受教育的开放性基金之一，它给了帕克斯一笔津贴去农业安全局做摄影项目的实习生。斯特赖克解释说，由于哥伦比亚特区的种族隔离状况，所以哪怕不花钱接受帕克斯实习也很勉强。（斯特赖克常常在种族主义的问题上采取消极的推诿的立场；他声称他对"黑人问题"感兴趣，但是却分发白人的照片，因为"我们都知道这些照片将得到更广泛的使用"。）不过，这却激怒了帕克斯，就像他说的那样，"我怒吼着回应，我想要我的照相机，他（斯特赖克）说，'干什么用？'我说，我要曝光……这种歧视"。

兰格在农业安全局的地位进一步复杂化，因为她是一对强大夫妻的一方。泰勒的权威性在斯特赖克致兰格的第一封信里就已经写得很清楚了：他向她保证，跟泰勒一起商量决定她应该拍什么，他会很开心的。这话意味着理所当然的性别歧视，非同寻常地让出控制权，承认泰勒的威望。有关她的工作，泰勒参加了所有早期的谈判，在后来的几年里，他放弃了这一角色——除了兰格直接遭受挫折的时候。是泰勒最先建议由农业安全局出钱让安塞尔·亚当斯来洗印她的底片。泰勒最先建议她去加州南部拍摄流动工人的营地。有很多次外出拍摄，或每次去华盛顿，都由泰勒陪伴。斯特赖克期望成为这个大家庭的家长，可是兰格有另一位强大的监护人。她并不总是能微妙地处理好这种三角关系。

泰勒的影响力意味着他可以筹到钱，可以陪兰格出差或者让她陪他出差。从1936 年夏到 1941 年，他在美国社会保障委员会担任经济学顾问，主要任务是让农场工人享受到《社会保障法》的权利。他的所有努力都付诸东流，因为民主党的政客们早就允诺南方和西部的大种植园主，农场工人——包括了大多数有色人种——将继续被排除在外。但是这项工作使得他可以根据妻子的任务来安排行程，对此他毫不避讳："这也是巧合。"他在 1937 年春写信给他的老板时说道，"……斯特赖克先生刚刚吩咐我妻子自己驾车去南方拍摄。我相信，我们工作的结果……过去在一起的工作结果，足以证明这一（合作）工作方法是正当的……是高效的，对政府来说是经济的……"

兰格经常将从泰勒那儿得到的内部消息传递给斯特赖克。向老板提供他本不可能获得的情报，炫耀她享有的特权和重要性。有一次她告诉斯特赖克，农业部长亨利·华莱士正在准备一份租赁法案。她胆大妄为地告诫斯特赖克："你可能没有认识到我在这个主题（即华莱士所强调的由机械化所取代）上所拍摄的照片的意义和用途。"泰勒有时会收到为国会报告和听证会提供照片的请求，于是兰格就会请求斯特赖克批准她去拍这些照片。保罗想要将她的某张照片送给社会保障署的官员作为礼物，兰格也会提出同样的请求。

然而，泰勒的影响力最终也没能保住她的工作。在预算压力下，斯特赖克数次解雇她又重新雇用她。对一再被解雇、临时取消行程、拖延和撤销被批准的外出拍摄计划，多萝西娅表现出圣徒般的耐心。她准备 1936 年 2 月外出拍摄，斯特赖克突然电报告知她必须 1 月 27 日前出发。于是，她匆忙准备，然后，到了 1 月 23 日，他又电报告知取消这次拍摄。两个星期之后，又说可以去了。1936 年 10 月，她被解雇了，可是到了 1937 年 1 月，她又被紧急召回参加工作，尽管当时她并没有被放回到在职人员名册中。3 月初，斯特赖克通知她到太平洋西北部出一趟差。她计划了出行的线路，并与当地农业安全局的工作人员落实了此次出行的安排，但是最后斯特赖克取消了该计划，反而将她派往南方。到了 9 月份，斯特赖克再次将她解雇，这次提前一个月通知她，以便她能完成她夏季拍摄的照片的配文。1938 年 6 月，斯特赖克告诉她，如果本·沙恩按照预期那样辞职的话，他就会雇用兰格，但他却雇用了玛丽昂·波斯特。

最终，1939 年 10 月，她正在俄勒冈州出差，他打电话通知她将在 1940 年 1 月 1 日被"解雇"。第二天他写了一封长达四页的信函，详细解释了预算问题，但是没有解释为什么被裁的摄影师是她。兰格没有留下任何书面文字描述她的感受，但是从农业安全局西部地区主管乔纳森·加斯特的一封非同寻常的私人信件中可以得知，她受到了多大的伤害。这封信也代表农业安全局前主管沃特·帕卡德的意见，十分煽情地恳求斯特赖克重新聘用兰格。加斯特说到了她所做出的所有奉献，她"全心全意地"奉献；提醒斯特赖克，泰勒是"我们流动工人营地项目之父"；指出泰勒为这项事业所做出的牺牲，包括他因为藐视本州农业部门权力导致了降薪；而且特别强调了泰勒和兰格养着一大家子,经济"拮据"。在这封语气十分动情的信件中，他说到了多萝西娅和保罗两人双双受到的深深伤害："保罗·泰勒显然依旧疯狂地爱着多萝西娅……任何伤害到她感情的事情都会比直接伤害保罗更刺痛他。"他承认，"多萝西娅鲁莽的干劲有时让她很难与人共事"，所以建议给她一份兼职的季节性的工作（作为让斯特赖克保全面子的台阶）。斯特赖克不愿让步："我选择解雇她是因为这个岗位上她是我面临的最难合作的人。"然后，他为自己辩护，不是针对加斯特，因为加斯特没有对兰格的艺术做出狂妄的评价，而是针对他自己几乎无法抑制的意识，即他的决定是愚蠢的，他补充说，"对艺术的判断是高度主观的"。

兰格独断、爱干涉的性格并不能为斯特赖克的决定提供正当理由，甚至都无法做出合理解释。兰格的干涉——尤其是这种干涉来自远在三千英里之外的地方——也无法跟她作品的价值相抗衡。她的照片对他们所共同从事的事业的贡献是最大的；

她的图片说明给其他摄影师树立了榜样。斯特赖克本应该容忍她的。斯特赖克的决定唯一可以解释的是，他跟他的男性门生和不太独断的女性门生在一起更自在。解雇兰格似乎跟排斥刘易斯·海因相似。他做出决定之后，还继续对她心存恶意：他扣押她最后的支票，直到她归还了所有的设备。她请求在农业安全局报销她清洗照相机的费用，他没有答应。

她克制自己的情绪，反而以礼相待，就像她对待以前的每一次解雇一样。也许是因为被解雇的次数太多了，她希望这次也许有转机。可是这样的情况终究没有出现。

农业安全局的摄影项目最终于 1943 年寿终正寝，成了战时预算和保守派攻击的牺牲品。它最后两年的成就根本无法跟 1936 年到 1939 年的成就相媲美。罗伊·斯特赖克和他许多部下都去了杂志社、合伙公司或者时尚摄影界。兰格但凡可能便不做这样的选择，此后五年，她继续做一些政府的小项目。这倒不是因为她是无私的典范，而是因为农业安全局的经历正好挖掘了她想要的东西。包括兰格在内的农业安全局的每一位摄影师，无论有多少委屈，都承认这是他们人生的一个高峰。事实上，兰格从来没有停止尝试创建一个类似的项目——一群摄影师同甘共苦，以最高的技巧和审美水平去改变世界。她要是知道农业安全局的摄影项目今后将永远不会再有的话，那么失去农业安全局的工作将会让她痛苦得多。

　　1942年，美军雇用多萝西娅·兰格拍摄十二万日裔美国人被关押的过程，理由是他们可能不忠。在整个工作过程中，兰格不断遭到雇用她的军队的骚扰，而且她跟比斯利(有些人叫他"笨蛋比斯利")少校的关系特别敌对。他对她的照片吹毛求疵，竭力想找借口辞退她。他尤为愤怒的是她拍摄营地暖房的照片，阳光通过玻璃窗投射在监狱的栅栏上——就像在那儿干活的园丁的影子。有一次，比斯利以为她想拿走一张底片——这是被禁止的；所有底片都必须由军队保存——觉得逮着她了，因为他发现了一个空的底片套。她的确拿走了一些自己用得上的底片，但纯粹出于幸运，不是这张；他把她叫到了办公室，拿出那个空的底片套和她对质，但是她抖了一下，底片便掉了出来。

　　还有一次，比斯利差点抓到她严重违规的把柄。她把照片给了凯莱布·富特，他是一个跨教派的基督教反战组织"唯爱死"的领导者，唯爱死是反对这种监禁的少有的几个组织之一。保罗·泰勒早已是当地抵制这种监禁的社团"美国原则和公平竞争委员会"中的一名积极分子，他就是通过这一渠道认识富特的。富特将兰格的照片——一张是一位日裔美国姑娘的照片；另一张是马厩的照片，用来关押被监禁者的——用到了一份谴责这种监禁的小册子上。比斯利看到了这个小册子，把兰格找来。她再次意外地好运当头。她给富特的照片好像早已出现在美国众议院委员会（保护移民托兰委员会）的一份报告中，所以这些照片已进入公共领域。她可以辩称富特的照片来源于那个委员会的报告。

第十八章　家庭重压

被解雇给兰格带来了伤害，也让她得以解脱，很久以来她都期待着生活的节奏放慢一点。预期的生活并没有成为现实。新的外出拍摄任务在等着她，严重的家庭危机也在等着她，她在这个时候遭受了童年以来第一次严重的健康问题，这倒不是巧合。

1939 年年末，兰格接受了又一项乡村摄影工作，为农业经济局记录劳动力的迁移，该组织要求以实际雇用时间为基础工作两个月。农业经济局比斯特赖克管得还要死，结果，她也无法取得在农业安全局时期那样的成就。人像照很少，田野劳作的图像也很少，更多的是反映流动农场工人尤其是孩子们的凄惨的生活状况；根据要求，她也拍摄过农业安全局营地较为优裕的生活状况。但是这些照片也反映了兰格自己的情感——热情耗尽，悲观，甚至感到绝望。但是，为农业经济局拍摄的很多好照片如此悲伤，几乎称得上悲情。当兰格的照片表达悲伤的时候，那种情感似乎会溢出画面。照片中的人物也显得更愤怒。这是她唯一一次把人物拍得如此乏味，就像伯克－怀特《你看见了他们的脸》中的那些人物。她苦涩地给那批照片配上文字说明，其中有两张是"民主政体下的孩子们"。尽管她拥护营地项目，但是她的照片也让人怀疑，新政下大多数农场工人的生活状况是否得到了改善。

兰格似乎再次华丽地向着她的乡村基调转身，因为她在 1939 年到 1940 年间拍摄的照片显示，新政的希望在减少，战争的恐惧在增加。像大多数自由主义者一样，她害怕纳粹和法西斯主义，但又不渴望战争。1939 年 6 月，在去纽约的路上，她震惊地听见"一名美国'冲锋队员'"在哥伦布环岛的临时演讲台上向人群发表的长篇演讲。不祥的国际事件侵入到了她的户外笔记中,例如,她在一则图片说明中写道,"先知教堂大门紧闭。照片拍摄于德国军队入侵荷兰、比利时、卢森堡的当天"。

在某些方面,农业安全局的精神得以继续。至此,兰格已经成为了一名农业专家,她把她的一些"图片说明"写成长文,主题包括盐碱地、黏土层,流动工人的文化传统、住房选择、家庭预算。有一篇利用农业经济局的研究资料写成的论文长达二十六页。她还提出了不在农业经济局要求范围的问题,例如营地里对流动农场工人的歧视和种族隔离。

由于战争的推进带来了新的工作机会,大萧条也逐渐消退,政府的工作显而易见正在减少,兰格便去申请了一笔古根海姆基金会的研究资金。爱德华·韦斯顿在1937年和1938年申请到了一项资助,沃克·埃文斯在1940年(保罗·泰勒在1930年)也申请到了一项资助。亨利·艾伦·莫是古根海姆基金会主席,他将继续担任现代艺术博物馆受托人摄影委员会主席,他以前就跟泰勒有联系。泰勒对多萝西娅有什么影响不得而知,但是她在1940年10月写的申请是他们两个人共同思考的产物。"这项目的主题是人与土地、人与人的关系,可比类型社区中稳定和变化的力量。"她将研究三个社区:犹他州的摩门教徒村庄,爱荷华州的阿马纳合作社,南达科他州的哈特派集体农庄。她获得了资助,内心为属于自己的项目第一次获得资金支持而激动万分,1941年整个夏天,她热情地投身到了这项工作中,保罗通常陪伴在她左右。

她现在的工作没有了政府的监管,便答应将照片寄给拍摄对象。另外,她的方法没有改变。她的户外笔记包含着大量的数据(南达科他州,"三分之一的人口靠救济生活,75%的银行已经倒闭,将近三分之一的应纳税土地没有纳税")、自我批评("在老城区不经意拍摄的蹩脚的快照")以及从她的拍摄对象那儿引用过来的一字不差的原话("我们见过苦难")。到9月份,她回到了伯克利,冲洗胶卷和洗印照片,便写信给莫:"感觉快好了,我的观念得到了强化。"

但是很快她不得不写信给莫请求宽限一段时间。家庭麻烦缠住了她,她没有因为担忧而崩溃,相反,她再次成为了调停争端的人,成为全家所依赖的女超人。

有一个麻烦已经持续几年了。当男孩子们长大，在她外出时不再需要二十四小时照顾的时候，丹尼尔，用他自己对我的话说，成为了一个"无法无天、行为不端的"青少年。1938 年，丹尼尔十三岁那年便开始逃学，而且变得桀骜不驯，目空一切。多萝西娅非常担心，便跟梅纳德商量，梅纳德建议再次把他送出去寄养，让他远离城市，认为边疆生活和艰苦的劳动或许会让丹尼尔改邪归正。内华达州史密斯河谷的一位养羊的牧场主和他的医生妻子接受了他，但是几个月之后便将他送了回来。保罗和多萝西娅利用丹对诗歌的兴趣和喜欢标新立异的特点，试着把他送到了黑山学院，但是他在那儿仅仅待了八个月。1940 年秋，多萝西娅写道："我工作的进程完全被中止了。我发现我的家成了一个贫民窟……"选择用这样的词汇表明她对家庭秩序的渴望；她把家庭的混乱比作她经常拍摄的贫民窟的"脏乱差"；她感觉丹尼尔生活混乱。他真的无法无天。他经常夜不归宿，青少年时期有几年断断续续在街头当小混混，在图书馆避寒取暖，在垃圾桶里找吃食，偶尔也回家要点吃的。他从来不使用暴力，但因为偷窃而被抓过几次。有一次，他偷了他母亲的打字机去典当，还有一次，他偷了她的禄来福来相机。他愤懑的对象并不是什么秘密。他感觉，他所有的父母亲都遗弃了他：他的生父去了荒漠，他的继父去了大学，他的母亲不是去田野工作就是躲进暗房不出来——丹记得，她连续十二小时消失在摄影工作室里，这话很可能有点夸张，但是从情感的角度来讲是千真万确的。

他们全家前往奥克兰公立学区的一位精神病医生那儿。保罗和多萝西娅非常信任他，但是丹尼尔却称他是"恶棍"。他宣称丹尼尔得了精神病，建议将他送到精神病院接受治疗，这个建议被多萝西娅否决了。最终，多萝西娅和保罗采用了"强制措施"，将他锁在了门外。当他出现时，多萝西娅会给他吃的，但是不允许他住在家里。丹感觉跟仅比他大八岁的龙德尔·帕特里奇很亲近，龙德尔表示愿意收留他，可是多萝西娅和保罗不同意。然后是一场荒谬的婚事：他在一个低级的歌舞场所遇见了一个姑娘，立刻就迷恋上了她，当场就向她求婚。趁父母熟睡，他"借用"了他们的汽车，开到里诺，两人在那儿结了婚。回来的路上，她请求让她再回一趟她的"家"，实际上是一家破旧的客栈停一下，并告诉他在汽车里等着。她再也没有出现。

多萝西娅感到极度痛苦。然后，保罗提出了一个解决办法：参军。丹因为眼睛近视曾经被征兵人员拒绝过。保罗在伯克利兵役委员会"走了后门"，最终让丹被征募入伍了。但是，这一招也不管用：战争快结束的时候，丹就因为不断开小差而被关进了诺克斯堡的军人监狱。

之后，丹通过努力恢复了与母亲的亲密关系，并且成为了一位成功的作家，与母亲合作了几个项目，但是走到这一步并非易事。他背负着极大的罪恶感；一直到1954年，他还说到自己所做过的"所有丑陋的事情"，而且称自己"从某种程度讲是个跛子"。

小三岁的约翰相对省心些，他喜欢在公园里打篮球，在伯克利四处骑自行车，可是他自然不满于大人因为他哥哥表现不好而给予他的高度关注。他对失去父亲依旧十分敏感。约翰说保罗"冷淡——不，这话说得过了点，因为他并非很难接近"，但是他从未对他继父产生过感情。多萝西娅担心，对自己想要成为什么样的人，他几乎没有什么野心和热情，所以她总是对他唠叨个不停。

在丹还没有醒悟过来之前，多萝西娅的另一个家属违法了。她的弟弟马丁挪用加州的失业救济补助机构的公款而被抓获。

小弟弟马丁比多萝西娅小六岁，经常跟在精力充沛的大姐姐屁股后面，她也经常照顾他。她到旧金山一年之后他也跟着来了；她将姓改成兰格之后他也跟着改了；他也吸收了她的政治观点；当她跟保罗搬迁到更大的房子去之后，他便买下了他们在伯克利的第一幢房子。二十世纪二十年代，多萝西娅和梅纳德为他的职业和住宿提供了家庭能够提供的最大支持。他的精力也十分旺盛，但与多萝西娅截然不同，使得他们俩成为了典型的姐弟二人组：她雄心勃勃，训练有素，他却爱好玩乐，胸无大志；她一向独立自主，他却依赖心极强。

马丁最初在太平洋煤气电力公司工作，然后去当了一名水手，之后在约塞米蒂国家公园干些零工——他很有才华，学技术很快。1934年，他在博尔德大坝建设项目中找到了一份在高空作业的吊运工作。他提出了一种浪漫主义和冒险主义的观点，认为产业工人会被男性化的、有风险的工作以及从事这些工作的勇敢的人所吸引。马丁迷上了十几岁的龙德尔·帕特里奇，而且记得他居然能够自己动手造船。对丹和约翰来说，他是爱玩耍的"马基舅舅"，他的到来总是会引发热烈的欢迎。

他是一个可爱的舅舅，偶尔会在男孩子们跟他们的寄养父母在一起时去看望他们。丹记得，他就像"一个阿波罗"，绝对英俊帅气，大约六英尺一英寸的身高，身材细长，约翰即使到了八十岁高龄的时候，依然很像他。有一次，马丁在多萝西娅和保罗的客厅里自制了一个迷你滑索，下面挂着一个筐，孩子们可以坐在筐里来回穿梭。他被称作是一个"好寻欢作乐的家伙"，他很能喝酒，大手大脚，吸引了很多朋友和"很多女士"。

1941年，当时马丁已经是加州失业救济补助处的负责人，他们有一个四人小团伙，利用假公司虚构了六十九名职员名单，并安排支付失业补偿金。他们被当场抓获。他的三名犯罪同伙并非等闲之辈：伦纳德·斯莱奇是普莱瑟县朱尼尔学院的院长；雷蒙德·F. 基利安是圣路易斯－奥比斯波的坦普尔顿联邦高中的校长；艾伯特·吉尔克是基利安的表弟。警方认为这个团伙是以基利安"为首的"；他把马丁拉入了团伙，他在博尔德大坝遇见了马丁。

1941年12月12日，这一犯罪消息登上了报纸的头版，不过多萝西娅得知这一消息要早些，因为马丁在监狱里给她打了电话。她感到震惊。她的弟弟大约三十年之后在重蹈父亲不光彩的覆辙。是的，他知道马丁是个没有主见的人，但是她也知道他是一个温暖而有爱心的人。此时此刻，他成了她的另一个孩子。她回忆，当晚她喝醉了，把一张底片一直泡在流了一整夜的自来水里，底片报废了——她有生以来唯一一次如此粗心大意。

但是，这样的耻辱和愤怒让她奋发图强，而不是萎靡气馁，她全身心地投入到这件事情中。换了别人，也许会拒绝为这样一个不负责任的弟弟承担责任。多萝西娅不一样，她投了更多的时间和精力，管教他，支持他。他也很配合——不管她怎么唠叨，每当他需要帮助的时候，总是来找她，只找她。二十世纪六十年代，她得了癌症，但是她对记者说："就是现在我也不敢绝对肯定我不需要照顾他了。"他和保罗筹款付了他的保释金和顶级律师的费用，所以他很容易就摆脱了这场官司。基利安被判到圣昆廷监狱服刑一到五年，而马丁·兰格则被判到一个县道路营地服刑六个月，缓刑十年。马丁犯罪的事多萝西娅没有告诉家人之外的任何人，而马丁却口无遮拦。在家庭内部，她坚持认为马丁绝对不会去偷穷人的东西，他只偷盗一个州机构的钱财，他的确是个罪犯，但不是一个坏人。她对记者说："他的确干了有损于他自己（强调了"有损于他自己"）的可怕事情。"他们俩都在重复孩提时代的角色。

她有三个月没有拿起照相机和走进暗房。

对付这些家庭麻烦和多年艰苦繁重的工作让她付出了健康的代价。早在1936年，她大部分时间都在外奔波，当时就有溃疡症状——很厉害，腹部火辣辣地疼。这些症状究竟存在多少时间，她秘而不宣，现在再也无法得到确认了。1938年，她阑尾炎急性发作，动了一次手术，但是这次阑尾切除手术并没有缓解她慢性疼痛的症状。到了1940年，剧烈而又持续的疼痛一次又一次发作。她弟弟被捕后没多久，她第一次出现了食道收缩的症状，这个病症纠缠了她的整个余生。直到1943年她才就这些症状去咨询医生，而当时X光检查并没有发现疼痛的病灶（到1945年，她的病症才被确诊）。从那时起，她的工作经常因为痛苦的疾病而中断——直到平衡被打破，痛苦偶尔会因为她的自我感觉良好而消失。

二十世纪四十年代初，她曾出现小儿麻痹后发综合征的最初症状，而且大夫们再一次没有弄明白到底是怎么回事儿。这种综合征当时还不为人知，到二十世纪七十年代才被认识到是小儿麻痹后发综合征的症状之一。小儿麻痹症的第二次来袭引发了很多病症，浑身无力、容易疲劳、肌肉萎缩、关节变性产生疼痛，不过，个人的感受千差万别。对多萝西娅来说，最持久的症状是疲劳，虽然她还能证明自己可以长时间外出摄影。

1940年，尽管有病魔和危机缠身，多萝西娅还是为这个重组家庭建造了一个新家——她将在此度过余生。她从未有过长久的安乐窝。即便在霍博肯，她也住过三个不同的地方。接着，她嫁给了一个有漫游癖的男人，再加上她自己的工作流动性大，使得她产生了一种渴望，渴望有一个稳定的家，有秩序的家。弗吉尼亚大街上的居所太小了。所以，他们买了一幢新房子，建筑面积更大一点，带一个很棒的庭院。装修这幢房子耗费了她很多精力，但反过来也给了她很多快乐。正如她的女婿唐纳德·范杰说的，保罗送给她的礼物之一就是让她有机会成为这个家的建筑师。这座住宅位于伯克利的欧几里得大道1163号，是一座形状怪异的红杉木房子，坐落地块非同寻常，在一座陡峭的山坡上，后院伸进了半边长满树木的科多尼西斯溪。仿佛要直接向兰格表示感谢一样，美国公共事业振兴署就在欧几里得大道他们家正对面建了一个玫瑰园，花园里有圆形露天剧场，还有一个高二百二十英尺的红杉木花架。

这座房子是1910年设计建造的，采用了梅贝克的风格。楼层平面错落无序，不对称。多萝西娅拆除了客厅壁炉上的装饰性雕刻，简化了房间的线条。她一次只陈设一部分艺术品和工艺品，以免违背她的简约原则，但是她经常重新布置她的家具和物品，这样家里就能经常呈现出空间新气象。她收集的大部分东西都是厨具和餐具，要是不经常使用，她就会将它们送人。每一餐饭，餐桌中央都摆放着蜡烛，或者陶器、鲜花——有时是伦德尔带来的一根树枝——树枝上鲜花盛开，或者是一束野草。正如她的助手克里斯蒂娜·佩奇·加德纳回忆的那样：“那屋里总是很干净，像震颤派教堂那样井然有序……家具被从一个房间搬到另一个房间……房子具有一种神秘特质，就像《美女与野兽》中神奇而自发地冒出火焰的壁灯一样神秘。多萝西娅也具有同样的品质。唯一可以形容她的词就是‘魔幻般的’。”她的女婿唐纳德·范杰发现这座房子沉浸在安谧宁静当中。

对多萝西娅来说，环境跟房子本身一样让人喜爱。多萝西娅在厨房里要待好几个小时，从厨房走出去，沿着一条蜿蜒小径经过一张可以野餐的桌子和一条长凳，可以来到小溪边。她营造了一个花草茂密但不拘一格的花园，好多年，这里的空间、形态、色彩由植物装点、木石塑造，布局精巧，美不胜收（保罗经常用汽车装卸她所发现的浮木和石头）。她在他们的卧室外建了一个露台，俯瞰着后花园，而且在这个有利位置，她跟一棵弗吉尼亚栎树建立了深厚的感情——在此后的数十年中，她不断地给这棵栎树拍照。在合适的光线下，这棵树仿佛走进了他们的卧室，他们的卧室里只有一张床和一只带抽屉的柜子。在房子顶层约翰的卧室望出去，他可以看到金门大桥。

他们乔迁新居之后，她给自己设计了一个小小的工作室，一边一张长桌子，里面有她所需要的扁平的抽屉。长桌子的上方，是一块长长的软木板，上面搁着照片、剪报和其他她信手就可以拿来用的图片。当罗斯·泰勒不在家的时候，他的卧室就成了她的暗室。五年之后的1945年，保罗给了她一个惊喜，一样宝贵的礼物——

一个毗邻的地块。买下这块地之后，不仅保证了他们的后院可以畅通无阻地延伸到那个公园，而且还能使她拥有"自己的房间"，她多么渴望有这样一个地方，她第一个也是唯一一个足够大的工作场所。她设计了一个大约十四英尺宽、二十二英尺长的工作室，工作台的上面是一面倾斜的毛玻璃墙，对面是一堵有标准窗户的墙，尽头是一个暗房。她添置了一张狭长的长沙发和几张轻便扶手折叠椅。现在，在她自己跟房子、保罗和孩子们的需要之间，她可以设置两道门和二十五码的距离了。

第十九章　反抗战争的摄影艺术：拘禁日本人

　　马丁·兰格案裁定之后，多萝西娅申请恢复古根海姆基金会的项目。但是世事多变。就在她把思绪转向农村合作社聚居地的时候，日本人轰炸了珍珠港，美国被拖入战争，政府再次给了她拍摄的任务。

　　在西海岸，一股反日裔美国人的种族歧视的风气正在飞速地歇斯底里地酝酿。最先发出大规模拘禁日本人的呼吁来自长期持反日立场的团体、大种植园主和加州的政界人士。大众媒体以一个世纪以来针对东亚人的种族歧视为基础，宣称一支日裔美国人组成的第五纵队正在从美国本土给日本战舰发信号，从而使得反日情绪迅速升温，陆军部长认为这一指责毫无根据。兰格和泰勒怀疑有什么阴谋，此后，这一怀疑得到了证实：加州大商业农场主的组织农场主联合会纷纷支持拘禁日本人，以便廉价收购日本人所拥有的土地。政界人士也加入到了这股散布恐慌的潮流当中，1942 年 2 月 19 日，罗斯福总统签发第 9066 号政府令，导致十二万名日裔美国人被关押。

　　令兰格感到惊讶万分和匪夷所思的是，美国陆军西线防御司令部找到她，让她记录日本人被拘禁的情况。她和泰勒从不认为这样的拘禁是必要和正当的。泰勒早就是当地少有的几个反拘禁团体中的一位杰出成员，这个团体名叫"美国原则和公平竞争委员会"，发端于加州大学伯克利校区。兰格觉得，一份摄影记录可能是有价值的，也许可以使得拘禁过程更加人道。于是，她第二次请求推迟古根海姆基金会的项目——没想到这一推迟就是十年——接过了这项工作。她拍摄了八百多张照片，显而易见，这些照片太重要了，所以军队在战争期间没收了它们，并在战后悄悄地将它们存放在国家档案馆里。档案里有一些照片上就写着"被没收"，但幸运的是没有写在底片上。2006年之后，这些照片才被公众所知。

既然军队对摄影记录如此敏感紧张，那么为什么还要雇用她做这件事情呢？我找不到任何文件能说明这一决定，但是我猜测，他们认为一份摄影记录可以保护他们免受虐待被拘禁人员和违反国际法的虚假指控。显然他们没有意识到这样的记录有可能证实指控的真实性。为了防止曝光，有一个措施似乎太重要了，很多营地禁止被拘禁的人拥有相机。著名日裔美国摄影家东洋宫武私下里偷偷把一个镜头和一块毛玻璃带进了曼扎纳营地，用一些废木料制作了一个相机盒子，把它伪装成一个饭盒，偷偷摸摸地拍摄。不知道有多少被关押的人都这样干了。我们对营地的生活的了解归功于他们的行动和勇气。

兰格的照片如果被允许发布的话，在非日裔美国人几乎全体一致拥护拘禁措施的呼声中它们将会是极少数的反对的声音之一。作家兼编辑凯里·麦克威廉斯说过，你扳着指头就可以数出来有几个"白人"公开反对把日裔美国人送到集中营去。即便属于自由主义的儿童文学作家苏斯博士也发表了一幅种族主义的反日裔美国人的漫画。共产党的报纸《人民世界》代表了一个对政府的镇压并不陌生的群体，居然也称赞拘禁为"一件好事……采取军事措施是必要的"，而且，共产党在战争期间暂停了其日裔美国党员的资格。兰格的很多友人和同事支持拘禁。尽管她敬仰总统，尽管她反对法西斯主义，但她不相信政府的说法，即拘禁措施是取得胜利的保证，这也体现了她的原则。一些牧师和拉比，一些和平主义团体，如"唯爱死"和"美国公谊服务委员会"，美国公民自由协会的一些分部，社会党的领导人诺曼·托马斯以及C.L.德勒姆斯、贝亚德·拉斯廷等非洲裔美国领导人都发表了反对意见。全国有色人种协进会的报纸《危机》把这种拘禁称为种族歧视。但是，恐慌的四处弥漫和狂热的爱国主义言论吓住了潜在的抗议者。

当然，兰格的反对立场来自她在农业安全局的经历，但当时美军雇用她的决定也是基于此。不管是谁做出的决定，他很可能对她的工作内容一无所知，只知道她是政府雇用过的一名优秀摄影师，住在加州，而且有空。

这些照片，不仅应被视为强烈的反种族歧视证据，而且也应被视为兰格第一次从事战地摄影的成果。战地摄影通常限定在战场上抑或其立竿见影的结果上，并作为新闻摄影的一种形式。从这个意义说，这在当时几乎就是一项男性专属的活动，需要速度、勇敢以及强壮的体格，需要拼搏和吃苦耐劳的精神，一直到玛格丽特·伯克－怀特，一位像男性一样具有冒险精神的女性打破了这一樊篱。相比较之下，纪实摄影却具有女性的韵味，容易共情，却又容易理想受挫，甚至多愁善感。兰格在拍摄日裔美国人被拘留这件事情上结合了两者。

近代最伟大的战地摄影师都是有反战动机的自由主义者或左翼分子。他们常常受到军方和民间审查机构的约束，谁都知道，图片可以是致命的武器。内嵌式摄影师——这是一个新的说法，但并不是一个新的身份——也明白，"坏的"照片有可能破坏国家的安全。在内嵌式的情形下，审查如此普遍，所以人们也习以为常，甚至都不会太注意。很多战争中的英雄形象并非来自火线上的勇敢摄影师，而是来自军方安排的媒体拍照。兰格也以同样的方式融入了农业安全局。她接受与其岗位相辅相成的审查制度，因为她认同雇主的限制。她作为官方摄影师的经历，使她在为美军工作的时候所表现出来的反抗更加令人印象深刻。

日本帝国对珍珠港的轰炸激发了让人可以理解的愤怒，但是这次拘禁措施不是来自战略考量，而是来自种族歧视。西线防御司令部司令德威特将军写道："日本这个种族是一个敌对种族，虽然第二代第三代日本人出生在美国的土地上，拥有美国公民身份，已经完全'美国化了'，但是种族血统没有稀释……"换言之，这些日裔美国人不可信赖的原因在于他们的基因。德裔美国人受到截然不同的对待，甚至在摄影方面也很明显：战争情报处雇用了农业安全局的一位摄影师，请他拍摄以德裔美国人为主的城镇的一些正面形象，以防止反德情绪的爆发。

西线防御司令部起初不愿意接受这个任务，驱集和拘禁这么大规模的人群，军队担心没有人力和财力完成这项任务。一旦撤离的命令下达，就能发挥国家职能，组织集合中心和配备职员的工作委派给公共事业振兴署，这一新政时期的主要救济机构。更令兰格感到恶心的是农业安全局西海岸办事处被指派组织此次撤离。如果这项计划付诸实施，鉴于兰格对农业安全局的忠诚，她的处境还会更加困难，但是几个星期之后，军队成立了战时搬迁管理局（WRA），来实施这次撤离和管理这些营地。这是对拘禁措施广泛认可的标志，于是，一度处于新政进步边缘的项目，被期望帮助实施这个影响国家形象的计划。

兰格因为担心自己随时会被炒鱿鱼，以其一如既往、无与伦比的热情开展她的工作。她在3月22日围捕开始时开始拍摄，尽管她在4月2日才被列入工作人员名单。她一天工作十六个小时，常常一周工作七天，持续了四个半月，其间她一直在担心丹的事情，还伴随着腹部疼痛、肌肉酸痛和乏力，在跟军队高层打交道时还得假装保持中立。

此时此刻，她比以往任何时候都更加需要帮助。她已经无法像二十世纪三十年代那样连续驾车几个小时。为了提高工作效率，她有时会在汽车里放四架照相机，指派一位助手负责将每架相机都装上胶卷。有可能的话，她依旧会使用三脚架，三脚架得打开，架设好，再折叠回去，还得扛着。她要有人帮助才能爬上车顶。回程的路上，她常常累得在车上睡着了。龙德尔·帕特里奇这时在海军服役，所以多萝西娅请克里斯蒂娜·克劳森·佩奇帮助她。克里斯蒂娜的母亲是兰格开办照相馆时最早的顾客朋友之一，她二十二岁，刚从加州大学伯克利校区毕业，最近嫁给了有雄心壮志的摄影师霍默·佩奇。由于对摄影耳濡目染，克里斯蒂娜便抓住了这个机会，像帕特里奇那样，给兰格当起了"徒弟"。

由于审查制度，兰格的工作压力更大，审查的目的并非如所宣称的那样旨在保障国家安全，而是为了阻止出现不光彩的照片。军方为了精心编制涉及拘禁的新闻和照片，雇用了一个公共关系小组来处理新闻稿，并任命一些忠诚的新闻记者担任公共关系小组的官员为集合中心工作。一位上校说明了规则："有一件事情是绝对忌讳的，那就是塔楼的照片出现机关枪……堡垒照片要展示卫兵的正面形象，他们是强壮健康的男人，而不是盖世太保那种类型……这事关舆论控制，只发布有助于公众了解正在发生的并对我们有利的事……"他特别警告说，新闻可能会传到日本和南美洲。"至于跨越海洋传到敌人那儿的新闻……假如不正确，那么有可能会招致报复。"至于南美洲，"事实是，我们一直告诉他们，我们过的是民主的生活，这也是你们应该过的生活，所以别跟其他家伙混。现在的问题是我们这儿的情况，他们可能会想弄明白。"

不仅仅是瞭望塔，还有铁丝网、武装警卫以及营地里任何使人联想到抵抗的东西，都在禁止拍摄之列。兰格尽管有战时搬迁管理局的授权，但仍然经常被禁止接近她有可能要拍摄的东西。卫兵们会不断地查看她的证件，令她将宝贵的时间浪费在等待上。显而易见的是，她的助手从来没有被要求出示证件，这让任何以安全为理由的说法成了谎言。显然，并非所有当权者都赞同拍这种照片。卫兵随便就扔给她一条他们随意编造抑或篡改的规则或者安全理由，来阻止、拖延或者约束她的工作，或者随心所欲地宣告某些地方是禁区。卫兵跟着她，骚扰她，不让她跟被拘禁者交谈，有的时候还十分粗鲁地恐吓她。克里斯蒂娜怀疑，目睹此情此景后，那些被拘禁者反倒更愿意跟兰格合作。军队官僚质疑她的里程记录、餐费、汽油收据以及电话费。她被要求交出跟这项工作有关的所有底片、相片和她没有冲洗的胶卷，并签署一个经公证的协议，她今后不再有接触它们的权利。

拘禁日裔美国人给了兰格第二个机会——在《美国大迁徙》之后——创作了一部摄影叙事书。这部书稿从未面世，因为图片的控制权不在她手里，但是她的摄影策略可以被拼凑起来。（在我们编辑的摄影集《被拘禁》里，加里·大木广和我整理了我们认为符合兰格意图的照片，从受害者的角度讲述故事，从珍珠港事件之前到曼扎纳拘留营的生活，在那本书里，我比这部书更加全面地介绍了她的作品。）她一开始的策略是战时搬迁管理局绝对不想要的，以撤离前加州的社会和经济为背景来拍摄日裔美国人的生活——也就是说，塑造他们的美国性。（在电影里，这些被称为定场镜头。）因此，她能够展示现在这些正被当作罪犯的人的体面、美国精神、职业道德、好公民的形象和成就。她展示孩子们阅读美国连环漫画、向国旗敬礼、打棒球的情景；展示了类似贝蒂·克罗克那样的家庭妇女、穿着最酷时装的十几岁青少年、穿着美军戎装的年轻人；还展示了既高档雅致又朴实无华的花园住宅。在当时，这是一种标准的反种族歧视的方法——援引大熔炉的理念，在这个大熔炉里，让移民们变得跟所有其他美国人一样（但这种对差异的否定性与最近的多样性和多元文化的理想相冲突）。为了展示"美国性"，她制作了几个家庭视觉小品，例如旧金山湾南端山景城来自涩谷的一家人。我们看到他们在白色的殖民风格的住宅前面跟一只宠物狗一起放松歇息，看到他们在田间劳动的情景，他们的田地被精心照料，像他们的草坪一样没有杂草。照片的配文详细介绍了这个家庭的成就：一个儿子考上了斯坦福大学医学院，另一个儿子毕业于加州大学农学院，拿到了植物病理学学位；他们的父亲于"1904年来到这个国家，身边仅有六十美元和一筐衣服"，现在为精选市场种植优质的菊花。这份图片说明和很多别的图片说明都用这样的话语结尾："园艺家们和其他有日本血统的被撤离者会有机会在他们临时生活的战时搬迁管理局的那些中心从事他们的职业。"她相信这句话吗？她觉得有责任把这句话写进去吗，还是她想让政府兑现自己的承诺？有一个推断似乎是成立的：审查人员对文字的审查也许跟审查图片一样严格，而她可以通过文字说明来安抚他们。还有一个可能，她正在尽力影响军事当局本身，也许并非完全是有意识的。

接着，她拍摄驱集日裔美国人的场景：登记令张贴在墙上和电线杆上，有人做标记和发布指令——带上床单、衣服、锅碗瓢盆等器皿，只带能带的东西，但不准带宠物、相机、汽车。她记录了匆匆忙忙的最后一次收割、最后一次洗涤、车库的出售，最后一刻为防止恋人分开而举行的婚礼。然后，他们拎着手提箱，排队等候汽车或火车，将他们送往临时的集合营地。在这本摄影集中，她的"第二章"里，她想要观众看到"正在进行中的过程"。一旦这些人排队登记、接受检查、被迫撤离，那么他们以前的生活似乎就消失了。一个被阶层和其他许多身份划分的族群，现在被同质化了。当这些人登上汽车或者火车之后，兰格几乎没有拍摄他们的个人照，因为卫兵不让她靠近。

在此，我们看到了一个主题，无论是视觉上还是情感上都贯穿于拘禁事件的所有照片中：排队等候。这就是兰格最擅长的，一种为因犯去个性化创造的视觉隐喻。日裔美国人排着队等候他们的初始登记；他们坐在椅子上或者站在桌前，官员们在此提问、填写表格、发出指示。有时，有士兵看守着他们。然后，他们被贴上标签：每个家庭的户主会领到一个带有数字的标签，数字代表每个家庭成员。假如父亲是107351A，那么母亲就是107351B，孩子们从C到F，从大到小，奶奶是107351G，以此类推。然后，他们等汽车或者火车将他们接走。他们的行李同样在人行道上和泥路上排着队。兰格带我们进入了一个讲究合理化和控制的恃强凌弱的新世界，以工业和技术形式统治为特征，后来福柯对此类统治的描述最为深刻。我们现在看到被盗取的东西不仅仅是农场、教育、生意、工作，而且还有个人的身份。每个人被登记、编号，被接种，被贴上标签，被分类，被分派工作。他们被分开，被隔离，被流放，被检查，被分配住宿，被监视。他们像牲口一样被驱赶到一起。宵禁强加到他们头上，每天早上六点四十五分到晚上六点四十五分随时都要点名。一道很高的铁丝网包围着他们；从每个方向都可以看到荷枪实弹的看守和瞭望塔；探照灯整夜划着巨大的光圈；营地里卫兵日夜巡逻。

不过，即便在对这种灭绝人性的谴责里，兰格的照片也拒绝运用简单的推论。"这些人来了……穿戴打扮得像要去参加重大活动一样，"她回忆道，"但是那些十几岁的小男孩总是自己三五成群地闲在那儿。他们真的最让我感到心痛，这些十几岁的小男孩不知道他们是来干什么的。年长的人则比较明白，在这种情势下更加要表现出自己的尊严，所以保持沉默。可是这些已经美国化的小男孩们大呼小叫，吵吵嚷嚷，而且他们很害怕"——有很多人跟丹年纪相仿，穿着跟他一样，像他那样用傲慢来掩饰焦虑。

尽管她被激怒了，但还是保持了一贯的克制，就像她的拍摄对象那样。催人泪下的作品很少。正是她这种对艺术原则的坚守，不让情感淹没证据，才使得她的照片作为一个整体如此令人信服。这些照片并非只记录了那些特别痛苦的时刻，而是记录了一支又一支的队伍、一座又一座的营房，穿插着被拘禁者的创造力和智慧的象征。所以，其冲击力是整体性的，而不是来自单张照片；重复证明了其深意。

第三章记录了那些临时集合中心。她看到的第一个集合中心——圣布鲁诺的坦福伦赛马场——让她吃惊不小。她喜欢把自己的家打扮得漂漂亮亮，甚至有点艺术氛围，她发现这里的日裔美国人与她有着同样的情趣。（十五年之后，她访问日本，十分欣赏其富有特色的优雅设计，她看到了这种审美情趣的源泉。）抵达的被拘禁者需要穿过两排荷枪实弹的士兵，步枪上安装着刺刀，刀尖对准了他们，他们的行李得经过搜查，查看是否携带违禁品。每个家庭领到一把扫帚、一个拖把、一只水桶，打扫无处不在的灰尘，可是，这些灰尘被打扫干净几个小时后又回来了。成千上万的人因为灰尘眼部过敏。每个人能领到一个垫褥套，他们从大看台附近的草堆里拿了些草塞满垫褥套。她回忆道，居住在坦福伦赛马场的有一个名叫冉刘的五口之家，他们就住在原先用来关一匹赛马的马厩里。（偶尔，非常大的家庭会有两个房间。）"马厩里依然弥漫着干草和马粪的气味。马厩被匆匆打扫过，蜘蛛网和灰尘上落满了水花。"父母亲在孩子们面前没有私密空间，对隔壁邻居也没有多少隐私可言，因为墙壁很薄，还不封顶。除了这些马厩，还有营房，一座营房平均有十到十四个房间，大约有十四座营房组成一个区段。他们所居住的狭小的房间没有隔热设施，也不通风，所以冬天寒冷，夏天闷热。灰尘、烂泥、一切丑陋的东西围绕着他们。无事可做。吃早餐要排队，吃午餐要排队，吃晚餐要排队，取邮件排队，上小卖部排队，使用洗衣盆排队，上厕所排队。最常见的场景就是排队等候。

集中营瓦解了家庭。在这里看不到家庭的用餐模式：每个区段有一个食堂，通常分两班轮流为八百人提供膳食。匆匆忙忙就餐也侵蚀了良好的礼仪，取代了日本料理仪式般的过程，只是为了喂饱肚子。奇怪的食物——肯定不是日式的——数量很少，有时是从装食物边角料的大桶里弄来的，被拘禁者排着队往前挪动，食物就放到他们的盘子里。冉刘记得，有一个月他们吃了二十次动物内脏。公共的洗衣房（没有洗衣机，只有洗衣盆和搓衣板，而且经常没有热水）和淋浴房长期没有肥皂和热水，也没有像样的洗尿布的用品。淋浴房和厕所是公用的，这样的条件让居住在此的人，尤其是妇女非常难堪。厕所里只有一条长凳，长凳上挖几个孔算是坐坑，各个坐坑之间没有隔板；在某个营地里，那个长水槽老是突然冲水，你要是坐在长凳低端的话，就会被溅到；不必大惊小怪，便秘的现象很普遍。没有了家庭私密空间，对孩子们的主要影响是助长了长幼不分的风气；父母亲的权威消失殆尽，让很多做父母的感到生气。孩子们丧失了对父母的部分依赖性，父母既不需要喂饱他们的肚子，也不需要给他们立规矩。十几岁的青少年一群群地在营地里乱窜。

兰格对垂头丧气男人的敏感度再次出现。她的照片表明了他们的无事可做、屈辱以及处处被剥夺的男性自尊。几乎每一个方面都在破坏惯常的男子汉特性：男人不再是养家糊口的经济支柱；男人不再成为改善家庭生活的奋斗者。男人丧失了权威；所有被拘禁的人，男人、女人、孩子，全都接受军队管理。无论谁要干什么事情，都必须得到许可；谁都不需要再听命于父亲或者丈夫了。男人跟他们的妻子和母亲一样窝在了家里；没有办法到外部世界去了。虽然有很多男人精神饱满地在营地里寻求再现他们的工作生涯，在农业方面、艺术方面、木工方面、医疗方面，但是他们的劳动所获得的利益非常有限。其余的男人，无论是出于性格原因还是技术原因，都表现出无所事事、萎靡不振、颓唐消沉的样子。

从某种程度讲，扣留营创造了一项零和博弈——男人丧失了权力，女人和孩子却获得了自主权。妇女参加扣留营有组织的活动不知不觉地跟男人一样多，抑或还多一点。住在营房里，她们看到邻居跟看到她们丈夫一样多，而且跟其他女人在一起的时间更多。就她们的自主权程度提升了一个等级，于是，最独立的女人们便为女性行为设定了规范。不过，这绝对不是一个完全令人开心和让人赞赏的新生事物。像在经济大萧条中一样，当男人的失业率高到无以复加的时候，女人们绝对不会因为以牺牲丈夫为代价而获得自主权和统治地位而开心。与此同时，拘留营剥夺了女性身份认同和自豪感的来源。她们再也不需要烹饪了，因为没有家庭聚餐了。她们无法轻而易举地将自己的生活空间个性化，或者将这些私人空间打造成平和、静谧、美丽的地方了。而最重要的是，她们作为母亲的权威被削弱了。

最后一章的曼扎纳营是兰格可以长期探访的唯一一个拘留营，因为其他的拘留营尚未开放。它坐落在死谷的西面和内华达山脉的东面，气候条件极端恶劣：西面俯瞰着峡谷的终年积雪的大山对夏天华氏一百多度的灼热丝毫也起不到降温的作用，而且，无论是冰天雪地还是赤日炎炎，地面上没有树木和山丘可以抵挡狂风的袭击。这些营房本身是由糊了焦油纸的四分之一英寸厚的木板搭建的，根本抵挡不了这样的恶劣气候。

兰格的照片展示了被拘禁者在这个荒原上用工作创造文明的景象，他们的心灵手巧让她想起那些流动农场工人。他们用布帘、小地毯、图画和鲜花装点"公寓套间"，又用木材的边角料在屋里设置了隔间，制作了架子、橱柜、椅子、长凳、桌子。他们清除掉灌木，种植并浇灌蔬菜和鲜花。他们建起了图书馆（虽然不准放用日文写的任何东西），自编营地报纸（报纸的内容受到军方的审查），还举行才艺表演。他们建造假山庭院，开设西方和日本风格的艺术课程。他们举办运动会和民间舞会。

这个项目并非一无是处，譬如兰格就收获了来自个人的感激。很多日裔美国人明白她正在做的事，他们在获释以后向她表示感谢。多萝西娅和保罗去犹他州拜访一户人家，保罗说那"就像老住户联欢周……当我跟她一起去（那儿）的时候，他们把我们当作——嗯，贵客"。每个圣诞节，他们总会收到那些人的圣诞贺卡。多萝西娅逝世后，日裔美国公民联盟给保罗·泰勒颁发了一枚荣誉纪念章，但是他认为，"多萝西娅比我更应该得到它……"

没收这些照片使美国人民无法从更加精确、更加复杂的视角去审视第二次世界大战，也无法从这样的视角去审视自己民族的力量和弱点。视觉图像往往有助于构建政治态度。第二次世界大战成为了摄影记者的试验场，他们史诗般的赞美照片形成了这场"正义战争"的国家记忆。英雄风格的电影有时会将这种记忆转向感伤。无论是在硫磺岛竖起美国国旗，还是扶着受伤的战友，或者从英国起飞来进行轰炸，美国人反抗暴政，总是在将世界从暴政下解放出来。

将日裔美国人定义为敌人本身在一定程度上就是一个视觉过程。日本人的脸通过招贴画、涂鸦、凶残的电影、卡通、漫画等方式印在了公众的脑海里。尤其是隆起的眼窝和暴突的牙齿成为敌对"种族"的视觉隐喻，应当受到鄙视、不值得信任。这些种族歧视的形象当时广为流传，对刚刚受到摄影作品浸润的公众来说尤其具有权威性。摄影在西海岸也为虎作伥般地加入到了反日本人的种族歧视浪潮中，既强化也重塑了种族类别，将"日本人"塑造成背信弃义的"视觉象征"。

当然，能轻而易举地分辨不同种族的说法是荒诞的。商店老板挂出招牌，说他们自己是中国人或者菲律宾人，因为他们知道生理学分类的不确定性，尤其是对外族人来说。《生活》杂志发表了两张带标记的头像特写，告诉美国人如何区别日本人跟中国人。驱集日裔美国人依靠人口调查局的合作，他们向军方大致提供了本应保密的日裔人口数字和日商社区。尽管如此，没有动用军队前往日裔美国人的家中逮捕他们，而是让他们主动前来报告和登记，部分原因也是因为他们明白自己已经无处可藏，一眼就能被认出身份，被"美国公民"——也就是"白人"公民——告发。于是，拘禁政策加强了美国民族主义的种族内容。几位重要的摄影家试图用对抗性的图像来挑战这一现象，兰格就是其中之一，但是，其他摄影师没有直言不讳地谴责拘禁政策。她的照片是最佳战争照片之一。

兰格有二十多年没有看见这些照片了。1964 年，她去世的前一年，虽然身患重疾，但她还是去国家档案馆看了这些照片。她的期望值不高，因为她为了尽可能多地拍摄，已经放弃了自己的摄影标准。这一次，她不再挑这些照片的毛病："那份战时搬迁工作从来没让我轻松过……难度太大了……可是，我所干的事儿真的让我感到惊讶……天哪，我干的活儿……有几张照片真漂亮，有几张照片真是引人入胜，有一些很真实的照片，虽然数量不是很多……到 1967 年那件事情就过去二十五年了，我觉得是时候拍一部电视纪录片来告诉公众，这就是我们所做的（强调了每一个字），它是如何发生的，我们是如何做的。"

第二十章　突破藩篱的战争照片：作战新闻处和国防工人

　　显然，陆军部对兰格工作的不满没有传到其他部门，因为作战新闻处在 1942 年到 1945 年间聘用她做了六个项目。尽管战时搬迁管理局的经历留给她的是痛苦，但是战争状态使得她不可能拒绝这些项目：纳粹已经在挺进斯大林格勒的路上，隆美尔已经拿下了利比亚的战略港口托布鲁克，意大利的鱼雷正在地中海摧毁英国海军潜艇，日本人已经攻占了缅甸，正向印度进发，而且，此时的西方报纸还不知道，纳粹已经在奥斯维辛开始屠杀犹太人。

　　在这段战时的宣传中，电影是人们最优先的选择，当时每周有八千万美国人看电影，但是作战新闻处仍然要求为其光面杂志《胜利》拍摄静态照片；这份杂志用六种语言出版，发行海外。兰格和安塞尔·亚当斯给它提供了很多照片。两人都热情地支持这场战争，但是兰格再次跟她的雇主发生了冲突。虽然作战新闻处接管了农业安全局的摄影项目，但是兰格感觉这项工作并非是原来工作的延续。她的信念使她跟作战新闻处的一个进步派保持一致，他们想要促进民主思想，寻求继续甚至推进新政。而占主导地位的作战新闻处不会支持任何暗示美国社会分裂的内容，并试图将作战新闻处的报道围绕在国家团结和决心上。罗斯福本人宣布，"新政"寿终正寝，"战争"取而代之。有一次在军队照旧实行种族隔离的时候，作战新闻处的进步人士便出版了那本图文并茂的小册子《黑人和战争》，尽管小册子主要提供了非裔美国人成功帅气的形象和保持耐心的忠告，但它依然受到了猛烈的攻击。与此同时，国会中的共和党人指责作战新闻处是罗斯福的又一个自我宣传的工具。

兰格发现，作战新闻处的产品过于简单化而让人讨厌。许多美国的同盟国，甚至那些完全依靠美国援助的国家同意这一观点。由卡尔·桑德伯格配上文字说明的摄影图片被送往英国展览，受到了英国评论家的严厉批评："……桑德伯格过于华丽浮夸的美式英语遭遇了大量的诟病……本土主义倾向，在海外的人们看来，几乎等同于沙文主义，对推进大西洋两岸更好地相互理解没有起到促进作用……"作战新闻处发布的照片中战时工作的女性有完美的发型和妆容，意在缓解对她们正在失去女性气质的担忧，但是睡在防空洞里的女性，这些照片的反响并不好。作战新闻处在宣传中甚至使用并窜改了兰格在农业安全局的作品。譬如，一张摄于1939年的照片，画面是北卡罗来纳州一个典型的破旧乡村商店兼加油站，商店的门廊上一群年轻人在闲逛，通过裁剪并加上一段文字，它被改造成了第二次世界大战的招贴画："这就是美国……一个人们可以从家乡开始并走上大舞台的地方。一个人们只要勤奋便始终有发展空间的地方。这就是你们的美国！……保持它的自由吧！"

兰格在现场拍了五张照片，有十几个人物，有几个穿着棒球衫，准备参加当地的一个联赛；为了抢镜头，他们抓住一个伙伴的手和脚将他往上抛。在原先的语境里，这些画面象征着南方农村的经济衰退、死气沉沉和种族歧视。在门廊的远端，有一个黑人，明显地远离其他人，他没有参与玩闹，而是纹丝不动地坐在那儿，面露紧张的微笑。在招贴画上，照片两边的额外细节都被裁去了，只显示了那些白人青年摆着很有男人味、很自信、很放松的姿势站在那儿，准备玩这一典型的美国运动项目。

作战新闻处发动了一场和而不同的运动——其口号是"所有美国人、所有移民都是一家人"——目的是反击轴心国关于美国像对待敌人一样对待少数族裔的宣传。兰格以一贯的热情和自信向她的顶头上司杰斯·戈尔金提出了一些拍摄建议。为了尽量妥协，她并没有否认美国的不平等与排斥有色人种的现状，而是建议专门拍一个黑人的题材，关于黑人逃离或者克服更粗暴的种族歧视的故事。其他的拍摄建议包括中国人在船厂工作的情景、人们在租来的土地上收割庄稼的情景——"墨西哥人、菲律宾人、印度人、黑人、男孩和女孩……战俘、牙买加人……统统参与到了为全世界提供粮食的收割中。"这些建议没有一项得到批准。兰格唯一被允许展示的多样性是白种人。这种多样性的概念符合当时正在发展的"美国人"这个范畴的扩展，这在好多描写第二次世界大战的电影里都可以看到，包括犹太人、各种各样的斯拉夫人，甚至希腊人，都被看作美国人和白人。把他们包括进来只是进一步强化了对非白人的排斥。她的确想方设法在作战新闻处的严密监视下拍摄过一些墨西哥人的照片。联邦政府的"墨西哥短期合同工"项目每年招募十二万五千名墨西哥工人到美国为战争效力，将他们分派到农田里和铁路上干活。可以看到这些年轻人到来后第一眼看到美国时就满怀希望的表情。但是就我所知，作战新闻处从未使用过这些照片。

兰格对类似于日裔美国人拍摄工作中那样的限制和麻烦极其不满。她不得不分别去西线防御司令部、美国海军、旧金山警察局以及货运港务局弄证明文件。当她想在特里格拉夫山的山顶上拍摄北沙滩时，她被告知，不能从山上、屋顶和窗户内拍摄。假如任何时候都不准在滨水区拍摄的话，那么她如何才能拍摄渔民呢？在她将照片寄送往华盛顿前，这些照片必须经过陆军、海军、海岸警卫队和港务局官员的审查。她的不满也反映出摄影具有潜移默化的作用，由此引发了当局的焦虑。

兰格总共完成了作战新闻处的六项任务：拍摄意大利裔美国人、西班牙裔美国人、南斯拉夫裔美国人，拍摄加州大学伯克利校区学生的生活、志愿军蔬菜采种过程，最后是拍摄联合国在旧金山的开幕式。这些照片反映了她企图不断做出超出要求的举动。关于西班牙裔美国人，图片说明是这样写的，他们的定居可以追溯到1843年墨西哥对胡安·曼努埃尔·瓦卡的土地赠与，以及夏威夷蔗糖公司招募的西班牙农场工人支持西班牙共和国反抗法西斯政变；他们"自称为'为民主而战的斗士，不仅仅是为了西班牙的民主，也是为了各个地方的民主'"。但是，他们也很高兴接收那些被拘禁的日裔美国人的租约，她冷冰冰地指出。当然，这些文字并非刊登在《胜利》上。在《胜利》杂志上可以看到这样的照片，一个母亲，她的家庭经营着五个大牧场；被恢复的十七世纪的圣胡安·鲍蒂斯塔教堂；白雪皑皑大山脚下一位巴斯克牧羊人守护着他羊群的田园风光；一个普通的船厂工人——最后两张照片很可能是安塞尔·亚当斯拍摄的。

有关意大利裔美国人和南斯拉夫裔美国人的作品都同样地平淡温和，这种风格很可能不光是因为作战新闻处的限制，也和兰格对家庭农场和小城镇生活的理想化有关。作战新闻处的照片相对较弱也产生了这样一个疑问，她为农业安全局拍的那些照片所表现出的力量是否从某种程度上来自拍摄对象的无助。穷苦的农场工人从某种程度上讲身不由己，他们的生活暴露在外，几乎没有什么隐私，常常对那些上层人士俯首帖耳。而且这些照片某些启发性的力量，来自相机捕捉到的拍摄对象经济上的窘迫和体面的外表之间的冲突形成的张力。作战新闻处的拍摄对象没有遭受这样的剥夺。总的来说，兰格这几年里的最佳作品是悲剧性的作品，而不是那种令人心旷神怡的东西。不过，她在没有政府监管的情况下拍摄的朝气蓬勃、乐观向上的国防工人，令人惊叹。

拍摄加州大学和学生群体的任务对兰格来说没有遇到任何问题。她对加州大学伯克利校园的情感体现在她充满深情的照片中，一棵桉树赏心悦目的纹理和婀娜多姿的形态（从澳大利亚带到加州来的），坐落在东湾山丘上的意大利风格的钟楼，以及在画建筑草图、在石油实验室做实验、在乐队中吹奏木管和在学生俱乐部台阶上歇息的年轻学子。但是，即便在这项任务里，她也不是完全遵从指令，而是增加了外国学生的一个小专题。

当兰格从政府雇员名单上解脱出来之后，她有关战争题材的最佳照片产生了。1944 年，她跟安塞尔·亚当斯一起接受了《财富》杂志的委托，报道加利里士满的一个国防造船工程，接着她又拍摄了战争对奥克兰影响的系列照片。那个时候，轴心国被打败似乎只是时间问题，所以她渴望上前线的心情骤减。她总是在探求事物的复杂性，于是她专注于战争给加州的大后方所带来的根本变化，即一个"新加州"正在形成。

数以万计的国防工人陆续到来。伯克利以北里士满的一个造船港口，有凯泽家族在这儿唯一的一家工厂——全国最大的造船厂——比美国其他工厂建造了更多的"胜利与自由"轮船，它曾经用五天建造了一艘轮船。1940 年，里士满的人口只有两万三千；随后，来了九万国防工人。奥克兰吸纳了八万两千名新居民。军事基地激增。两千三百万吨战争物资和一百六十万军事人员通过金门运往海外。

很多农场工人抓住了国防工业发展的机会，所以兰格经常拍摄到她在二十世纪三十年代拍摄过的相同的社会群体。正如她所描绘的，流动工人现在睡在了屋子里，而黑人被大卡车从棉花田里运送到这里。这些人大多数是"俄克拉荷马人"，但是很多非裔美国人和一些墨西哥裔、华裔、菲律宾裔美国人也在想方设法得到雇用，湾区的种族状况发生了根本性的变化。奥克兰以前有八千非裔美国人，但是到1950年，它已经拥有四万两千名非裔美国人。里士满在1940年几乎还是一个只有白人居住的城市，到了战争结束时已经有六千名非裔美国人了。

"第二次淘金热"将金钱给了劳苦大众，而不仅仅是幸运的投机者和商人。数十亿美元的国防合同提高了消费水平，最终结束了大萧条时期的通缩和高失业率。繁荣也带来了无法迅速提高薪酬的困难。造船厂工人有25％的女性——她们不但得不到男性工友的帮助，还常常受到他们的骚扰。住房无法满足需求，哪怕高薪的工人也挤在公寓里、车库里、汽车里，或者栖息在让多萝西娅想起流动农场工人营地的帐篷里。工人们经常轮流睡在同一张床上。黑人尤其遭到歧视，特别是在找房子这件事上。在学校一个老师管六十个孩子。由于缺少托儿所以及学校实行三班倒甚至四班倒，学生在校时间很短，所以孩子们便经常得不到监管。事实上，整个里士满的生活节奏就是多班倒：一天三班，大约两万到四万工人交叉，一批下班，一批上班。

所有发生的一切与兰格无关，她觉得作战新闻处的工作已经无关紧要。"我选择错了……在这个战事迅速发展的世界里……民族的剧变，一种激进而又深刻的变化……我不得不去乡下，拍杏子树、李子树，拍西班牙人在葡萄藤下面的简单生活。"

她想要处于世界大事的核心位置。如果换一个人生，她会被新闻摄影甚至战地摄影所吸引吗？很可能不会，因为那样的话，就会需要她放弃一些核心技术，需要换成更加快速的相机和胶卷，目光要十分敏锐。亚当斯和兰格向《财富》建议，如实记录造船工人二十四小时的生活（虽然他们的作品实际上是把很多天拍摄的照片合在一起），而且，她很快就意识到，这就是世界大事的核心。这些男男女女，工人和安齐奥或关岛的工人一样。

兰格所拍摄的船厂工人的确不畏艰难。她看到了他们在工作中的豪迈。她拍摄了一些经典的"铆工罗茜"的照片；国防工业对劳动力的需求刺激了赞美女性力量、毅力和爱国主义的宣传，现在的文化和她的趣味一样，喜欢强大甚至坚韧不拔的女性的形象。《财富》发表了她精辟的文字说明，不像她为农业安全局和作战新闻处写的那些说明，她还评论由战争引起的多样性和不寻常的兼容并蓄："俄克拉荷马州印第安酋长的儿子现在已经是凯泽造船厂的一位机械师了。"一位中国妇女"两年里没有一天缺勤的"。一位上了年纪的俄克拉荷马妇女"有一个儿子在法国，是一名普通工人"。

不过，兰格从来就不是一个回避矛盾的人，她赋予了这场"正义战争"更多的内容。对那些新工人来说，发家致富和艰难困苦并存。工人们现在有钱花了。当地的商人们发了，尤其是酒吧老板和房东。尽管依然有种族歧视存在，但是黑人发现里士满远比德克萨斯州和阿肯色州好，此后谁也不愿意再离开。至于国防女工，用她们中一位的话来说就是，"希特勒把我们从厨房里解放了出来。"她们享受着跟男工友一样的薪酬和工作条件，她们有更强大的购买力，再加上不和丈夫一起生活，妇女少了一些恭敬顺从。当工人阶级的女性购买时装之后，阶级标志逐渐式微。

但是，这些勤劳的爱国者住在旧金山湾边上的营房里，脚下是泥地。因为没了男人而失去了平衡，因为昼夜轮班，缺乏私密空间和家政，妇女实际上"干着双份工作"——一份有报酬的工作，一份无报酬的家务，所以家庭基础摇摇欲坠。所有这一切使得孩子们的状况堪忧，而且由于学校实行轮班制，所造成的混乱可想而知。不堪重负的下水道倒灌上来，铺了石块的街道在大卡车的碾压下开裂了。1943 年，这里爆发了一场小规模的小儿麻痹症流行病。

这些照片显示了她复杂的情感。她担心人们将闲暇时间用于购物，而不是用在交谈、唱歌或者建造方面。"不'美好'的生活会'丰富'吗？"她问道。她极其敏感地捕捉到了因家庭生活和家庭权力失衡而产生的个人之间的紧张关系。夫妻争吵，朋友斗嘴。像那张种植园主和佃农的照片一样，这张"在拖车营地争吵"的照片，用视觉构图表现了社会关系。她对成千上万的工人突然被赶出他们的社区感到忧心忡忡，这会导致社会反常。"他们这些新加州人没有根基，但是他们接管了一切。"她写道，"奥克兰，它就是家乡。""没有根基，没有根基……新的原始边疆——贫瘠荒芜，卑贱丑陋，无家可归，荒凉颓败。"兰格是一个愁肠百结的人。就像她的控制欲来自个人的焦虑一样，这种通过视觉呈现的焦虑不但来自她和保罗对小镇社区的迷恋，也来自国防工人自己的担忧。她为几张工人们离开工厂的照片配上了文字说明："注意这些人彼此间是完全不相关的。这就是那个历史时期和那个造船厂的故事。"但是，这么说有点反应过度。在我看来，在这张著名的照片中，人们看上去疲惫不堪，急于回家，但彼此间并没有特别疏远的感觉。二十世纪二十年代，她理解了梅纳德对荒原消失的痛心疾首，二十世纪三十年代她理解了保罗对家庭农业消失的痛心疾首，现在到了二十世纪四十年代，她为失去她深爱的更亲密、更有相同特征的湾区而痛心疾首。她也许是将这种担忧投射到了国防工人身上。

　　回到城市的街头，一个她几乎有十几年没有触碰的主题，兰格进行了一种新的摄影实践，这种方法实际上将她个人的情感投射到拍摄对象身上：她站在街上，不带相机，观察行人，推测他们的关系和情感。"一对年轻夫妇在争吵，一种怀有积怨的争吵。他在劝说，可是她不愿听。""我觉得她插在口袋里的双手握成了拳头。""对仇恨的敌意反应。好在她敢于面对，这一点我很喜欢。"这些个人情感的投射可能有点牵强附会，跟伯克－怀特的图片说明有点类似，自己揣摩拍摄对象的想法。但是，兰格从来没有用文字表达她的这些情感投射；对她来说，这是深化她照片本身内涵的一种练习。

　　此外，她旨在让她的照片提出一些问题，而不是提供答案。她被那些超越性别和种族界限的照片所吸引，有时她会拍摄隐含幽默感的照片。一个留着时髦童花头的金发碧眼女郎是邮递员——她的邮差帽里插着一朵鲜花。一位穿着体面、梳着完美发式的年轻白人女子，一位穿着工装、戴着铁路工人帽的黑人男子，两人提着装满杂货的袋子，从同一个市场里出来。购物不再只是女人的活儿。一个女人、一个黑人男子、一个白人男子，全都戴着安全帽，一起在里士满百货商店的橱窗前浏览。在奥克兰的一个报摊上，西装革履的男人跟穿着工装裤、提着饭盒的人一起浏览报纸。几十个人睡在一家通宵电影院里。有一张照片向人们展示了一个凯泽汽车经销商绝顶荒谬的行为，他将汽车安置到屋顶上，作为崇拜的偶像。

　　兰格和安塞尔·亚当斯是两位截然不同的摄影师。他们坐着安塞尔的汽车去里士满，克里斯蒂娜·佩奇再次前来帮忙，她回忆说，多萝西娅一直在说，"别开得太快。"多萝西娅喜欢每小时十英里的时速，这样她就不会错过每一个拍摄的机会，而亚当斯则喜欢远处的景色。多萝西娅不断地按他的汽车点烟器想用它来点燃香烟，可是点烟器就是热不起来。他轻轻地按了一下，炽热的点烟器就跳了出来。克里斯蒂娜和多萝西娅互相会心地对视了一下，她们明白，安塞尔跟无生命的物体有一种默契：所有机器在他手上都运转完美，而多萝西娅却从来没有觉得她是自己设备的主宰。

他的旅行汽车满载设备，装卸颇费时间；他习惯了拍摄静态的东西。多萝西娅只带了一架禄来福来相机，外加一袋胶卷和一本笔记本，一下车就开始拍摄，立刻消失在了人群中。"她有一种特殊的能力，"克里斯蒂娜回忆道，"她会很快地跟大家打成一片，当着人的面摆弄相机，又让人觉得不是在拍照。"正如多萝西娅所说的，"我穿上这件灰色的外套，然后就消失了……"安塞尔要等到有合适的光线了才拍摄，因为光线从某种角度讲既是他拍摄的外在条件也是他的拍摄对象；但只要有足够的光线可以曝光，多萝西娅就会拍摄。当亚当斯捕捉到了"一个巨大造船厂宏伟壮丽的外观"时，她则拍摄到了"工人生活丰富多彩的一面"。虽然亚当斯对她不断地冒险超越《财富》所指定的任务感到担忧，但他还是欣赏她简化繁文缛节的能力，并"乐于跟随她的脚步"。他们有一个共通之处：每天一回来，就直接到暗房去看看他们拍到了什么，这样的自由兰格已经好几年没有享受到了。

亚当斯跟兰格一辈子都在争吵。龙德尔·帕特里奇认为，他们就像长期不和的单口喜剧演员或者警匪片里争吵不休的搭档。两人都有点不能容忍对方的摄影方法。但是在政治问题上，分歧是根本性的。兰格具有批判性，而安塞尔有时则会恶作剧地声称自己对社会正义问题毫不在意，这一点激怒了她，她曾回应道："你还在膜拜同一个美丽与真理之神吗？"他对内华达山脉的钟情使他展现出热爱户外活动的一面，这让他的朋友们在了解到他的高生活水准和社会关系时感到惊讶。他善于跟非常有钱的富人建立关系，譬如艾伯特·本德、艺术赞助人戴维·麦卡尔平，后者是洛克菲勒家族的银行家成员，也是现代艺术博物馆的董事会成员。当多萝西娅第一次见到他在卡梅尔所购买的壮观的地块时，她像伊莫金那样尖锐："你觉得你配得上吗？"她的争强好胜在她与安塞尔的关系中表现得尤为鲜明。安塞尔描述了他在纽约参加的一个豪华派对之后，她对他说："你真的喜欢富人，是吗？"亚当斯完全理解："她的意思是我被奢华生活所吸引。有那么一点儿……"相比较之下，他认为她的风格没有必要这样简朴。

亚当斯完全误解了兰格的政治观念和背景。有一次他说她来自贫民区或者说近似于贫民区这样的背景。这是她的社会责任，也是他最疏远的东西。他对一位记者说，"……她所认识的所有人都是……十分坚持党派路线……"他不敢肯定她是"倾向于列宁主义还是托洛茨基主义……"但是，他知道，她"对共产党的理想有赤胆忠心的献身精神……就像正统的牧师，你懂的，正统。"他退让了一步，也承认她并不是"一个真正的共产党员"，但她的同情是社会主义性质的，总是支持那些"处于劣势的人，那些生活水平低下的人，那些等待救济的人，这样说丝毫没有批评这些人的意思……但是，也有很多人领取福利是为了享受游手好闲的生活，这简直让我抓狂。"亚当斯认为，左翼分子不爱国："我十分反感左翼人士对美国的看法。无论是社会的还是其他层面的丑态都是对这块土地上真正的美丽和力量以及生活在其中真正的人的拙劣模仿。"评论家萨莉·斯坦指出，亚当斯不喜欢将他的情感注入到摄影中；他不喜欢冷嘲热讽和对立冲突的东西。当龙德尔·帕特里奇在二十世纪六十年代拍摄了一组约塞米蒂峡谷的照片，将国家公园的宏伟与汽车以及威胁到该公园的商业侵害形成对比，亚当斯对此持不同意见。兰格跟帕特里奇一样，发现恰恰在这种矛盾的故事里蕴含着丰富的内涵。

鉴于有这样的差异，亚当斯诋毁兰格的同时又赞赏并尊敬她——或者说两者交替出现——便显得惹人注目。亚当斯十分尊重、热情支持、积极推广她的摄影作品。他是最早发表她作品的人之一——在他其中的一部教科书里把它当作典范。他在农业安全局指责她技术低劣的时候为她正名。他竭力劝说斯特赖克让她在加州制作和保存她的照片。他为她做宣传：他的传记作者玛丽·斯特里特·阿林德发现，他"抓住每一个机会，不仅会直接提到她，而且会在出版物中提到她的名字"。他让博蒙特·纽霍尔注意到了她的作品，纽霍尔也是洛克菲勒财团和现代艺术博物馆的摄影学者和赞助人。亚当斯和他的助手为她冲洗照片。尽管他抨击鼓吹社会正义的主张，但是他依然全力支持兰格开拓视觉传播的各种可能。

新政死亡的一个迹象是其受人爱戴的团体解散了，保罗不能再定期陪着多萝西娅外出拍摄。由于汽油和轮胎要实行配给制，他们俩谁也无法经常出去了，但是他偶尔也去几趟华盛顿，离家的时光，他依然会写情书给她。他的那些美好回忆将她留在了他的身边，他在火车上写道，"不过我倒是宁可上铺更挤一点。"他用古怪而有趣的方式向孩子们表达问候——"让丹给火焰（他们的狗）洗澡，让约翰等威斯康辛大学跟耶鲁大学的比赛结束后读读施图德雷耶的信"——他还报告多萝西娅分派给他的家庭任务。在纽约的时候，他经常去看她母亲，她母亲的第二任丈夫刚刚去世。一天，琼和她的弟媳妇米内特在普林斯顿跟他相见，"在那儿度过了极其快乐的一天"。他报告说，他跟女儿凯茜已经草拟了一个财务计划，在凯茜的期望值和多萝西娅给出的额度之间进行调整。他准备给凯茜七百美元，作为她在斯沃思莫尔学校最后一个学年的费用（"我加了一百美元，'因为这是最后一个学年了。'行吗？"），算上她完成学业后想去找份"剧院的工作"等不确定的费用，还算上她去西部旅游的一半费用和二十美元的礼品费用。

那些信也证明了兰格教给他的东西。在华盛顿，有朋友带他到石溪公园吃早饭——"户外壁炉，满地的落叶，树上的枯叶如风中的雪花，飘落到小溪中，厚厚地堆积在石溪的河床上。"还有一次，他写道，"阳光有一种浓郁的金子般的色调，你也许在花园里锄地，给草坪浇水。"

第五部分
独立摄影师
1945-1965

　　1957年，兰格－泰勒一家在马林县的海滨租了一个小木屋。这个地区就在突入太平洋的一个岩石岬角上，被当地人称为陡谷，坐落在斯廷森海滩以南一英里处。在这个岬角上，有十座乡村风味的小木屋建造于二十世纪三十年代，是当地国会议员和土地所有者威廉·肯特家的度假地。丹和他妻子米娅到一个小木屋去参观过，对它赞赏有加。多萝西娅第一次去小木屋就喜欢上它了。它比较简陋：只有冷水和柴炉，没有收音机，只有一个房间，带一个可以睡觉的小阁楼。

　　好多个周末，她和保罗驾车去那儿，陪他们一起去的有各种各样的人，孩子们、孙辈们、姻亲们、好友们，像伊莫金·坎宁安、龙德尔·帕特里奇和他们的家人。当然，她总是带着相机，相机不挂在她脖子上的时候，就会挂在大门旁边的一个钉子上。她拍摄岩石以及大海，但是主要拍摄人跟岩石以及大海的关系。起初，她感觉这些照片是快照和私人照，但到1964年，陡谷木屋成了兰格雄心勃勃的新的摄影小品的拍摄地。只不过这个摄影小品是在作者故世后出版的，所以我们只能局部地了解兰格是如何塑造它的。她在1964年和1965年分别对一位记者谈到过这个摄影小品。

　　记者：让我们谈谈家人和那些不值一提的小事情吧。我看到过您的一句话，摄影师不拍摄家庭照。

多萝西娅：是的。那是一个让人困扰、让人受伤的地方，虽然我意识到拍摄自己的家庭有着巨大的潜力，我也没拍。我有好多照片拍的是整个大家庭，用在圣诞卡上，用一种更加空洞的形式告诉你我所不了解的家庭。交流为零。这就是灯下黑。拍摄自己的家庭是一条十分陌生的道路，没有路可走。

可是，她坚持这个项目"没有'家庭'这个主题"。她的家庭具有普遍性。她大声朗诵了一段抄下来的语录，但没有指明作者。"'我们不能完全爱我们的同胞，除非用最抽象的方式，但我们可以……一直尽力去联系……联系的意义就像一块肌肉，不用就退化，用了就发达。'"

这个摄影项目的主题是"自由，那种让普通人即孩子、孩子的父母以及他们的朋友感到无拘无束和自由自在的环境。这便是带来自由的东西。它不一定非得是我的家庭不可，只不过是计划局限在我的家庭而已，因为制作一本围绕几个人的小书会更简单。我努力展示成长过程……我做这个项目不是为了让看这个项目的人去跟海伦或者约翰认识，或者说莉萨有多可爱……它是一个成长的过程，在这样的光线里，在这样的空气中，在这些树木下，成长主要的东西，而生活是流动的助奏，起伏不定。"

第二十一章　在寒冬中苟延残喘

随着新政的希望和大规模的战争努力被麦卡锡主义压制而瓦解，兰格的身体简直成了这个国家政治衰落的象征。偶尔会出血的严重溃疡以及食管收缩使她长时间遭受生理上的痛苦折磨，进食困难，有几次她的体重下降到了危险的程度。疼痛和疲惫使她产生了以前从未经历过的沮丧。1954 年 7 月，她用一种绝望和自怜的心境写信给爱德华·斯泰肯：

> 大限终于来临，我必须面对这个令人恶心的事实，我长年为之奋斗，期待拍摄在"人类大家庭"能获得一席之地的照片，但没有如愿……
>
> 我总是认为，我工作的黄金岁月总在我前方。我所做的每一件事情（在我看来）仅仅是起步。一个太大的错误……
>
> 所以，我写信向你坦陈，我是一个废物，不可靠，反复无常。

当然，她低估了自己的成就，她对"人类大家庭"标准的判断也不对，但她没有夸大身体虚弱的状况。她再也没法成为一个完全健康的女人了。

兰格的纪实摄影既表现也塑造了二十世纪三十年代的政治文化，在这一过程中，为社会正义而奋斗不仅仅迫在眉睫，而且也是一场激动人心的冒险。只是到了十年之后，她跟日渐高涨的政治潮流格格不入，她的摄影作品传播范围缩小，也没有那么受欢迎了。像富兰克林和埃莉诺·罗斯福一样，她认为新政在战争结束之后还会继续，国家将会走向种族平等、公平对待农场工人、健康有所保障，甚至保障所有人的生活水平。但相反，战后十年强烈抵制进步政策。伴随冷战和飓风般的反共产主义思潮的死而复生，带来了一种可怕的因循守旧的文化。一种偏执的爱国主义将所有的不同意见定义为背叛国家。这样的压制控制了国家的机体，挤压了一些人的生存空间，也逼走了很多人的勇气。有组织的反抗主要限于地方，而且逡巡不前，因为那些公开反抗的人往往会受到严厉的处罚。这种政治寒潮似乎吸干了兰格身体的力量。

压抑的气氛影响了所有美国人，看不到文化发展前景，尤其令艺术家和知识分子在内心深处感到苦闷。兰格这个圈子里的人没有几个——艺术家和学者——赞同后来被称作麦卡锡主义的价值观，但是很多人保持了沉默。那些不甘同流合污的人们采取了冷嘲热讽和疏离的态度——有"垮掉的一代"派作家、抽象表现主义画家、冷爵士音乐家、黑色电影制片人。兰格在视觉上的真诚和对"普通人"的信赖，不管在拥有高雅还是低俗品位的人看来，都显得更加天真。

1945 年春天，兰格得到了作战新闻处的最后一份值得赞赏的工作，报道 1945 年 5 月和 6 月在旧金山召开的联合国成立大会。这是国际主义梦想的第一步，也是新政愿景的最后一步；这份工作鼓舞了她，但是它很快就变味了。在这之前，即 4 月 12 日，罗斯福逝世。尽管他在战争期间很明显地身体虚弱，但是很多美国人依然感觉他会长生不老，把他当作一位大家共有的好父亲一样的总统。数百万人在暗地里热泪长流，或在公众场合哭泣。多萝西娅觉得总统死于温暖的春天，死于佐治亚州似乎再合适不过了，他在那儿建了一家小儿麻痹症治疗机构，还经常跟其他的"小儿麻痹症"患者一起到那儿探访。这场举国哀悼留下的广为流传的图像是一张发表在《生活》杂志上的照片，拍摄的是总统的遗体被运走时正在演奏手风琴的军士长格雷厄姆·杰克逊脸上涕泗滂沱的情景，它符合视觉图像对文化的日益充实。给多萝西娅的悲痛雪上加霜的是一次特别痛苦的溃疡发作。她和她的医生都怀疑她是否应该接受报道联合国成立大会这个任务。

但是，兰格不会拒绝一个有趣的摄影项目，尤其是纪念一个历史时刻和象征着和平希望达到顶峰的项目。不过，她再次受到聘用她的人对她的干扰。跟拍摄拘禁日裔美国人的项目出奇地相似，安保人员将她限定在一个楼座里，禁止她跟代表们接近。她试图在代表们从街上进出会场时进行抓拍，使得这项活儿变得更加吃力。她坚持了整整两个月。她的溃疡不断恶化，到了不得不使用吗啡止痛的程度。到了8月下旬，由于内出血危及生命，她不得已才住院治疗。

一个更大的打击跟兰格个人的以及政治和摄影的经历不可思议地聚合到了一起：这些联合国的照片连同她作战新闻处的其他照片统统永久性地消失了。作战新闻处纽约站关门之后，作为保守势力攻击的牺牲品，人们再也找不到她的照片。她在作战新闻处唯一留下的作品就是发表在《胜利》杂志上的照片和她保留下来的几张底片，这些现在都跟她的遗产一起保存在了奥克兰博物馆。

1945年兰格的身体垮了，仅仅是她二十年的一系列健康危机中的第一次，她以极大的身体恢复能力应对过来，直到她再也扛不住为止。1945年，一位内科医生诊断出她患上了胆囊疾病；外科医生在8月份发现她的胰腺发炎，而且其功能已经"衰竭"。但是，她的疼痛、恶心、呕吐的症状依旧，直到她开始大出血回到医院，她的家人和朋友们急忙动员献血——她需要输血二十三次。一度，她高烧不退，神智不清。一项更加彻底的肠胃检查查出了她十二指肠溃疡，医生开出了一个抗酸食谱。她慢慢康复，于11月11日出院回家，刚好赶上丹从部队回家来。她于1946年1月、2月下旬、3月中旬再次住院治疗，每次都宣布痊愈了，但是后来又旧病复发。即便在病情相对稳定的时候，她说话进食也都会伴有强烈的恶心，而且不时地会呕吐。一位内科医生估计她得了厌食症，建议她咨询一下精神科医生。最后，确诊是胃溃疡，外科医生们对她实施了胃切除术，切除了很多含酸的胃组织，这一招似乎管用：多萝西娅恢复得很快，两个星期后便出院回家。再一次，好景不长。没有今天这种强烈的酸抑制剂，她的溃疡还是会周期性地复发，持续的胃酸反流导致了食管炎，并导致食管收缩，使得她吞咽食物都很困难。这种时好时坏的情况在她有生之年一直持续着。内科医生不断地用一根叫探条的橡皮管扩张她的食道，以便重新永久性地打开她的食道。1950年和1951年，她接受了钴放射治疗，以彻底消灭溃疡，减少酸的产生。这些治疗产生了一年的缓释期，有时甚至有两年的缓释期，但是症状总是反复。

毫不令人惊讶，多萝西娅在二十世纪四十年代中期进入了一个漫长的沮丧期。她所做的所有政府工作都是为了改革，从保罗的特定事业到他们更大的理想，但是所取得的成就微乎其微，而现在，政府却要不承认这些理想了。作为一名摄影师，她陷入了恶性循环：现在她没法拍照，她担心她再也拍不了照了，这使得她变得更加消沉，更加无法拍照。她觉得，她的疾病是对她没有成为一位好母亲的惩罚。她在家庭生活中、园艺中寻求慰藉，买了一架缝纫机做窗帘，似乎为了让她确信自己有做母亲的能力。她的继女玛戈记得，她做了一条宽松的裙子，有很多褶裥，花了好几个小时给裙子镶上红色的边，仿佛只有这样才能扛住她的疼痛似的。她自己下厨，虽然一次只能吃一小点。她继续用抗酸食谱治疗。她几乎毫不费力地戒掉了香烟。她本来就不怎么饮酒，只会用吸管喝一点苏格兰威士忌和苏打水。她经常阅读——有狄更斯、刘易斯·芒福德、安德烈·马尔罗、威廉·萨罗扬、卡尔·桑德堡的书籍，还有一些摄影杂志。"巨大的损失。"她这样评价这五年。保罗的一位同事说她在1949年就像一个"半残疾人"。可是，据她的家人和朋友回忆，这段时光她很少有抱怨。仿佛她将自己压缩成了一个更渺小的自我，她的欲望随着她的身体一起萎缩。生理变化非同一般。照片显示，到五十岁的时候，她看上去就像一个老妇人——这既是长年累月在烈日下工作的结果，也跟她的疼痛不断、营养不良、体重减轻有关。

1946年梅纳德去世时，兰格正处于人生的最低谷。他跟他的第三任妻子伊迪丝·哈姆林在图森定居了下来，伊迪丝·哈姆林很快就成了梅纳德的护士、司机并挣钱养家。多萝西娅十分感激有伊迪丝在他身边。在他的身体越来越虚弱的时候，伊迪丝联络了他的朋友，有一小批人前去探望过他，包括安塞尔·亚当斯，甚至包括索菲·特雷德韦尔，梅纳德有二十八年没有见到她了。多萝西娅得知他故世的噩耗时，正在医院里住院，准备接受食管手术。悲痛万分的丹打来电话，说"爸去世了"，然后就挂断了电话。多萝西娅一下子从病床上起身赶回家。对这一噩耗她并不感到惊讶——他已经七十一岁了，而且他的肺气肿多年来不断恶化。他很早就不得不吸氧了，到临终前的一段时间，他得二十四小时吸氧。她虽然有好多年没有见到他了，但是她的悲痛依旧剧烈。她一直爱着他。

多萝西娅说她有五年没有拿起相机了，这可能稍稍有点夸张。部分原因是她继续包干了所有烹饪、清洁和侍弄花草等活儿——就像那个时期的很多女人一样，她好像从来没有想过要让丈夫来干家务活。她拒绝了大多数摄影邀请和委托。她将头发剪短，并在她的有生之年一直保留了短发，仿佛为了清除任何影响她精力的累赘。她在工作室里工作，一如既往地专注于摄影。她从抽屉里拿出照片和小样，贴在墙上，堆在地板上，重新整理。她专注于查看照片之间的相互呼应——"……成对的照片可以增强并扩大内涵……像两个单词组成的句子"——她按主题将它们重新分类。她的主题名称朴实无华，大多数是生气勃勃的，"消磨时光"，或者叫休闲娱乐；"摄影笑话幽默轻松"；无法用语言表达的主题"难以形容"；还有"家就是……"；她后来又加上"死亡与灾难"这一主题。

重新梳理她的摄影资料使她对所有的作品进行了一次全面的回顾，这样一来，说也奇怪，竟然在她久病不愈的状况下让她的勃勃野心得到了涅槃重生。多年来闭锁在她内心的欲望开始喷薄而出——确认自己是一位艺术家。这是一个梦想，一个她不断从意识里加以排斥却从来没有被粉碎的梦想。这当然加剧了她的焦虑，但这也可能是促成她在那一个十年快结束时再次积极投身于摄影的原因。

兰格在二十世纪五十年代东山再起，这让她身边所有人都感到意外。违背常理的是，尽管她的照片不再流行，她还是以十分受人敬重的泰斗的身份出现在公众的视野内。囿于行动能力，兰格不可能再高强度地拍摄了，她成了全国高端艺术摄影团体的重要成员——这种事情在她承担政府工作的时候从来没有时间去做。

她是被玛格南图片社发掘出来的，它是世界上最有声望的摄影经纪公司，创建于 1947 年，其创始人有罗伯特·卡帕、亨利·卡蒂埃-布列松、戴维·"奇姆"·西摩、乔治·罗杰，他们全都在国外出生，全都是左翼分子，玛格南图片社通过工会意识将摄影师聚集到了一起，旨在以集体的力量争取收益最大化和摄影师对自己作品的控制权。这些摄影师作为一个群体代表了新生代，用像徕卡相机这样的快速相机使得动态摄影成为了可能。受此影响，他们无论在战地摄影中，还是在卡蒂埃-布列松"捕捉"动作瞬间的渴望中，被速度所吸引，也分享了一种将摄影视为冒险的男性主义。不过，他们尊崇兰格的作品；在她的摄影作品中劳动人民的审美价值与他们在欧洲经历的社会主义和反法西斯主义形成了共鸣，它们在那时都已经崭露头角。

他们邀请她成为一名投稿员，她同意了。玛格南图片社一直没能为她找到任务——她的作品不再有商业市场。但是，玛格南图片社的几位成员记得，她是唯一一位将精力投放到这个项目中的局外人，每当她去纽约便会到访图片社。兰格以她不闲聊的方式，总是发起他们所喜欢的交谈，那些"关于社会如何运转、文化如何变迁"的交谈总是"哲学性的"，而非"技术性的"。

她是《光圈》杂志创刊的核心人物，也是一次具有历史性意义的摄影大会的核心人物。自从 f/64 学派以来，安塞尔·亚当斯一直都想要创办一份高端的摄影杂志。他把私人团体的支持力量都召集到了一起，筹办 1951 年的摄影工作者大会，来商讨他们的艺术地位和创办一份杂志。以前从来没有过这样的团体性集会。一百五十位摄影工作者汇聚到阿斯彭人文研究学院，他们发表演讲，举行专题小组讨论会，但是不允许使用"技术性的行业术语"。"每次用餐……都是一场讨论会。没有一张桌子足够大到挤得下所有想要坐在一起的人……"有一个参加会议的人说："我不得不抢占位子。"在这次大会上，她赢得了尊重，也引起了全国最好的摄影师的关注，这十分有助于兰格的康复。大会还促成了一个持久的产品：《光圈》杂志。一个包括兰格、亚当斯、南希·纽霍尔、迈纳·怀特的委员会决定共同努力，将这份杂志办出个模样来。第一期的封面是兰格拍摄的会议照片。

大会期间，有一些热烈的辩论是围绕兰格展开的，这些辩论简略地回溯了她不断发展的摄影思想。兰格和纽约的摄影师贝雷妮丝·阿博特被认为是"现实主义"的倡导者，但是她们大会期间的分歧表明了兰格与生俱来的对意识形态的反感。她们是同代人，而且两人也都在格林尼治村受了波西米亚风格的影响，但是阿博特后来去了巴黎，而兰格则去了旧金山。阿博特的艺术舞台比旧金山的艺术舞台更加大胆前卫。她像兰格一样，拍摄艺术和文化人物，譬如拍摄让·科克托和詹姆斯·乔伊斯，但是她也为摄影家曼·雷工作，成为了欧仁·阿特热摄影的倡导者。回到纽约，她成为了左翼摄影同盟的支持者，也干了一些新政时期政府的工作；她认为如实记录这个变化的世界是她根本性的使命。她也像兰格一样，找到了一位支持她的伙伴伊丽莎白·麦考斯兰，伊丽莎白·麦考斯兰是一位左翼人士和评论家，为推行她的摄影做了很多工作。但是由于她的定位所限，阿博特一直是一位纽约的摄影师，而且她的作品没有对大萧条时期对乡村与小镇的怀旧做出回应。

在阿斯彭人文研究学院，阿博特强烈谴责抽象摄影艺术，兰格从来就不赞同这样的断言，尽管她自身具有现实主义倾向。兰格对各种风格持开放的态度。不过，她强调摄影是一种交流。作为这一目标的一部分，她提倡叙事，这一目标通常（虽然不一定）需要现实主义。她提倡融入背景和历史的摄影系列，这样的系列可以讲述变化的故事，就像她在《美国大迁徙》和第二次世界大战期间的作品里试图做的那样。为了举例说明，她勾画了一个虚构的"摄影脚本"，讲述大会本身的故事。听众的好奇心被激发了起来，要求她给他们一个完整的脚本，但是她回应说，完整的脚本应该来自摄影师与拍摄对象的磨合，否则它会妨碍"发展的——可能性——和必要性"。每一张照片也许都有可能揭示新的见解和启迪，所以，往后的照片，事先无法预测。兰格强调，摄影师必须依据其题材内容寻找新的发现，这话听上去不太像是这四年来一直在按照非摄影师起草的摄影脚本拍摄的人，那个非摄影师可几乎从来没有看到摄影师所看到的东西。（幸运的是，斯特赖克已经意识到了，尊重摄影师的自主权可以得到最好的作品。）兰格的实践是和拍摄对象互动的人像摄影和纪实摄影的完美结合，在这一实践过程中，她试图用视觉形象来传达社会现实——她的方法并没有像她所说的那样改变太多。不过，重要的是，她坚持对来自外界的新信息和新思想持开放态度。这是一位从不给自己拍人像照的摄影师，尽管她对人际关系和人物内在性格非常着迷。

这种复杂性也出现在她的教学中，她的另一段新的征程。至少有两次，她在加州美术学院星期六上午开摄影班，每次有十四周的课程。虽然这门课程对所有人都是开放的，但是她大多数学生好像都是有一定经验的摄影师，譬如艾伦·威利斯，后来被称为"非裔美国人电影人的泰斗"；乔治·巴利斯，他后来制作了大量有关加州激进活动的照片和电影；卡罗琳·梅森·琼斯，一位造诣极高的表演艺术的摄影师；还有米歇尔·布赖，一位以展示旧金山美景见长的摄影师。初学者也许是望而生畏，不敢报名吧。

她的教学方法好像既受惠于克拉伦斯·怀特也受惠于罗伊·斯特赖克。教学过程中，有时候她会将诗人华莱士·史蒂文斯的诗《理论》和田纳西·威廉斯的《人对人》分发给学生，《人对人》是威廉斯 1955 年表达他艺术信条的作品。兰格虽然在兴趣和主题上与威廉斯不同，但是她认同他与观众建立联系的规则。他指责主观的、孤芳自赏的写作"连从单数到复数、从个体进入到总体的必要技巧都没有弄清楚"。这就是兰格拒绝主观性的核心所在。她要求摄影不仅在摄影师和观众之间，而且还要在观众和拍摄对象之间建立交融或至少是对话的关系。因此，摄影成为一种媒介，在这一媒介中，观众就是一个积极的参与者。

然而，她要求她的学生所做的事情绝不是无个人特色的。她开始授课的时候找每一个学生谈谈——一个班二十个学生——一个一个地谈。她将这门课程命名为"我住在哪里？"然后，她围绕这个问题设计课程内容，要求学生们带来回答这一问题的照片。她布置给学生她自己发明的观察作业，她称之为"观察的'手指练习'"。那就是到街上做记录，猜测路人的故事。另一项作业是用非人类物体表达人类，这是兰格用得非常多的一种视觉提喻法："毫无疑问我们应该知道，对有些人来说……这张办公桌或这个花园、这瓶药丸、这份赛马小报或这盒糖果就是家……"她指出，在寻找"心脏的位置"时，光看表面可能会被误导。

像在阿斯彭人文研究学院所做的那样，她要求她的学生找到一种方法，能同时表达自己的看法和外部世界的客观真实。这一挑战更加严峻，因为她要求坚持他们的"照片不能迎合流行的观念……要真正探求摄影媒介的可能性，就是提出没有答案的问题"。

这一挑战代表了兰格自己的摄影发展和她曾参与的关于摄影艺术的理论探讨，包括 f/64 学派对"纯粹"的强调，农业安全局项目的真实性跟宣传性相融合，战时她在不牺牲独特眼光和视觉质疑的情况下为推动反法西斯民族团结所做的努力。她竭力传授给学生一种方法，摄影可以同时是主观的和客观的。就在其中的一节课上，有学生斗胆请她表达一下她自己生活在什么状态下，于是她给他们看了她拍自己畸形的脚的那张照片——这是兰格自我揭示的一个独特行为，也一定深刻影响了她的学生。

这一挑战被理解了吗？要回答这个问题，需要研究她学生的摄影，看他们是否能够按照她所要求的复杂性来拍摄。他们的来信充满了感激之情。有几个人提到了兰格非凡的视觉记忆。有一位学生写道，他们的摄影技术有了提高，"因为您非凡的能力，清楚记得这么一大桌人中每个人的一举一动，而且还记得他们以前干过什么。"另有一位学生赞扬"您对每个人的问题都进行异常负责的思考……拒绝让我用口头交流来代替摄影交流"。总之，她的教学档案表明，她是一位培养高级摄影师的天才教师，这也是她的很多助手公认的。至于她是如何教导那些初学者的，人们存疑的空间很多，因为她对照相机的机械原理特别不感兴趣。

　　保罗·泰勒也遭受了多萝西娅危及生命的疾病和新政寿终正寝的双重打击。"也许会失去她"，对他来说的确是一个难以忍受的想法，唯有加倍努力工作才能减轻自己的担忧。他还具有超凡的专注力和巨大的社会责任感。四十多年来，他一直以呼吁和资金继续支持农场工人的事业，直到1984年他逝世为止。不过，到了二十世纪四十年代，由于战争提供的工作岗位以及墨西哥短期合同工项目压制了农场工人的激进行为，并将他们从公共议程中排斥出去，泰勒转而成为加州研究最严重的社会环境问题——水的问题的领军人物。1902年，《垦荒法案》批准联邦政府通过无息贷款和其他补贴来筹资建设大坝、水库和河道，促使西部的干旱土地成为可耕地。该法案规定，每个土地所有者只能获得灌溉一百六十英亩土地所需的水。这一限制性条款几乎没有、很可能从来没有得到过实施，而无视这一条款对加州的大种植园主构成了价值巨大的补贴。没有联邦政府的水利工程，就不可能有圣华金河谷和因皮里尔河谷的农业。

　　一直站在小人物一边的泰勒认为，由纳税人买单的水进一步加强了农业公司的主导地位，这是极端不公正的。泰勒也关心水资源的保护，跟他的研究生沃尔特·戈尔德施密特的弟弟，内务部的律师阿瑟·"特克斯"·戈尔德施密特一起组建了一个联盟。坚忍不拔的泰勒鼓动接下去的四十年将强行实施一百六十英亩用水需求的规定。虽然法律是正确的，但是他还是倾向于避开这一事实。加州从来不是一个以家庭农场为主的州，这个州的大部分地区太干旱，小型农场根本无法生存。然而，他在这个问题上顽固不化却有利于揭露大种植园主的势力。他的水运动进一步引发了农业综合企业和他们那些保守的政界与学界的代表对他的反感，他们早就把他当作敌人。

　　他在改革民主政治方面的激进行为更加惹恼了他们。1950年在支持富兰克林·罗斯福的儿子詹姆斯·罗斯福跟厄尔·沃伦竞选州长失败后，他最积极参与的是一位有影响力的女人海伦·加黑根·道格拉斯的竞选活动。她是迷人的百老汇和好莱坞女演员，电影明星梅尔文·道格拉斯的妻子，她积极参与新政的项目。1938年，她随同兰格和泰勒参观过移民营地，为农场工人举办了募捐活动，还为五千名农场工人的孩子组织过圣诞聚会。她是联合国大会开幕式的候补代表，多萝西娅为她拍过照，这两位精力充沛的女人很快便建立了永久的联系。保罗积极支持她的第一次政治冒险，参加1944年加州第十四国会议员选区的国会议员竞选；她获胜并连任三届。1950年，她在跟泰勒和兰格视察水利工程时被亲眼目睹的现象所激怒了，于是她竞选参议院，把一百六十英亩的用水限制作为她竞选纲领的主要内容。泰勒充当了顾问的角色。1950年，尼克松对她发动了攻击，并如愿以偿地获得了胜利，他的主要伎俩就是运用了最可憎、最无耻的麦卡锡主义的蓄意抹黑：尼克松口口声声、无时无刻不把她称为共产主义者（几乎不说其他），与此同时还诋毁她在好莱坞的声誉，说她不检点——他说，她的"内衣裤里面就是一个左倾分子的身躯"，多萝西娅和保罗对此十分反感。尼克松的支持主要来自加州的农业综合企业和老板，而且加黑根·道格拉斯明确支持劳工和支持环境的立场——换言之，她跟泰勒的事业结盟——强化了农场主联合会不惜一切代价击败她的决心。

　　泰勒在西部的敌人是我们现在称为麦卡锡主义的创始人。麦卡锡主义并非起源于冷战，而是来自第二次世界大战前国会内的新政反对派。它在1938年成为了国家的一个机构，当时来自德克萨斯州的众议员小马丁·戴斯将用于调查三K党和亲纳粹活动而成立的众议院委员会变成用于政治迫害的一种工具，他们断言新政受到了共产主义的影响并加以反对。戴斯委员会和联邦调查局一遍又一遍地重复这种断言，帮助制造出了一个新的舆论，社会主义思想和共产主义思想是反美的。他们的目标包括兰格所有的雇主和政府同盟——农业安全局和其他在农业部的进步组织，加州的救济项目、公共住房项目、少数民族权益项目，以及作战新闻处。

　　反共产主义狂热的绞索正越来越近地荡向泰勒和兰格。1943年，戴斯为避开人们对他同情纳粹的批评，列出了三十九个所谓不忠诚联邦官员的名单，要求国会停止给他们发薪水，其中有泰勒的铁杆同盟阿瑟·"特克斯"·戈尔德施密特。联邦调查局通过侵入式调查和监视企图搞臭泰勒本人，他们走访了几十个人，包括他的每一个雇主和泰勒在加州的每一个敌人，主要是那些大种植园主。联邦调查局调查他的离婚和再婚是否合法，并获得了他的信用评价——不仅仅从加州获得了他的信用评价，还到威斯康辛州的麦迪逊弄到了泰勒学生时代的信用报告。一个调查人员在寻找他的犯罪记录时居然把他1937年在伯克利的"家门口非停车区内"违章停车，"没有造成危害而免于处罚"作为报告提了出来。

联邦调查局声称，他是几个反美组织的成员，包括共产党、反法西斯难民联合委员会，还参加了有几个可能根本就不存在的组织，这些组织由于调查人员误听或者是消息提供者的误解而被列入名单。指控泰勒是共产主义分子显然荒唐可笑，因为任何跟他工作过的人都知道，他明确地反对共产主义，并主张社会经济改革作为制止或者否认对他是共产党人的指控。联邦调查局有关泰勒的卷宗显示，这些指控来自农场主联合会及其盟友。有一次，泰勒在某个星期六走进大学，发现一个联邦调查局的人员在他的办公室里。泰勒冷冷地冒出一句"需要我帮忙吗？"没有得到回应——"他不停地扭动……疯狂地道歉。"这位闯入者急于出去，说他可以看出泰勒很忙，对此，泰勒恶狠狠地回答说，恰恰相反，他有的是时间。

联邦调查局关于兰格的卷宗要薄得多，主要由泰勒和其他人卷宗的副本组成。她被称作不同的名字，多里撒、多西娅、多特，还有泰勒太太。有一份关联罪的备忘录，其来源不太具有权威性，显得十分可笑；在这份备忘录里，联邦调查局暗示，古根海姆研究基金会是不忠诚的，因为它不仅仅为兰格和泰勒提供资金，而且还为百老汇的作曲家马克·布利茨坦、歌词作家厄尔·鲁宾逊、卡尔·麦克威廉斯提供资金。农场主联合会的其中一个创始人指责，"泰勒太太聪明地运用光线、构图和主题，传递出了一种非常凄凉的令人沮丧的印象：巨大的富有的农业利益集团在剥削流动劳工。"

麦卡锡主义发起了企图将新政支持者和左派分子赶出大学的运动，直接侵犯了保罗和多萝西娅的生活，而且这股势力特别针对加州大学。农场主联合会也是这一运动的推手。州立法机构建立了"小戴斯委员会"，即后来众所周知以其主席名字命名的坦尼委员会，大学校长罗伯特·斯普劳尔生怕他的教职员工受到攻击，意欲用效忠宣誓的方式来避免这样的攻击。1949年6月下旬，全体大学雇员被要求签署一份声明，表示他们不是共产主义者，否则将面临解雇。（大学通常会在夏季强行颁布一些不得人心的决定，这个时候师生们都被遣散了，不可能轻易地组织反对了。）斯普劳尔估计错误。来自所有八个校区的强大教职员工网络拒绝签署声明，抗议这一限制学术自由的企图，并指出，他们早已签署了效忠州和联邦法案的声明。泰勒也在其中，他的女儿玛戈是支持他们的学生团体的成员。这一耗时的复杂的斗争消耗了数百名学者的精力，随后几乎所有人包括泰勒接受了一个折衷方案；几十个强硬者被解雇，但是最终又恢复原职并补发了薪水。

三十年后，保罗·泰勒对参加了签名这件事情依然感到内疚。"多萝西娅正在经历她几个月、几年里的一段最艰难的时光，不断进出医院……我本该走出家门到街头，去什么地方找个工作……我是否躲在一个女人的裙子后面——唉，你愿意怎么想就怎么想，但这是一个因素……"他"躲在一个女人的裙子后面"的比喻，不仅仅表示他该支持多萝西娅，也表明他感觉自己没有男子气概。当然，他的问题是，任何一个选择——屈服或者被解雇——在那个政治气氛压抑的年代都会让他感觉到自己没有男子气概。然而，在同一次采访中，他从政治优先的角度解释自己的决定："……那不是我的战斗。我选择我自己的战斗。我从来不……'浪费'我的付出……为了所有我信仰的事业。……最容易让你的对手削弱你的方法……就是按照他的条件，而不是按照你的条件。"这是他在海军陆战队的时候学习到的教训，他说："我始终不愿意给他们提供可乘之机……"

麦卡锡主义的毒素很快直接侵害到了兰格的摄影圈。它直接打击了那个非同凡响的纽约摄影联盟，她对这个联盟有资金支持，在纽约时，她还投入了时间。这是一个令人骄傲的左翼项目，受二十世纪二十年代德国工人摄影运动的启发，它是一个草根式的合作组织，为穷人提供摄影机会，并为已经起步的摄影师提供工作室。它开办了一所摄影学校和一个摄影工作室，十五年来获得了巨大的成功，培养了多达一千五百名摄影师。它批发化学药品，为个人成员节省了资金；提供暗房给学员使用；出借和出租相机，提供收费低廉的课程，举办讲座和展览，还出版了一份简报《摄影随笔》，里面文章的质量都很高。保罗·斯特兰德——兰格特别喜欢的摄影家——对该联盟施加了最大的艺术影响，但是他的声望如此之高，以至于摄影界每一个重要人物都被列入发起者名单，不仅仅是那些左派人士，还有兰格的朋友，像安塞尔·亚当斯和爱德华·韦斯顿。创始筹款派对上，齐罗·莫斯特尔、伍迪·格思里、皮特·西格、卡尔·赖纳和凯瑟琳·邓纳姆舞蹈公司进行了表演。

1939 年，兰格在纽约摄影联盟做过一次演讲，建议将作品拿去发表，并对其成员的摄影作品进行了评论。她为摄影学员提供奖学金——第一位受惠者是卢·斯托门，他后来获得了奥斯卡金像奖，赢得了成功。纽约摄影联盟为兰格举办了一期摄影展。她将阿伦·西斯金德的"哈莱姆纪实"，一个记录哈莱姆黑人居住区黑人生活的团体项目，放到了由安塞尔·亚当斯策划的旧金山世界博览会上展出。

纽约摄影联盟致力于摄影的民主化，鼓励进行纪实性创作，也吸纳了很多共产主义者，所以受到麦卡锡主义的攻击丝毫不奇怪。起初，当司法部长汤姆·克拉克在1947年将其列入颠覆性组织时，艺术家和摄影家们群起而保卫之，其成员成倍增加。但是到了1949年，一位名叫安杰拉·卡洛米里斯的联邦调查局线人谴责该组织属于共产主义阵线，她在纽约摄影联盟短暂出现过，并得到了锡德·格罗斯曼的帮助，他帮她挽救那些糟糕的底片以完成她所接的一个商业项目。她指控锡德·格罗斯曼试图招募她加入共产党，这个说法是可疑的，因为他几乎都不认识她。尽管如此，她的指控不仅抹黑了摄影联盟，还使左派丧失了合法性，因为她暗示要求别人加入共产党的行为是叛国罪。当时共产党还是一个合法组织。保守派记者如韦斯特布克·佩格勒、沃尔特·温切尔和小富尔顿·刘易斯不断地发表谴责的言论。其成员们害怕了，纷纷投降，但包括安塞尔·亚当斯、芭芭拉·摩根、博蒙特和南希·纽霍尔。保罗·斯特兰德、多萝西娅·兰格和爱德华·韦斯顿等人坚定立场，毫不动摇。面对麦卡锡主义依然甚嚣尘上，他们生怕这场迫害威胁到太多的成员，所以纽约摄影联盟于1951年正式解散——成为了一个充满希望的过往时代的遗迹，就像兰格自己一样。

爱德华·斯泰肯计划在1955年投下一颗重磅炸弹，在现代艺术博物馆举办"人类大家庭"摄影展，以反抗麦卡锡主义、冷战和核军备竞赛。在大量的照片收集工作中，兰格最初担任实际上的而非名义上的副策展人。兰格影响力的衰退导致了互相矛盾的状况：这个展览传递出模棱两可的信息——既鼓吹国际主义的兄弟关系，也颂扬美国生活方式的优越。

爱德华·斯泰肯从某种角度讲是施蒂格利茨的传人。他出生在卢森堡，但是在十八个月大的时候就随同父母亲来到了密歇根，所以他既是一个美国人，也是一位世界主义者。他在施蒂格利茨的指导下成为了一位复兴运动的摄影家，不仅在艺术摄影领域有造诣，在军事摄影、广告摄影、时尚摄影和魅力摄影方面也是专家。（格雷塔·嘉宝、马琳·迪特里希、洛蕾塔·扬、琼·克劳馥和加里·库珀的一些最好的照片都是斯泰肯拍的。）作为一个有进步信念的人，他为1939年的《美国相机年鉴》编辑了三十二页的农业安全局摄影作品。他特别欣赏兰格的摄影作品。在两次世界大战中，他帮助军方发展了航空摄影。

1947年，斯泰肯获得了现代艺术博物馆摄影部主任的职位，这是一个饱受质疑的决定。很多摄影家和评论家都盼望博蒙特·纽霍尔回到这个职位上来，他跟斯泰肯一样，战争期间一直从事军事航空摄影。现代艺术博物馆于1929年建成，大部分资金来源于洛克菲勒财团，而纽霍尔夫妻俩就是洛克菲勒及现代艺术博物馆的圈内人，是安塞尔·亚当斯的好朋友，也是洛克菲勒后裔中的一位资助人戴维·麦卡尔平的好朋友。纽霍尔夫妇在摄影界是有影响力的人物。他们的支持者，包括林肯·柯尔斯坦，认为斯泰肯在向人们兜售不高雅的商业文化。

斯泰肯在现代艺术博物馆任职的头几年，冷战将美国卷入了一场真正的战争。美国1950年干涉朝鲜，最后跟中国军队交战，损失惨重。跟苏联的核战争似乎一触即发。麦卡锡主义的歇斯底里将反战的情绪限制在极少数人的范围之内，但还是有相当多的民众开始支持核裁军。斯泰肯希望获得支持并相信摄影应该是有说服力的，于是便为摄影展览想出了一个两全其美的主意，既能够鼓励全球和平，也能够为博物馆带来更多的人气和收入。（具有讽刺意味的是，现代艺术博物馆当时正在接受中央情报局的秘密赞助，举办旨在为美国反共产主义的战争歌功颂德的展览。）兰格赞同斯泰肯的观点，摄影具有潜在的说服力，但是她亲眼目睹过加州歇斯底里的反日，明白这样做不容易。无论斯泰肯多么天真地认为他的展览实际上可以改变世界，他的希望就是纪实摄影所追求的核心价值。事实上兰格主张加强公众的视觉批判能力是走向民主的重要前提。

斯泰肯的内兄，诗人卡尔·桑德伯格给展览取名"人类大家庭"，这是他在他的传记里引用的林肯的话，兰格喜欢这个名称。她一听说这个计划，便主动提出帮忙，并开始向斯泰肯献计献策。他很快就接受了她的帮助："……你已被任命并接受负责美国西部地区，……欣欣鼓舞地记录……"在他们严肃的通信中不乏风趣的玩笑，她沿用了他应对斯特赖克的语气——或撒娇、或热忱、或惴惴不安但相当自信。斯泰肯成为了又一个父亲式的人物。"让我做任何事情，包括不确定、不可能、不合理的事……责骂也可以，发脾气也可以，假如您觉得需要这样的话。"后来变成了"我需要聆听您的意见……也许您的热情不高。也许您甚至都不赞成。我需要知道，否则我……不敢确定我的范围。"她寄去照片，提出寻找照片的建议，以及让斯泰肯寄出的信件的草稿。她让他想起了他迷失的东西——害怕、爱情、归属感。在她的影响下，他聘用年轻的加州摄影师韦恩·米勒做助手；考虑到那些摄影师们买不起材料，她让米勒从现代艺术博物馆弄到了一小笔资金，帮助那些穷困的摄影师制作参展的照片。

至此，我们弄清楚了她熟悉的方式：热情有加，建议不断——通常是超出她的老板所能接受的雄心勃勃的建议。米勒告诫斯泰肯："我不知道您是否意识到了她全身心地投入到这个展览中了。她不是一个能够轻松地或者适度地做事情的人……您要是不利用她……全部的能量……那么您就要面对一个不开心的多萝西娅。"她组织了三场西海岸的会议来征集照片，可是她所征集的照片最终很少在该展览里展出。参加会议的很多摄影师不满于把照片的所有权交给斯泰肯，也不满于只以"内容"论成败而放弃纯粹的艺术品质的做法。（兰格相比较之下已经习惯了这样的屈尊俯就。）韦恩·米勒匆匆翻阅了《生活》杂志、玛格南图片社、其他摄影机构归档的数百万张照片，甚至包括索夫福托档案中的照片，获得了大部分参展的照片。然而，米勒相信，兰格对"信息"的全面关注让本次展览的风格一致。后来接任斯泰肯在现代艺术博物馆职位的约翰·沙科斯基认为，这个展览的力量来自她"坚持要（斯泰肯）定下心来，完全把这项工作当作雄心勃勃的工程"。

"人类大家庭"摄影展于1955年开始展出，当时的政治氛围稍有改善：麦卡锡通过扣赤色分子帽子的做法将黑手伸到了军队内部，越过了当局的底线，削弱他的威胁能力，而核武器的增加加剧了人们对战争的焦虑。这次展览打破了以往所有艺术展览的观众纪录。超过二十五万人在纽约观看了摄影展，后来又有六个不同版本的展览在美国的其他城市和三十七个国家巡回展出。与展览配套的图书成为了畅销书，现在还在印刷出版。但是，它受到了很多评论家的严厉批评，他们的批评揭示了人民阵线的风格已经完全失去了声望。诸如像希尔顿·克雷默这样的保守派，批评谴责它过于感情用事、趣味平庸以及它的"思想"取向——这一时刻正是抽象表现主义在纽约文化界盛极一时的时刻。但是，左派人士罗兰·巴特赞同克雷默的观点，这个展览对人类团结所表达的"虔诚"是"一种沾沾自喜的手段，披着思想的外衣掩盖急需解决的真正问题……"。数十年之后，新的左派评论家艾伦·塞库拉、埃里克·桑迪恩和阿比盖尔·所罗门－戈杜认为，这个展览表达了冷战的自由主义面貌，含蓄地支持了一种说法，认为人类发展到当前这一高峰——美国家庭，是人类进化甚至是目的论的结果。展览的整体影响是甜美的，试图回归一个从未存在的世外桃源，从本义上说是极端保守的。

"除了肤色"所有人都是一样的看法，实质上就是作战新闻处"所有人都是美国人"这一主题的延伸，假如人们学会避免歧视，那么和平就会到来，但忽视了制约着和平的更大障碍——经济的不平等和社会的不平等。如果你仅从这个展览上了解美国，那么当你了解到就在那一年蒙哥马利的巴士抵制运动引发了民权运动的时候，就会感到大惑不解。展览中没有任何有关政治斗争、社会运动或罢工的图片。所罗门－戈杜指出，有关"政治"领域的仅有的几张图片就是展示人们在往箱子里面放选票，它就是一个狭隘而典型的美国政治的定义。

展览以牺牲历史为代价展现了全球性。没有一张照片是注明日期的。没有一则说明文字是标明地点的；地点只是按民族来划分——这种民族国家优于殖民地、帝国、部落的意识形态表达，是进一步去个体化的表现。反复展示一位年轻的秘鲁长笛演奏者的美丽照片，进一步强化乐观和世界大同的主题。就像这些照片脱离了背景一样，替代了兰格独特的信息量大的图片说明的那些引文也忽略了语境。这些跟《圣经》语言相似、文学色彩深厚、如同民间传说般的图片说明是由斯泰肯和施蒂格利茨两人共同的女门生、摄影家多萝西·诺曼编撰的，其作用是要塑造一种有普世性的精神内核。这种做法掩饰了国与国之间的不平等。在这个文本里，人类的家庭就是一种生物学意义上的假定事实，而不是人类所创造的文化产物；即便像求爱、结婚、玩耍、建房、受苦这样的事情，也是由我们的生理习性所决定的。

这个展览与其说是国际性的，不如说是民族性的，尽管它声称自己是国际性的。五百零三幅照片中绝大多数是美国人。它的人文主义明显地带有宗教的色彩，反映了美国独特的宗教信仰。它把一个美国的白人家庭放在展览的中心，这不是一个小家庭，而是一个四代同堂的农场大家庭——墙上挂着祖先的照片——因此传达了一种关于美国家庭生活的错误观念。在书中，这个理想化的美国家庭正对着一个衣不蔽体的博茨瓦纳大家庭。（非洲人和其他非白人大多代表了原始状态。）关于文明的走向还能有更明确的视觉表达吗？

展览在性别政治上尤为保守，这符合当时的文化：冷战的政治文化迫使妇女将全部精力都投入到丈夫、孩子和家务上。在展览里，年轻女人恋爱后就是结婚、怀孕、生孩子、哺乳以及其他一连串必然的母亲跟孩子间的亲密关系。展览的结尾部分，有一幅6×8英尺的原子弹爆炸的巨大的彩色照片，观众们震惊之余，可以看到七对老年夫妇（荷兰人、中国人、加拿大人、德国人、西西里人、美国印第安人——还有另一对美国夫妇，白人，简单地注明来自"美国"，因为他们是典型的美国人）望着观众，每一对夫妇的头顶上方都有一句说明文字，"我们俩就是一个缩影"。因此婚姻不仅仅是繁衍人类，而且也许以某种方式使人类免于毁灭。劳动的男性有巨大的肱二头肌，如大胆的高层建筑工人，操作重型工具、修建铁路、熔化金属、拖拉渔网的男人。《圣母怜子》图中那样的母亲与孩子的形象使人联想到了爱斯基摩人、印第安人、美国黑人以及时尚模特儿（抑或她是一位百万富婆？）之间的共性。这些被认为传递普遍性的信息并没有准确地描述发达国家正在发生的事——譬如越来越多的女性加入了有工资的劳动力队伍，接受高等教育，以及因为大家庭带来的经济拮据，节育措施广泛实施。

和此后的许多展览一样，这个展览设计的时候也是考虑到控制观众人流的，禁止他们逗留以防造成堵塞。强制性的线路是环形的，重复着照片的循环排列——出生、童年、结婚、生育、家庭、老年、死亡、出生——一种与历史无关的永恒的次序。而且，这一次序在视觉上是有目的性的：例如，当人们看着年轻恋人时，便会在后面看到一个个大家庭。有一个决定缓解了坚持控制观众人数和观众越多越好的矛盾：一幅表现处以私刑的照片在两个星期后被撤了下来，因为韦恩·米勒认为，它导致了人流驻足，是人流不畅的瓶颈。然而，就是在那年的8月，十四岁的埃米特·蒂尔被私刑处死。

不过，在很大程度上这种保守主义并非是新冷战的产物，而是新政和"二战"

政治文化的延续。大萧条时期有关家庭价值的讨论强调了男性作为一家之主的自然角色和女性的家庭责任。反常的是，战争的重压产生了同样的反应：虽然女人就业和男人的缺席削弱了女人对男人这个一家之主的依赖，但是政府和媒体总是将它视为紧急情况下的状态，一再强调士兵回家之后女人对男人的依赖。当大萧条和战争的熔炉将有欧洲移民背景的人美国化之后，非欧洲人继续被当作非美国人对待。战争民族主义引发了浮夸的普世性，就像"人类大家庭"一样，其方法就是无视平等的障碍，使普世性变得浮夸空洞。

兰格曾经主张将"人类大家庭"弄得更复杂些，甚至有点颠覆性。她的一些影响有所展现——例如，那九张父亲和孩子的照片（包括她的那张《初生》）。她自己的《移民母亲》和《白色天使施粥所前等候施粥的队伍》被包含在了一个有关苦难的系列里。但是，没有在这个展览采纳兰格的思想可能已经大大地改变了展览的意义。她认为邪恶存在于人类家庭中，展览应该包含更多的冲突、战争和其他暴力。她想要展览的文本材料引用艾森豪威尔总统在 1953 年就职典礼上的讲话："挖煤、炼钢、行走在脚手架上的男人，开车床、摘棉花、治疗病人和种植玉米的男人，他们和起草条约的政治家或者跟制定法律的立法者一样，都在光荣地为美国服务，都在为美国创造财富。这一信念在我们生活的方方面面居于支配地位。"这是一种使用频繁的大男子主义的陈词滥调，不过它说出了新政的呼声，抗击了麦卡锡主义的叫嚣。斯泰肯原来请求兰格"和你那位优秀的丈夫"向全体摄影师起草一封请求书，列出"总体计划"，他所发出的文本包含了兰格的大部分文字。她想要在展览的开头就展示六个比真人还大的半裸体形象，三个"种族"，各一对男女。（当时的专家说，人类是由白人、黑人、亚洲人组成的。）她想要的是劳动人民的身体，而不是模特儿的身体——就是说，是"半裸"，不是"全裸"。但是，半裸的身体在二十世纪五十年代还无法为人们接受；哈里·卡拉汉怀孕妻子的半裸照被剔除了，唯一展示的肉体是非洲女人的乳房——原始主义的象征。

然而，兰格对"人类大家庭"的热情是毫无保留的。这种热情部分反映在她渴望成为艺术机构中的一员，但她自己没有完全意识到这一点。1949 年，当斯泰肯将她的作品纳入现代艺术博物馆六位女摄影师的展览时，她得到了一些认可。但是，她远在加州的现实，她长期受聘于政府的经历，她继续不断献身于这种主张的状况，以及她现实主义的摄影风格，使她感觉到她只是徘徊在艺术摄影的边缘，无法进入其中心。现代艺术博物馆就是艺术摄影的中心。

然而，她的热情也来自她敏锐地估量到这个展览带来的影响力，这是评论家们没有抓住的一种东西。那些看过并热爱展览或书籍的人们，在不知不觉中都感觉到它证明和平是可能的，证明不同种族的相互尊重是可能的，是对联合国——新政的国际政策——的认可。它肯定了有色人种的美丽，削弱了排外情绪，使得外国人以其异域风情吸引人。它甚至表达了一点点美国的种族多样性。

最终，兰格支持"人类大家庭"影展是因为她相信这是她所能做的最好的事。她不是纯粹派艺术家。她和保罗性情相投，因此她相信你力所能及地做出点贡献，并为可能取得的点滴进步而欣欣鼓舞便是最好的。此外，1955年的兰格已经不是1935年的兰格，她所生活的世界也不一样了。从1945年到1955年的这十年间，在每一个层面都让她感到心惊胆战——身体层面、情感层面、政治层面。她知道，她的摄影风格不再符合潮流，更为糟糕的是，她的摄影理念再也不会成为全国性的话题了。她明白她身体的脆弱和疲惫；她再也不能喷发火一样的激情了。

在一次有关"人类大家庭"摄影展的纽约之行中，多萝西娅在宾馆房间里因为溃疡引发内出血而倒下了。她原计划在美国杂志摄影师协会发表演讲，由于她没有出现，斯泰肯打电话到她的宾馆房间。他和韦恩·米勒赶到她那儿，把她抬出来，用出租车将她送到了伦诺克斯·希尔医院，她再次在那儿接受了紧急输血。斯泰肯在出租车里抱着多萝西娅，她感激地回忆道："斯泰肯有着最神奇的保护你的双手。"在这一恐惧时刻所感受到的安慰再次确认了她把他当作父亲一样的角色。

她被困在纽约伦诺克斯·希尔医院一段时间。保罗赶了过来，可是，她无法参加丹跟米娅的婚礼了。多萝西娅把这件事情当作巨大的遗憾，因为她喜欢仪式，认为米娅是一个可爱的姑娘，为丹终于摆脱了多年的艰难时光而感到欣慰。她写了一封米娅在回忆时称之为精妙绝伦的信，"欢迎加入这个家庭"。

另一次纽约之行所遭受的创伤是没有遗憾的：当多萝西娅七十九岁的母亲离开人世时，她就在身边，她经常觉得自己是个孤儿，现在真正成了孤儿。这是一份礼物，母亲和女儿长久地被大陆相隔，天各一方，在临终前终于有一段时间相聚在一起了。多萝西娅当时的情绪状况没有留下任何记录，而且她也很少谈及自己的母亲。沉默是她对人生中多数重大的情感波折的回应。就母女关系而言，她们的关系既不是最亲密的，也不是最疏远的，但是她们互相深深地爱着对方和欣赏对方。多萝西娅的梳妆台上总是放着一张母亲的照片。琼善于安抚，她在女儿那儿和母亲那儿扮演着同样的角色：也许多萝西娅不知道，琼有时候安慰被多萝西娅刺痛的受害者，例如她对玛戈说，要原谅她的继母，因为"她无能为力"。多萝西娅非常清楚琼给了她相当多的天赋：慷慨、能干、自律、对音乐和仪式的热爱，待客之道和家居装饰的品味，思想开放、同情弱者、热爱多元文化，最重要的是，不过分看重体面的自信。不同于常人的是，多萝西娅说，在她们分开的头几十年里，她给琼拍的照片"揭示"了她对母亲的爱。当她自己有了一个大家庭，并着手准备圣诞大餐的时候，都会在12月中旬到圣诞节这段时间每天给母亲寄一张贺卡，以便让琼感觉"在我们身边，跟我们在一起"。

然而，当多萝西娅遭遇丧母之痛时，经历痛苦和可怕的崩溃之时，是家庭给她的生活带来了新的快乐。约翰娶了海伦为妻，海伦跟多萝西娅的关系极其密切；罗斯娶了凯瑟琳为妻；然后是玛戈嫁人；而且他们都有了孩子。多萝西娅成为了十二个孩子的祖辈。其中三个年轻的家庭和他们的七个孩子就住在附近。多萝西娅晚年最大的快乐来自她的孙辈们。她可以跟他们一起在花园或海边待上几个小时，看野草、树枝和贝壳，教他们如何观察。

第二十二章　为《生活》工作

1952 年，兰格又悄悄地回到了摄影领域，到了二十世纪五十年代末，她再次干得热火朝天，她的日程安排变轻松了，因为孩子们都离家自立了。1945 年以后，她的疾病虽然没有治愈，但症状总体得到了缓解，让人对她的康复能力感到惊叹。"我的身体总有巨大的潜能,对一个身体这么差的人来说,太强大了。"她轻描淡写地说。

现在她不再接受固定的工作，所以雄心勃勃地构思主题和方法，拍摄非常美、非常有意义的作品。从专业的角度讲，这些新的尝试令人失望，因为她试图将自己的摄影小品卖给《生活》杂志，进入一个集团性的大众新闻界。换句话说，事实上只要她想要获得有偿的工作，她就不可能成为一个独立摄影师；保罗乐于支持她，但是，她云游四海拍摄照片的习惯所费不赀，此外，她需要有报酬的作品来确认她专业人员的身份。随着政府工作的结束，亨利·卢斯旗下的《时代》《生活》《财富》代表了摄影的关键性出路，而且很多前农业安全局的摄影师都在那儿工作过。个人摄影师通过加入一个企业集团来支撑他们的使命，而且通常就像卢斯的帝国，一个保守的政治帝国。

理论上讲，《生活》发表的东西正是兰格想要的东西：摄影小品而不是单张的照片。但是工作安排中对她艺术完整性的限制竟然比政府还多。编辑们要求摄影师们将成千上万的照片放到他们顺手够得到的地方，然后接受下一个任务，居然对照片的选择、图片的编排、文字介绍或者说对所发表的作品的整体信息都不征求一下摄影师的意见，更不用说投一下票。斯特赖克告诫兰格不要给他寄太多的照片,而《生活》的编辑们却每周看到大约七千张照片，从中选出两百张发表。更有甚者，花了几个月拍摄的摄影作品有可能在最后一刻因突发新闻而被挤掉。在兰格受《生活》杂志委托创作的四个作品中，有两个都以她不喜欢的形式发表，有两个在她寄去照片之后被否定；而且至少有两项建议在尚未开拍之前就被否决。好在，由于兰格从来就没有完全按照所吩咐的去做，她不迁就《生活》杂志，所以很多照片被保存了下来。

这次的摄影不仅有《生活》的影子，而且有兰格自身生活阶段的影子——更老更虚弱了——还有历史的影子。美国政治文化的主流跟新政建设更美好未来的初衷大相径庭，现在转向防御的策略，在现状中寻求安全，防止受到威胁。怀旧之情充斥在兰格的四个项目中，那种情绪使得她认为她可以拍摄出《生活》所想要的材料。当然，这是对想象中过去的怀旧。这是在农业安全局工作期间最后几年得到重视的怀旧，当时斯特赖克要求拍摄一些赏心悦目的照片，而现在，泰勒对家庭农场的浪漫理想和兰格对城市社会道德沦丧的担忧，使这一怀旧得到了强化。

她的第一个项目描绘了犹他州三个摩门教小镇的景象，她设想在当地举办展览，并在《生活》杂志做一个专题。她以前经常去犹他州：跟梅纳德一起去过，为了农业安全局的项目去过，再后来是跟保罗一起去，现在，她打算完成她的古根海姆项目。虽然她知道她想要为《生活》做的是什么，但是那种以前从未有过的虚弱感觉使她邀约了三位合作者。邀请保罗是考虑到万一发生健康灾难。邀请儿子丹是因为他正在开始认真地为成为一位作家而努力，她可以帮助他。邀请安塞尔·亚当斯是因为这个题材。她认为，不适合于居住的自然环境、大山和荒漠是这些村庄文化的基础——除了安塞尔，没有人能够抓住其实质。事实证明这是一个错误。跟往常一样，她不仅跟亚当斯争吵，而且保罗和丹的加入加剧了分歧。

兰格和泰勒从1952年开始研究这个地区，选择了三个经济状况不同的小镇：托奎维尔，有点像鬼城，居住的主要是老年人；甘洛克，仍然是自给自足的农业社区；圣乔治，已经因为新的公路而变成了一个旅游景点。兰格设想了一个连贯一致的管弦乐般的摄影小品，分成四个"乐章"，每个乐章都有不同的节奏，以便能展现每个小镇的鲜明特色。托奎维尔，在当地印第安语中是"黑色"的意思，将在傍晚登场，属于小调中的慢板乐章。"把焦点集中在老人和房子上。在光线减弱消退的时候拍摄。"第二乐章是甘洛克，必须在"仲夏强光下"拍摄，其主题是"每个人都熟悉每个人"，"满足于我们所拥有的"，"光线和材料要简单"。她引用了甘洛克的其中一位拍摄对象的原话："……知道你是安全的，就像你在上帝的口袋里一样。"第三乐章将奏响过去和现在的交互——荒漠、一条老路或者一条小径、墓地，然后是一块霓虹灯招牌。第四乐章就是圣乔治，它的光线"刺目而且灿烂"。她写道："几十年前，人们根本就不知道钱是什么"，但现在，那儿已经有二十三家汽车旅馆了，睡在这二十三家汽车旅馆里的人口相当于这个小镇人口的四分之一。它成为了"一个睡好觉的地方，一个吃美食的地方，一个提供汽车维修的地方，一个居于两个要地之间的地方——距洛杉矶八百三十二英里，距盐湖二百三十七英里"。重要的是，她没有谴责圣乔治的居民，而是赞扬他们勇敢地适应了商业经济，在未知领域敢于冒险开拓。她精心策划，像电影分镜头那样勾勒出照片"递进"的轮廓。她依靠她标志性的提喻法——即用局部揭示整体："赞美诗集……窗户……有耳环孔的白人耳朵……面包……霓虹灯招牌……飞檐……"她跟以往一样喜欢对人指手画脚，所以也给亚当斯列了一张表。

当他们于 1953 年开始拍摄的时候，亚当斯对摩门教项目的进展非常满意。尽管和多萝西娅一起工作很困难——因为她太强势……她的概念十分宏大，十分重要，我很高兴能参与其中。"但是，他不喜欢她"有关社会问题的思考"，而她却发现他的"理想主义的个人主义"是不负责任的。然后，泰勒和兰格的一次过失让亚当斯大发雷霆。泰勒曾向一位摩门教大祭司寻求拍照许可，并以为获得了同意；但是这位长者的同意不包括其他有可能进入画面的拍摄对象，更加糟糕的是，泰勒说了照片将用于一个展览，但是没有提到照片将在《生活》上发表。毫无疑问，他误导了拍摄对象。他和兰格已经习惯了政府的那些野外工作，他们从来也没有得到过拍摄或引用的正式许可，从不讨论出版计划，也从来没有遇到过抵触情绪。由于亚当斯想要他的好友南希·纽霍尔为《生活》上发表的照片撰写文字说明，兰格对此加以否决，他们之间的关系再度紧张起来。她不喜欢南希，南希的上层阶级地位、上过女子学校的自信威胁到她，南希受到精英阶层赞助人的赞赏也跟她形成竞争。更为重要的是，兰格强烈想要——实际客观上也需要——把这活儿交给丹来干，因为她希望这将有助于他追求的写作生涯。

亚当斯同意了，但却很恼火，在照片印出来之后他完全退出了，将其他的事儿都丢给了兰格。她在他们所拍摄的惊人的一千一百张照片中挑了一百三十五张寄给《生活》杂志。1954 年 12 月，当这期特刊问世时，只有四分之一的照片被采用，其中有四分之三是兰格的照片，这对于亚当斯无疑是火上浇油。《生活》杂志的编辑写了一些令人发笑的图片说明，连同使用的照片，都是对村庄的刻板印象。代表托奎维尔的是一座空房子，一道下垂的篱笆和一个解释，"摩门教徒将自己隔绝于变化的世界之外，相信他们是'上帝的选民'。"在甘洛克，孩子们玩耍、跳舞，妇女们捧着罐头食品和鲜花，全镇人都聚集在教堂里。"圣乔治已经走上世俗道路"的标题几乎没有让摩门教徒们高兴多少。（具有讽刺意味的是，这个标题十分贴切，1953 年下半年，在内华达州亚卡平原进行三万两千吨梯恩梯当量核试验，圣乔治是离得最近的一个城镇，放射性沉降物使癌症和其他放射性疾病的发病率明显上升。）

《生活》杂志没有采纳兰格关于社会变革复杂性的观念。她对摩门教徒给予了同情，她不像今天很多人那样把他们看作是一个保守、专制的社会，而是一个拒绝商业主义、致力于俭朴生活和强大社区的少数派教会，"一个具有边疆精神的吃苦耐劳的化身"。在犹他州拍摄的最好的照片两张一组，采用对比的手法，记录了兰格对商业主义的不安和女性家庭生活对消费的重构。一群骑着马叽叽喳喳的姑娘与被困在厨房里的一对母女形成了鲜明对比。一个矮小健壮的真正牛仔蹲着，疲惫而不失优雅，而一个巨大的霓虹灯牛仔是为一个卡车站做的广告。

多萝西娅就南希·纽霍尔的事和安塞尔针锋相对是徒劳的，因为图片说明里丹的文字用得不多，而且他也没有获得赞扬。尽管如此，犹他州的项目标志着丹的转折的开始。《现代摄影》很快付给他五百美元，让他写一篇文章，加上他母亲的几张照片，后来，他成为了他母亲接下来几个项目的合作者。他觉得从这一刻起"她和他搭档，帮助他走出了困境"。

跟安塞尔闹僵使多萝西娅感到十分痛苦，她爱他，尽管她控制不住老是要刺激他。他们再也没有在一起工作。尽管他们对对方的政治、摄影技能和方法看不惯，但直到最后依然是好朋友。总是和蔼可亲、宽宏大量的亚当斯继续赞扬兰格及其作品。他们经常联系，在她出现健康危机时他给予了很多的关心。他在 1962 年住院的时候，她写道："该轮到我对你说了：不管地老天荒，谨致最好祝愿；我还要说：无论是非曲直，我心爱你不变。"他深有同感。

《生活》杂志采纳了兰格的另一个建议，用图片展示爱尔兰克莱尔郡的概况。她感觉身体壮实多了，便只带了丹同行——保罗只是到他们工作快结束时去做了一次短暂的访问——1954年9月初抵达，待了六个星期，主要是在恩尼斯，一个只有七千人的城市。她拍了二千四百张照片，似乎不需要休息一样。多萝西娅拿一架坏了的相机去修理，因此认识了一位年轻的摄影师丹尼斯·怀尔德，他在丹不在的时候为她开车。他说，他从她那儿学到的摄影知识比从其他任何渠道学到的都多。他印象特别深刻的是，她如何坚持不懈地追逐一个她所想要的镜头，爬上汽车，或者爬上任何可以爬的东西，日复一日地奔赴同一个地方。（他甚至说到，她曾经爬过一棵树，对我来说是很难想象的事情。）丹缺乏纪律的毛病又犯了；他"收集印象"，不做正式采访，也不做笔记。令多萝西娅不满的是他大多数时候通过跟当地人在酒吧（小小的恩尼斯有六十五家酒吧）里"寻欢作乐"收集信息。

兰格在爱尔兰寻找他在摩门小镇上所寻找的东西：由村庄生活和家庭农场所创设的社区。像在犹他州一样，她先看书，然后研究这个地区，先不用相机，列出象征性的、描述性的、分析性的图像："奶牛是这儿经济繁荣的核心要素／自行车和雨衣／农民和牛奶罐／农民及其农具，铁锹、连枷、镰刀／火和锅。"然后她进行分类："移民；教徒聚会；氛围和天气……"种类里面再分小类："教徒聚会：教堂、奶油壶、集市。"她确立了不同视角："从门口看到的东西；一个房间的四壁；工作中所看到的东西；干草场的活儿。"照片赞扬劳动——男人拉着一辆干草车，女人用干草皮生火做饭，街头艺人在乡村集市上卖唱，农民跟吃他们羔羊的狐狸斗法，一个鞋匠和一个神父在为人们服务——每个人都在工作，无论老少。兰格含蓄地把爱尔兰农民根深蒂固的贫困跟背井离乡的流动工人的贫困作了比较：他发现，爱尔兰农民生活稳定，心情快乐，即便他们的孩子赤脚上学、女人用提桶打水。她的图片说明更加抒情。由于不那么匆忙，她便跟拍摄对象建立了更多的私人关系，就像她在旧金山的照相馆里所做的那样。她十分享受。

艰苦的劳动、贫困，或者克莱尔郡大批年轻人移民美国都不能扰乱她朦胧、浪漫的镜头。兰格没有暗示社会阶级中的不平等。她决定将焦点汇聚到一个经济相对落后的地区，使得这个爱尔兰摄影小品丧失了历史变迁感，而历史变迁给摩门教故事带来了叙事张力。然而，欧洲没有一个地方可以免受全球经济变化所带来的影响，一位关注社会问题的老练的采访者就会看出其冲击力，无论这种冲击力如何微妙，如何不明显。兰格有这样的能力，但是她没有使用。她打定主意要采撷田园牧歌般的浪漫："……不必匆忙……没有欲求，没有购物的欲望，（也）也没有新商品和广告的狂轰滥炸……"事实上，现代大都市令人眼花缭乱的消费品都是通过邮件或者作为来自数百万爱尔兰侨民的礼物定期送达的。

无论多么浪漫和不切实际，兰格的爱尔兰农民绝对不会跟俄罗斯农民或者意大利农民相混淆——也不会跟摩门教的农民相混淆。他们是专属于爱尔兰的。约翰·沙科斯基对她说，他感觉到有湿湿的风从照片中吹来。回到家里，兰格将一幅"雨中的爱尔兰姑娘"挂到大门上，希望爱尔兰的雨水、阴暗和泥泞使伯克利的阳光更加珍贵。爱尔兰的美诱使她拍摄风景照，但是她认为只有一幅是好的："……纯粹的爱尔兰……它的风景不敢令人恭维，但是它是我在那儿拍摄的唯一感觉像风景照的照片……偶尔，整个地球会微笑一下……"在爱尔兰拍摄的最美照片，当然是人像照。

《生活》杂志的标题表明了兰格的浪漫：《祥和安宁，他们生活在古老的方式中》《荒芜艰难的乡村考验着人的最佳品质》《富有信仰也带点乐趣的安宁生活》。很多赤贫的爱尔兰人会称其为无稽之谈。最后一刻的新闻将爱尔兰专栏的版面缩减了一半。再一次，丹的文字没有被采纳，他也没有获得署名。多萝西娅气愤不已。

兰格和泰勒对商业化程度较低的社会的怀念在某种角度来看也许是一种倒退，但是在另一方面，它带来了一种至关重要的具有前瞻性的关注——对环境保护的关注。兰格是一位早期的环保主义者，远在这项运动积聚政治力量之前。她吸纳了梅纳德对荒漠的热爱和对开发商无情贪婪的憎恨，安塞尔·亚当斯对落基山脉和内华达山脉的热爱，保罗和农业安全局对农村民主经济和农业可持续发展的关切，保罗对水政治的专业知识，所有这些，再加上她对快速、失控的城市化所付出代价的担忧。二十世纪五十年代，水坝似乎代表了进步，她在表达一种绝非主流的观点，给《生活》寄去了一个关于水坝社会成本的摄影小品。要是在今天，这个名叫《河谷的死亡》的摄影作品可能会博得广泛的兴趣和认同。但在1957年，《生活》杂志可能对此不屑一顾。

在旧金山东北部的索拉诺县，垦务局为了满足更多的水和电的需求，提议在萨克拉门托以西大约三十英里的蒙蒂塞洛镇附近建造水坝。蒙蒂塞洛镇是富饶的贝里埃萨河谷的商业中心，也是普塔河畔的一个绿洲，该地区要是没有普塔河，将会是一块干旱的荒漠。蒙蒂塞洛镇有一家商店、两个加油站、一家汽车旅馆和一个路边咖啡店。它的农田里生产梨、葡萄、胡桃、苜蓿和其他粮食，还有成群的牛和马。到了春天，野花铺满了河谷和山坡，花菱草蔓延到小镇的墓地里。大坝于1953年开工，十年之后，这个巨大的河谷被一百九十七亿三千六百万立方米的水所覆盖，成了加州的第二大人工湖泊（仅次于沙斯塔湖）。水库带动了旅游，水渠将水送往中央谷地的农业综合企业，大坝发的电并入太平洋燃气电力公司的电网。

大坝工程引起了兰格的注意，不仅是因为保罗，他一直警惕着在他看来是偷水的行为，还因为儿子约翰和弟弟马丁，两人都在大坝上工作过。她向《生活》杂志建议，拍摄一组大坝建成前后的摄影小品，并获得了一千美元的佣金。她再次聘用皮尔克尔·琼斯做助手，琼斯为安塞尔和多萝西娅冲印过摩门教项目的胶卷。为了在水淹没村庄之前把它拍摄下来，他们立即着手工作，于是她不顾疲劳，没日没夜地干。一位当地的摄影师这样描述她："……她很累……她的脸和双眼却生气勃勃。她个头很小，身架很小……她的一条腿是瘸的。你要是不留心就注意不到，很难注意到，除非她累了，拖着那条腿走路。"

1957年，兰格给《生活》杂志送去了一百七十五幅照片，包括十三幅5×7英寸的彩色胶片——她很少用彩色胶卷，这是其中的一次。"建大坝之前"的图像甚至比爱尔兰的照片还要让人喜欢，她对河谷的情感混杂着她个人的渴望。"……河谷生生世世自然繁衍。"她这样写道。她和琼一起拍摄的那些照片使观众想要迈入这个河谷，去闻闻苜蓿、果园和肥料的味道。"大坝建成前后"的对比几乎太过简单：例如，野花丛中古老的墓地和被推土机铲平、骸骨被挖的墓地进行对比。兰格唯一的一幅动物照——被推土机铲平的地里抓拍到的一匹受到惊吓的马，浓缩了一种文化的瓦解。就像她最伟大的人物形象一样，她让这匹美丽牲口的身子承载了整个群落的焦虑。《生活》杂志拒绝发表任何这类素材。

在几次去河谷的间歇，兰格拍摄了一个完全是城市的专题摄影，再次制作了一个《生活》杂志不愿意触及的东西。但是，这一项冒险行为镜子般地折射出了她对犹他州/爱尔兰/"死亡河谷"形象的敏感度。她对"新的加州"有一种矛盾心理，甚至在"二战"如火如荼的时候也是如此，而且这种焦虑情绪也加深了她对传统小社区的理想化色彩。这位纯粹的城市女性对大城市环境的冷酷无情感到焦虑，这种焦虑被她日益感受到的种族主义所强化。她在奥克兰经常看到，兴旺的国防美元经济带来成千上万的工人，他们被战争结束时的复员及此后稳步去工业化带来的失业浪潮所驱逐。兰格还看到，因为战时生产所促进的种族宽容十分脆弱，无法支持这样的政策，即抗衡因大量失业而带来种族化的城市贫困现象。

为了讲述这个故事，她对奥克兰公设辩护人的工作进行了可视化描述。自从马丁被捕以来，她一直在思考法制的事情，一直在思考被告在既没有钱又没有专业知识的情况下如何能够得到法定代理人的问题。那些被告往往是非裔美国人，跟她在南方所拍摄过的佃农形成了鲜明的对照。她认为，这两个群体都受到了虐待，但是那些新奥克兰人，他们面临着他们所不熟悉的种族歧视，他们缺乏能够给予支持和规范的家庭和社区。北方城市的种族主义结构也不那么直观，所以她想要通过人际交往来体现。公设辩护人系列通过叙事动态传递焦虑和批判，就像她自己对旧金山湾区社会变革的担忧与诉讼案件带来的高度紧张交织在一起一样。

她找到了一位具有八年辩护经验的公设辩护人马丁·普利克，他的迷人魅力、奉献精神和工作热情吸引了她，几个月来她从早到晚跟着他。他同意成为她拍摄对象的动机是，让公众了解他所从事的这项工作的必要性，而她则企盼从中学到点东西，所以一拍即合。她尊重他疑罪从无的观念，但也流露出维持无罪推定很难的想法。

这些照片主要是由一个个片段拼凑而成，由此来代表整体经历。在其中最著名的是夜间拍摄的囚车背部的特写镜头，尽管门上凹痕累累，但依旧微微闪烁着不祥的光芒；一件狱警的马甲挂在牢房上锁的铁格子门前，里面有一串钥匙；一个被宣告无罪的男人的双脚，轻快地走下法院大楼台阶。不寻常的是，她说服了一个法官让她进入法庭拍摄。她说，几个星期之后，她"在我的位子前面架设了一架快门线很长的相机，这样我离照相机就有一段距离，快门开合丝毫没有声音，所以看上去像是有人把相机遗忘在那儿一样"。在这些照片里，女人坐在法庭里，手中抱着婴儿，等待了数个小时；有一个被告疑惑地瞪着兰格；其他的人低垂着头在临时牢房里等着。普利克的激情使他成为了兰格一个很好的拍摄对象，那姿态，那手势，俨然是一位高手：他们在一间封闭的房间里商议，从他当事人的肩膀上方看过去，他正专注于审讯；当一位被定罪的当事人被带走时，他轻轻地抚摸着他的背；他低头看法律文书；在庭审中途突然干预。也许她镜头下的法官的脸部浮现出对法律制度的下意识怀疑，他身后有一面巨大的美国国旗，代表了正义，但也代表了威胁。但是，这种怀疑并没有延伸太远。即便普利克对她说，有多少被告撒谎、欺骗、"阻挠他这位信任他们的人"，这些照片依然展现了她对被告的巨大同情。但是，她既不走访这些被告，也不收集他们的信息。譬如，她了解到，普利克有85%的案子都是通过辩诉交易解决的。她没有去问这些被告在什么压力下被诱导接受用以辩诉交易来代替审判，放弃一个为自己作无罪辩护的机会。也许，是她太钦佩普利克了，以至于把她的注意力都放到了他的身上，而不是放到当事人身上；也许，当时要深入了解被告似乎超出了她身体的承受能力。不管何种原因，公设辩护人系列所传递的信息更加模糊不清，其批判的锋芒比起农业安全局的作品温和很多。

为了让照片显得轻松一点并适合于发表，兰格将她的目光瞄向了一些迷人的东西：旧金山的缆车。于此，她的怀旧情感是主流：每个人都想要保留这个旧金山的特色。这些照片被卖给了一份专供游客阅读的《旅行》杂志，这些照片也是对她所热爱的这个城市的致敬。缆车概括了这个城市的喜剧性场景：如此陡峭的小山，以至于新来的人们都害怕坐缆车；旧金山湾和令人惊叹的两座大桥的壮丽景色；通往内河码头的陡峭斜坡。然而，缆车的小巧，它们的人性化尺度表明了这座城市的亲密感。"缆车，"兰格写道，"几乎就像一头牲口……它们上蹿下跳，（仿佛）一匹小马驹被套上了马鞍，准备出发。"

1957年3月，《旅行》杂志刊登了十三幅照片，由旧金山专栏作家赫布·凯恩配了文字。不过，兰格拍摄的九百四十六张底片总体来说令人失望。"我本以为这轻而易举，只是玩玩而已，但一点也不，这事儿很难办。"她跟以往一样进行了精心准备："那夸张、垂直的山丘——用哈苏相机——用格拉夫莱克斯相机试着在中午时分拍摄。"她的清单包括，旧金山湾、各个民族群体、雾、缆车司机的手套、面包和香肠、孙中山，还有博普城，一个地标性的爵士乐俱乐部。她很好地抓住了乘客上下移动的缆车以及紧紧抓着踏板上扶手的情景，但是没有捕捉到那种陡峭和缆车上上下下的感觉。换了是玛格丽特·伯克－怀特这样的摄影师，也许可能会拍摄缆车机械装置的特写或者展示街道令人胆战心惊的坡度。跟往常一样，兰格感觉有吸引力的是人，所以拍摄的是乘客和工人，但是她很少表达他们的情绪，除了他们对彼此似乎漠不关心，标志着富有个性的兰格为城市生活的社会道德沦丧感到担忧。

她再也回不到三十年前她所挚爱的旧金山了。她变了，不再是无忧无虑、放荡不羁的文化人了，不再和这座城市的反主流文化有任何联系了。城市也变了，人口增长了50%，无论哪一天，游客在其居住者中所占比例越来越高，城市的风格越来越商业化。兰格不再是旧金山人了，而她那些依然是旧金山人的朋友也不住在她记忆中的那个城市里了。

1957年，多萝西娅得到了一个令人开心和满意的对恢复健康十分有利的地方——马林县靠海边的一座小木屋。对兰格来说，这小木屋远不止是一个静养之地，还是一首名副其实的田园牧歌。她喜欢观赏和聆听大海的声音，喜欢仔细观察潮水过后小水洼中的生命，喜欢在那儿摄影。她和保罗常常带着他们的几个孙辈去那里度周末——这小屋太小了，一大家子住不下——有的时候也跟朋友们一起去。小木屋因其所处的位置被称为"陡谷"，成为了自由的象征。

整个二十世纪五十年代，在小木屋和欧几里得大街房子后院这两个地方，兰格拍摄了她的家庭环境和她的大家庭，现在这个大家庭的成员已成倍增加。她拍摄了无数静物照。用她家厨房的照片再现流动农场工人的厨房，展示女性的工作和快乐，重申了女性间的姐妹情谊。她在花园拍的很多照片讲述了她另一个工作和快乐的源泉。她对保罗的取笑充满爱意，并对约翰的妻子海伦·狄克逊在怀上第二个孩子期间表达了同样充满爱的同情。这种新的摄影风格同时是对家庭的欣赏，是停止旅行奔波，也是一种艺术上的挑战——将家庭快照转变成可以传达超越家庭范畴的摄影作品。这将是她最后的项目，但是还有一项冒险事业要先安排。她将周游世界，那是她跟弗朗西在1918年的梦想。

第二十三章　外交官夫人

几十年来，只要有可能，保罗·泰勒便会利用自己的工作来配合兰格的项目。这一模式在 1958 年发生了逆转。从 1952 年到 1967 年间，泰勒成为了不发达国家土地改革的顾问，其中有三次执行公务时，她都陪伴着他，在国外待了数月。在这些公务旅行中，她不再以同事的身份而是以夫人的身份出现。泰勒受到政府官员的迎接和护送，他的身边总是跟着翻译。只要可能，他便带她出席官方晚宴，带她游览。只要允许，兰格就会外出拍照到大街上去转悠，有时坐出租车，有时有司机给她开车，但是她不会说当地的语言，不了解当地的文化，也不懂安全规矩和礼节。兰格要是在更年轻的时候有这样的旅行机会，或者说假如她是一个六十岁的健康人，那么不管有多少障碍，她一定会让这些旅行更富有成果的。她的摄影作品因为新的视觉影响而变得更加丰富和多样化。一些亚洲文化的精美设计感，乡村生活的共同品质，农场和农舍的美丽，农民的辛勤劳动，女性经常处于从属或者甚至被忽视的地位，上层人士的奢靡腐化——看到这些，她便开始重新审视美国。不过，实际上，虽然她拍摄了一些令人惊叹的照片，但是在这些旅行中的作品无法跟她在美国的摄影作品相比较；而且，这些旅行很可能使她的健康状况进一步恶化。

在家人和最密切的好友看来，多萝西娅的独断专行和泰勒的无私奉献表明他付出的爱更多，他在生活中一直迁就她。看过她旅行日记的人却会怀疑这一点。由于身体虚弱，慢性疼痛，经常遭受重大健康危机，总的来说，她宁可待在家里。她有很多理由：她不知道是否能够在那些不发达的陌生地方拍照。她的花园从来没有如此美丽过，从来没有拥有过如此值得拥有的一份宁静生活。她在暗房里的工作慢慢悠悠，不再寻求展出她的作品。尤其是，她有五个孙辈在身边。"乔治星期一就六岁啦！没有大门牙。迪伊上一年级了。莱斯莉会讲很精彩的童话故事了，讲得绘声绘色……安德鲁歌唱得很好，保利一天到晚笑个不停。"除了摄影，孙辈们是她最大的快乐源泉，尤其是跟他们在一起，她觉得可以找回她曾经缺失的母爱。（她逝世后将会错过家庭中的好多重大事件。又有两个孙辈莉萨和塞思出生。约翰和海伦决定回到伯克利来生活，暂时先栖居在她的摄影工作室里，等找到更好的地方再搬出去，这样一来，就将三个孙子孙女带到了隔壁。）

兰格咨询了她的医生，满心以为医生会阻止她出门，可是恰恰相反，他说："死在这里或者那里有什么区别呢？去吧。"还有一个诱惑就是：她仅出国一次，去过爱尔兰和英格兰，她年轻时周游世界的梦想被一个旧金山的扒手中止了。

保罗把1958年的出国看作一次宏大的冒险——八个月，去十二个国家。她回忆，他竭力"宽慰"她，动员她一起去；他一方面说绝对不勉强她，一方面又说没有她陪伴在身边，他会如何如何凄凉寂寞，然后还加上一句，"给你在办公桌上留了一些（旅游）资料……你有时间就看看。"一旦她貌似同意了，他便会把所有的旅行准备工作丢给她，就像她说的，因为"我的国王陛下完全沉浸在了水和电之中"。

她的旅行日记展现了只有直系亲属才能看到的保罗·泰勒的另一面。对自己的工作他绝对不会分心。是的，他深深地爱着多萝西娅并崇敬她；再没有人比他更加崇敬她的天赋了。但是，当他专注于自己所关心的事的时候，也可能把她的需求抛诸脑后。像所有的爱一样，泰勒的爱也有一部分是自私的：他想要她跟他在一起。她知道他的心思："……从某种特别的角度讲，（他）冷酷，不可理喻。我有一部分他是排斥的……我恳求他，可他就是不变，就认死理。我必须让步，必须这样。"她在重复她迁就梅纳德的错误："本来，作为妻子，我应该多一点批评，少一点迁就。"这些旅行从另一个角度暴露了多萝西娅的控制欲，表明在对丈夫的重要事情上，这种控制欲与甘愿听从甚至做出牺牲可以完全相容。

从1958年到1963年，尽管身体很弱，疼痛不断，她仍然花了数月时间在漫长而累人的旅行上，因为他需要她的陪伴。她打点行装不下几十次；孤身一人待在旅馆房间里，写了许多明信片和信函；正儿八经地坐在宴会上却什么也不能吃；满腔热情地跟着保罗旅行和购物。相比之下，国外的工作为保罗·泰勒开辟了一个新的职业生涯，而且这个天地让他活力四射。多萝西娅的身体日渐衰弱，而他却再次精神抖擞。然而，这第二份职业最终再次粉碎了他的理想。在美国经历了新政农业的失败，然后，他在国外再次经历了这样的失败。不再投入政府工作的兰格，情感上更加无畏，所以她先认识到泰勒失败这一点，也更无情地认定结果会是这样。

对泰勒来说，到国外当顾问的工作是他新政工作的继续。新政项目停止之后，他跟农业部的很多其他人一样，开始到国外工作，而且一些像泰勒这样的进步人士，想要在国外促进农村民主。他们意识到菲律宾、印度尼西亚、越南、巴基斯坦这样的国家存在土地的巨大不平等，是政治上的民主和自由的拦路虎。最后，他们在第三世界所倡导的土地改革跟在美国一样陷入泥淖，受阻碍一方面是由于冷战，另一方面是由于美国政府下决心保卫它那些反共联盟，无论这些反共联盟有多么腐败、多么野蛮、多么反民主。保罗·泰勒对此的评价相对隐晦一点，部分原因是他喜欢这份工作。但是，有大量证据表明他的挫败感，他否认自己所做的工作是徒劳的，就像一位战士不愿承认他是在为一场徒劳无益的非正义战争做出牺牲。此外，泰勒绝对不是一个轻易服输的激进主义分子，他为农业民主化一直战斗到1984年他生命终结为止，他始终相信，美国的外资政策稍微明智一些，就一定能够帮助到贫困国家。

泰勒在为国务院兢兢业业工作的同时联邦调查局也正在调查他的不忠行为，这在美国冷战政治中并不少见。华盛顿有很多人知道他是一个坚定的反共分子，主张土地改革和民主参与是阻止共产主义的唯一方法。就此而言，他是冷战时期的自由主义者，从不质疑遏制苏联影响力的必要性。但是，自由派反共产主义独裁的表现形式多种多样，而泰勒作为一位顽固不化的新政分子，认为经济和社会的民主跟政治自由同样重要。事实上，他相信，没有这样的民主，政治自由即便不是不可能也至少是不确定的。他看到了不受约束的企业的权力会威胁到民主和公民自由。当人们批评加州大种植园主的统治跟法西斯主义如出一辙的时候，他听进去了，虽然他自己没有说出那样的话。

泰勒为美国开的药方被称为土地改革（或者更宽泛一点，被称为农业改革），它也是为第三世界开出的药方。它不仅包括重新分配土地，还要给小农场主发放贷款，对佃农的租金加以控制，为没有土地的农场工人提高工资。他的国际工作计划也是来自他对小型农场的承诺，他将这一形态看作美国民主的基础。到二十世纪五十年代初，"二战"胜利之后泰勒的博士威廉·吉尔马丁参与设计、由美国强制推行的日本土地改革的成功，使得对美国有经济利益和战略利益的其他国家似乎看到了一项充满希望的战略。他在国外当顾问的工作使他跟一些老盟友联系上了，包括沃尔夫·拉德金斯基，一位前麦卡锡主义的受害者，现在在越南为美国开发署工作。

　　土地改革将伴随着"社区发展"。在泰勒看来，这就意味着大众可以参与决策，这是一种激进的民主观念，由睦邻之家所开创，后续在民权运动和农场工人运动中得到传承。泰勒相信，土地改革只有通过草根运动才能实现。

　　这一愿景与美国实际采取的行动并不相似。国务院的领导所关注的是刺激经济发展以便减少共产主义者所鼓吹的财富重新分配的诱惑，几乎很少关心民主化。他们不仅害怕苏联的挑战，还害怕在前欧洲殖民地的解放运动，他们相信，这一运动得到了苏联和中国的经济支持。美国的外援和技术咨询把反暴乱作为其目的：减少民族主义和左翼运动的吸引力。在一个又一个国家，统治者们太依赖土地所有者，不敢得罪他们，即便在得到了据称以改革为条件的数百万美元之后也是如此。这些小国家的传统精英们利用美国以维护他们的权力和财富，比美国利用改革来抵抗共产主义的大众诉求要成功得多。

　　泰勒写了一份又一份关于进行民主的土地改革必要性的报告，但是他的建议从来没有得到实施。当统治者们阻止改革的时候，他曾试图削减援助资金，但没有成功。国务院拒绝发表1967年由他撰写的报告，题目是《利用农民不满的共产主义战略和战术》……很快，泰勒和其他在国外工作的新政派让位给了以冷战思维凝聚起来的新一代人，他们对新政时代没有任何经验。

　　自美国灾难性地干预越南以来，持批评态度的学者们表明美国的专家意见更多的是在压制民主而不是促进民主。大多数批评指向国务院、国防部和中央情报局，有时还有那些大基金会。泰勒的思想形成于越南战争崩溃之前，事后看来，他会指责农业部，当然，他跟农业部非常熟悉。假如他让其他部门逃脱责任是错误的，那么他提醒大家注意这个问题被忽视的一面则是正确的。农业部的人们习惯了代表大农场主，对大农场主来说，机械化和大量使用化学制品是有成本效益的。他们倾向于忽略很难一下子就被说服尝试新方法的农民，在泰勒看来，他们没有理解农民不愿意尝试的合理原因。农业对外咨询处试图将提高生产力作为土地改革的替代方案，而不是一种补充。它也鄙视合作社，合作社本来可以帮助贫困的农民走规模经济之路——虽然泰勒对农业部认为规模越大生产力就越高的观点持怀疑态度，但是他赞成合作社。"绿色革命"于是加剧了不平等，加剧了土地的垄断化，成千上万的破产农民涌入城市贫民窟。农业部比外交官和士兵更不重视社会结构和环境的可持续性，只对短期投入产生收益感兴趣。

然而，泰勒帮助了这些反民主的项目。他知道他的建议会石沉大海，他知道他所遇见的很多统治者有多么腐败和专制，他知道在农业社会里那些大种植园主的权力有多么强大。尽管感到失望和沮丧，但是他从不拒绝这份顾问工作。在美国，他将研究跟宣传结合起来，为他的雇主所称的"失败的"事业进行奋斗，譬如增加农场工人的工资并改善他们的生活条件，以及关注一百六十英亩水限制这样的事情。在外交政策方面，他没有进行这样的尝试，否则他会失去这份顾问工作。为了保住这份工作，他只得接受作为政府代理人的角色，他一贯的强烈的道德热情被压制了。

兰格怀揣很高的期望，为这趟旅行准备了大量的胶卷。在他们的第一站东京，她心情愉悦。她买了一台三十五毫米的相机，并拿它来试拍。他对日本的设计理念印象深刻，这种设计理念甚至在工业制成品中也有体现："这些百货公司（她刚刚去了高岛屋）简直像当代生活博物馆。"在日本农村，他看到了"农耕的艺术……农田的曲线和形状……在那些果园岛上，水果是用小袋子扎起来的，"而且，当然啦，还有农人们的优雅。

但第二站韩国动摇了他的信心。她比大多数美国人见识过更多的贫困，但她对"第三世界"的悲惨生活毫无准备。分裂国家的战争结束了，但是苦难并没有结束。一家孤儿院"揪住了我的心，使我反胃，动摇了我的自满……婴儿就躺在肮脏的箱子里，身上长着脓疮……那一小块一小块灰白色的腐烂的皮肤我根本就不敢碰……"

她还注意到了人们对混血儿童的敌意，尤其是对黑人跟韩国人生的孩子。在越南，她拍摄了一位美国大兵和他的混血宝宝，她对这个婴儿的未来表示担忧。然而，在她的早期观察中，出现了她在她自己的国家会排斥的种族主义的陈词滥调："在韩国，人的生命是廉价的……"说到马尼拉，她写道："人看上去就像丛林生物。"

不管贫困有多么令人不快，她还是想要亲眼目睹，但是管理者拼命地回避。在韩国，"他们像抓着小狗一样抓着我们的后脖子，把我们弄到政府指定的地方，远离贫困，就像住在郊区一样。"当她独自行走时，常常会引来一群人，他们至少会挡住她的视线，有时会让她害怕："一群推推搡搡的小孩子，还有很好奇的大人……我被围在中间，他们检查我的衣服，捋我的头发。"她的隐形斗篷不见了。在亚洲，她无法像在纽约和旧金山那样在城里闲逛。

结果，在她的旅行日记里没有找到和在亚洲拍摄的照片相关的评价。但是，她自身的勉强也是原因之一。她从来就不喜欢拍摄可怜与肮脏的形象，她在二十世纪三十年代这样做，是因为那是她的任务，因为她相信这也许能帮助她的拍摄对象，而在亚洲，拍摄这样的图像不会产生任何建设性的意义。让人感觉她是以外交官夫人的身份在拍照，她必须表现得谨慎、机智而恭敬。

她经常看到她没法拍摄的景象，因为她是在移动的火车里或者汽车上。"昨天有两次，我看到了有记录价值的东西。"她写道。而且，是她的听觉而非视觉意象传达了她的感觉：即她是在盲目地反映而不是解释她所看到的东西。她会请驾驶员停下来，可是他们不是拒绝就是假装没有听懂。"我坐在车里，怀里揣着照相机，怒火中烧。"

美国人的傲慢与特权以及瞧不起亚洲人的做法让她感到厌恶，她从视觉上发现了不平等的迹象，一个军人服务社前面的一张长凳上不允许韩国士兵坐。那些美国大兵对韩国女朋友的行为也让她反感，他们让收音机的声音甚至盖过了街头的喧闹声。她觉得最不痛快的事发生在越南。她在吴廷艳镇压运动期间到访过那儿。当时在农村实行恐怖统治，只要怀疑并告发邻居和亲戚中的越盟同情分子，就可以得到奖赏，被告发的人就会被抓去坐牢，或者干脆被枪毙，这是司空见惯的事情。所以她将越南称为警察国家。她发现那儿的负责人非常惹人讨厌："掌控我们的是一个军士……邋遢鬼、老乡巴佬、招风耳，一个世界观扭曲、飞扬跋扈、自命不凡的老猎手。"即便小心谨慎的泰勒也在抱怨这个人，希望他们的"越南翻译听不懂流利快速的英语，否则这个家伙会说那是诋毁越南人……"

多萝西娅从外围观察这些美国的援助项目，就不太有可能像保罗那样只指责个人。"这儿有一种本质上已经腐烂的东西。"她写道。在越南，她感到费解："……要是美国的援助撤出亚洲……要是他们有勇气面对我们，否定我们的意图，那么从长远的角度讲，这些国家是否会在世界各国中处于一个更好的位置？我们是否正在从源头上削弱他们？我们是否阻碍了他们发展的进程？……我们就像一个征服者。"

但是，这些负面的评论仅仅出现在她的旅行日记里和给家人的信里，没有反映在她的摄影作品中——在这些旅行中，她只拍摄了美好的东西。她对亚洲的美学充满了敬畏之心，拍摄了数千幅精美照片，写下了数百页的观感。"放眼望去，这片土地上到处是穿着灰色服装的棕色人种，他们机敏、独特、缓慢地移动着，或独自一人，或成群结队，也有的蹲着，到处都是装满东西的架子，背负架子的人从沉重的负荷下面窥视着四周……棕色皮肤的小男孩拿着色彩鲜艳的捉蜻蜓的网兜……妇女光滑的黑发头上顶着东西……米饼的形状与沟纹图案（原文如此）。"她也从生态学的角度对她所看到的东西进行分析："……所有这些方式都是由自然环境决定的，人们利用这一自然环境，并以此养活他们自己……"

跟往常一样，她的照片对农业劳动特别青睐。其中有一个主题是搬运——偶尔由驮畜完成，更常见的是人们用背或头来搬运东西，无论是运动还是静止状态，都是兰格开办照相馆以来持之以恒的强大主题。兰格所发表的亚洲照片大多极其雅致——一只日本歌舞伎的手，一张韩国孩子完美对称和光滑的脸。在亚洲跟在美国一样，她钟情于拍摄脚，用脚来象征亚洲人的劳动、耐力和优雅。（回家之后，她串起了一个她称之为"与足的对话"的系列。）她同样也运用身子，作为血缘关系和亲情的象征。她的人像照常常以孩子为中心，因为孩子比大人更容易接近。她设法捕捉他们不可爱的状态——出神、焦急、怀疑或者傻乎乎的模样。她所寻求拍摄的孩子和女人常常是躲躲闪闪的，她就拍摄这样的躲闪，让它成为核心主题，成为拍摄对象身份的一部分特征，在某种程度上，它也象征着摄影师作为局外人的身份。

当我仔细观察那些在亚洲拍摄的照片时，我十分警惕那里面有没有隐含着东方学家对异域风情和"落后"民族的看法，因为在第一世界的游客的观察中有太多这样的东西。我没有看到太多这样的东西。当然，兰格拍摄了很多平常不太拍摄的图像——蒙上面纱的女人、戴头巾的男人、头顶重物的女人、戴鼻环的女人、光着身子的幼儿（她总是喜欢拍摄光着身子的小孩）、日本歌舞。然而，这些图像既不刺激，也不神秘。兰格与其说是对异国情调感兴趣，倒不如说是对世俗凡尘更感兴趣。她的相机更多地对准在田间劳作的农场工人、扎堆闲聊的妇女，以及无处不在的扛着东西的人流。她拍摄寺庙和光塔，但更多的是穷人的家，极其关注这些房子是如何建造的。她记录下很多发生在户外的家务劳动，譬如烹饪、修理汽车和自行车、洗衣服、购物。她对亚洲女人的态度与对美国女人的态度是相似的：她们代表着母亲、工人、农民、手艺人——但是，她们的劳动强度大于西方妇女。

似乎为了弥补摄影的局限性，兰格广泛地研究民间艺术品。"我们买了又买。保罗和我肯定都喜欢购物……"保罗认为买东西也可以躲避那些官员，反正那些官员不会告诉他们任何有用的东西。保罗甚至比多萝西娅更渴望弄到文物，但是她更有鉴赏力。在越南，她给女儿、女婿、孙辈们都买了丝绸衣服（但是没有给康西和贝姬买）；她在印度尼西亚给海伦写信道："你这下半辈子都要穿那些纱笼。"他们给自己买了实用品，多萝西娅后来经常使用。他们购物既考虑审美也兼顾环保原则。她（或者他们）所珍爱的东西是生活中所需的实用家具，是他们日常文化的有机组成部分。这些物品展现出形态和功能的结合，实用和艺术的结合，是多萝西娅优雅简约品味的精髓。

她有时候很享受提供给美国外交官的奢侈生活，但有时候她也能忍受艰难的生活条件，因为保罗决定去看看真正的农村。在大城市里，他们住豪华的宾馆。在泰国的清迈，国务院将他们安置到了前王子金碧辉煌的宫殿里。但是住过韩国的农村小客栈之后，她便开始在自己的身上一个劲儿地捉虱子。在埃及锡瓦的一家"客栈"里，他们睡在上面洒满了灭虱粉的肮脏床单上，有一天整天都没有吃的，锡瓦是一块富饶的绿洲，在古埃及是一个声名显赫的圣贤之家，但是到了1958年却成了一个废弃的考古遗址。她可以吃的易消化的食物往往很难搞到。厕所设施带来了严峻的考验，尤其是对她反复发作的肠胃炎。在长长的旅途中（从锡瓦到开罗有三百五十英里路程）他们坐在敞篷的吉普车里一路颠簸，满身尘土。出租车司机疯狂飙车和不靠谱的飞机令多萝西娅经受了极度的恐惧。此种情形远比圣华金河谷或者沙尘暴区还要糟糕。

保罗可以出色地应对工作，从不疲倦，从来不想家，总是急切地想要奔赴下一个地方。他会见一些大人物，他们很敬重他，偶尔也用一些敬语；如果坐小飞机，他喜欢跟驾驶员一起坐在驾驶舱里。"保罗喜欢官场。""他热爱这种生活。"多萝西娅写道。总的来说，她以惯常的坚韧来应对，每当感到烦躁时也会批评自己："这些天我总是可以找到一些能够抱怨的事情，当作一种武器攻击他忘我地投身于工作。我发现这种工作一成不变、枯燥乏味，二十三年之后我开始反抗。"如果她有过反抗，也坚持不了多久。她真的希望当时没有那么多的正式宴会，她感到苦恼，他对工作太投入了，根本就不听她在说什么，但是，她从不介意独处。要是允许，她喜欢看他工作；喜欢回忆第一次被介绍跟他见面时的情景，当时他正在采访研究对象，她十分欣赏他的工作技能。关于汉城商会的一个讲座，她写道："他已经做到完美无瑕了……他的庄重和简朴十分动人……我对他的爱有时真的让我不能自己。"

但是，疾病突然发动袭击；渐渐地，身体好了反倒令她惊讶，不舒服成了常态。1958年那次旅行的开始，从檀香山飞往威克岛的航程中，她几个溃疡部位痛得火烧火燎，她担心不得不折返。疼痛无时无刻不在。"我的内脏真的很痛很痛……我都怀疑我很可能要彻底垮了，都等不到这趟旅行结束了。""我每天都会痛。这让我精疲力竭。好痛，好痛。有时，如果我独自一人，我就会哭出声来。"有一次，她一个人在巴基斯坦，夜里得了痢疾，"简直把我撕成了碎片……"她经常处于营养不良状态。

这些抱怨都只是出现在了她的旅行日记中，没有对她丈夫讲过。他们第一次坐飞机他就坐在她的身边，竟不知道她在遭受疼痛的折磨。他本该知道的，因为他知道她总是不想让他担心。"对一位遭受着如此长年累月严重疾病折磨的人来说，她从来不让自己的病痛影响到他人。"他这样评论道。她心里非常明白默默承受痛苦需要耗费多大的精力。她写信给患有帕金森氏症的玛格丽特·伯克－怀特："我们已经日薄西山……半截入土啦；如果不把我们的苦难施加到别人身上，就当作是在履行我们的责任了。"看了保罗的回忆录再看她的日记，就会发现保罗只顾自己。

他回忆说，没有什么可以让她的精神萎靡不振，他们的"兴趣如此完美地吻合……她从来没有说，'噢，我真想干些别的什么事情。'"她认为是他没有听见她说的话。

尽管她身体状况很差，但她很大度地答应保罗在结束他的工作之后再去五个国家旅游。他们先是到了莫斯科，并在那儿得到了高规格的外交宾客的礼遇，但同时也面临着蓄意阻挠的官僚阶层，体现了苏联官方文化的两面性。莫斯科大剧院芭蕾舞团和其他演出的门票每天都有，但是他们不允许保罗与其他经济学家和经济发展方面的专家会面。然后他们去了德国，途经东柏林和西柏林，拜访了她的和他的祖籍地——斯图加特和凯撒斯劳滕。在德国，她百感交集。听到母语，便让她想起了性情暴躁的弗里茨叔叔、靓丽华贵的外祖母和她踩缝纫机的声音，想起了妮蒂"大而扁平的脸和大鼻子，一天下午她来看外祖母，也不知怎么的，她们就挺投缘地凑到了一起"。她在斯图加特电话号码簿上找到了十位沃特勒家的人，沃特勒是她母亲的姓，但是她没有设法跟他们见面。"别自找麻烦。"她写道，让人捉摸不透，也许是不想冒险在她的祖先那儿碰上纳粹的同情者吧——德意志第三帝国的陨落才过去了十三年。纳粹主义和对犹太人的大屠杀依然历历在目。即便在听了一场巴赫大合唱音乐会之后，她仍然写道："他们真的灭绝了六百万犹太人吗？"

他们在斯图加特买了一辆大众牌轿车，驾车往西，穿越瑞士；他们在路上大吵了一架：多萝西娅想去巴黎，但保罗坚持前往他在第一次世界大战中被灌过毒气的贝洛林苑。（显然没有时间两个地方都去。）多萝西娅低估了保罗想要旧地重游的愿望——他在那儿打过仗，负过伤，自我牺牲和爱国主义全部都包裹在了一种非常强烈的情感中。他找到了战场，跟他记忆中的一模一样，就连一个他们部队曾作为急救站的酒窖也依然如故。这使多萝西娅自惭形秽，她很快作了自我批评："你想象自己受到了迫害，你全力应对一阵劈头盖脸的批评，有说出来的，也有没说出来的……你把自己当作一个巴黎式的人物。这不是真的，但这是报复。"她从未去过巴黎，从未见到过巴黎的摄影和现代艺术珍品。

最后，他们在伦敦做了停留，去看了玛戈和她丈夫唐·范杰，然后再次到芝加哥去看了保罗的女儿凯茜。等他们来到旧金山的时候，多萝西娅一看到约翰、海伦·迪克逊、罗斯、奥尼·泰勒以及五个孙辈，她的疲惫几乎烟消云散，他们到机场来接他们。

泰勒有几次单独出国去当顾问，但后来又设法让多萝西娅陪他出去了两次，1960 年夏天他去了厄瓜多尔和委内瑞拉。尽管是徒劳的，他还是希望能够说服国务院正确实施对外援助，运用当地的社会力量，支持真正的民主。委内瑞拉在前左派贝当古的领导下鼓励成立农民协会，这种农民协会给泰勒留下了深刻印象。在厄瓜多尔，相比较之下，泰勒和兰格两人都对美国的政策提出了极其严厉的批评。瓜亚基尔是一个"贫困的城市"，兰格写道，"……丑陋和可怕到无以复加的地步……"美国对南美洲的外援是一个"不加掩饰的交易，我们走在大街上都感到羞耻"，那些敌视的目光进一步强化了他们的不自在。他们到农村去的时候，她看到过一点救援的迹象，因为，尽管有可怕的贫困和肮脏，但是她在那儿看到了"让人感觉非常好而深厚的人与自然环境的关系"。农民们非常"诚挚，非常认真，非常贫穷，但干活非常卖力，非常愿意用粗糙的双手和双臂来为'社区'作出贡献"。无论有多浪漫，她的热切希望导致了一个极其世俗的愿望："世界上难道就不能有一个挣钱容易点的地方吗？"她对保罗的理想是否有可能成功变得越来越怀疑。

身体上的痛苦再一次降临：数小时开着一辆敞篷的吉普车穿越安第斯山脉，眼睛和嘴巴里全是灰尘，鼻子因疥疮而瘙痒。她被免去一次附带的行程留在了宾馆里。"……我的动力、我的精神抛弃了我。"他写道。"保罗……毫不留情。没有任何通融性。"

1961 年，多萝西娅成功地拒绝了一次外出。"我的国王陛下想要我跟他一起去……我却想要安静地躲在暗房里工作，没有人打扰（没有一百六十英亩水限制这种事儿）……"不过，他们最后一趟旅行是在 1963 年，也是最艰难的一趟旅行。这趟旅行本来应该更容易一些，因为他们大多数时间都将待在一个地方——保罗刚刚从加州大学伯克利分校退休，到亚历山大大学福特基金会资助的土地授权研究院任教半年。1963 年，埃及成为共和国已有十年之久，当时的总统贾迈勒·阿卜杜·纳赛尔是一位享誉世界的民族主义者，决定推行土地改革。此外，这位强烈反共的纳赛尔在 1955 年将埃及带入了不结盟运动，当时第三世界国家都在竭力躲避大国之间的冷战，走一条独立自主的道路。这也吸引了泰勒。

多萝西娅在 1962 年经受了又一次疼痛发作并住院治疗，她不想外出，这保罗也知道。但是，他肯定要去，那么她就不能不陪他去。他是不是不计后果和自私的呢？他无法拒绝这些邀请。他们在一起生活的这些年，她那么富有活力，经历了无数次的健康危机之后依然恢复能力超强，也从不抱怨，所以他根本没有想到，她的病痛已经威胁到了她的生命。

在亚历山大，大学除了配备一辆车和一个名叫阿利·阿瓜的司机外，还提供了一套房子和一位名叫赫塞恩的管家。多萝西娅负责做饭，去市场采购，这是一项耗时的活儿，但她却干得不亦乐乎，把它当作摄影素材的来源。但是，街上的人们明显怀有敌意，这是反美情绪发展的标志。（1956 年纳赛尔将苏伊士运河收归国有之后，美国和以色列就下决心要推翻他的政权。）孩子们向她投掷石块。有一个旁观者要求她不要拍摄街头的穷人，她应该拍摄一些美丽的东西。阿利对她说，她一定知道贫穷和衣衫褴褛的人无处不在："当人们看到衣服都破了（换句话说，当照片显示人们穿着破烂的衣服时）——血液就会倒流。"

与之前的旅行相比，兰格这次有更多观察普通人的机会，她对妇女的地位了解得越来越透彻。"那些小姑娘很早就背着婴儿，以后一辈子就这样了。"当她了解到不允许女性做的事时，她在日记里写下了批判性的评语，但是她在寄回家的明信片上却轻描淡写："我不会戴着面纱回家来的，不过已经收敛了很多。"兰格的观念在这儿受到了挑战：她关于"传统的"较少个人主义社会的乐观看法跟令人不安的女性从属地位的证据形成了巨大的反差。当然，像很多西方来的游客一样，她过于简单化地理解了女人戴面纱和不抛头露面的含义和作用，没有看到由此产生的对女性群体的有益之处，或者没能够看到，在这样的生活方式下，女人虽然处于从属地位，但是并非完全无能为力。泰勒在对性别问题的理解上少一点浪漫性和主观性，他的洞察便会更加入木三分。譬如，他注意到，农村妇女对像洗衣机、煤气灶这类家庭机械化缺乏热情，便打听了一下，然后明白了。家务事跟农田劳动的机械化有关，因为女人"发现节省下来的时间和劳动要花在田间，没有理由在家中节省时间和劳动力"。

在这趟原本应该更轻松的旅行中，多萝西娅面临着真正可怕的健康危机。她开始遭受的不仅是痛苦的溃疡发作，还有身体的消瘦：慢性腹泻和食管的不断闭合，使得她的营养极度不良，体重再次大幅下降。她写信给玛戈说，她的衣服要用安全别针扎起来才能穿了。1963年3月，她出现了间歇性发烧的新症状，但是用几天抗生素之后热度就会消退。7月，他们在回家途中访问了伊朗，一天早晨在大不里士，保罗醒来的时候发现她在说胡话并处于谵妄状态；她只好住了五天院。一周之后在德黑兰，她再一次住院。这些多半曾在美国接受教育的优秀内科医生也发现不了感染的原因。8月2日，最严重的危机来袭，当时他们在瑞士驾车西行。随着她的体温不断上升，保罗发疯一样驾着车，一直开到深夜才将她送到因特拉肯的医院。

医生们开始给她静脉注射补给营养并进行输血，但是他们拒绝使用抗生素，理由是此前的诊断没有能够确诊感染的原因，因为抗生素对折磨她的微生物的制约作用是很快的。这次冒险获得了成功。她得了疟疾。对症下药的治疗开始发挥作用，但是速度很慢，因为这一病症被拖延太久，她病得很重，身体已经十分虚弱。到了第八天，她依然在接受静脉注射和输血。

他在因特拉肯的医院住了三周。保罗白天整天在病房里陪着她，晚上到附近的一家宾馆去睡觉。保罗感觉这是一个天堂。这种情绪表示他如释重负，终于有了让她康复的对策，有了他所信赖的医生了。他喜欢充满阳光的清新空气和从多萝西娅病房窗口望出去的风景。有可能因为她的重病和衰弱必须静养，他不得不停止他的活动，由于多萝西娅目前的状况，他不得不找到耐性，所以在他身上也产生了强身健体的效果。她的体力在逐渐恢复，她的心情越来越好。

当她准备离开的时候，她记得和大夫的对话："大夫对我说，'你要什么？'我说，'大夫，我想要十年。'然后他说，'我相信你能做到。我相信你能再活十年。'……他们对我进行了检查，发现在我身上所采取的所有措施……有效果的，起作用的，所以，只要保养好，再活十年没有问题。"她一直坚持着，仿佛这是一个承诺。现在，她六十八岁了，她绝对想要继续活着。多少个月来第一次感觉这么好，她再次开始设想新的摄影项目和家庭的乐趣。

然而，她出院之后他们并没有直接回家。保罗总是想要多看看，多干些事，而且，她的状态越来越好，加上医生的承诺令她很开心，于是她默许了。离开因特拉肯医院五天之后，她的体温再次飙升，于是她不得不再次服用奎宁。即便在那个时候，他们也没有停下来。9月初，他们来到了尼德兰，她继续服用奎宁，四处游览，参观博物馆。回到美国之后，他们在回伯克利之前，又去了三个地方。保罗几乎立马去了智利和伊朗，把多萝西娅留在家里跟她的孙辈们共享天伦之乐，在她的暗房里度过美好时光。

　　在第一趟亚洲之行快接近尾声的时候，多萝西娅回顾了一下她所拍摄的东西，评论道："……那位优秀的摄影师不见了……留下的只是一个病病歪歪、缺乏热情、疲惫不堪的老太婆，老眼昏花……她本来有可能发掘自己的潜能。可是她没有采取行动。"在亚洲，兰格经常发觉没有什么东西可拍。她写道："'我心中的秘密宝藏'枯竭了。"回到伯克利后的一天早上，她毁掉了她在亚洲花十天时间所拍摄的作品。

　　通常，她认为她可以用意志抑制住病痛折磨和身体疲惫，她谴责自己的毅力薄弱。"我在这儿将要做的事情，"她在第一次出国之初，第一次飞行途中疼痛发作之后写道，"取决于我内心的东西，取决于我有多少勇气。"但那不是真的——缺少勇气不是问题。兰格对自己的要求毫无道理，以至于那些要求都变得扭曲，因为事实上她试图做的事情是不可能完成的。即便她的身体并不是如此虚弱，她也是在一些并不熟悉的社会里盲目地工作，而她的技术是要建立在她对文化的理解和对拍摄对象背景的了解之上的。（在爱尔兰，她至少能够跟人们沟通。）摄影权威特雷斯·海曼认为，到国外的那几趟旅行是浪费多萝西娅的时间。多萝西娅陷入到了一种她所不了解的文化当中，所以她根本不知道她所看到的现象是典型的还是不寻常的，她没得选择，只是"把它窃取了过来而已"，海曼说这话，并不是表示字面意义上的窃取，而是一种形象的说法，因为它所代表的文化是表面的。几年之后兰格回顾时承认了这个问题："我当时不知道我在看什么。""日本超出了我的理解范围。"这就是她警告说"小心美丽风景……"的原因。因为她面对的是以男人风格为普遍特征的家庭，文化障碍也许变得更加出乎意料。她想要触及文化多样性表面下人类同一性的核心。但这种共同的人性——女人对孩子的关怀、孩子的贪玩、家庭的团结——常常是平庸的。的确，共性有可能是肤浅的，而那些差异则要深刻得多。

　　不同意见是有的。摄影界的一些权威人士，包括格雷丝·迈耶和安塞尔·亚当斯，纷纷赞扬她的亚洲摄影作品。有很多照片精巧美丽，它们对亚洲艺术风格的借鉴得到了鉴赏家的好评。这些照片很快就被定性为艺术品，跟她在二十世纪三十年代所拍摄的美国穷人的照片形成了鲜明对比。第三世界的照片没有传达出沉重的责任感或者政治目的；它们并非是以纪实摄影形式出现的。但是，兰格坚持她总体的负面评价。她那位年轻的助手理查德·康拉特对她说，他认为亚洲的作品是真诚的，但总体来说是不成功的，她同意他的评价。

她的自我评价标准太严格了。是的，假如她不离开美国，那么她的成就也许依然伟大，而且这样的旅行增加了她的痛苦，也许还缩短了她的寿命。但是，如果亚洲和拉丁美洲的摄影作品是她的全部，那么它依然是一个巨大的成就。按现状，我们不可避免地会将它跟她的美国作品做比较。而且，从历史的角度看，亚洲作品的相对较弱是顺理成章的：兰格是一个典型的美国人，所以，毫不奇怪，她最伟大的作品就应该诞生在美国处于英雄主义、民主化时刻的条件下，她稍次的作品也只能产生于自私和恐惧甚于宽宏大量的时期。

第二十四章　去小木屋

　　历史学家可以看到，1955 年的多萝西娅·兰格进入了她生命的最后十年，但是她自己当然不知道。我估计，她只是在 1964 年 8 月被诊断出患了不能动手术的食道癌之后，才开始认为自己是一个行将就木的女人。她的医疗危机和住院治疗开始于 1945 年，离她去世还有二十年，但她总是能转危为安。她的生理和心理恢复能力，她承受痛楚的能力，还有她的瑞士医生 1963 年给出她能再活十年的承诺，使得她期望自己活得更久。然而，到最后，她看到了历史学家所看到的东西：她的经典佳作非同凡响地集中在 1935 年到 1945 年这短短的十年间。你可以认为这是一种损失——将其创造力残酷地缩短了。或者，你也可以把她多年的健康不佳当作是那十年全力工作付出的代价，一种浮士德式的交易。或者，我相信，你也可以把它看作一个抓住了非凡机会、没有浪费这个机会的女人最后掌控了自己的人生轨迹。

　　不过，历史学家千万不能让兰格最多产的一个时期的辉煌成就或者她开始于 1945 年的健康不佳的状况掩盖了她晚年更人性化的成就。她将最大的精力投入到她在现代艺术博物馆的个人摄影展中。她确保了这场摄影展在她有生之年圆满完成，但是她没能够亲眼目睹这场展览——摄影展是在她逝世后几个月才开幕的。在数十年受到赞美相对较少的情况下，她明白，这场摄影展是一份姗姗来迟的邀请，邀请她加入这个确立艺术家艺术地位的摄影人的顶级俱乐部。

　　即便不把那个摄影展包括在内，她最后十年中的生产力也远远超过了她的健康状况所允许的程度。旧金山 KQED 电视台为国家教育电视台制作了两部有关她的电影；这需要在她家中进行多日的录音和拍摄，牺牲了她很多的清静和休息时间。她用她在亚洲旅行时所拍的照片创作了好几个摄影专题，开始制作两部摄影书籍，这两部书籍在她死后出版：《多萝西娅·兰格看美国女人》和《去小木屋》。同样，人们对她没有获得成功的努力也表示了敬意，例如她坚持不懈在努力的城市摄影项目——一个她本想送给美国和年轻摄影师的礼物。事实上，一群正在拍摄民权运动的年轻的摄影人找到她，希望得到她的指导和帮助，认为她的摄影作品是他们的灵感来源，把她的新政自由主义直接跟刚刚诞生的新左派联系起来。这种联系的中断提示了她因为疾病和死亡所失去的东西，倘若她还活着或者她的精力允许再持续若干年，那么她也许会获得更多成果。

鞭打自己这头快牛也许缩短了她的寿命，但是她选择了这条路，无怨无悔。这就意味着，从某种角度讲她自己选择了如何死亡。她对保罗说的最后一件事情是："这是一个奇迹，它来得正是时候。"她说的"正是时候"有弦外之音，因为她的死亡就发生在现代艺术博物馆的摄影展览正式开幕之前。她需要举办这个展览，但显然不需要再参观这个展览了。她愿意死了，不需要再知道艺术摄影世界的评判了。这句话可能有两种理解：第一，表明她老是缺乏自信，现在担心她的展览会受到批评，她害怕自己永远成不了一位伟大的摄影师；第二，在我看来更有可能的是，她知道自己作品的价值，不需要权威人士做出最终的认可了。

在二十世纪六十年代初，麦卡锡主义明显走向衰亡。对共产主义的谴责正江河日下，很难再镇压异己了。几股力量联合起来，推动正在酝酿的政治潮流，其中最重要的是民权运动（民权运动当时催生了反战、妇女权利和同性恋权利等运动）。从1956年反对学校种族隔离的合法战斗及蒙哥马利巴士抵制运动，扩展到了1960年午餐柜台静坐示威、1961年的自由乘车运动和1963年及1964年的选民登记运动。令兰格感到肃然起敬的是，这些积极分子即使面临针对他们的暴力的时候也没有诉诸暴力。当她了解到这场英勇的斗争来自她曾走访过和拍摄过的人时，她特别感动，他们那时候似乎一败涂地。

以厄尔·沃伦为首的美国联邦最高法院不仅仅废除了实行种族隔离的学校，而且还废除了学校里的祈祷仪式、众议院非美活动调查委员会的政治迫害、为投票而设定的文化水平测试、禁止异族通婚和避孕的法律；这样一来，保证了没有钱的被告可以得到律师援助并要求警方实施米兰达法则。禁止征收人头税（兰格经常谴责这项法案）的美国宪法第二十四条修正案，在国会和各州获得通过。一场由她在北卡罗来纳州、密西西比州、阿肯色州拍摄过的社区儿童发起的运动正在改变美国。

肯尼迪在 1960 年当选总统，给黑暗的地方带来了更多光明，不仅因为他出台的政策，还因为他出色的演讲技巧和个人魅力。肯尼迪家族带来了一种崭新的文化格局——在白宫引进了室内音乐、法国大餐，跟其他精英风格的标志相映成趣——让兰格入迷。林登·约翰逊所创立的国家艺术基金会为艺术家们提供了联邦支持，这让那些经历了新政艺术资助的人兴高采烈。他的"向贫困宣战"也同样有效。令人觉得讽刺的是，这些投泰勒所好的大多数新政策——和平队、进一步扩大对外经济援助项目、《禁止核试验条约》——都是冷战时期跟苏联竞争的结果，苏联积极支持非洲的独立运动，谴责虐待非裔美国人。（当然，政策的结果并非相同，泰勒对为富人减税和不正当地陷入到灾难性的对越热战持批评态度。）

战后，公立大学如雨后春笋，跟所有这些变化交相辉映，促进了学生运动的兴起。伯克利的学生们被大型讲座课程和流水线式的教育弄得焦头烂额，他们像他们的非裔美国同龄人一样鼓起勇气。1960 年，一小群人在旧金山众议院非美活动调查委员会的听证会上进行抗议，但是当警察用警棍和高压水龙头攻击和平的示威者时——意味着加州跟亚拉巴马州没有完全的区别——第二天爆发了更大规模的示威活动。这使像泰勒和兰格这样的人感到欢欣鼓舞，因为他们已经感受到了政治迫害这个恶魔热辣的呼吸。

兰格但愿自己能够徜徉在加州大学伯克利校区，用镜头记录下那些学生激进分子，可是她没有力气。她的溃疡和食道炎症不断发作，到 1964 年她已经十分虚弱。至此，她的健康状况不佳已经将近二十年了，在这二十年间，她还吃尽了误诊的苦头(被误诊为胆囊炎、胰腺炎、厌食症)。一次又一次,她顽强地恢复过来。1964 年春,她勉为其难地去了纽约、华盛顿，回来之后虚弱不堪，浑身疼痛，身体没有完全恢复。

到了 7 月，因为食道闭合，她无法吞咽。8 月份，她在一次试图扩张食道的治疗过程中，发现了一个无法动手术的恶性肿瘤。她希望最后再拍一次照片，便订购了一架崭新的相机，一架徕卡相机，两个镜头，以及其他她渴望已久的设备。她没有用到它们。她断断续续地拍摄，但这不是她尝试新设备的时候了。极度震惊的保罗仍希望她休息好了能够恢复一点元气，所以在 1964 年秋天有一段时间，他闭门谢客。他想要亲自照顾她。不过，她却想要工作，而且很快就突破了保罗的防线，回到了她的工作室，一干就是几个小时。

她现在依靠一位新的助手理查德·康拉特，二十三岁的摄影专业学生，他一直陪伴她走到最后。他把跟她在一起工作的两年看作是一个绝佳的机会。在准备现代艺术博物馆摄影展的过程中，康拉特证明了自己是一位优秀的合作伙伴，不仅仅因为他的技术，还因为他的政治观念。他被兰格吸引是因为她的摄影所肩负的社会责任，所以他走进了她的生活，无论是她亚洲之行的作品还是她的家庭摄影，而她正在逐渐离开她的生活，于是，他成为了她的不可多得的知音。他会提出反对意见，她则会公开回应，而且是经过深思熟虑的，而不是防御性的。正是因为康拉特出现在她生活中，现代艺术博物馆的摄影展才会如此精彩。

与此同时，一位刚刚拍摄完安塞尔·亚当斯的电影的制片人开始拍摄兰格的电影。她的健康状况需要用一种集中而高效的拍摄方法：在她自己的工作空间里，按照她自己的工作日程。每一天，摄制组都会打来电话，问她的健康状况是否允许他们过来。既要准备摄影展览，又要完成电影摄制，这为历史学家和摄影爱好者们留下了一段弥足珍贵的史料，因为那些磁带记录了她断断续续、持续数月的对摄影思想的阐述。虽然她不可能对起居室里的摄制组视而不见，而且从某种角度讲她是在表演，但是 KQED 电视台的录音、录像实在是太珍贵了，因为她有的时候是在向非摄影人阐述她的思想。也有的时候，她是在向未来的摄影师讲话。她有一种历史的使命感，她把自己作为前后连贯、持续不断的摄影发展进程中的一个人物。她的摄影思想和她准备摄影展的方法结合起来创造了一种关于视觉思维的独特总结。

她开始分组选择图像："……单张照片，它能激发情感，表达一个意思，但是如果你有两到三张照片，你也许可以把它变成一个词组，如果你能有十张照片，也许它就是一个句子。它是一种晦涩难懂的语言，但是值得研究。"照片之间的关系构成了一种视觉语法或者说构成了一部音乐作品。一个图像可能起主导作用，或者说仅仅是辅助性的，而几个图像也许能够达到完美的平衡；一个图像也许会扩充另一个图像的内涵，或者它们像音乐一样听上去很和谐；从逻辑意义或者从历史意义讲，照片也许会一张又一张地朝着特定方向不断前进。她坚持认为，目标不是新闻摄影，而是"更加接近散文的文学形式"。分组跟"分类"不一样，"并不是将它们放进系统的鸽笼式分类架里"。例如，三十年前她的自我定位是人像摄影师，现在变了，不接受将人物图像跟自然图像截然分开。现在，她坚持认为人物和非人物都是单一表达方式的一部分。"你可以拍摄一棵树，它当然不是人，但是在做这件事情的你是人，你的理解以及你拍摄那棵树的理由，绝对是有人的动机的。"所以，她的摄影类别变得更具象征意义而非代表性。她还阐述了自己作品中一些人可能称之为后现代主义的方法，承认照片的含义会随着时间的推移而变化。她不喜欢因过度使用而变得陈旧的图像，失去了突破传统视觉的力量，而她也的确撕毁了无数张照片。

兰格知道，她的摄影作品被贴上了"煽情"的标签。康拉特大胆地问过她这个问题："有人似乎认为，贫困从本质上来说是煽情的，认为拍摄贫困中的人们有一种悲情。如何避免这种情况呢？"她回答说，煽情是一种肤浅的情感主义；图像激发人们认识新的东西时，图像的意义会深化。每当照片让她想到"哦，天哪，你看到过多少次啦……他是在对一开始就没有根基的东西一而再再而三地炒冷饭"，然后，她说，"那就是煽情：肤浅的、一目了然的东西，熟得不能再熟的东西。"兰格想要引导观众去看以前从来没有看过的东西。

兰格没有将煽情这一指责跟女性生来敏感这个传统观念联系在一起。她也许没有意识到，这些指责就是专门针对女性的，专门针对家庭、亲情和感情的探索。譬如，沃克·埃文斯把"拍摄婴儿"作为出卖艺术完整性的同义词。对兰格所谓煽情的指责还有一个原因是，她的拍摄对象都是脸朝黄土背朝天的农民，而不是工厂里和办公室里的人。一定程度上，农业安全局的摄影作品是煽情的，这种特质来自对穷人和受压迫的人的赞美，以及对农村生活的浪漫化，这在男性和女性摄影作品中均有体现。

一些评论家将兰格作品中强烈的情感内容解读为自然而然的、女性的直觉和本能。乔治·艾利奥特在她现代艺术博物馆摄影展的登记簿上写道:"对多萝西娅·兰格这样的艺术家来说,创作伟大、完美、不署名的图像是一种优雅的技巧,而她除了让自己接受这种优雅的礼物,岂有他哉。"另一个人将她描绘成一张感光纸,是"一卷没有曝光的胶卷",在这上面,光和影留下了深深的印记。兰格对她的作品打了一个被动的比喻,把自己说成是一条渠道,说她的声誉是水到渠成而已。各种各样的创意工作者,无论男女,都会使用这样的比喻。兰格认为自己既被动又主动,她明白自己跟大多数艺术家一样,在工作中既有自觉也有算计,自觉来自实践中获得的技能,就像舞蹈演员培养他们的肌肉记忆一样。

兰格认识到了特殊性跟普遍性之间的矛盾,寻求用平衡之道来加以解决:"作品越好,理解它的方式就越多……"但是,"如果它太特殊化,太个性化,那么你就什么也没有给你的观众。"她不喜欢让她的照片成为典型,所以就没有把她的《移民母亲》放进现代艺术博物馆的展览中。"有些东西,你真的是赋予了它们生命……它们挣脱创作了它们的人,走向远方,所以你跟它们再也没有关系了。"何况,对兰格来说,典型的普遍性抹杀了主体自身的特殊故事,从而让拍摄对象蒙羞。

她认为她可以将具有普遍性的人类大家庭这个主题跟现实中的多样性结合起来。她为现代艺术博物馆的展览构筑了一堵墙,并将其称为"人类的脸":"……她通过那堵墙想要表达的观念是,我们仅有一种我们都懂的通用语言,那就是解读人类的脸。"不过,矛盾依旧没有解决。没有独特性,人类主体就没有尊严。就像评论家克莱夫·斯科特说的一样:"这张照片……不愿意屈尊俯就,不愿意成为插图……不愿意描述这个纯粹社会……"然而,纪实摄影很大程度上是通过观众对拍摄对象的亲缘关系的认同而获得力量的。况且,越是融入背景当中,图片就越过时。兰格不喜欢过度使用同一图像,但是她向往她所拍摄的照片会流芳百世。

然而,经典的影像是值得赞赏的。它们的作用是创造雷蒙德·威廉姆斯所说的"激活'情感结构'的备忘录"。无论《移民母亲》出现频率有多高,她总是意味着一位忧愁的母亲,一位生活重压下的贫穷母亲。在硫磺岛升起美国国旗的画面不仅唤起了一场特定战争的英雄主义,而且也唤起了一种普遍的战时英雄主义;被凝固汽油弹焚烧的裸体越南姑娘不仅唤起了越战的痛苦，也唤起了所有战争的痛苦。典型化使得拍摄对象变成了"典型"——也就是说，个体代表了某种类别，但这是对情境化肖像的必然反应。要将它们变成"典型"而非刻板印象则更难——但兰格经常能做到这一点。

尽管兰格致力于社会背景的融合，但是她不愿意被定义为改革派的摄影家，有的时候甚至都拒绝使用"纪实摄影"这个说法。有些时候，她接受这个说法，但对其定义持不同见解："纪实摄影师不是社会工作者。社会改革……可能是一种结果……因为它揭示了现状，可能跟变化有关。"摄影师"是见证者……不是宣传者，也不是广告商"。这个观点是不必要的辩解；在某种程度上，构成宣传的是它的背景——即便像安塞尔·亚当斯拍摄的内华达山脉这样宏伟壮丽的照片，有时也起到了宣传保护原始荒野的作用。此外，也有这样的时候，兰格竭力为宣传辩护——她自相矛盾是正常的。这种辩护表明，即使是现在，当她在准备一场必定会给她贴上艺术家标签的摄影展时，她仍然无法摆脱一种挥之不去的担忧，即纪实摄影被认为是二流的。在她的成长期，那些被冠以"艺术"标签的摄影流派——艺术摄影、f/64 学派、斯特兰德、韦斯顿和亚当斯——都将她的作品排除在外。她知道，她最为出色的作品是以政府雇员的身份完成的——这跟艺术家的身份不匹配。

兰格没有留下自拍照，这与她的性格、她的价值观和当时的文化是密不可分的。她无意于摄影师拍自己："……很多艺术摄影师跟这个世界的关系是不紧密的。他们只和他们自己的圈子保持亲密关系，他们努力按照他们的需要来解释外部世界。"兰格不缺乏自负与野心，但是吸引她的神秘力量来自她自身之外。

摄影师都知道但公众未必体会得到筹办一个摄影展有多大的工作量。兰格所付出的精力更多，因为这个展览将在摄影艺术的巅峰期举行，因为她还知道，她正在建立自己的声誉。然而，她不仅要选她一生摄影的精华，她尽管很累，但是她依然打算要将她的摄影作品以视觉故事和视觉对话的方式来呈现。这就意味着必须挖掘数万张小样、底片和照片，从中选出一小部分来展出，然后再决定如何给它们分组，以怎样的次序排列。她得思考每一张照片洗印的规范、尺寸，是否应该配衬边和装框，怎样配衬边和装框，如何挂以及挂在什么样的墙上。她得去国会图书馆和国家档案馆看她大量的作品，那些照片不归她所有。

1964年12月和1965年8月，约翰·沙科斯基在即将到来的摄影展之前到伯克利来过两趟，协助她一起工作。得知她的诊断结论后，一开始他很担心如何跟一个行将就木的女人商谈工作。到了之后，他才惊讶地发现，她对展览早已经胸有成竹。所以，他们开始工作之后，他发现事情进展得很顺利；她乐于倾听不同意见，但她也会激烈地争辩。第一次来访之后，他的来信措辞随便多了，他会开玩笑，甚至还会调情："去吧，生气吧。我警告你……不过，我真的不能欺侮你……因为……我爱上你了，这让我很被动。"他感觉到了她的魅力，也知道如何对付她。

现代艺术博物馆以前举办过五次个人摄影展，展出了沃克·埃文斯、保罗·斯特兰德、爱德华·韦斯顿、亨利·卡蒂埃-布列松和爱德华·斯泰肯的作品。对于自己是否够格举办这样的摄影展，兰格心中根本没有底，主要是因为她知道有很多高端艺术策展人和评论家都不看好她。沙科斯基的来访本身就是一种认可，虽然没有像数十年后那样的效果，因为当时他在摄影界还是一个小角色。不过，现代艺术博物馆有传言说沙科斯基本不想参与这个摄影展的筹办。身体的疼痛和衰弱加重了她的压力，她对这次展览的担忧就不足为奇。"我害怕，真的害怕。""它让我感到极度沮丧。"但是没有害怕到撤销展览的地步。

沙科斯基回忆，一开始，兰格想要一堵亚洲墙、一堵爱尔兰墙、一堵埃及墙。她认为，应该根据历史性和叙事性对照片进行分组，就像在《美国大迁徙》里一样，而沙科斯基设想的分组基于视觉主题。她激烈争辩："听我讲，年轻人，你穿开裆裤的时候，我就在那儿看着第一批人排队领社会保障金。""你的意见让我有点生气……"她不接受她的照片不能以人性的普遍性说服对方。"坐在门口的白人地主是什么背景？谁在为他干活？"

不过，兰格也不愿用一种实用的、改革的眼光来看待这场展览。她以前的门生，摄影家霍默·佩奇建议，她在现代艺术博物馆的摄影展可以作为她正在追求的城市摄影项目的典范。兰格没有接受。她不希望她的摄影展变成社会正义运动的一个附产品，她想要的是她应得的艺术界的赞誉。她不愿意让沙科斯基将她的作品剥去政治内容，但是她也不想让她的作品被当作视觉口号使用。然而，她确实写了一则声明，放在展览的最后："我想加一句话，用以鼓励喜欢使用照相机的人士，通过拍摄他们周围生活（包括正发生的事）的照片来开阔视野，并用相机展示这种意识。"

她对沙科斯基越了解，便越尊重他的意见。妥协变得更加容易。例如，他说服她把《移民母亲》也纳入此次展览。"这个展览不是为摄影界那五十个人举办的，他们可以很好地描述《移民母亲》的。"她的回答奠定了他们合作的成果："是的，好吧，那幅照片属于大众，那么让我们把它放到一个意想不到的地方，以某种关联做一个新的阐释，让它有一个新的含义。"

由于来不及制作很多最后要展出的照片，她便将大多数底片转交给了正在为"人类大家庭"摄影展洗印照片的欧文·韦尔彻。他加紧工作，因为他知道，对她来说，能够在这些照片被送往现代艺术博物馆之前看到它们是多么重要。她想把照片印在涂塑反差相纸上，以避免出现高光、明显黑斑和明显白斑的情况；他一开始反对这个决定，但后来同意了，甚至还找到了能增强细节的一种涂层；她对这一结果很满意。在她最后的日子里，还因为自己的选择和沙科斯基争辩，尤其是照片的并置问题，因为她知道，布置展览的过程总会导致一些变化。然后，她送了他一份礼物：一块肥皂、两个爱达荷州的马铃薯，还送给了他的新生女儿一面韩国佛教寺庙的铜锣，为"非常好的合作关系"而感谢他。

兰格在筹办现代艺术博物馆展览的过程中勉强保留了足够的精力追求她的梦想，这是她自从农业安全局项目结束以来一直怀有的梦想，一个关于城市生活的多年的集体摄影项目。她在里士满和奥克兰的作品表达了这种需求，而她的范例当然是农业安全局的摄影师所钟爱的社区。现在，民权运动和肯尼迪当选总统使得这一梦想——可以称其为"一号项目"——似乎再次有了可能。

1952 年她接受《纽约时报》雅各布·德欣的采访，1955 年接受《美国相机》杂志的采访，以及 1958 年接受玛格南图片社采访时，公开提出过这个想法。1962 年 12 月，她在前往埃及的途中在纽约停留期间与古根海姆基金会的亨利·艾伦·莫也谈了此事，但并没有结果。她写了一份新的提案，并在 1964 年 5 月前往纽约参加现代艺术博物馆摄影中心开幕式时随身带着，当时她有两幅照片参加展出。她寻求福特基金会和斯泰肯的支持。她说服了新泽西州的本·沙恩和纽约州的沙科斯基，召集了一群摄影师，找到了支持她想法的人，但是她不肯对她的构想做任何妥协。聚集在一起的摄影师设想只把焦点聚集在穷人身上，而她认为这种设想简单而肤浅。相反，她认为，"……我们这十年空前绝后的'繁荣'有很多方面，繁荣中有很多形式的贫困……"她说，是时候了，该展示一下"富裕了——其另一面就是贫困"。从泰勒那儿、从农业安全局的工作和亚洲的旅行中，她了解到贫困是一种关联现象，一种不平等的产物，而不是一种绝对事物，也不是现代化可以纠正的不发达的标志。尽管如此，除了这种受马克思主义影响的分析之外，她还保留着更多精神上的忠诚。"我们内心有一种贫穷，精神上的贫穷导致另一种贫穷"，而这两种贫穷都需要记录。

与此同时，兰格对"一号项目"还一筹莫展的时候，就已经开始为"二号项目"奔走了，创立一个永久性的国家摄影中心，在这个摄影中心里，集体工作的摄影师们可以扩大这一媒介的力量。她寻求基金会和大学的赞助，但是她坚持大学内部拥有自主权；她认为美术摄影如果只局限于大学的艺术系，那会受到制约，甚至很可能被扼杀。她对摄影成为艺术的附庸的忧虑揭示了她对高雅艺术复杂情感的另一面——她渴望归属于艺术摄影，但是不愿意放弃她对摄影起到传播作用的看法。她萌生了将新建立的肯尼迪图书馆纳入摄影中心的想法，她在去世前两个月试图就这一议题安排一次会面，跟博蒙特·纽霍尔、安塞尔·亚当斯和沙科斯基商讨一个结果。泰勒在她死后继续为这一项目而奋斗。他游说加州大学伯克利校区的官员和教职员工创建这样一个摄影中心；他发起成立了一个由摄影界名人组成的委员会，这个委员会进一步完善和推广兰格的提议，提出了每年四十万美元的项目预算，持续五年。这个项目没有获得成功。兰格所担心的事情发生了：摄影课程主要在为培养摄影师或者其他学子的艺术系开设。兰格所追求的是为每个人提供一种人文主义的视觉教育，无论是对那些会看图片的人，还是那些会制作图片的人。

1964 年，兰格似乎很可能与一些被民权运动唤醒的年轻摄影师联手，希望成立一个"农业安全局类型"的合作团体，就像她的"一号项目"一样。他们把她当作楷模，而她呢，则受到这一运动的振奋，当然乐意置身其中，成为他们的顾问和赞助人。马特·赫伦和其他参与者组织了一次会议，但是她因为住院而不得不取消与会。他们继续通信，给她寄建议草案征求她的意见。他们所碰到的困难跟兰格在筹集资金时所碰到的困难一模一样，他们修改了提案，完全把注意力集中在了学生非暴力协调委员会的选民登记和公民学校上；赫伦将他的家搬到了密西西比州的杰克逊，全职从事这一工作。民权组织明白摄影的力量，既可以记录针对他们的暴力，也能够将他们的精神传达给潜在的支持者。一位摄影策展人把这些图像的力量比作自由之歌的力量。兰格跟他们素未谋面。她的疾病使所有人失去了本来会很不寻常的东西：兰格拍摄的南方民权运动的照片。

在她生命的最后一年，想要对她的摄影事业提供帮助的人太多了，以至于兰格应接不暇。那些知道她病得有多厉害的人们得知她在现代艺术博物馆举办展览的消息——消息传得很快——便慷慨地表示要给予大力支持，传递了一种她应得的爱慕和尊敬。多萝西娅受宠若惊。"我吓坏了，真的吓坏了（能准备摄影展了），可是天哪，那些准备来帮助我的人，你会十分惊讶，还有这么好的提议。"她在癌症和摄影展之间的赛跑成为了一项集体的项目。信件如雪片般飞来，友人和仰慕者"排队"等候帮助她，为她洗印照片，帮她把照片进行分类和归档，就连一直和她有矛盾和竞争关系的南希·纽霍尔也主动请缨，兰格提到这些时有一种敬畏之情。当然，这些都是表示感激和尊敬的姿态，但也是对亲密关系的渴望；以前，多萝西娅的控制欲并没有为别人的主动示好留出空间。在她虚弱的时候，别人可以有主动权了。尤其有很多人把她的摄影作品看作是一种国家资源，感觉到了整个美国都在投资这个一定会获得成功的摄影展。

即使这时，多萝西娅也无法完全集中精力于自己的工作，甚至死亡，因为她在担心继子罗斯·泰勒的心理健康。他是这个重组大家庭中最有才华、有可能是最受喜爱的孩子。他已经成为一位享誉世界的音乐家，但却在旧金山交响乐团担任首席法国号演奏家时猝然终结了自己的音乐生涯。当多萝西娅进入他的生活的时候，他才十岁，而他跟她的复杂关系也是她跟她的继子女们关系的一个缩影：她为他做错一些小事情而大发脾气，但是她也是关注并鼓励他音乐天赋的人。十五岁那年，他参加了艾伯特·埃尔克斯担任指挥的加州大学伯克利校区交响乐队的演出，演奏了莫扎特的《法国号第三协奏曲》。就像保罗为丹"走后门"去军队一样，他想方设法让罗斯去了军乐团，这样就不用去打仗。战后，他到茱莉亚音乐学院深造，二年级的时候便在那儿参加了纽约爱乐乐团的演出。他娶了被亲切地称为"奥妮"的安妮·韦格曼为妻，她是一位独唱演员，父亲是旧金山交响乐团第二小提琴手。1950 年，他加入了克利夫兰交响乐团，1955 年加入了旧金山交响乐团。他非常多产，成了一名备受尊敬的教师，改编了一百五十首乐曲，创作了不同风格的演奏曲。

当他带着奥妮和三个孩子回到老家时，保罗和多萝西娅当然开心。但是，罗斯不太愿意来家里，一方面是因为他跟继母的摩擦，还因为多萝西娅一开始不喜欢奥妮。奥妮的感觉很矛盾：她发现多萝西娅很豪爽，但也让人害怕。罗斯·泰勒一家尽量只在重大节假日去伯克利。

罗斯容易紧张，也很脆弱，所以他跟乐团的指挥一直处不好关系。他认为克利夫兰交响乐团的乔治·塞尔太专断，旧金山交响乐团的恩里克·乔达作为音乐家水平太差，而接替他的泽夫·克里普斯也不能胜任。罗斯缓解压力的方法是喝酒，而且到了旧金山，他又开始了婚外情。他的姐姐玛戈·范杰是心理治疗师，认为他表现出双向情感障碍的症状。药物治疗带来一些缓解，但病情反复无常。二十世纪六十年代初，他的抑郁症进一步加剧，狂躁发作变得越来越频繁，而且行为越来越极端。他不停地说话，仿佛居住在"另一个世界"，想象自己"始终跟伟人在一起"，感到担忧的多萝西娅写信给玛戈时这样描述道。

尽管家人都很警觉，罗斯还是在 1964 年 9 月被发现死于酒精和精神治疗药物的综合作用，享年四十一岁。尽管一些家庭成员坚持认为这是一场意外，但很多人认为他是自杀，无论如何，精神疾病、药物和饮酒是造成死亡的原因。他的死亡打击到了很多人：她的母亲凯瑟琳、他的父亲、他的继母、他的妻子、他的两个姐妹，尤其是跟他很亲的玛戈，还有他的孩子们，一个十二岁，一个十岁，一个六岁，还有他的朋友龙德尔·帕特里奇，他曾力图挽救他，还有他的音乐界同人。此事发生在多萝西娅得知自己患癌症之后没多久，遭受如此沉重打击，保罗和多萝西娅都伤心欲绝。

多萝西娅生命的最后一年以及她疾病的进展情况被 KQED 电视台的录音在不经

意之间记录了下来，令人印象深刻。每周两次，进行痛不欲生的食道扩张，力图让她能够吃下点东西。在梅里特医院进行的钴放射治疗，每周五天，一个疗程六到八周。她瘦骨嶙峋，为了止痛服用了利眠宁——一种镇静剂而不是强效止痛药。（她从报纸上剪下一篇西塞莉·桑德斯的文章，此人乃临终关怀运动的创始人，主张服用海洛因来缓解绝症患者的疼痛。）她将自己定位为"坐在我的疼痛沙发上"等待来访者。这是她第一次跟保罗单独吃感恩节晚餐。然而，这一次，钴治疗似乎起了作用，她就又回到了摄影展的筹备工作中。

　　1964 年秋，她可以在某些日子里稳定地工作，只要中间稍事休息，吃点点心。"我想我得休息几分钟，因为我的身体又开始有点打结了。"她自嘲道。她吃切成小块的干酪和涂了黄油的面包，甚至体重都开始增加了。家人们给她唱歌，《金色的虚荣》《低地，低地》，她故意抱怨，"我发觉没有人邀请我唱歌。"她取笑伊莫金·坎宁安依然不会开汽车，"仍是坐公交车到处跑，手里拿个相机。不过她搭顺风车倒是挺机灵的……有点像猴子从一棵树跳到另一棵树上。她会打电话给你说我来看你啦。有人把我捎到你家大门口。我只能待二十五分钟，因为有人会来接我。"她跟制片人讨论 KQED 电视台的内讧，跟康拉特讨论公共电台的发展方向。她仍然做饭，虽然主要是做给别人吃，她把自己的珍藏品送给孩子们。玛戈欣赏一些从埃及进口的蓝碗，多萝西娅就非要她把所有蓝碗都拿走："给一个不好。"

　　她越来越依靠海伦·狄克逊的帮助——洗漱、购物、做饭、闲聊、把孙辈们带过来。很多朋友和邻居也都来帮忙。到 1964 年冬天，她只能吃冰激凌和流质了，尤其是海伦煮的鸡汤。她发现不能吃东西是最难熬的事情。她不用利眠宁，改用扑克丹了，但是她依然干些园艺活。有几天，她的精力好到一些人都误以为她能战胜癌症了。

　　她依然对民权运动十分感兴趣，这项运动没有发生尖锐冲突令她感到释怀。这些让她活下去的美好感受——一时间被一个近在咫尺的镇压行为给碾碎了。加州大学伯克利校区的教务长禁止在校园里发放信息表，这些信息表通常是学生们为政治事业尤其是民权运动招募新成员用的，民权运动当时正在呼吁志愿者们到南方去参加非暴力的抵抗。这位教务长的举动既不正当也非常愚蠢，引发了"言论自由运动"，这场运动得到了来自左、右两派学生压倒性的支持。校长克拉克·克尔是保罗以前的学生和合作者，他力挺这位教务长轻率的指令。1964 年 12 月初，学生们举行静坐抗议，他慌了神。他不去倾听学生的意见，也没有进行谈判，反而叫来警察，用警犬和相当粗暴的手段将学生强行驱散。多萝西娅和保罗感到恐惧。就在几年前，他当选校长的时候他们还为之激动过。现在，兰格准确地预言，这起暴力事件将永远不会被忘却。"克拉克·克尔再也摆脱不了这种负面形象了。"她说。

她精力下降的趋势是不稳定的，伯克利校区学生的惨败很可能导致了12月初的低谷。他让保罗给孩子们写了一封信，解释说圣诞节尽可能不要铺张了，她不得不忽略孩子们的生日了——这样的事情，对别人来说也许是很正常的，但是对多萝西娅来说却是一种失职的标志。但是，她的活力再次反弹，圣诞节最终也变成了一个欢乐的节日。"我们是说要静悄悄地过，可是它自行其是，结果就跟以往完全一样了，就像家人为我们做的那样。你要是看到威姆（奥妮的父亲）和保利（罗斯的儿子）演奏二重奏……罗斯……跟音乐同在……"她给玛戈写道，"你就会有一种痛在心头。"

1965年2月，这个家庭又遭受沉重打击：丹跟米娅离婚了。他们知道多萝西娅会很难过，所以瞒了她好几个月。多萝西娅爱米娅，觉得这场离婚是丹的又一次失败。她始终不知道约翰跟海伦也离婚了——他们对谁也没有说，直到多萝西娅逝世之后才公开。到了3月份，她的身体"每况愈下……我的身体里始终有着巨大的储能，但是对一个身体状况这么差的人来说，这一储能不会延续太久……有时候它像波浪一样向我袭来，但总的来说相安无事。我认了，我得找到一种正确的方法渡过难关，你知道，所以也不可怕，而且我得到了帮助。"但是，这样的想法有些是一厢情愿的。她变得更加暴躁，有一次竟然打了保罗。"我每秒钟都在控制自己的脾气……我不想再控制了。几天前，我转过身来，打了保罗一拳。我看到自己这么做了，真的是双重人格……都是服用鸦片惹的祸。"

然而，她像准备拍照一样精心准备着死亡。她向保罗口授了一份名单，把她的照片和艺术品留给他们。这份名单上有七十一个名字，从家人和最亲密的朋友到雷克斯福德·特格韦尔、阿瑟·雷珀、罗马纳·贾维茨；其他几张纸条上写着更多的名字。她通常为每一个人指定一张特殊的照片。给克劳森家的是她心爱的弗吉尼亚栎树的照片。KQED电视台的菲尔·格林将得到一张一条无限伸向远方的公路的照片。她给表姐米内尔达留了一张埃及女人的照片。有些人，像沙科斯基，就被邀请来自己选他们想要的照片。人们来访的时候，她就当场赠送物品：瓷器、篮子、壁挂。她逝世两年后，保罗还在分发这些礼物。

另外有一份名单出现在她的文件里，是在她的癌症被诊断出来之前就在准备的，也是她去世前对自己一生总结的一部分，文件的标题叫《爱我的人》，这对不太了解她的人来说似乎过于自负。但是，那些了解她的人知道，多萝西娅受到了野心的驱使，但也受到了自我怀疑和早期经验的驱使，她的早期经验是唯有自力更生才是可靠的；她从来就没有完全相信别人是可以依靠的。随着这份名单的扩大，它变成了一份更庞大的感恩声明，是向她的人生致谢。从霍博肯开始，列有"母亲、约翰叔叔、索菲"，小弟弟——"善良"，卡罗琳——"可靠"，弗龙西——"陪伴……她的眼光，我信"。还有她的教母埃米莉·桑德菲尔德——"耐心和平静"，摄影师雇主斯潘塞－贝蒂——"坚毅"，在根特后面只有一个"？"。她记得她纽约的两位男朋友——"兰德勒——忠诚"，"雕刻家——痴情"。（她忘记了这位雕刻家的名字了吗？）这份名单告诉了我一些我早已经知道的事情，比如，她一直把马丁当作"小弟弟"；也告诉了我一些让人惊讶的事情，比如，在根特后面的问号以及男朋友之间"忠诚"和"痴情"的区别。她的成人家庭成员名字后面没有任何声明，这本身就是一个强有力的声明，而且，令人称奇的是，她将斯泰肯列在了梅纳德和保罗中间。没有提及斯特赖克；或许她还没有完全原谅他。名单的最后是"祷告的力量"和"伊莎多拉·邓肯带我离开熟悉的地球升入天堂"。她感谢上天的恩赐，记住她所爱的人和爱她的人。或许，她与死亡的亲密关系解释了她提到祷告的原因，这在她成人之后是第一次。

兰格的最后一个摄影专题是关于自由。这个专题的拍摄对象是她的大家庭——有两个地点：欧几里得大街的花园和陡谷的小木屋。但是，她坚持认为，这个项目不是关于家庭、爱情、团聚或大自然的美丽，而是关于自由和成长："在这种环境下，人们，孩子、他们的父母和他们的朋友都感到自由自在。那么怎么拍呢？"她凭借她年轻时候的波希米亚式价值观以及她对城市生活的持续焦虑，力图将一个乌托邦时刻视觉化。同时，这个项目来自她自己身为祖辈的身份；孩子是这个项目的核心，因为他们自由的能力显而易见，他们的成长有目共睹。多年来，她多次拍摄房子后面一棵她特别喜欢的树，一棵弗吉尼亚栎树。在她的视觉意识中，树的生长和孙辈们的成长融为一体。她的拍摄计划把那棵树、她的花园、小木屋和遍地岩石的马林海岸作为标志性的元素。但现在，她通过斯宾诺莎式的泛神论来理解身边的这些物体，便看到了所有生物身上的神圣。

你从高高的悬崖走近陡谷的那些小木屋，俯瞰怪石嶙峋的壮观的海岸。他们家的小木屋距离大海最近，浪花"有时候会直扑到门上"，多萝西娅快乐地写道。鉴于这戏剧性的环境，这个地方算是挺容易到达的了——距离你下车的地方只有一百码，多萝西娅也可以轻而易举地走过去，但到了她生命的晚期，不是由于她的瘸腿，而是她的虚弱使她需要别人的帮助才能走过去了。有一次，在一场大风暴中，她和保罗开着汽车来到小木屋，看"狂放不羁的大海……波涛……冲上沙丘，冲进了斯廷森这个小村庄里"。保罗喜欢靠着一块暖暖的岩石，"默默地思考"，多萝西娅说。

多萝西娅相信，当人们到小木屋之后会发生变化。他们走路和站立的姿态都会不一样——不知不觉地陷入了她在照相馆工作的那段时期所说的"自然肢体语言"。孩子们变得更加独立自主，少了些焦躁不安，不再打架。他们探索和发明游戏。海水对大多数成人来说太凉了，但是保罗有时候会带着孙辈们去蹚水。多萝西娅在那儿给孩子们拍了数百张照片——她的孙辈，帕特里奇的孙辈，来做客的孩子。睡觉的地方十分有限，所以她跟保罗一般都是一次带几个孙辈来小木屋度过周末；有时他们的父母们会在星期天白天驾车出去玩。那些时光对孙辈们来说记忆犹新。他们"占领"那个地方，把它变成了他们的天下。在多萝西娅的照片里，他们捡石子和贝壳，攀岩，朝水里扔石头，踩水花，挖掘泥沙，观察潮水过后小水洼里的动物，在阳光下阅读，在睡袋里看书，收集浮木，在浮木上保持平衡，吃东西，打盹。正是在这里，多萝西娅教导她的孙辈们如何观察，他们都还记得。他们生动地描述她弯腰观察鹅卵石、水草，或者其他通常不太被人注意的小植物时的情景。在这儿，他们可以调皮捣蛋，拒绝睡觉，多萝西娅和保罗只是稍加呵斥而已。这些互动并非是心醉神迷或者紧张激烈的，但绝对不是随心所欲的；在这样的交流中，她为自由和成长增加了另一个维度：亲密。此外，这些互动是摄影的素材，而这对她来说从来不是随意的。

小木屋生活也让她回忆起了她跟梅纳德在一起的那些旅行——裸泳，露营，搭帐篷。现在，孩子们穿上了泳衣，但意义是一样的。孩子们进入了一个约束很少的空间。莱斯莉·狄克逊在回忆时认为，孩子们在海边玩耍的时候多萝西娅和保罗没有很小心地看管。如果这是真的，那么说明多萝西娅有一种强烈的冲动，让孩子们不受约束。

她用一趟趟到小木屋去的做法来弥补她不完美的为母之道。她对此是真诚的，她身边的每个人都十分清楚，这一行为是她将自己的孩子没有得到的东西补偿给孙辈。有人认为这是一种赎罪方式，但并不完全正确。我认为，她并非将它作为罪孽而反省，因为她知道她不可能做出不同的决定，而是为她忽视了自己的孩子而感到遗憾，也因为她自己为此蒙受了损失。

她也明白是她的家人创造了"小木屋"。"听，"她在写给她自己的沉思录里写道，"我们在心灵中建造了这座小木屋，我们创作了这座小木屋的神话，以慰藉我们人类的需求。很久以前，我们就知道这是一批糟糕、破败的简陋小屋，窗户肮脏，屋顶漏雨，茫然地从岩石上凝视着冰冷躁动的大海。可是，我们的精神茁壮生长，因为我们在这儿有扩展和生成的空间，并创造我们的世界。"

多萝西娅第二个特别喜欢的地方是她的花园。她希望 KQED 电视台能在那儿拍摄，但是背景噪声太大。她不仅仅跟那棵弗吉尼亚栎树建立了私人关系，而且跟花园里的许多"居民"都建立了私人关系。她非常喜欢来自古老的贝尔赛巴大牧场、最后落脚在她的花园里的木墩子。她给一些花儿取了名字，经常说，"妮蒂·奥梅尔瓦尼小姐（黄水仙）"今年有点"闷闷不乐"，"米莉·冯霍博肯小姐（夹竹桃）"健康状况良好。她非常珍爱一个树桩："那是我的老朋友。每次走过它身旁，我都要拍拍它……你知道，就像朋友一样。"这是一位年轻的摄影师送的礼物，作为她送了一些摄影设备的回报。"原来很沉的，经过风雨的侵袭，现在轻多了。时间留下的印迹，这不是很有趣吗？"

多萝西娅说到死亡时无拘无束，常常使用隐喻，但没有惺惺作态，也没有显而易见的绝望。她说四十多年来她每天佩戴的纳瓦霍银手镯磨损了很多，现在轻多了，就像那个树桩一样。

沙科斯基最后一次来访之后，她在跟脱水的抗争中败下阵来，于是需要静脉输液。脱水损害了她的肌体。她试图为保罗做些计划——她对保罗的爱和她要掌控局面的需求交织在一起，她写信给他在亚洲的一位熟人，要求在她死后马上给保罗安排一次长时间的旅行，最好去也门。她以独特的方式在尽力延缓死亡的到来。她不喜欢医院，她这一生在医院里至少待了一年，当她的大夫要求她住院治疗时，她坚持待在家里。直到 1965 年 10 月 8 日，她对保罗说："我们输了。"于是，她接受住院治疗方案。10 日下午，她的大夫说："她已经完成了她的工作。"但，她依然有足够的精力跟两个儿子和儿媳妇交谈了一个小时，时而严肃，时而诙谐。多萝西娅说："我可能还要在这儿待三周。"但是，她很快就开始大出血，并在 10 月 11 日凌晨 4 点 37 分停止了呼吸。她的最后一句话是："它成比例。"

第二十五章　民主摄影师

艺术本身的道德功能是消除偏见，清除遮挡目力的翳障，去除因为习惯和风俗造成的羁绊，完善感知能力。

——约翰·杜威

一幅图像就是一个人应该如何接近另一个人的一堂课。

——多萝西娅·兰格，1965 年

多萝西娅是美国杰出的民主摄影师。她也是一位充满激情的女性。激情常常跟亲密的关系，尤其是浪漫和性爱联系在一起，兰格的两次婚姻都情意浓浓。她要经营这两次婚姻关系，养育两个亲生孩子及四个继子继女，还有她自己的事业，这是我们能想象的最繁重的工作之一，更不要说她还身有残疾，这些都给别人带来了冲突、痛苦和持久的伤痛。兰格不是一个完美的女人。她对摄影事业做出了巨大贡献，而付出的代价部分由他的孩子们承担了。她在情感上总是缺乏安全感，她慷慨、忠诚、敏锐、善良，但也善于操纵、控制欲强、专横跋扈、脾气暴躁。她有时候对最亲密的人表现得最糟糕。有人可能会严厉地指责她的选择，但是没有人会否认这些选择是艰难的。这样的人生，在性别歧视减少和职场母亲得到更多支持的今天可能会容易一点，但仍然会、而且或许永远会有压力。所以，我的责任不是评判兰格或者为她寻找借口，而是全方位地介绍她。可以这么说，她通过选择和约束，构建了自己的人生，就像我们所有人一样。与众不同的是她的天赋和她超越极限的自我驱动力。

兰格对民主同样充满了热情。她的最大贡献不仅将民主视为美国的成就，而且将其视为尚未抵达的理想彼岸，一个她有责任推进的事业。她开始意识到这种责任，并要求自己采取行动——反对种族歧视，反对特别残酷的对农场工人的剥削，反对对自然环境的破坏以及对社会环境和美好事物的破坏。

然而，她最热衷的还是摄影。1954年，她应《美国相机》杂志之请，选出有史以来二十五幅最伟大的照片。她的这份清单中包括了两幅谴责非正义的照片——一幅是关于私刑的，另一幅是1937年警察镇压共和国钢铁公司的罢工。但是她选出来的大多数影像都是极其美丽的——一幅是施蒂格利茨镜头下的大众喜欢的树林，一幅是卡蒂埃－布列松拍的在玩耍的孩子，一幅是安塞尔·亚当斯的阿拉斯加山脉，一幅是马克斯·亚夫诺的拥挤的海滩，一幅是尤金·史密斯的早晨的西班牙女人。她的品味总是不拘一格，兼收并蓄。她什么都喜欢看。

然而，她并没有受到先锋派的诱惑，不像她的闺密伊莫金·坎宁安，不像她的欧洲同代人曼·雷和莫霍利－纳吉，不像黛安娜·阿巴斯，她不是一个试图让人震惊的摄影师。她没有尝试拼贴、超现实主义、多重曝光或者其他让人眼花缭乱的手法；她的嘲讽是柔和的，甚至连她表达苦难的形象从某种角度讲也是充满希望的。她在拍摄穷人时很少抛弃经典的构图和优雅的人像摄影，让那些图像充满细节，以提供不公正的证据。

兰格最一贯的目标是交流，但绝不仅仅是采用说服对方的方法。她也是如此对待她的照相馆顾客和亚洲农民的。她不喜欢孤芳自赏："……你不是在自言自语，你是在跟别人说话。那就是专业摄影人和业余摄影爱好者的区别。"在某种程度上，她也把自己当作教育工作者，视觉敏锐度和社交敏锐度都在她传授的范围内。"你如果能够接近真相，那么照片就能如实地反映出来。我说的不是社会工作。它可以存在于一些本身就非常美的领域里，……它的美体现在传播过程中。"兰格在寻求传播的过程中认识到了摄影的局限性。她希望她的照片用文字来"加以强化"，但遗憾的是很少有观众能领会她的文字。

她很少将她的艺术跟社会责任截然分开。她的民主观念包括使艺术民主化，尽可能让艺术既成为一种奢侈品，也成为公共资源，成为国家遗产的一部分。在经历了新政时期大众艺术的扩展后，她从未停止过努力为大众摄影寻找支持。对她来说，如果纯粹意味着逃避公民责任的话，那就没有"纯粹的"艺术，就像对保罗·泰勒来说没有"纯粹的"学术一样。我更倾向于"纯粹的"艺术是一个神话，起源于一种观念，即艺术家就像漂浮物，游离于社会。相比较之下，兰格没有企图掩饰她的停泊点。从小儿麻痹症到冷战，她的独立和独创性仍然受到个人经历和历史经验的影响。

兰格所崇敬的民主是一种特殊的、具有历史意义的民主，而不是永恒的民主。她加入过二十世纪三十年代和四十年代的人民阵线，独特的政治机遇，使人民阵线联合了自由主义者、左派人士、产业工会人士以及部分民粹主义者。这些团体造成了草根式的政治压力，推动着美国向着经济民主和政治民主前进了一大步。

但是，兰格的作品超越了人民阵线的视野。受到她所在的旧金山艺术圈世界主义的影响，还受到多种族的加州以及保罗·泰勒的影响，兰格致力于反种族主义，这在当时的白人中是极其罕见的。加州的历史背景告诉她，美国的"种族"不光光是白人和黑人的问题，也是有着独特历史的很多族群之间的问题。她为有色人种拍摄人像照，把他们刻画成有思想、内心复杂、不失尊严（这样空泛的词语还真的不可避免）的个体，这在当时十分罕见。他们既不听凭摆布，也不装腔作势，而当时的主流是白人照片中的有色人种都是极端不体面的。他们是勤劳而又理性的行动者。他们经常展示不寻常的风度和优雅得体的举止；她可以将他们的身躯拍摄得跟脸部一样富有表现力。兰格和泰勒以白人"俄克拉荷马人"为例，在呼吁改善农场工人的待遇时，对政治机会主义作出了一些让步，但是他们依然没有放弃为"非白人"争取权利。他们俩都对关押十二万日裔美国人这极端侵犯公民权和人权的行为提出挑战，兰格尤其勇敢。他们意图在亚洲的工作中继续掀起世界规模的反种族主义浪潮。

兰格受雇拍摄农场工人，她对农场工人的尊重是对劳动尊重的一部分。她拒绝以等级来衡量技能。但凡她可以跟拍摄对象交流的地方，比如在北卡罗来纳州，她就不厌其烦地了解他们所做的事情，展示他们的专业技术和计划，包括如何解决问题。

她纪实拍摄农场劳动的任务给她提供了展示妇女劳动的机会。她的落脚点不在女权意识；她孩提时代离开家的时候，最后一场女权运动达到顶峰但随即衰落，而第二波女权运动又发生在她逝世以后。所以，毫不奇怪，她保留了维多利亚时代的一些女性观念，譬如拥有自然生育、本能直觉、自我牺牲以及比男人更温柔的特质——尽管她自己并不是这样的。不过，她的摄影颠覆了这些观念。她的女性拍摄对象与刻板印象中的女性几乎没有相似之处；恰恰相反，她们明智、能干，而且跟她的男性拍摄对象一样，往往很强大。她镜头下的女性很少有歪着头调情的小姑娘做派。她们的"家务"劳动明显是累人的、需要技能的。

尽管她的照片中有很多受苦受难、牺牲自我的母亲形象，但是兰格的照片中展现了对家庭结构的现代和开放的态度。就像她认为她的摄影作品"揭示了"未被她承认的对母亲的爱一样，这些照片也"揭示了"非传统的家庭形态。在她的晚年，她意识到她年轻时的性别观念已经不合时宜了。提到她1944年拍摄的一张船厂女工的照片时，兰格说："她代表了一个新时代的躁动，代表着女性生活方式的变化……这是政治进步的产物。"

兰格在环境问题上也比其他新政派人士更具有远见。在人定胜天的社会思潮依旧甚嚣尘上的时候，她看到并努力去展现了破坏环境所付出的代价——不仅仅是以"大自然"被破坏为代价，而且以人类以及生活质量受影响为代价。

兰格非凡的洞察力激励她去追求超越她能力的梦想。直到生命的尽头，她都渴望有更多的时间工作——不仅仅是多活几年，而且是有不受打扰的时间。富有自我批判性精神的她觉得自己静物摄影的潜能还只是刚刚被发掘。她依然享受这样的不安分。她承认自己"经常不满足于现状、好寻根究底、无法控制自己的感情"，但她肯定了自己的选择："那种生活和工作方式让你始终充满活力，你不会感到枯燥。你正处在风口浪尖，一直如此，没有保护，没有防备，你会受到伤害，但这是你自己的选择。"

兰格有很多子嗣，而且我有幸走访了他们中的一些人。令我印象深刻的不仅是他们对我的慷慨大方和襟怀坦白，还有他们对她严谨和不偏不倚的看法。没有人会说她很随和，然而，她的子女、她的继子女和孙辈不仅谈到了她的热情、她的励志以及他们从她身上所学到的东西，也谈到了她令人恼火的控制欲。当她的传记作者米尔顿·梅尔策发现了她父亲的真相，并从中发现她缺乏安全感的蛛丝马迹之后，所有人对她的看法发生了些许变化。尤其是保罗·泰勒因为她没有告诉他这一真相而深受伤害。她死后好多年，从某种意义上讲，他继续跟多莉生活在一起，这个时段，他替她分发礼物，处理她的照片和文件，将她的思想发扬光大。但是，他也从来没有停止过他激进的思想工作，他继续倡导土地改革，继续支持美国的农场工人，他们最终组建了一个联盟——农场工人联合会。

她的继女康西是最格格不入的家庭成员，也是对多萝西娅的离世感到最纠结的人。她认为参加葬礼是虚伪的，但她仍然备受折磨，从未对这个决定感到完全释然。一向爱评头论足的保罗对康西拒绝参加葬礼怒不可遏，而且他对此事的反应导致她将来也不会参加他的葬礼。对她来说，这个家庭带给她的只有痛苦。

兰格死后，一连串的讣告和赞美之词出现在报纸和杂志上以及给保罗的信中。《旧金山纪事报》和日裔美国人办的《日美时报》在头版刊登了她逝世的噩耗。她死后几周举办的一个纪念活动吸引了数百人参加。丹·狄克逊代表家人情真意切地发言。评论家艾伦·特姆科也发表了讲话，重述了广为人知的事实，金门大桥的色彩是她选的，赞扬了她的审美目光，她的审美甚至将"家里简陋的灶台上不起眼的厨具整出高贵的感觉"。加州管乐五重奏乐团演奏了一首罗斯·泰勒改编的莫扎特的五重奏。克里斯蒂娜·佩奇·加德纳提到了三则新闻来表达对她的怀念之情：她生活的索诺马县马上就得到二十万美元的联邦援助，为农场工人建造移动住宅；日裔美国人因被拘禁而受到损害的最后一笔索赔已偿付；"在去年的蒙面夜袭中杀死了一位黑人教育工作者的两个三K党徒被无罪释放，昨天他们在攻击一位黑人摄影师后立刻被判入狱。那位摄影师也被捕了。"最需要讲述的也许就是克里斯蒂娜不需要多说的事情——每个人都知道，这些事件都跟兰格有关。

然而，在旧金山湾区外，她逝世的时候她的名气只是局限在摄影界。《纽约时报》的讣告重复了关于她作品的一个常见的错误：多萝西娅逝世，享年七十岁；她记录了沙尘暴的灾难。当然，熟悉她的人的赞美之词要精确得多：韦恩·米勒写信给玛格南图片社说，"虽然她身材瘦小，有时还疲惫不堪，但她是一位由弹簧钢制成的巨人。"

她逝世以后声誉急剧上升，在开始几年里，保罗起了部分作用。宣传她几乎成了和他倡导一百六十英亩水限制一样重要的工作。他努力运用多种策略启动了一个城市摄影项目。他系统地从多萝西娅摄影界朋友处收集信息，为她制作了有关她生平的精确年表。每当记者、学者或策展人想要信息时，他都详尽地写给他们。

必须承认，没有他兰格也会名扬四海，这并非是对他工作的贬低。在二十世纪六十年代和七十年代，她是被民权运动、反越战运动以及妇女运动的积极分子"发现"的。如今，她的作品已经是美国艺术和世界摄影的经典名作的有机组成部分。她的名字经常被援引来指代纪实摄影中经典的现实主义特质，譬如，人们常常会说，"他的照片有多萝西娅·兰格的特质"。国家人文基金会向学校大量分发的介绍美国艺术的册子中包含了兰格的摄影作品。德国著名的艺术出版社塔森在其二十五个"摄影偶像"的作品集里，专门有一章介绍兰格。她的照片成了教科书、文章、网站中关于经济大萧条和美国历史的不可或缺的内容。《移民母亲》通常作为一组照片中唯一的非新闻类经典作品，这组照片包括硫磺岛升国旗、"挑战者"号宇宙飞船爆炸、肯尼迪的儿子向父亲的灵柩敬礼以及肯特州立大学枪击事件等。除了美国，《移民母亲》在很多国家成了经典。高端艺术市场现在已经接纳了她的经典作品，而且这些作品通常以六位数的价格出售。

由于她的很多作品进入了公共领域，这些作品不断地被用于违背她初衷的目的。以《移民母亲》为例，营利和非营利机构都在通过销售这幅照片筹集资金，价格从九点九八美元到七百五十五美元不等。至少有一家机构还提供了"彩色版的"《移民母亲》。还有出售印有这幅照片的明信片和便笺卡的。这幅照片还被用于宣传社会党、黑豹党、美国公民自由联盟、无数非政府组织、学术会议、妇女运动以及募捐和慈善活动。它出现了一些国家的网站上，有一期《儿童和青少年医学文献》的封面也用了这幅照片。它还给新秀丽箱包、抗皱美容霜、"耶和华见证会"、救世军、GAP 服装品牌和数百种商品做广告。它出现在了 GodWeb 网站上。兰格的预想是对的，那不再是她的照片了。

她的很多作品最初发表时都没有署名，所以知道她名字的人比知道她作品的要少。但是，这一情况也在改变。她的名字屡屡出现在名人堂、伟大女性、学生心目中的英雄，以及改变了世界的照片的名录中；2008 年，州长施瓦辛格宣布她入选加州名人堂。她是数十篇专题论文和数千篇大学论文和学校报告的主题。出现了有关她的戏剧，有业余的，也有专业的，以及几部有关她的电影。在加州的尼波莫，一个公立小学以她的名字命名。为了援引某种风格和要义，她的名字被用来做比较或比喻，几乎总是带着赞美的意味，以唤起某种风格和特质：穷人的现实主义摄影作品，以构图和肢体语言表达焦虑情绪或辛勤劳作，或者两者兼有，有一种含蓄的美。

兰格认为她的最大失败不是个人的，而是集体的：从未实现过城市摄影项目。罗斯福新政以来的七十多年中，总体来说，摄影或者艺术没有得到美国社会的广泛支持。尽管如今纪实摄影方兴未艾，但没有几个人能以此谋生。摄影评论家常常提到兰格，把她视为灵感的源泉。仅次于"一号项目"的是，1990 年在杜克大学纪录片研究中心的支持下，创立了兰格 – 泰勒奖，奖金两万美元，以表彰摄影师和作家在纪实摄影领域的合作。获奖者记录了密西西比三角洲人们的日常生活、苏联解体后古巴人的生存斗争、危地马拉城玛雅人的生存状况、萨尔瓦多街头帮派以及精神病患者的生活。

多萝西娅·兰格的摄影作品从未像现在这样与我们息息相关。我也从未料到会在类似她所感受和描述的经济状况下完成这部著作。我写书的时候，很多人在呼吁"另一个多萝西娅·兰格"来记录和传达很多人正在经历的贫困和恐惧。然而，即使在最繁荣的时代她的照片也产生了非凡的影响；它们很可能是永垂不朽的。人们总是需要被提醒，美存在于意想不到的地方，我们必须学会超越传统和预期的局限去观察。如果我们明白了这些难以磨灭的图像是如何产生的，那么其含义将会更加丰富，而不是更加贫乏。它们不是出自一个能够超脱困扰凡夫俗子的伤痛、失败、罪孽的完美天才，而是由一位经常犯错但勤劳刻苦的女性创作的。它们也是由她所处的那个历史时代产生的，一个乐观和悲观并存的时代，一个推崇宽宏大量、富有同情心和尊重美国人冲动的时代，一个纵容封闭、恐惧、褊狭的时代。兰格的摄影作品将时刻唤起美国民主最好的一面。

致　谢

　　这部书，跟我所写的其他任何一部书都不一样，它更多地依赖于我的老友与新朋的慷慨大方和渊博知识。事实上，我首先要感谢的是与我素未谋面的亨利·迈耶。他是一位杰出的传记作家，已经开始研究多萝西娅·兰格的生平，但不幸的是因心脏病发作过早地离开了人世。他的一些朋友找到了我，希望我能将他收集的资料编纂成书，而我同意接下这个项目时相当犹豫。在这一过程中，我见到了他的妻子贝齐·安德森·迈耶，一位慷慨大方得非同一般的女人，她不仅给了我他整理的文字材料，而且给了我他收藏的好几册极其珍贵的兰格摄影作品集。贝齐成为了我的好友，我很高兴最终能通过这本书对她表达感谢。

　　没有多萝西娅·兰格的后人们的帮助，我这部书就不可能写成。我不仅要感谢他们所付出的时间，而且要感谢他们为我的很多问题提供了周到详尽的答案，包括一部分唐突的问题。他们中很多人细致入微、明智审慎、协调平衡的赞美和记忆给我留下了深刻印象。我要感谢已故的丹尼尔·狄克逊，并为他没能活着看到我这部书的出版并告诉我他的评价而深表遗憾；感谢海伦和约翰·狄克逊；感谢唐纳德和凯特·范杰；感谢贝姬·詹金斯；感谢凯瑟琳·泰勒·洛施；感谢贝齐、梅格、龙德尔·帕特里奇；感谢戴安娜、奥妮、保罗·韦格曼·泰勒。兰格－泰勒大家庭中的其他成员也提供了帮助，所以我要感谢玛丽和马尔科姆·科利尔、诺拉·埃利奥特、克里斯蒂娜·加德纳、沃尔特·戈尔德施密特、皮尔克尔·琼斯、珍妮弗·麦克法兰、雷·马歇尔、伊迪和杰克·梅齐罗、海伦·内斯特，还有已故的艾伦·特姆科。兰格的前任传记作者米尔顿·梅尔策非常友好，在我的研究处于早期阶段的时候，他曾与我交谈。

研究兰格以及相关领域的学者也对我提供了巨大的帮助。我特别要感谢萨莉·斯坦，不仅仅因为她研究兰格的工作十分卓越，而且还因为我在格蒂研究院工作的那几个星期里她给我提供了一套空的公寓房。还要感谢为我检查了一部分书稿，帮我纠正了一些错误，给了我插图和资料的汤姆·本德、阿瑟·布莱希、格雷·布里金、尼克·卡拉瑟、彼得·丹尼尔、埃伦·艾森伯格、唐纳德·范杰、杰丝·吉尔伯特、罗茜·亨特、哈达萨·科萨克、朱迪丝·沃尔泽·莱维特、戴维·勒登、埃里克·米克斯、梅利莎·米卢斯基、格雷格·鲁宾逊、安妮·菲罗尔·斯科特、迈克·华莱士。在跟我一起为《拘留》一书整理兰格拍摄的日裔美国人被拘留的照片的过程中，加里·大木广的帮助令我深化了对照片复杂性和对拘留日裔美国人的理解。我还要感谢他愿意跟一位素昧平生的人一起承接一个项目。

艾伦·亨特、埃利诺·兰格、鲍勃·韦尔、劳拉·韦克斯勒看了整部拙作，并提出了极有价值的评论。巴巴拉·福里斯特、朱迪·莱维特、艾伦跟我一起筛选了照片，从某种程度上减少了我对照片选择的苦恼。海伦·狄克逊、贝姬·詹金斯、贝齐·梅格、龙德尔·帕特里奇、戴安娜·泰勒一次又一次地帮助我。我对乔伊丝·塞尔策有道不尽的感谢，是她帮助我成了一名作家。一百万次的感谢。

我要感谢那些帮助我开展研究的档案保管员和研究生们：罗宾·杜林、德鲁·约翰逊、艾莉斯·赫德森、安德鲁·李、比尔·麦克莫里斯、玛塞拉·埃谢弗里、杰克·冯尤瓦、艾薇·克莱尼茨基、梅利莎·米卢斯基、安娜－玛丽亚·奎扎达、米凯拉·沙利文－福勒。米歇尔·蔡斯为我精心浏览了一些稿子。档案保管员贝弗莉·布兰南和尼古拉斯·纳坦森不仅帮助我找到了一些资料，而且作为学者也给了我很多教益。

我要同样充满热情地感谢一些人和单位。首先，要感谢我历史系的珍贵的同事们以及我其他系的同事们，我从他们身上学到了很多东西。感谢纽约大学的研究生院给我时间写作这部书。感谢纽约公共图书馆的卡尔曼中心跟我为期一年的合作，为我开展工作创造了良好的条件。感谢 W.W. 诺顿公司的工作人员，尤其是卢卡斯·惠特曼，他在一个接着一个的细节问题上给予了我关心和指导；还有汤姆·迈耶（真是美妙的巧合，他是亨利·迈耶的儿子，迈耶的项目我快要完成了）。感谢朱迪·戴特、盖尔·萨利特曼、巴里·索恩和已故的彼得·莱曼推荐了我。我还要感谢那些听我谈论兰格、表现出兴趣、提供了意见或者表达疑问的人们。这些人里面包括了很多只是来听讲座的人们，尤其是朋友们，他们对知识的严谨态度，对美学的敏感以及他们的正义感都构成了我写作的精神内涵。谢谢你们，尤其是艾伦·亨特，还有罗斯·巴克森德尔、迪克·克拉斯特、苏珊娜·德桑、萨拉·埃文斯、南希·福尔克、巴巴拉·福里斯特、苏珊·弗里德曼、埃德·弗里德曼、琳达·克伯、艾莉斯·凯斯勒－哈里斯、埃利诺·兰格、朱迪·莱维特、刘易斯·莱维特、格尔达·勒纳、伊莱娜·泰勒·梅、莫利·诺兰、伊利莎白·施奈德、乔伊丝·塞尔策、希夫拉·沙林、夏洛特·希迪、埃里克、马西娅·赖特。

最后，我有幸遇见了一位天使，夏洛特·希迪。我的编辑鲍勃·韦尔是当今难得的明珠，他编辑了我拙作的每一页文字，他的专业技能和敏锐让这部书焕发新生。谢谢你们，鲍勃和夏洛特。

译后记

美国著名历史学家和人文学家琳达·戈登（Linda Gordon）所著的美国著名摄影师多萝西娅·兰格（Dorothea Lange）的传记《多萝西娅·兰格传》（*Dorothea Lange：A Life Beyond Limits*）中文版终于问世了。

《多萝西娅·兰格传》是一部人物传记，讲述了一个女摄影师伟大而又平凡的一生。《多萝西娅·兰格传》也是一部历史，揭示了美国二十世纪发展进程中一些鲜为人知的细节。

多萝西娅·兰格是德裔美国人，1895 出身于一个中产阶级家庭，幼时生活安定富足，但是七岁那年的脊髓灰质炎给了她第一个沉重打击，留下了痛苦一生的生理创伤；十二岁那年父母离异，家道中落，给了她第二个更加沉重的打击，烙上了永不磨灭的心理创伤。她认为父亲极不负责任，很可能是个骗子，犯了事只知道一走了之，所以父母离异后她移居旧金山时改用了母亲的姓"兰格"。

兰格患上脊髓灰质炎后，由于当时医学不发达，对这种疾病几乎没有什么办法，让她吃尽了苦头。好在她这棵生命之树十分顽强，挺过了这场几乎致命的灾难，但留下了一条残疾的腿。

兰格在学校的学科成绩并不好，经常逃学，喜欢到街头去闲逛看景。她的摄影学识和技能也非科班出生，是兴趣诱导她拜师学艺，在实践中学习和成才。

兰格的婚姻生活既不幸也幸运，两任丈夫都是名人，前任梅纳德·狄克逊是风流倜傥的著名画家，后任保罗·舒斯特·泰勒是一位在经济学方面学术造诣很高的进步改革家。兰格在一个亲生子女和继子女混居、人口众多、充满矛盾的大家庭中劳心劳力，苦苦挣扎，她在家庭生活中承担了几乎全部责任，照顾丈夫，养育孩子，料理家务，甚至还要为家庭生计奔波操劳。他们的孩子也不太安定幸福，老是被送到别人家去寄养或者一送寄宿学校了之。孩子们总是抱怨母亲，不会去责怪父亲，因为他们以为母亲管孩子是天经地义的事情。

兰格在摄影领域成名成家，尤其是成为纪实摄影的代表性人物，是在她的后半生，她的声名在1965年故世前达到了巅峰，身后人们的追忆也给她锦上添花不少，她成了时代的英雄。她众多的照片中有一幅《白色天使施粥所前等候施粥的队伍》居然以八十二万二千四百美元拍卖成功。这并非她最优秀、最经典的照片，她最好的照片是《移民母亲》。

兰格记录美国历史的一个经典场景是1942年二战时期十二万日裔美国人被无缘无故集体拘禁的事件。集中营的摄影项目系美国军方授权，其照片便理所当然遭到美国军方审查，大部分未公开，被放入了国家档案馆，但这些照片是社区的恐怖和拘禁营的严酷写照，是一场无正义无法律约束的人道灾难，是一部种族歧视加有罪推定的国家传奇，是一个非同凡响的法西斯式暴政的官方记录。《芝加哥论坛报》认为，"兰格为我们提供了一个详细的范例，说明被爱国主义掩盖的偏见如何导致了巨大的不公正。"审视美国的历史与现实，人们会发现这是美国的一贯做法，在一个什么幌子下或冠冕堂皇的名义下，干一些卑鄙肮脏的残暴阳谋或龌龊阴谋。这部不可磨灭的视觉和社会历史作品奠定了多萝西娅·兰格作为二十世纪最伟大的美国摄影师之一的地位。这些照片后来选了一些单独成书出版。《日本时报》评论道："这本书很重要……因为它为美国历史上一个可耻的时刻投射了光芒，多萝西娅·兰格也因此而熠熠生辉。"

兰格的照片聚焦二十世纪美国丰富多彩的动人社会历史，巧妙地再现了波西米亚风格的旧金山、农民纷纷逃离沙尘暴区的无奈、底层民众食不果腹衣不蔽体的大萧条、甚嚣尘上的种族歧视、隐晦曲折的贬低女性、试图挽狂澜于既倒的罗斯福新政的大败亏输、农民工人与农场主以及小农场主与大种植园主的尖锐矛盾、致命的脊髓灰质炎流行、反俗世陈规和人文领域反正统文化的发展、第二次世界大战、冷战和麦卡锡主义、通过技术和组合对农业进行改革、环境保护主义的诞生、美国的援外和干涉、民权运动、工人运动。她的一生展现了历史中被人们忽视的一些方面。兰格晚年的时候还借陪同外交官丈夫之便到亚洲、非洲等地拍了很多照片。虽然也有人认为她国外之行的照片"拍得好"，但私以为，由于文化背景的不同以及理解的错位，她国外拍摄的照片成功的作品不多。

琳达·戈登认为，兰格的美国包括了摩门教徒、犹太教徒、新教徒；包括了农场主、收益分成佃农、农业季节工人、家庭佣工和工厂工人；包括了拥有公民权的市民和移民，不仅仅是黑人和白人，还有那些墨西哥人、菲律宾人、中国人和日本人，尤其是二战期间被关押在拘禁营的日裔美国人。如同二十世纪三十年代其他的社会现实主义者一样，兰格尊崇和颂扬劳动人民，为其树碑立传。她所拍摄的穷人是道德高尚、有适应能力的，他们很少抱怨，自食其力。"她对美国人的傲慢与特权以及瞧不起亚洲人的做法感到恶心。"这就是兰格的伟大之处，也是她的价值观：民主、公平、自由。

琳达·戈登说："我的兴趣是尽我所能理解和解释一个女人嵌入她这个时代的历史事件中的人生……我发现自己常常被她面对艰苦工作的勇敢和能力所感动，常常因为她伤害了别人而怒火万丈，常常因为她受到别人的伤害而痛苦万分，常常因为她的天赋、智慧、献身而敬畏不已。"琳达·戈登的最终结论是："多萝西娅·兰格是美国杰出的民主摄影家。""兰格不是一个完美无瑕的女人。她的孩子们承担了她对摄影做出巨大贡献的代价。她总是在一些情感维度表现出动摇不定，除了宽宏大量、忠贞不渝、反应敏锐、亲切友好之外，她还是一个善于操纵、控制欲强、专横跋扈、脾气暴躁的女人。""她的最大贡献是看到了，民主不仅仅是美国的成就，而且是一个尚未抵达的理想彼岸，一个她有责任推进的理想境界。她开始意识到这种责任，并要求自己采取行动。"这恐怕是对兰格人性和人格的最好诠释。

爱德华·斯泰肯称多萝西娅·兰格为"美国最伟大的纪实摄影师"。《实用摄影》评价她是"世界上最伟大的摄影师之一"。兰格受之无愧。

本书作者琳达·戈登出生在美国芝加哥，祖籍是俄勒冈州的波特兰。她早先的梦想是成为一名舞蹈家，发现自己缺乏舞蹈天赋，也就作罢。她在斯沃斯莫尔上的大学，然后在耶鲁大学攻读俄罗斯历史，获得哲学博士学位。她先后在马萨诸塞大学、威斯康辛大学和纽约大学任教，现在是纽约大学历史学和人文学教授，是美国享有盛誉的历史学家，被《纽约时报书评》尊为当代美国最具才华的历史学家之一。琳达·戈登获得过许多著名奖项，包括古根海姆奖、美国国家人文基金会奖、美国学术团体理事会奖、拉德克利夫研究所奖、纽约公共图书馆卡尔曼中心奖。

她的第一本书《女人的身体，女人的权利：美国节育史》（1976 年出版，1990年再版），至今仍是美国节育政治的权威历史。此后，《美国职业妇女：1600 年至今的历史纪实》（1995 年）、《亚利桑那州孤儿大绑架》（1999 年）、与罗莎琳·弗拉德·巴克森德尔合著的《亲爱的姐妹们：来自妇女解放运动的报道》（2001 年）、《自己生命的主角：政治与家暴史》（2002 年）、《女性的道德属性：美国计划生育政治史》（2007 年）、《未竟的女权主义事业：美国妇女运动令人惊叹的短暂历史》（2015年）、《三 K 党的第二次降临：二十世纪二十年代的三 K 党与美国政治传统》（2017 年）、《英格·莫拉特画传》（2018 年）等相继问世，并有多部书籍获得过不同的著名奖项。一生中有两部著作获得班克罗夫特奖（美国历史写作领域最重要的学术奖项之一）的在美国历史上仅琳达·戈登一人。她早期的著作侧重于剖析社会政策问题的历史根源，特别是涉及性别和家庭问题。在她后来的书中，她探索了其他类型的历史。

琳达·戈登有关多萝西娅·兰格的著作不止一部，还有《多萝西娅·兰格：光圈摄影大师》（2014 年）以及与日裔美国历史学家加里·冲弘（Gary Okihiro）合著的《被拘禁——多萝西娅·兰格在二战期间被审查的日裔美国人的拘禁照片》（2006年）。本书英文版出版时有副标题"一个超越极限的生命"，大概作者感叹：一个小儿麻痹症患者、一个女性，居然会成为如此有成就的伟大摄影师。这在当时的美国的确是超越了极限。

这部传记是记录多萝西娅·兰格一生最全面、最客观、最深刻、最鲜活的著作，获得了班克罗夫特奖、《洛杉矶时报》最佳传记奖、国家艺术俱乐部最佳艺术作品奖。琳达·戈登用女性特有的细腻、浪漫、温柔而又尖锐的视角从多个维度阐述了一个超越极限的丰富多彩的生命，人物栩栩如生，故事跌宕起伏，评论入木三分且辨证而令人信服。

感谢琳达·戈登和多萝西娅·兰格这两位伟大的女性，让中国读者更加深刻全面地了解了美国。总体来说，多萝西娅·兰格的世界观、人生观、价值观不一定像是书中所暗示的那样偏左翼，而是基于良知的自由主义。她跟美国的大多数知识分子一样，追求公平正义，同情弱势群体。但是，她没有也不可能从制度层面去认识和揭示导致美国社会不公的资本主义制度的本质，虽然"兰格的作品很像苏联社会主义的现实主义"。我们不能对多萝西娅·兰格要求过高，毕竟她的生活环境和文化熏陶是在美国这个大熔炉里。兰格的第二任丈夫泰勒也一样，是一个有良知的自由主义者。美国的很多知识分子都具有同样的品质和特征，他们都代表了美国进步的一面。

琳达·戈登也如是，她的所有著作都有一个鲜明的共性，体现了多萝西娅·兰格一样的追求——对进步事业的同情和支持。琳达·戈登在这部著作里揭示了一个大多数人忽略的、连她自己也没有深入剖析的美国现象：富人俱乐部，譬如本书中的农场主联合会，譬如现实中的许多基金会、协会甚或智库等。在美国社会里，这些富人俱乐部才是美国政治、经济、文化的真正统治者。

我翻译过美国著名作家约翰·杰克斯的《肯特家史》八部曲、《北方与南方》三部曲、《克朗家传奇》姊妹篇等十七部近千万字的美国历史小说，一个宏观的感觉是：

在美国，富人利用财富和维护财富的决心，加上严密的组织性、相应的制度安排并培植源源不断的政治代言人或者勾结政府官员、司法部门人员、立法机构议员以维护既得利益，获得了史无前例的巨大成功。

在美国，精英阶层豢养或利用学者从政治经济学的理论角度进行突破并以此为指导加以实践，讲究策略，利用慈善或援助来缓解贫富之间的本质矛盾并清洗他们肮脏的双手，也获得了史无前例的巨大成功。

在美国，底层民众因为客观条件的制约，其组织性比那些精英人士的组织性要弱得多。所以，美国社会是一个精英统治的社会，美国的民主是可以被精英操纵的民主，美国政府是一个为精英服务的政府，美国的政治本质上是金钱控制的政治。

2016 年，浙江摄影出版社约我翻译这部传记，我花了大量的时间精力于 2017 年 4 月份把五百三十六页的英文原著变成约四十万字的译稿，交给了出版社。

现在，出版社终于决定将这个项目付诸实施。尽管姗姗来迟，依然可喜可贺。

感谢六年前浙江摄影出版社副总编曹洁女士的信任和邀约，给了我这份荣耀。六年后，眼看这部书的出版停滞，又是已经退休的曹洁女士，力主出版，并主动请缨完成这部书稿的审订。

感谢浙江摄影出版社前社长郑重先生和社长兼总编辑林青松先生对本书的关心和重视。

感谢所有为本书的付梓奉献了艰辛努力的编辑，他们是：程禾、姚璞、乐文蔚、於琛。

这是一部好书，你们和我一起做了一件值得永久怀念的好事。

译者　董惠铭

2023 年 6 月 22 日初稿于杭州萧山紫荆园

2023 年 6 月 26 日修改于上海苏州河畔

DOROTHEA LANGE: A LIFE BEYOND LIMITS

© Copyright 2009 by Linda Gordon

Translation © 2023 Zhejiang Photographic Press

This edition published by arrangement with W. W. Norton & Company, Inc. through Bardon Chinese Creative Agency Limited.

浙江摄影出版社拥有中文简体版专有出版权，盗版必究。

浙江省版权局
著作权合同登记章
图字：11-2023-384号

责任编辑　余　谦
文字编辑　於　琛
　　　　　乐文蔚
译文审校　曹　洁
装帧设计　巢倩慧
责任校对　王君美
责任印制　汪立峰

图书在版编目（CIP）数据

多萝西娅·兰格传 /（美）琳达·戈登（Linda Gordon）著 ；董惠铭译. -- 杭州 ：浙江摄影出版社，2024.1

书名原文：Dorothea Lange：A Life Beyond Limits

ISBN 978-7-5514-4737-9

Ⅰ.①多… Ⅱ.①琳… ②董… Ⅲ.①多萝西娅·兰格—传记 Ⅳ.①K837.125.72

中国国家版本馆CIP数据核字（2023）第248631号

DUOLUOXIYA LANGE ZHUAN

多萝西娅·兰格传

[美]琳达·戈登　著

董惠铭　译

全国百佳图书出版单位
浙江摄影出版社出版发行
　地址：杭州市体育场路347号
　邮编：310006
　网址：www.photo.zjcb.com
制版：浙江新华图文制作有限公司
印刷：浙江经纬印业股份有限公司
开本：710mm×1000mm　1/16
插页：8
印张：24.5
2024年1月第1版　2024年1月第1次印刷
ISBN 978-7-5514-4737-9
定价：98.00元